喜马拉雅研究书系　主编／徐君

The Gurungs
A Himalayan Population of Nepal

古隆

喜马拉雅的尼泊尔人

［法］伯纳德·皮涅德（Bernard Pignède）／著

［英］艾伦·麦克法兰（Alan Macfarlane）
［英］莎拉·哈里森（Sarah Harrison）／法译英

刘秧　杜芳／英译汉

中国社会科学出版社

图书在版编目（CIP）数据

古隆：喜马拉雅的尼泊尔人/（法）伯纳德·皮涅德著；（英）艾伦·麦克法兰，莎拉·哈里森法译英；刘秧，杜芳英译汉—北京：中国社会科学出版社，2021.12
（喜马拉雅研究书系）
ISBN 978-7-5203-9144-3

Ⅰ.①古… Ⅱ.①伯… ②艾… ③莎… ④刘… ⑤杜… Ⅲ.①古隆人—研究—尼泊尔 Ⅳ.①K355.8

中国版本图书馆 CIP 数据核字（2021）第 187333 号

出 版 人	赵剑英
责任编辑	耿晓明
责任校对	冯英爽
责任印制	李寡寡

出　　版	中国社会科学出版社
社　　址	北京鼓楼西大街甲 158 号
邮　　编	100720
网　　址	http://www.csspw.cn
发 行 部	010-84083685
门 市 部	010-84029450
经　　销	新华书店及其他书店
印　　刷	北京明恒达印务有限公司
装　　订	廊坊市广阳区广增装订厂
版　　次	2021 年 12 月第 1 版
印　　次	2021 年 12 月第 1 次印刷
开　　本	710×1000　1/16
印　　张	31
插　　页	2
字　　数	450 千字
定　　价	128.00 元

凡购买中国社会科学出版社图书，如有质量问题请与本社营销中心联系调换
电话：010-84083683
版权所有　侵权必究

RATNA PUSTAK BHANDAR
Bhotahity, Kathmandu
Nepal.

ALL THE ROYALTIES FROM THE SALE OF THIS BOOK
WILL GO TO THE PIGNÉDE FOUNDATION
FOR GURUNG CULTURAL RESEARCH.

First published in 1996 by Mouton &
Co, The Hague and École des Hautes
Études en Sciences Sociales, Paris.

(First English edition 1993)

Printed & Process in Nepal at: VARIETY Printers Pvt. Ltd.
Kuleshwor, KTM, TEL. 222869

在田野调查的伯纳德·皮涅德（Bernard Pignède）

［图为彩色照片的翻印，原照片可能是皮涅德的助手
钱德拉·巴哈杜尔·霍坦（Chandra Bahadur Ghotane）
在莫霍里亚村拍摄的］

序

中西方学界对喜马拉雅研究方兴未艾，有关"喜马拉雅"概念和喜马拉雅区域，有"跨喜马拉雅""环喜马拉雅"（Trans-Himalaya）、"大喜马拉雅（Great Himalaya）"和"泛喜马拉雅"（Pan-Himalaya）等不同称呼，与之相应的研究被称为"喜马拉雅研究"和"喜马拉雅学"[①]，最近又有学者提出"新喜马拉雅"概念。[②]学界一般接受联合国教科文组织与尼泊尔政府联合建立的喜马拉雅区域各国政府间合作组织——尼泊尔国际山地中心（The International Centre for Integrated Mountain Development，ICIMOD）[③]和喜马拉雅大学联盟（Himalayan University Consortium，HUC）对喜马拉雅区域的范围界定，即主要包括印度、尼泊尔、缅甸、孟加拉国、巴基斯坦、阿富汗、不丹等国和中国的西藏自治区。

喜马拉雅区域幅员辽阔，人口众多，资源丰富，文化多样，是世界

[①] 关于喜马拉雅区域的概念、内涵争论与界定，具体参见刘秧、徐君《从"雪的住所"到"拉链缝合区域"：喜马拉雅地理概念、区域范围与人文特点探讨》，《青海民族研究》2021年2期。

[②] Dan Smyer Yü, "Situating Environmental Humanities in the New Himalayas: An Introduction", in Dan Smyer Yü and Erik de Maaker, eds., *Environmental Humanities in the New Himalayas: Symbiotic Indigeneity, Commoning, Sustainability*, London & New York: Routledge, 2021, pp. 4.

[③] 1983年联合国教科文组织和尼泊尔政府合作成立了专注喜马拉雅区域山地和人民的国际间政府组织，该组织设在尼泊尔加德满都，专门为喜马拉雅地区成员和全球山地社区服务的、独立的国际山地研究和知识创新中心，以更好地促进喜马拉雅区域的合作研究、推动全球山区可持续发展。2007年组建"喜马拉雅大学联盟"（HUC）推动喜马拉雅区域学术与知识分享。

序

上非常独特而具有很大吸引力的区域，不仅具有特别的甚至是世界独有的自然环境和自然条件，更有别具特色的历史、文化、人口、族群、风俗、制度等。喜马拉雅区域蕴含着许多当今全球的热点问题，包括地缘政治问题、跨区域和跨国发展问题、民族关系和跨境民族问题、公民身份和历史文化政治问题、生态可持续性问题、非物质文化遗产保护问题、跨区域文化和宗教问题、传统文化与现代文明关系问题、文明冲突与文化交流问题、国家构建的跨境效应与边疆特征问题、传统安全与非传统安全问题、区域经济与全球化问题以及现代与后现代问题等。开展喜马拉雅区域相关研究具有跨学科交流及全球化协作的重要意义。

喜马拉雅区域研究大致有三个路径，分别是民族志与历史文献、环境与人文结合以及自然科学研究。其中自然科学研究成果最为丰富；民族志与历史文献起步早，但尚没有全面铺开；环境与人文结合研究还在尝试之中①。最近几年，"一带一路"策略倡议与构想把中国学者的视野更多地引向了南亚、东南亚及喜马拉雅区域，国内学界兴起了喜马拉雅研究热潮，与喜马拉雅相关的学术机构纷纷成立（截至2021年10月已有50多家），各种以"喜马拉雅"为名的学术会议和学术活动频繁。② 另一方面，由于喜马拉雅区域是"西方殖民势力对亚洲区域进行殖民统治最早、最深入的地区"，西方人类学把喜马拉雅区域研究作为对西方"殖民主义"反思和检讨的例证，喜马拉雅区域研究也形成了以西方为中心的学术话语体系。因此，国内在对喜马拉雅区域研究时，为了避免陷入西方话语体系陷阱，通常以藏学研究与之相对应，纳入中

---

① 参见由 Xu Jun, Chi H Truong, Nawab Bahadar Khattak and Myo Kywe 合作的哈佛燕京项目 *Interdisciplarity in Environment Studies in Asia - Reflective Journeys of Scholars in China, Myanmar, Pakistan and Vietnam*, 2021.

② 参见徐君、姚勇《喜马拉雅区域经验与知识谱系构建》，《中国藏学》2017年第3期；《藏学与喜马拉雅研究的新起点》，《中国社会科学报》2018年11月8日；2019年青海民族大学成立"喜马拉雅山地国家研究中心"，2020年西北民族大学成立"喜马拉雅区域研究中心"等。

国传统的藏学研究话语体系内，呈现出两套话语体系的交流磨合状态。①

中国学界对喜马拉雅区域的研究以20世纪60年代对藏边区域的社会历史调查与民族识别和七八十年代对聚居在西藏边缘地区的门巴族、珞巴族、僜人、夏尔巴人等基础性研究为主②，之后对中国西藏历史上与喜马拉雅山南麓国家的历史渊源和文化交往研究③、中印边界问题研究为重点。相对而言，这些研究基本是立足中国国内视角开展的，与喜马拉雅区域研究的跨国界或超国界性特点不同，相对而言"对喜马拉雅区域的知识积累相对欠缺"，"面临着知识谱系以及学理上对话的艰难"④。

喜马拉雅区域的跨界性也使喜马拉雅研究变得既时髦又敏感。近几年，围绕喜马拉雅区域研究，成为博士学位论文的选题热点，如杨得志的《中缅跨境民族问题研究》、马纳的《中国企业对缅甸直接投资的区域软环境研究》、莫周的《外商在缅甸直接投资法研究》、刘锦前《新时代环喜马拉雅区域经济合作研究——一种地缘功能主义的分析》、塔克·古隆的《了解尼泊尔的民族历史：古隆的案例研究》、高亮的《边疆视角下的尼泊尔特莱地区治理模式研究》、赵勇的《海门道夫的喜马

---

① 如2015年11月28日西藏民族大学举办首届"藏秦·喜马拉雅论坛"；2017年11月陕西师范大学成立"国外藏学研究中心"，召开"首届藏学与喜马拉雅研究国际学术讨论会"并创办发行《藏学与喜马拉雅研究学刊》(*Journal of Tibetan and Himalayan Studies*)，2016年中国社会科学院成立的西藏智库，立足西藏探讨喜马拉雅区域民族、历史、生态与社会发展等议题，每年在国内外召开"喜马拉雅区域研究国际研讨会"。

② 如李坚尚《喜马拉雅民族考察记》，中国社会科学出版社2016年版，主要内容是1980年和1981年的考察纪闻；陈立明1986年先后十多次赴西藏墨脱、米林、隆子、错那、察隅等边境民族地区考察门巴族、珞巴族、僜人、夏尔巴人聚居的喜马拉雅山区，著有《走入喜马拉雅丛林——西藏门巴族、珞巴族文化之旅》(中国藏学出版社2002年版)等。

③ 如扎洛《清代西藏与布鲁克巴》，中国社会科学出版社2012年版。

④ 参见徐君、姚勇《喜马拉雅区域经验与知识谱系构建》，《中国藏学》2017年第3期。

拉雅族群研究》等。① 学界除从政治学、国际关系学视角更加深入研究外，民族学、人类学、社会学等学科转向该区域的研究，传统藏学也有意地转向与喜马拉雅区域研究结合②。中国学界在寻求突破"中国海外研究"背景下，一批学者把喜马拉雅区域研究列为突破对象，在喜马拉雅区域开展深入考察并撰写民族志，如陈波对尼泊尔洛域的研究③，李静玮对尼泊尔加德满都游客区和尼泊尔境内中尼跨界民族现状调查研究④，段颖对中缅边境流动与地景的民族志研究⑤等。

2014 年，剑桥大学国王学院荣休教授艾伦·麦克法兰（Alan Macfarlane）把其个人及其创建的"康河计划"（Cambridge Rivers）团队多年在尼泊尔和印度等喜马拉雅区域研究成果及搜集的资料捐赠给四川大学，在四川大学设立剑桥大学"康河计划"四川大学工作站暨喜马拉雅区域多媒体数据。四川大学启动"喜马拉雅多媒体数据库"项目，聘请国内外 30 多位专家作为学术顾问，收集关于喜马拉雅地区的影像

---

① 杨得志：《中缅跨境民族问题研究》，博士学位论文，华中师范大学，2014 年；马纳：《中国企业对缅甸直接投资的区域软环境研究》，博士学位论文，云南师范大学，2018 年；Moe Cho, *A Study on the Law of Foreign Direct Investment in Myanmar*（《外商在缅甸直接投资法研究》），博士学位论文，西南政法大学，2018 年；刘锦前：《新时代环喜马拉雅区域经济合作研究——一种地缘功能主义的分析》，博士学位论文，上海社会科学院，2019 年；Gurung, Tek Bahadur, *Understanding the Ethnic History of Nepal: A Case Study of the Gurungs*（《了解尼泊尔的民族历史：古隆的案例研究》），博士学位论文，四川大学，2019 年；高亮：《边疆视角下的尼泊尔特莱地区治理模式研究》，博士学位论文，四川大学，2020 年；赵勇：《海门道夫的喜马拉雅族群研究》，博士学位论文，陕西师范大学，2021 年，等等。

② 2015 年 11 月 28 日，西藏民族大学举办首届"藏秦·喜马拉雅论坛"；2017 年 11 月陕西师范大学召开"首届藏学与喜马拉雅研究国际学术讨论会"成立"藏学与喜马拉雅研究中心"并创刊 *Journal of Tibetan and Himalayan Studies*；随后青海民族大学成立"喜马拉雅山地国家研究中心"（2019 年），西北民族大学成立"喜马拉雅马拉雅区域研究中心"（2020 年）；

③ 陈波：《山水之间：尼泊尔洛域民族志》，巴蜀出版社 2011 年版。

④ 李静玮：《市场中的民族与国家：论加德满都游客区的族性动力机制》，中国社会科学出版社 2018 年版。开展的相关项目研究如"'一带一路'背景下中国—尼泊尔族际互动机制研究"和"尼泊尔境内中尼跨界民族现状调查研究"等。

⑤ 段颖国社科基金项目成果《再思"胞波"——人类学视野下的区域、国家与社会》（2019 年）及国社科研究项目"中缅边境流动与地景的民族志研究"（2019 年）；以及发表的《区域网络、族群关系与交往规范——基于中国西南与东南亚田野经验的讨论》，《广西民族大学学报》2016 年第 4 期；《华文教育、地方化与族群认同——以缅甸曼德勒为例》，刊于麻国庆主编《山海之间——从华南到东南亚》，社会科学文献出版社 2015 年版，第 458—472 页。

与档案资料。为勾勒和建构喜马拉雅区域全貌及知识谱系，项目组整理海外喜马拉雅区域研究文献，如对哥伦比亚大学布鲁斯·欧文等人编辑的《喜马拉雅历史与文化研究目录》，法国国家科学研究中心（CNRS）、德国海德堡大学南亚研究所（DFG）和英国东方和非洲研究院（SOAS）合编的《欧洲喜马拉雅研究通讯》（Europe Bulletin of Himalayan Research，1-57），尼泊尔与喜马拉雅研究协会（ANHS）出版的《喜马拉雅》杂志（Himallayan，2003-2016）、《尼泊尔研究协会新闻通讯》（Nepal Studies Association Newsletter，1972-1980）、《喜马拉雅研究简报》（Himalayan Research Bulletin，1981-2003）等进行编译整理，开展围绕喜马拉雅区域历史、族群、文化等系列学术活动。该项目以与剑桥大学国王学院的合作为基础，以数据库的数据收集为工作契机，与剑桥大学蒙古与内亚研究所（MIASU）、牛津大学、尼泊尔"国际山地综合发展中心"（ICIMOD）、喜马拉雅大学联盟（HUC）以及法国国家科学研究中心（CNRS）喜马拉雅研究中心建立了合作关系。通过举办专家咨询会（2015年11月）、"喜马拉雅区域研究国际学术会议"（2016年11月）、"喜马拉雅区域研究高端圆桌会议"（2017年7月）等形式，邀请到英国、美国、法国、德国、瑞士、奥地利、加拿大、印度、尼泊尔、巴基斯坦等十多个国家的20多位专家指导和参与数据库建设。同时，邀请从事喜马拉雅区域研究的海外学者到访合作，组织开展"喜马拉雅系列学术讲座"（20次）和"人类学系列讲座"（12次）、"喜马拉雅区域田野调查"工作坊（3次）、"喜马拉雅区域研究"工作坊（2018年7月）及"喜马拉雅：自然、朝圣、贸易和互联互通喜马拉雅工作坊"（Himalayas：Nature，Pilgrimage，Trade and Connectivity，2019年5月、6月），围绕喜马拉雅区域研究采访了10多位相关专家。先后有5位青年学者到剑桥大学、牛津大学、加拿大英属哥伦比亚大学、喜马拉雅大学联盟（HUC）访学和收集资料，参加各类学术交流活动和学术会议。

2015年四川大学加入喜马拉雅大学联盟（HUC）并成为董事会成

员，徐君也被推选为HUC指导委员会成员，有机会和平台更好地推动喜马拉雅区域合作与研究。在国际山地综合发展中心（ICIMOD）和喜马拉雅大学联盟（HUC）的推动下，2017年四川大学组织召开"兴都库什—喜马拉雅山地资源与生计"国际研讨会暨2017年喜马拉雅大学联盟年会。在该次年会上，围绕喜马拉雅区域研究形成了专题研究小组（Thematic Working Groups）的决议，汇聚不同背景的专家开展喜马拉雅区域合作研究，促进喜马拉雅区域研究自然科学与人文社会科学更多结合的转向。郁丹等从环境人文主义——跨学科的环境研究领域，讨论环喜马拉雅区域环境、生计与文化，并编译出版了两本译文集。[①] 2021年，四位来自喜马拉雅区域不同学科背景的学者，分别代表中国、越南、巴基斯坦与缅甸四个不同国家，从各自角度反思环境领域的多学科交叉合作，以"亚洲环境研究的跨学科范式：基于中国、缅甸、巴基斯坦和越南学者之旅的反思"（Interdisciplinarity in Environment Studies in Asia - Reflective Journeys of Scholars in China, Myanmar, Pakistan and Vietnam）为题，合作申请获得了哈佛燕京项目支持。[②] 该项目成为喜马拉雅区域跨学科交叉合作研究新的里程碑。与此同时，喜马拉雅大学联盟专题小组之一的"跨喜马拉雅环境人文"（Trans-Himalayan Environmental Humanities）编辑出版了《新喜马拉雅的环境人文：共生原生性、共生化和可持续性》（Environmental Humanities in the New Himalayas: Symbiotic Indigeneity, Commoning, Sustainability）一书，成为喜马拉雅研究跨学科合作成果的标志。[③]

自2014年四川大学启动喜马拉雅多媒体数据库建设项目以来，剑

[①] 郁丹、李云霞、曾黎主编：《环喜马拉雅区域研究编译文集（一）——环境、生计与文化》，学苑出版社2017年版。郁丹、苏发祥、李云霞主编：《环喜马拉雅区域研究编译文集（二）——佐米亚、边疆与跨界》，学苑出版社2017年版。

[②] Xu Jun, Chi H Truong, Nawab Bahadar Khattak and Myo Kywe, Interdisciplinary in Environment Studies in Asia - Reflective Journeys of Scholars in China, Myanmar, Pakistan and Vietnam. 2021.

[③] Dan Smyer Yü and Erik de Maaker, Environmental Humanities in the New Himalayas: Symbiotic Indigeneity, Commoning, Sustainability, London & New York: Routledge, 2021.

桥大学"康河计划"四川大学工作站暨喜马拉雅区域多媒体数据项目团队先后申请获得国家社科基金项目"近代外国人在西藏的地图测绘及其影响研究""英属印度东北边疆的殖民地科学及对中印边界问题""19世纪以来涉中印边界西段争议区地图的整理与研究"等;教育部及四川省社科基金项目"清代中国与尼泊尔交往研究""近代滇缅边境的越界案件与中英会审制度研究""尼泊尔、印度的卡利河边界争端研究""近代英印在中国藏南的考察及其影响研究"等;文化部"国家文化科技提升计划"项目以及教育部"一带一路"教科文引智项目"喜马拉雅区域研究合作计划""藏学与喜马拉雅区域研究及数据库建设""喜马拉雅区域研究"等,参与申请获得国家社科基金重大攻关项目"喜马拉雅区域合作研究"。经过了几年的建设,基本形成了喜马拉雅区域基础文献数据库、专题数据库和全景漫游非物质文化保护数据库三大板块。搜集整理有关喜马拉雅研究的目录10000余条;有关喜马拉雅区域的历史文献、书籍(电子版)3000余册;有关喜马拉雅研究论文(电子版)3000余篇;缅甸高清历史地图100余幅;藏南印度边界地图100余幅。期间,英国剑桥大学国王学院艾伦·麦克法兰教授、法国科学院喜马拉雅研究中心费尔南德·迈耶尔(Fernand Meyer)研究员、美国哈佛大学范德康(Leonard W. J. van der Kuijp)教授、加拿大英属哥伦比亚大学马克·图灵(Mark Turin)副教授、尼泊尔特里布文大学人类学系、维也纳大学内亚与南亚文化史跨学科研究与文献中心(CIRDIS)、尼泊尔民间学术机构马丁·查塔里(Martin Chautari)、尼泊尔曼德拉图书出版社捐赠给我们一些书刊及研究资料。我们对这些资料进行整理、分类,并翻译、撰写了中文标题和摘要介绍,对艾伦·麦克法兰教授捐赠的尼泊尔古隆(Gurung)、印度那加(Naga)资料,与剑桥大学合作的"数字喜马拉雅"(Digital Himalaya)网站资料进行整合,形成尼泊尔古隆专题数据库、印度那加专题数据和喜马拉雅研究杂志专题数据库,其中尼泊尔古隆数据库专题是艾伦·麦克法兰教授从1968年起到2001年在尼泊尔北部山地对当地的少数族群——古隆人进

序

行人类学研究的笔记、日记、人口普查、家谱、资产及土地调查，以及3000多张田野照片，大约120小时的动画电影资料；"那加专题库"包括克里斯托夫·冯·福勒—海门道夫（Christoph von Furer-Haimendorf）在1962年和1970年拍摄的16mm彩色录像，以及部分1962年拍摄的16mm彩色录像的黑白拷贝；厄休拉·格雷厄姆·鲍尔（Ursula Graham Bower）于1938年和1939年拍摄的16mm黑白录像，以及1939年春、1940年和1944年拍摄的16mm彩色录像；以及部分照片、草稿、地图和绘画。喜马拉雅研究杂志专题数据库将加拿大哥伦比亚大学马克·图灵教授赠予的相关喜马拉雅研究的杂志与数字喜马拉雅网站的杂志所有相关文档、视频、图片进行下载、归类与合并，将所有文献进行文字识别处理，整理出每期杂志的出版时间、目录，建成"喜马拉雅杂志在线""印度纳加专题库""尼泊尔古隆人影像专题库"。创建了"近代以来西南边疆游记地理信息数据库"，包括文献目录、游记资料、古旧地图三个子库，完成手工录入30余条游历路线，1880多个游历点的数据，总字数达到120余万字。初步实现了数据录入和管理、文献资料查询、数字化展示等功能。此外建成"南方丝绸之路数据库""南方丝绸之路沿线非遗数据库"；并开创性地把全景漫游技术和航拍技术运用于喜马拉雅区域的非物质文化遗产保护实践并取得良好效果，2016年顺利通过文化部科技项目成果验收。除此之外，还建立了"青藏高原三江源生态人类学专题库"，收录了2001—2018年间三江源区围绕生态环境建设相关的人口统计、社会结构、生态移民、扶贫开发、社会保障、教育与医疗、环境保护、灾害防治、产业发展等官方资料与访谈记录，有文字、图片、视频及音频等。

在数据库建设中，收集整理喜马拉雅区域各国相关资料与研究成果，汇编成《喜马拉雅研究通讯》（内部交流，已出9期）和《喜马拉雅区域情报参考》（内部交流，已出8期）。选取若干在喜马拉雅研究领域有影响力的著作，邀请国内有志于从事喜马拉雅研究的年轻学者进行翻译，以译文集、论文集、资料集和专著形成"喜马拉雅研究书系"，以"喜马拉雅区域田野调查""喜马拉雅区域研究资料""喜马拉雅研究"形式出版。先后翻译完成的著作有剑桥大学艾伦·麦克法兰的《重构历史社群》（Reconstructing Historical Communities）、《资源与人口：尼泊尔古隆人研究》（Resource and Population：A study of the Gurungs of Nepal）、《与古隆人一起做田野——田野调查方法》（Fieldwork with the Gurungs）；法国科学院喜马拉雅研究中心菲利普·拉米雷斯（Philippe Ramirez）的《边缘人群：印度东北部跨界族群研究》（People of the Margins：Across Ethnic Boundaries in North-East India）；法国伯纳德·皮涅德（Bernard Pignede）的《古隆：喜马拉雅的尼泊尔人》（The Gurungs：A Himalayan Population of Nepal）。在此，特别感谢尼泊尔学者塔克·古隆（Tek Bahadur Gurung）和他的妻子阿妮塔·古隆（Anita Gurung）在数据库建设中对相关影音文献的编目和校对工作，以及在本书翻译过程中给予的建议和帮助。翻译完成的还有尼泊尔学者普拉特尤西·昂塔的（Pratyoush Onta）《英国的尼泊尔研究：与实践者对话》（Nepal studies in the UK-Conversations with practitioners）；英国大卫·盖尔纳的《人类学视野下的佛教与印度教》（The Anthropology of Buddhism & Hinduism）以及《喜马拉雅研究的起源》（The Origins of Himalayan Studies：Brian Houghton in Nepal and Darjeeling，1820–1858）等。同时把自 2014 年项目开展以来组织的学术讲座、工作坊及学术采访内容分别编辑出版，作为喜马拉雅书系的一部分。

借喜马拉雅研究书系的翻译出版，正如艾伦·麦克法兰教授所说："我们作为喜马拉雅研究者同我们的学生其实都在玩一个类似拼图的游戏，等每个人把自己手中的碎片放在一起后才能看出我们究竟能拼出怎样一幅宏伟的图景。"[1]

想起前几年法国科学院喜马拉雅研究中心国际著名藏学家费尔南德·迈耶尔教授在访问四川大学中国藏学研究所时与考古学家霍巍教授

---

[1] 艾伦·麦克法兰在 2016 年 11 月 11—13 日四川大学举办的"喜马拉雅区域研究"学术研讨会闭幕上的发言。

序

的对谈：20世纪80年代末作为国际援助组织工作人员的费尔南德·迈耶尔爬上尼泊尔境内高峰，北望中国边境想象着神秘和遥远的中国西藏，期待着有朝一日能越过喜马拉雅山。与此同时，在西藏西部开展考古工作的霍巍教授则站在中国边境最高点，俯瞰着喜马拉雅山南面，想象着山那边的天地，憧憬着有朝一日能下到喜马拉雅山南边，了解那里的历史与文化。两位学者的对谈勾勒出了一幅喜马拉雅山图景。而如今，随着中国"一带一路"倡议的落实与推进，喜马拉雅山不再高，路不再险，喜马拉雅山南北的学者们也由遥远的对望中的隔膜，到能够近距离地凝视与沟通。

以此为序！

罗中枢　徐　君
2021年6月

目 录

英译版序言 …………………………………………………（1）
与伯纳德·皮涅德共事的回忆 ……………………………（5）
致　谢 ………………………………………………………（7）
编辑前言 ……………………………………………………（9）
伯纳德·皮涅德 ……………………………………………（11）

引　言 ………………………………………………………（1）

第一部分　古隆—技能—经济

第一章　古隆与古隆族 ……………………………（7）
　　一　概况 ………………………………………………（7）
　　　　1. 古隆村 …………………………………………（7）
　　　　2. 居民 ……………………………………………（18）
　　二　莫霍里亚村 ………………………………………（32）
　　　　1. "村庄"的定义 …………………………………（32）
　　　　2. 人口 ……………………………………………（34）
　　　　3. 生存地 …………………………………………（47）

第二章　生活习惯和技术技能 ……………………（56）
　　一　身体 ………………………………………………（56）
　　　　1. 身体护理 ………………………………………（56）

目 录

  2. 卫生 ·· (58)
  3. 行为和姿势 ······································ (58)
  4. 衣着 ·· (61)
  5. 饰品 ·· (64)
 二 房屋 ·· (66)
  1. 被泥土覆盖的木屋 ······························ (66)
  2. 石墙房屋 ·· (67)
  3. 建筑细节 ·· (74)
  4. 除主要住房之外的建筑物 ······················ (76)
 三 火 ·· (76)
 四 烹饪 ·· (76)
  1. 固体食物 ·· (76)
  2. 饮料 ·· (79)
  3. 奶制品 ··· (80)
  4. 水果 ·· (80)
  5. 餐具 ·· (81)
  6. 进食制度 ·· (81)
 五 女性的家庭任务 ···································· (82)
  1. 磨 ··· (82)
  2. 脱壳 ·· (83)
  3. 风选 ·· (83)
  4. 纺织 ·· (83)
 六 男性工作 ··· (91)
  1. 竹制编织物 ······································ (91)
  2. 武器及切割工具 ································ (94)
  3. 狩猎 ·· (95)
 七 药品 ·· (95)
 八 计量单位 ··· (97)

第三章 农业 (99)

一 自然地理学的影响 (99)

二 土地的划分 (100)
1. 灌溉地 (100)
2. 旱地 (101)

三 栽培周期系统 (101)
1. 灌溉地的作物循环 (101)
2. 旱地的作物循环 (102)

四 耕作 (106)
1. 水稻 (106)
2. 玉米 (107)
3. 粟类 (107)
4. 大麦和荞麦 (107)
5. 其他 (108)

五 经营 (108)
1. 施肥 (108)
2. 耕种 (108)
3. 移栽、培土和除草 (109)
4. 收获 (109)
5. 脱壳 (109)

六 劳作 (110)
1. 在村庄和田地间的两点一线迁徙 (110)
2. 农活 (111)
3. 报酬 (116)

七 生产能力 (116)

八 牲畜饲养 (117)
1. 村庄内的牲畜饲养 (118)
2. 田地间的牲畜饲养 (119)
3. 高地畜牧(高山牧场) (121)

目录

第四章　经济 ……………………………………………… (125)
　　一　家庭预算 …………………………………………… (125)
　　　　1. 粮食消费显示食物预算 ……………………… (126)
　　　　2. 一般预算 ……………………………………… (127)
　　二　当地非农职业 ……………………………………… (132)
　　　　1. 贱民的职业 …………………………………… (132)
　　　　2. 古隆人的职业 ………………………………… (134)
　　三　付款类型 …………………………………………… (135)
　　　　1. 现金 …………………………………………… (135)
　　　　2. 农产品 ………………………………………… (135)
　　　　3. 以物易物 ……………………………………… (136)
　　　　4. 散工 …………………………………………… (136)
　　四　土地所有权 ………………………………………… (136)
　　　　1. 获得 …………………………………………… (137)
　　　　2. 分成制 ………………………………………… (139)
　　　　3. 土地分配 ……………………………………… (140)

第二部分　社会

第五章　氏族和等级组织 ………………………………… (145)
　　一　氏族和族群 ………………………………………… (145)
　　二　起源传说 …………………………………………… (146)
　　三　卡贾特人 …………………………………………… (153)
　　　　1. 名称 …………………………………………… (153)
　　　　2. 西藏背景 ……………………………………… (154)
　　　　3. 印度教的贡献和现状 ………………………… (157)
　　　　4. 卡贾特的婚姻制度 …………………………… (160)
　　四　索拉贾特人 ………………………………………… (161)
　　五　卡贾特—索拉贾特阶层 …………………………… (164)
　　六　结论 ………………………………………………… (172)

第六章 本地后裔 …… (174)
　　一　村里的族群 …… (175)
　　二　这些族群之间的关系 …… (178)
　　三　不同居住地之间族群的关系 …… (180)

第七章 村庄：组织和司法 …… (182)
　　一　组织 …… (182)
　　　　1. 古代组织的遗迹 …… (182)
　　　　2. 村长 …… (183)
　　　　3. 村委会 …… (186)
　　　　4. 村庄大会 …… (187)
　　　　5. 卡特瓦 …… (188)
　　　　6. 义务劳动 …… (188)
　　　　7. 评价 …… (188)
　　二　司法 …… (189)
　　　　1. 地方司法 …… (191)
　　　　2. 省级或官方司法 …… (193)

第八章 出生—童年—青年 …… (195)
　　一　出生 …… (195)
　　二　幼年期 …… (196)
　　三　青春期 …… (197)
　　四　离家参军的青年 …… (199)

第九章 婚姻 …… (202)
　　一　婚姻的初期 …… (203)
　　二　婚姻的规则 …… (205)
　　　　1. 同族婚姻和异族婚姻 …… (205)
　　　　2. 其他限制 …… (207)
　　　　3. 优先婚姻 …… (209)

目 录

  三 婚姻的地点和母系婚姻 …………………………………（209）
   1. 统计数据和评论 ………………………………………（209）
   2. 卡贾特的婚姻 …………………………………………（212）
   3. 索拉贾特的婚姻 ………………………………………（215）
  四 人们结婚的年龄 …………………………………………（215）
   1. 女性结婚年龄 …………………………………………（215）
   2. 初结婚时夫妻之间的年龄差异 ………………………（216）
  五 结婚仪式 …………………………………………………（217）
  六 新娘和她的婆家 …………………………………………（221）

第十章 家庭 ……………………………………………………（224）
  一 丈夫和妻子的关系 ………………………………………（224）
  二 父母与子女的关系 ………………………………………（227）
  三 祖父母和孙子女之间的关系 ……………………………（230）
  四 孩子们之间的关系 ………………………………………（230）
  五 士兵向家庭的回归 ………………………………………（232）
  六 家庭内部的分工 …………………………………………（237）
  七 娱乐和休闲 ………………………………………………（239）

第十一章 婚姻关系的终止和继承 ……………………………（242）
  一 婚姻关系的终止 …………………………………………（242）
   1. 统计数据 ………………………………………………（242）
   2. 离婚 ……………………………………………………（243）
   3. 离婚的后果 ……………………………………………（244）
  二 财产继承 …………………………………………………（246）
   1. 收养 ……………………………………………………（246）
   2. 继承规则 ………………………………………………（247）

第十二章 葬礼和亲属称谓 ……………………………………（250）
  一 葬礼和亲属关系 …………………………………………（250）

1. 葬礼（土葬或火化） ………………………………（250）
　　2. 哀悼的结束 …………………………………………（251）
　　3. 评价 …………………………………………………（252）
　二 亲属术语 ………………………………………………（258）
　　1. 用语 …………………………………………………（258）
　　2. 评价 …………………………………………………（262）

第三部分　宗教

第十三章　宗教框架 ………………………………………（271）
　一 日常生活与超自然现象 ………………………………（271）
　二 祭司 ……………………………………………………（273）
　　1. 喇嘛 …………………………………………………（273）
　　2. 普楚 …………………………………………………（275）
　　3. 科里布利祭司 ………………………………………（278）
　　4. 婆罗门 ………………………………………………（280）
　　5. 达姆 …………………………………………………（280）
　三 礼拜场所 ………………………………………………（281）
　　1. 墓地 …………………………………………………（281）
　　2. 神龛 …………………………………………………（282）
　　3. 其他地方 ……………………………………………（283）

第十四章　官方的宗教节日 ………………………………（285）
　一 家族节日 ………………………………………………（285）
　二 村庄节日（莫霍里亚村） ……………………………（288）
　三 特殊宗教仪式 …………………………………………（297）
　四 评论 ……………………………………………………（299）

第十五章　古隆族宗教的仪式 ……………………………（301）
　一 普楚的仪式 ……………………………………………（301）

目 录

  1. 占卜术的体系 …………………………………………（301）
  2. 体系的运作方式 ………………………………………（304）
  3. 使用 ……………………………………………………（306）
  4. 仪式 ……………………………………………………（308）
 二 科里布利祭司的仪式 ……………………………………（320）
  1. 概述 ……………………………………………………（320）
  2. 仪式 ……………………………………………………（321）
 三 丧葬礼仪 …………………………………………………（325）
  1. 葬礼 ……………………………………………………（327）
  2. 死者哀悼仪式 …………………………………………（331）
 四 对普楚和科里布利祭司主持的仪式的分析 ……………（345）
  1. 基本仪式 ………………………………………………（345）
  2. 搜捕仪式 ………………………………………………（345）
  3. 搜寻主题到达时的仪式 ………………………………（346）
  4. 驱逐仪式 ………………………………………………（347）
  5. 仪式的类型 ……………………………………………（347）

第十六章 普楚祭司与科里布利祭司的宗教观念 ……………（352）
 一 世界和诸神 ………………………………………………（352）
  1. 创造 ……………………………………………………（352）
  2. 世界 ……………………………………………………（354）
  3. 众神 ……………………………………………………（356）
 二 精神 ………………………………………………………（357）
 三 灵魂 ………………………………………………………（362）
 四 长寿和幸运 ………………………………………………（365）
 五 血祭 ………………………………………………………（366）
 六 道德 ………………………………………………………（369）
 七 不同的表达 ………………………………………………（370）
  1. 左右 ……………………………………………………（370）
  2. 数字 ……………………………………………………（370）

3. 鸟类 ………………………………………………… (371)
　　4. 其他动物 ……………………………………………… (373)
　八　火 ……………………………………………………… (373)
　九　祭司及他的力量 ……………………………………… (374)

第十七章　古隆四种宗教并存的地方 …………………… (377)

补充说明 …………………………………………………… (381)

对皮涅德工作的进一步评论以及古隆人今天的情况 …… (414)
　附录 A. 教育 ……………………………………………… (414)
　附录 B. 滑坡和土壤侵蚀 ………………………………… (416)
　附录 C. 氏族的等级制度 ………………………………… (417)
　附录 D. GHATU 舞会 …………………………………… (420)
　附录 E. 普楚的仪式和神话 ……………………………… (424)
　附录 F. 巫术信仰 ………………………………………… (427)
　附录 G. 罪的概念 ………………………………………… (430)
　附录 H. 恍惚与附身 ……………………………………… (432)
　附录 I. 塔穆部落简史 …………………………………… (433)

参考文献 …………………………………………………… (448)

英译版序言

1958年，伯纳德·皮涅德（Bernard Pignède）和古隆人在莫霍里亚（Mohoriya）村一起生活了大约7个月的时间。他和他的助手钱德拉·巴哈杜尔·霍坦（Chandra Bahadur Ghotane）一起对这些人进行了第一次深入研究①。之后皮涅德回到巴黎起草了这本书的大部分内容。1961年，皮涅德不幸去世，年仅29岁。他的同事路易斯·杜蒙（Louis Dumont）教授，于1966年在法国出版了该书。

尽管他去尼泊尔之前没有接受过正式的人类学训练，且与古隆人接触的时间也相对较短，但很快该书的出版就被视为对喜马拉雅人类学做出了重大贡献。1968年，我和我的妻子吉尔（Gill）去古隆村做进一步的人类学田野调查时带着一本，很快发现了这本书的价值。我们对这本书进行了英文翻译，并将译本存放在特里布万大学（Tribhuvan University）图书馆，供那些阅读法语有困难的学者使用。我们已与古隆村的塔克（Thak）就书中的文本进行了调研，同时访问了莫霍里亚村，并根据皮涅德的笔记对一些细节进行了核实，重新进行了人口调查。虽然皮涅德的工作有待修止，但基本上是止确的。

自1966年以来，对古隆人的研究涌现了大量的成果（参见附录），但皮涅德的书却不可替代。有的是基于他的研究，有的是对他研究的补充，但总是能从中找到皮涅德的身影。他的书不仅在古隆或尼泊尔被研究，而且在整个喜马拉雅人类学研究中都已成为经典。因此，似乎有必要为许多不精通法语的学者们提供一个合适的英译本，

---

① 序言后是钱德拉·巴哈杜尔·霍坦对与伯纳德·皮涅德共事的回忆。

以方便他们使用。该书受到出版社和杜蒙教授的许可，同时得到麦克唐纳（W. Macdonald）博士的支持，这项工作目前已经完成。

除翻译之外，我们会进一步补充一些素材，对皮涅德的书稿进行补充和修订，内容要么基于我们研究中获取的素材，要么吸收已经通读了书稿并对古隆研究感兴趣的专家的意见。

保持皮涅德研究的完整性是非常重要的。所以，即使是在一两个我们知道原作者错了的情况下，或者是他的措辞单独理解可能会冒犯古隆人的情况下，我们也没有改动原文。毕竟这是他在三十多年前的工作，而当时对尼泊尔的了解远不如今天。因此，我们没有修改他的原文，而是决定以脚注和较长附录的方式对其做出注释，并进行编号放在文本后面。为避免混淆，我们倾向于用皮涅德对古隆语的拼写，如普楚（pucu）或科里布利（klihbrī）*这两个词，虽然古隆语本身就有许多不同的写法。

我们对文本只作了两项较小的修改。首先，皮涅德提到了莫霍里亚村里一些特定的人。这些人的名字不是很讨人喜欢，可能会引起一些不快，所以就省略了他们的名字。同样地，我们对村庄的规划也进行了相应的修改。其次，虽然皮涅德对古隆语十分熟悉，但考虑到他待的时间不长，因此我们在古隆人的帮助下做了一些修正。

综上所述，该书保持了皮涅德最初撰写的大部分素材，同时与补充材料一起使用，并将信息更新到20世纪90年代初。

这些补充材料的主要来源包括四个方面。第一，艾伦·麦克法兰和萨拉·哈里森在书稿问世之后对古隆人进行了五次访问（分别是1986年、1987年、1988年、1990年和1991年），共历时约9个月。在其中的两次访问中，我们重新访问了莫霍里亚村，并根据皮涅德的第一次人口普查和艾伦·麦克法兰1969年进行的人口普查对该村庄重新进行了调查。参观古隆村让我们看到了从皮涅德来访到现在33年间的变化。

第二个来源是由钱德拉·巴哈杜尔·霍坦提供的。从皮涅德自己

---

* pucu 和 klihbrī 均为古隆语，是两种萨满族祭司的名称。——译者注

的叙述中可以明显地看出，作为皮涅德的主要田野调查助理，霍坦对此书做出了巨大的贡献。因此，一旦该书稿以英文出版，就必须征求霍坦对此书的反应和评论。

第三个来源由中尉因陀罗·巴哈杜尔·古隆（Indra Bahadur Gurung）提供。艾伦·麦克法兰和萨拉·哈里森曾与他合作多年，并共同撰写了《古隆指南》（Guide to the Gurungs, 1990）。因陀罗·巴哈杜尔·古隆长期以来对古隆的历史，以及不断变化的世界中他们面对的问题感兴趣。

最后，由于皮涅德最具原创性和最有趣的工作在于他对萨满体系中"祭司"（普楚和科里布利）的描述，所以要求一个特别有学识的"祭司"对文本进行指导。雅容·塔穆（Yarjung Tamu）是扬加哥特（Yangjakot）一个有声望的祭司的儿子，他很友好地接受了这项工作。在巴拉·塔穆（Bala Tamu）和其他朋友的帮助下，他通读了全稿，并对书稿中的内容发表了一些有价值的见解。

最令人鼓舞的是，雅容·塔穆发现，尽管存在一些小错误，但总体上皮涅德对"祭司"这个复杂的系统进行了非常准确的描述和判断。这一判断得到了对"祭司"神话和仪式研究最深入的西方学者西蒙·思特里克兰德（Simon Strickland）博士等人的赞同（见附录E）。

由于雅容·塔穆是祭司，他可以接触到许多记录了古隆人神秘历史的书面和非书面材料。他与波瓦·塔穆（Bhovar Tamu）一起，根据传统的口头神话对古隆人的历史进行了描述。虽然对英语表达做了一些修改，但在雅容（Yarjung）和波瓦（Bhovar）的语录中，这一点已经尽可能保留了下来（附录I）。

这个解释可以与皮涅德、麦克法兰和其他西方人类学家提供的解释一起阅读，而钱德拉·巴哈杜尔·霍坦给出的解释略有不同。很明显，有一些是与古隆人早期历史相互矛盾的解释，特别是皮涅德关于Carjat 和 Solahjat* 的起源。有些人认为是不同的起源，有些人则认为是共同起源。有些人认为他们的祖先在北方，有些人则认为在南方。

---

* "Car"表示"四"，"jat"表示"种姓，等级"，"Solah"表示"十六"。——译者注。

有些人高度重视西藏文化的作用，另一些人则对此不以为然。

这种争论在人类学家所研究的社会中是普遍的，人类学家所研究的社会历史主要以口头文本形式存在。因此，读者将不得不自己判断。一种调解（意图）很明显的甚至截然相反的叙述的方法认为，所有的古隆人（和尼泊尔的许多其他与之颇为相似的高地族群）来自北方，有可能来自中国西部，不同族群可能经由不同的路线达到了今天的位置。例如，可能卡贾特人（Carjat）和迦勒人（Ghale）向东走得更远，从而避开西藏，然后沿着喜马拉雅山脉向西移动，比从西藏下来的索拉贾特人（Solahjat）稍早到达。然后，正如大多数传说所述，各种各样的族群在位于安纳普尔纳（Annapurna）山脉南坡上的科拉（Kohla）村会合。

这个解释和其他解释一样容易受到抨击。重要的一点是，多年来人类学家一直强调，"部落"是一个极其难以捉摸的概念，常常被强加于一群来自外部的迥然不同的民族。在巨大的经济和政治变革时期，种族的相似性和差异性变得尤为重要，起源的传说也被仔细研究。古隆人像许多其他团体一样，也正在参与这个过程。

我们希望这本书能展现出一些外来者强加给古隆文化和历史的扭曲现象。通过允许不同版本的存在，它可能会帮助所有关心喜马拉雅族群的人看到对这些远古游牧民族的描述和他们的自我陈述是多么复杂。他们民族相融，却又能保持独立自主。至于最终的"解决方案"，色诺芬（Xenophon）留给我们的结论是："最终的真相他自己也不知道，因为所有的一切只是编织的猜测之网。"

萨拉·哈里森和艾伦·麦克法兰

（著于剑桥，1992年4月）

与伯纳德·皮涅德共事的回忆

我们是偶然相遇的。我在加德满都上大学的时候,听说有个法国人想研究古隆人。我们见面时,皮涅德说,他和其他部落的人一起工作过,所以十分了解乡村生活的艰辛。他不知道要去哪里展开田野调查,所以我建议去我所在的古隆地区莫霍里亚村。我们大约在1958年3月去了那里。

他在村子里住了大约4个月,还在甘德兰登(Ghandrung)住了7天。这次旅行结束后,我们去了蓝琼(Lamjung)徒步旅行。我们从西克利斯(Siklis)出发,花了大约三个星期的时间和一个老"祭司"一起工作,然后从西向东穿过古隆地区走了两个月。那是在雨季,路上满是水蛭。

我和皮涅德都说英语,虽然一开始我说得不是很好。他很少说古隆语,所以请我做翻译。皮涅德打算写一本古隆语法书和一本小字典。大约两个月后,他就可以进行基础对话了,比如问一些简单的问题,像"你要去哪里","你多大了"。他会问我一些问题,然后我会把答案翻译成英语。皮涅德要求答案精确地反映问题,否则他就会一遍又一遍地提出问题。

皮涅德在一所房子的旧粮仓里生活和工作。他自己会做饭,也雇了一个蓝琼的男孩教他做饭。这个男孩后来成为尼泊尔驻英国大使的厨师。起初皮涅德吃欧洲食物,但后来也习惯了当地的饮食。

皮涅德有很强的好奇心且非常敏锐,知道如何得到他想要的答案。他总是在提问题。在他住在村里的四个月里,有两个月的时间几乎完全花在和邻近的丹兴(Dangsing)村的祭司一起工作。在剩下的时间里，我们每天例行公事地工作15—16小时。整个白天我们都在谈话，到了晚上皮涅德就整晚地进行写作。

我从来不觉得皮涅德有幽默感，相反，他是一个非常严肃的人。例如，他总是想用最短的路线从一个地方走到另一个地方，没人能劝阻住他。走到帕斯高（Pasgaō）村时，我警告他这条直路非常难走且危险，但他并没有因此却步。还有一次，他不顾我的劝阻，一个人爬了两天，爬到了甘德隆对面山的雪线上。

皮涅德的一条腿比另一条腿虚弱一些，有点一瘸一拐，但走得很快，可以连续走24小时不停歇，也不会觉得累。他似乎从来没有感到沮丧、生病或头痛。皮涅德是一个能忍受任何困难，面对任何困难的人。他一心一意只想他做什么，我仿佛感到有什么东西在驱使着他。他是一个意志坚强的人，没有什么能让他停下来放松。我有时会把人们聚在一起唱歌跳舞，但皮涅德并不喜欢这样的方式。他参观了罗迪（rodi），但他没有跳舞。他不喜欢和女孩子们开玩笑或打情骂俏，他只想尽快完成这项工作。

我试图劝他再多待一阵，告诉他，作为一个客人，他不需要付饭钱和住宿费。劝说他再多待几个星期就会大有不同，但他想赶快结束，说"我必须立马回去完成这项工作"。当皮涅德离开村子的时候，人们为他举办了一个盛大的送别晚会。

我想，他回到法国之后夜以继日地工作肯定累坏了。他给我写了两封信，其中一封要求我提供更多关于"仪式"（pae）的信息，但我无法得到，因为我需要回到村庄，但那时我已经回到加德满都。他还写道，他之后会回来做一些进一步的研究。我说我会继续陪同前往。但令人悲痛的是，后来听说了他的死讯——死因是他的房间发生了煤气泄漏。

钱德拉·巴哈杜尔·霍坦

致　　谢

伯纳德·皮涅德、法国茅顿公司和巴黎高等社会科学教育学院出版的原版图书的出版商已同意翻译出版。路易斯·杜蒙教授在这项工作中也给了我们鼓励。巴黎的印度和南亚研究中心，尤其是埃里克·梅耶（Eric Meyer）主任非常慷慨地把皮涅德的笔记和照片提供给我们。底片已丢失，所以我们选择了许多在主题上尽可能接近底片的版本。

经济和社会研究理事会（"尼泊尔中部的社会变革"项目）、剑桥大学和文艺复兴基金会为翻译工作提供了财政支持，我们表示非常感谢。

剑桥大学社会学与人类学系为该项目提供了机构支持。我们要特别感谢萨拉·格林（Sarah Green）对文本进行拍照制作提供了非常大的帮助，感谢汉弗莱·辛顿（Humphrey Hinton）提供的各项帮助。还要感谢彭妮·朗（Penny Lang）把原始的翻译初稿输入电脑，并进行了改进。

钱德拉·巴哈杜尔·霍坦，中尉因陀罗·巴哈杜尔·占隆，雅容·塔穆和波瓦·塔穆在校对注释方面做出了巨大的贡献，使皮涅德的表述更加清楚。朱迪思·佩蒂格鲁（Judith Pettigrew）在整理各种评论的基础上补充了自己的评论，帮助古隆研究的学者更清楚地理解皮涅德的思想。好心的唐·梅瑟施密特（Don Messerschmidt）允许我们使用他在博卡拉（Pokhara）的传真设施，使我们后来得以做出一些补充。早期的资料提供者以及我们的朋友普瑞·巴哈杜尔·古隆（Prem Bahadur Gurung）、尤杰辛·古隆（Ujesing Gurung）、中尉布皖

致　谢

辛·古隆（Bhuwansing Gurung）和巴德哈辛·古隆（Badrasing Gurung）一直为我们提供帮助；我们在塔克、苏杰·巴哈杜尔（Surje Bahadur）和迪玛亚（Dilmaya）的家人、孩子以及我们其他的青年朋友，特别是杜迦·古隆（Durga Gurung）、彭卡基·古隆（Preinkaji Gurung）和克里斯那·古隆（Krishna Gurung），丰富我们的知识，带给我们无限的快乐。安纳普尔纳保护区项目（Annapurna Conservation Area Project）副主任钱德拉·普楚祭司萨德·古隆博士（Chandra Prasad Gurung）、哈卡·古隆博士（Dr. Harka Gurung）和贾格曼·古隆教授（Jagman Gurung）等人多年来一直在激励和启发我们。约翰·克罗斯（John Cross）上校对早期译本发表了评论，并且帮助我们了解了许多当地的情况。

编辑前言

伯纳德·皮涅德于 1961 年去世，享年 29 岁。他于 1959 年年底完成了本专题论文，并获得了博士文凭。如果他当时准备去尼泊尔进行深入研究，并打算通过对研究西藏来加深和扩大分析，我们无法确定他是否还会出版这本书。然而，这项工作还仅仅处于初级阶段，编辑在收集了皮涅德遗存的文稿之后，不得不基于已有材料，限制自己对专著本身的增色，尽管它的细节已经很丰富了。只有那些用铅笔在页边空白处写下的手稿注释，作者的意图很明确的内容才被放在书稿内。也有极少的插入语，编辑将它们置于" ｛｝"内。感谢麦克唐纳先生在一些敏感问题上的帮助。只对书稿中的第五章进行了修改，以期在英文译本出版时更加清晰明了①。此外，该专著的打字稿及所有原始文件均被保留下来，以供专业研究者使用。

然而，我们在手稿的前言中提到一个想法，它表明了皮涅德的主要思想。他关注的是通过比较分析古隆的社会组织和宗教，使用其他部落的信息，或者从已经出版的作品，以及保存在印度办公室图书馆的布里安·霍奇森（Brian Hodgson）的手稿笔记。"其中包含很多有价值的信息，可悲的是直到现在才使用。"皮涅德清楚地意识到这样做的风险，但他有信心能在其材料来源中找到可供比较的素材。他平常是很谨慎的，在他的介绍性计划中直言不讳地写道：

在我看来，从现在开始，我们不能把尼泊尔社会看成是由各

---

① *Indian Sociology*, Ⅵ, 1962, pp. 102 – 119.

种各样当地异质族群组成的整体。我们可以对这些部落进行全面而有意义的分析，而不必设想它们之间存在的关系。我认为山地部落占领的地区必须被视为一个广阔的文化舞台，在这里，人们可以在不同的群体中找到共同的制度。这些群体因当地文化而异，但它们的基本结构是相似的。

这种比较的意图解释了为什么在皮涅德的论文中，霍奇森（Hodgson）、布坎南（Buchanan）、凡斯提亚（Vansitiart）和其他著作的阅读笔记，构成了对古隆族新分析的大部分。从部落内部的等级制度和葬礼仪式这两点上，我们可以把发展的时期和用来解释它们的笔记区分开来。但是，这些笔记只是粗略的说明，因此不能被使用。

在皮涅德的手稿笔记中还有其他可以发表的材料吗？他的古隆语法书中也包含一些元素，但斯内格罗夫（Snellgrove），一位做西藏研究的伦敦教授，也是皮涅德的密友，他看了这本书的手稿后，认为该书还需完善。皮涅德还有一本关于祭司文学的法国抄本，由于是较早时期完成的翻译，在与麦克唐纳先生协商后，暂定还不能出版。麦克唐纳先生建议与古隆资料提供者继续深入讨论完善，以便于将来出版。

这是一个简短的传记。它是一座纪念友谊的丰碑，除了对作品本身，它还试图唤起世人对世界的关注，使人们了解古隆这个被世人忽视的群体。

编辑过程得到了欧洲经学院最诚挚的配合。我在此感谢海特曼先生（M. Hartmann）在摄影插图方面的专业技术。我还要感谢所有那些试图纪念我们朋友的人们。

路易斯·杜蒙

伯纳德·皮涅德

(1932 年 3 月 16 日—1961 年 11 月 23 日)

  1958 年秋天，我第一次见到伯纳德·皮涅德（Bernard Pignède）。冯·费勒 – 海门多夫（von Furer-Haimendorf）教授曾告诉我，我会在尼泊尔加德满都见到一个讨人喜欢的法国年轻人。虽然他不是专业的人类学家，但他提出要研究一个尼泊尔部落，并向教授征询意见。冯·费勒 – 海门多夫教授确信他是认真的，于是推荐了古隆族。这个年轻人没有任何补助，他在世界各地谋生，用自己微薄的积蓄继续学业。教授告诉我这位业余人类学家即将到来，由于对他印象深刻，自然也很感兴趣。

  几个月后，伯纳德·皮涅德请我指导他撰写关于古隆族的专著时，我并不感到意外。我向他提出了许多问题，他的真诚给我留下了深刻的印象，毫不怀疑未来还有一项漫长而艰巨的任务。但让我没有想到的是，整整 13 个月后，皮涅德就完成了这篇论文。专家对这篇论文给予了很高的评价，授予了高等教育博士文凭。试想一下完成这本专著时的努力，我们只能得出这样的结论：皮涅德几乎是夜以继日地工作了 年。他不仅丰富了自己的语言能力，在巴黎与斯坦博士（M. Stein）和伦敦的斯内尔格罗夫博士（M. Snellgrove）开始他的藏语研究，而且还组织了所有材料。此外，他还拓宽了自己的知识面，探究某些理论发展，着手研究印度社会学。最后，结合我的评价建议，他对文本进行修改并最终完成了手稿。

  我很高兴能与伯纳德·皮涅德合作。他对一些调查领域似乎模糊不清，每当需要进行补充资料时，他往往已经开始着手在收集；当我建议他的分析可以沿着某条线索进一步发展，但可能会比较费时的时候，他往往人还在外地，却总能在几周内得出一个超出我预期的发展。

我很自然地思索那些他一直请教我的问题。这个年轻人是如何从一开始就学会别人花了很长时间才学会的东西？他是如何将田野工作和分析问题这两个如此艰难的角色进行综合的？我的回答是，他对这个职业有天然的使命感。但是，这只是一个表面的答案。在伯纳德生前，我们也许会满意这个答案，而随着时间的推移，我们所没有问过的问题就会更彻底地暴露出来。但我们现在只能靠自己来找寻这个答案了，因为在他拿到文凭不到两年的时间里，在他被任命为巴黎政治经济学院的主任，正当他准备返回尼泊尔的时候，伯纳德意外地去世了。在短短三年的时间里，所有在法国和英国大学里认识他的人都知道，他的死留下了大量的空白。他在世界各地的朋友都有很多疑虑，因而我写下了这些话。与皮涅德见过两次面的大卫·波科克（David Pocock）写信给我，说伯纳德的一生确实有许多值得学习的地方。在他们谈话之后，波科克用"目标的完整性"（integrity of purpose）来形容伯纳德。这是一个极好的表述，因为它一方面描绘出皮涅德惊人的意志力，另一方面再现了皮涅德这种征服意志力的决心：他是一个独立自主的人，同时又是一个不主动疏远遇到的人，不会轻易远离他的研究兴趣和研究对象。至于其他关于他的诚实、敏感、细致，也许不过是他拥有这种意志力的结果。为了阐明伯纳德·皮涅德关于"目标的完整性"的人类学使命，我将从他本人、他的父母及他的几个密友告诉我的故事中，总结出关于他很不完整但极具启发性的一生的故事。

伯纳德·皮涅德于1932年生于巴黎一个中产阶级家庭，在五个孩子中排行老三。他的父亲是一名商人。伯纳德中学毕业后，按照父母的意愿进入了高等商业学院。他的妹妹是一名医生，他的兄弟中有一个是牙医，另一个是技师，而伯纳德则随时准备承担可能落在他身上的家庭责任。很明显，他拥有一种完全不同于常人的内在驱动力，这种驱动力很难精确地描述。当他还是个蹒跚学步的孩子时，就被发现肢体部分瘫痪。这不仅需要治疗，还需要自主运动，以确保身体的整个右侧都能活动。因此，为了写作，他必须用左手支撑和辅助右手。伯纳德本人也强调过，他在很小的时候就必须锻炼自己的意志。我们可以从他的残疾中看到，他遭受的痛苦和克服痛苦的努力，是他同情心的第一源泉。虽然他从来没有明确地表现出来，但他时刻准备着为受压迫者服务。在他 11—12 岁又经受了一次可怕的考验——遭受剧烈头痛的折磨，令人难以忍受，他担心会丧失理智，大家认为这可能是对大脑施加压力导致的，进行手术是无用的。虽然伯纳德受到头痛无休止的折磨，但随着时间推移，压力终于减轻了，而这场磨炼影响了他的性格。那是在 1944 年，巴黎刚刚解放的时候，伯纳德在医院里的病友都是在战斗中头部受伤的人，其中不乏许多穷人。时局艰难，食物匮乏。伯纳德的父母过去常常给他带来一些小玩意儿，他们告诉他，有时是他让他们把这些东西拿回去的，因为他的病人朋友们买不起这些东西，而伯纳德自己也不想要什么特权。他可能把这些东西与病友们分享，但毫无疑问，即使这样也不能使他满意。由此可知，这个 12 岁的孩子，在经历了一场可怕的磨难后已经有了严格的社会正义感。回家后，由于有好几个月不能上学，他就用一些零零碎碎的东西做了一艘军舰模型来打发时光。我曾在他父母家里见过这艘军舰，它有一码多长，与其说是一个孩子的作品，不如说是一个耐心的工匠或退休水手的作品。伯纳德已经尝到了苦干的滋味，尝到了坚持不懈地努力和完成自己设定任务的成就感。

他利用学校的假期去了很多地方旅游。16 岁时，他拿着泽利佳（Zellidja）奖学金去了巴斯克人俱乐部。后来，他依托青年营访问摩洛哥、阿尔及利亚和意大利。第二年，他骑自行车去了雅典，参观了爱琴海诸岛。他的旅行花销很少，因为他不愿意从父母那里获得帮助。在接下来的一年里，他参加了索邦（Sorbonne）大学的社会学讲座，同时继续他的研究。接下来的假期里，他去了克里特岛和埃及，在那里靠为一名建筑师画画谋生。在埃及人的帮助下，他又搬到了苏丹，甚至到了中非。伯纳德总是为他见过的努尔人（Nuer）而自豪。他告诉大卫·波科克（David Pocock）一个法律系的同学如何从法律

伯纳德·皮涅德

研究人员那里帮他借伊万·普理查德（Evans-Pritchard）的书，这是他看过的第一本社会人类学专著，分析田野调查中的对象是什么样地体验。他后来经由叙利亚、黎巴嫩和以色列回国。在这段时间里，他主要对人类及其机构组织感兴趣，如以色列的基布兹（Kibbutz）① 集体农场。

在完成学业后，由于健康原因他没有服兵役。在得到父亲的允许后，继续去环游世界。在仔细考虑伯纳德私下告诉我的一些事情之后，我发现了这个决定背后的道德价值。他全神贯注于社会问题，认为必须通过社会问题来理解道德问题。假设一个人已经有了这样的观点，他会如何去证明这些观点呢？如果他身体健康，他很可能会出于良心拒服兵役，但他因为身体原因免去了这种选择。伯纳德觉得他必须做这样的事情，因为他与无政府主义者完全相反。他是一个希望活在义务之中，但又相信拥有选择的权利。他的选择有些模糊：他想看看人们尤其是穷人们是如何生活的。他不支持党派政治，但他同情工会。我想，也许他曾经发誓要效忠于整个人类，后来随着时间和经验的积累，这些想法变得幼稚，只是他羞于承认这一点，宁愿把自己的动机隐藏起来。或许是承诺的需要，加上年轻人对发现和流浪的渴望，1955年秋天，在父亲的帮助下，他在纽约找到了一份工作，给纽约军事学院教法语、西班牙语和拉丁语。他不光维持法语课上的纪律，还教会我们如何问问题。他告诉我们为了给他们提供令人满意的答案他费了多少心思，以及他如何以这种方式赢得了信任。一年后，院方恳请他留下来，但他拒绝了。他接着穿过墨西哥，到达尤卡坦（Yucatan）半岛去看玛雅人（Maya），后来去了日本。尽管没有钱，他还是学习了宗教史和人类学，就像他在纽约时的生活一样。他还陪同一名日本研究生前往阿伊努（Ainu）。在日本待了七八个月后，他去了新喀里多尼亚（New Caledonia）。他又一次不得不自己谋生，但

---

① 以色列基布兹（Zsraeti Kibbutz）集体农场是以色列一种建立在平等和公平基础上的独特社会组织，致力于建立一个平等、公平、互助的社会。基布兹内部实行集体所有制，成员直接参与集体事务的管理与决策，所有成员都是平等的，实行"各取所需"的分配方式。

这一次他成了一名挖镍工人，做着许多人只能忍受几个月的活。难道他想和这些工人——世界上最贫困的人——一起生活吗？毫无疑问他是愿意的，但是他做了什么来改变他们的命运吗？我们无从得知，只知道这很不容易。在这次炼狱之后，他计划在尼泊尔山区停留六个月，那里一定像是天堂。他只有最低限度的资金，但他进行了研究，拍摄了一部16毫米的电影，后来卖给了一家电视公司，并录制了一些音乐唱片，其中以《世界圣歌》（*Chant du Monde*）为名在巴黎录制了两张唱片，一张是古隆的，另一张是尼泊尔的。他一回到巴黎就以我所描述的热情和我们所预见的结果开始工作。通过这次世界旅行，他已成为一名成熟的人类学家了。

显然，这次旅行体现了某些年轻人的另一种形象，至少是法国的年轻人：他们毫无保留地与整个世界做斗争，带有年轻人的急躁和不安，不管有没有文凭。如果一切顺利，旅行者将带着某些确定性——一笔交易或一项使命返回。就在这一段时间里，伯纳德正在绕过最后一个海角，突然，有一种意想不到的危险吞没了他。勒内·克莱尔（René Clair）最近回忆起那句广为人知的名言："我为那些20岁时没有反叛精神的人感到遗憾。"有人可能会补充说，尽管不认可反叛是明智的，但从一个国家到另一个国家并非没有危险。当然，从外部看来，伯纳德·皮涅德既不是革命者，也不是造反者。然而，很明显，他有一种忍受折磨的精神，他以不同寻常的谨慎，与社会保持距离，他从一开始就有一种不满的感觉和行动的欲望。他年轻时拒绝适应，这是一种积极的品质，但被他克服了，我称为他向人类学的转变。因为拜访世界各地的部落是一回事，而服从一种职业的规则，自由地选择它作为自己的未来又是另一回事。虽然被邀请到其他地方进行更容易和报酬更丰厚的研究，但伯纳德·皮涅德坚定地致力于他在最后一个工作方案中所写的尼泊尔社会学的任务。在意向层面，这个圈子被封闭了，这个年轻人的真挚开始结出果实。

但是回到现实又是一件微妙的事，伯纳德至少在某些方面是完全知道这一点的。在一种克制的态度和一种平静的幽默的掩盖下，某种斗争还在继续。无论是由于持续的紧张，还是因为他曾告诉他的朋友，他的生活是一场不断的战斗，在过去的三年里，他必须很快地学会通常需要更多时间来消化的东西。此外，这种转变带来了一些道德层面的困惑，使他无法平静下来。他的最后一个夏天特别艰难。那时他经历了一场情感危机，这在一定程度上也是一场职业危机。我在他的文件中找到了一封信，这封信我曾要求他回复，但他并未完成。他试图对他的论文所载材料进行分析，他十分顾虑所收集到的材料是否适用于他现在所设想的新观点。值得一提的是，他认识到了必须彻底转变。

10月，我又见到了他。他瘦了，但恢复了健康，比以往任何时候都更有信心，他的思想更成熟，更灵活，仿佛经过了这次最新的考验。我以为他在港口城市很安全。但他的一个朋友悲伤地认为，这并不令人意外，因为"尽管我们所有人的生活都很脆弱，但他的生活似乎比大多数人都更脆弱"。他是一个天生的人类学家，并逐渐发现了自己的天职，但上天没有给他充分完成这一天职的机会。

路易斯·杜蒙
大卫·波科克和大卫·斯涅尔格罗夫
都参与了这一纪念活动的写作

引　　言

直到1950—1952年，尼泊尔一直不对探险者开放。只有极少数像西勒凡·雷维（Sylvain Lévi）这样享有特权的人才能够进入和从事短期研究，这些研究揭示了这个喜马拉雅国家的无限研究前景。在国王再次成为尼泊尔的实际领导人后，一些学者才逐渐被授权进行地形研究。①

虽然收集了一些重要的人类学资料，但直到最近才有几篇文章和一份由日本科学考察队基于1953年的登山远征所写的报告出版②。

据我所知，这里提出的研究是对尼泊尔社会和文化等方面的第一次探索性描述。

1958年，我在尼泊尔待了9个月，其间收集了这些资料③。

幸运的是，我在抵达加德满都时遇到了伦敦大学亚洲人类学教授冯·费勒-海门多夫夫妇。海门多夫教授曾经经过古隆人的故乡，他们的村庄一直延伸到加德满都的西北部。教授强烈鼓励我把研究计划集中在他们身上，我听从了他的建议。按照尼泊尔的规定，所有在加德满都谷地以外进行探险的外国人必须有一名政府所认可的联络官陪同。我找到　名愿意陪我的古隆人开启这项研究，他就是我偶然遇见的古隆的一个年轻学生钱德拉·巴哈杜尔。他小时候在印度生活过几年，会说古隆语、尼泊尔语、印地语和英语。我们选择在莫霍里亚村

---

① 参见 Von Furer-Haimendo, *An Anthropological Bibliography of South Asia*, Vol. Ⅰ, 1958, pp. 98 – 105。

② Jiro Kawakita, *Peoples of Nepal Himalaya*, Kyoto, 1957.

③ 这次旅行是我自费的。

| 引 言

作为我们的调研地——那里是他出生的村庄，他的家人就住在那里。这个选择对我的研究有很大帮助。钱德拉·巴哈杜尔解释了我旅行的缘由，巧妙地在我周围营造了一种信任的氛围。我到达莫霍里亚村几天后，当地居民组织了一场盛大的欢迎宴会，他们在宴会上告诉我，他们将帮助我进行调查。在这里我有必要补充提一点：古隆人并不了解欧洲人。许多古隆人曾在廓尔喀（Gurkha）军队中服役，他们对当时指挥他们的英国军官非常尊敬。在两次世界大战期间，这些士兵中有相当一部分曾穿越欧洲。我对古隆夫妇在与他们一起生活的9个月里所给予的盛情款待和耐心合作不胜感激。

在开始研究之前，我没有了解古隆语的途径，因为从来没有人研究过。所以我不得不让我的朋友钱德拉·巴哈杜尔做翻译，同时向他学习古隆语。经过两个月的学习，我能够听懂别人的对话，这使我能够检查他的翻译。随着时间的推移，我对古隆的了解日渐深入，也能够直接与资料提供者进行交谈，并与钱德拉·巴哈杜尔合作，翻译我收集的所有传说和神话历史。

这项工作采取什么形式？它应该作为一个村庄的专著来呈现，还是作为一个由居住在古隆村的所有古隆人组成的非常广泛的群体的专著来呈现？在莫霍里亚村进行的深入调查为该专著提供了素材。古隆村只是表面上属于尼泊尔政治组织的一部分，实际上是一个自治、独立的单位，而且只与几个邻近的村庄相连。另外，在离莫霍里亚村较远的村庄作短暂停留期间，我已经收集了可观的信息，由于材料允许，我试图拓宽该专著的内容范畴，以便更好地了解古隆社会的关系系统。

直到现在还没有人认真研究过古隆人，因此有必要进行大量描述。这些描述几乎完全来自我在尼泊尔期间收集的信息。所以大部分情况下，我倾向于不做进一步的分析说明，因为只有从更广泛的领域收集到更多的意见才有可能这样做。

由于没有对其他尼泊尔人进行研究，特别是不了解古隆周边地区的人，我不可能把古隆文化精确地放在尼泊尔文化语境内。不过，我一直在努力表明，在由印度教、藏传佛教和更广泛的喜马拉雅文明组成的庞大群体中，古隆文化并不是外来品。对古隆物质文化、社会组织和宗教信仰的研究揭示了他们从这些文明中大量借用的东西。

这本书的前几章论述了物质生活的各个方面：国家、人口、栖息地、技术技能，等等。这为其他章节的主题——古隆人的社会和宗教生活的组织提供了物质背景。在制订这个计划的过程中，路易斯·杜蒙在他的书《印度南部的一个亚种姓》中所使用的方法影响了我，因为他的计划十分清晰，并且回答了分析的需求。我去尼泊尔前几天在新德里读了杜蒙先生的书。这次阅读使我确定了研究的大致方向。回到法国后，我第一次见到杜蒙先生，把我的手稿交给他评阅。我非常感谢他的耐心帮助和对我的无数忠告和建议。

我同样感谢克里斯托夫·冯·费勒-海门多夫先生和伊丽莎白·冯·费勒-海门多夫女士，他们从未停止对我工作的鼓励及提出的建议。

我还要感谢加德满都的联合国粮食与农业组织代表沃尔特·施文斯（W. Schulthess）先生和丹麦考古学家威廉·雅各布森（W. Jacobsen）先生。他们对尼泊尔的广泛了解让我获益匪浅，并给予我盛情款待。此外，我还受到法国驻新德里领事杰斯汀（Jestin）先生的热情接待，他帮助我克服了许多困难，我在此向他表示感谢。

第一部分
古隆—技能—经济

第一章 古隆与古隆族

一 概况

1. 古隆村

a）概况（地图，图 1 - 1、图 1 - 2）

古隆人的村落位于尼泊尔多山地区（东经 82°30′至 84°，北纬 28°至 28°30′）。印度半岛被一个从西向东延伸的屏障与中亚隔开，这个屏障就是世界上最高的山——喜马拉雅山脉。南部喜马拉雅山脉延伸到尼泊尔的中部和南部，而在北部有道拉吉里峰、安纳普尔纳峰、马纳斯鲁峰、珠穆朗玛峰、干城章嘉峰等高峰延伸至西藏。这些高峰以及其间的深谷，把尼泊尔分成数个彼此隔离的区域。来自南方与北方的移民逐步构成了一个混杂的群体，他们使用南亚语、藏缅语和雅利安语。尼泊尔分隔式的地貌使得不同民族和平共处的同时还能在很长一段时间内保持每个族群的相对独立，各自发展。一个人若途经尼泊尔，从一个信奉印度教的村到几公里外的一个佛教村，这中间可以没有任何过渡地带，这样的场景并不罕见。很大程度上，这两种文化是由地形来划分的。

尼泊尔可分为三个大区域。南部，从东到西延伸出一长串平坦肥沃的低地（特莱平原），位于恒河平原的北部。

在特莱山脉和北部高地之间，是高山的中心地带，也是喜马拉雅山脉的第一个前哨。逐步向北，山脉高度会增加到大约海拔 3000 米。在这个地区有许多河谷，其中最著名的当属首都加德满都所在的山谷。

第一部分 古隆—技能—经济

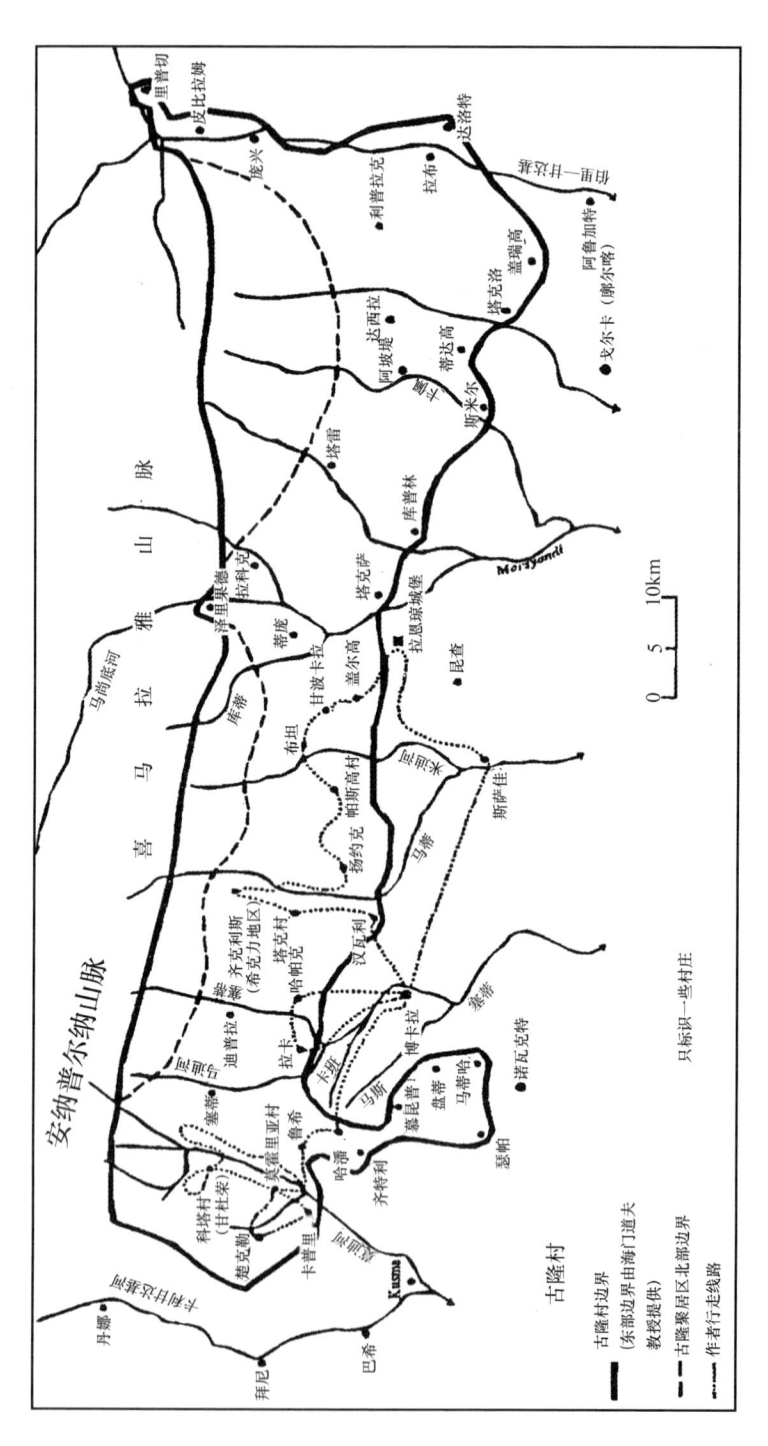

图 1-1 古隆村地图

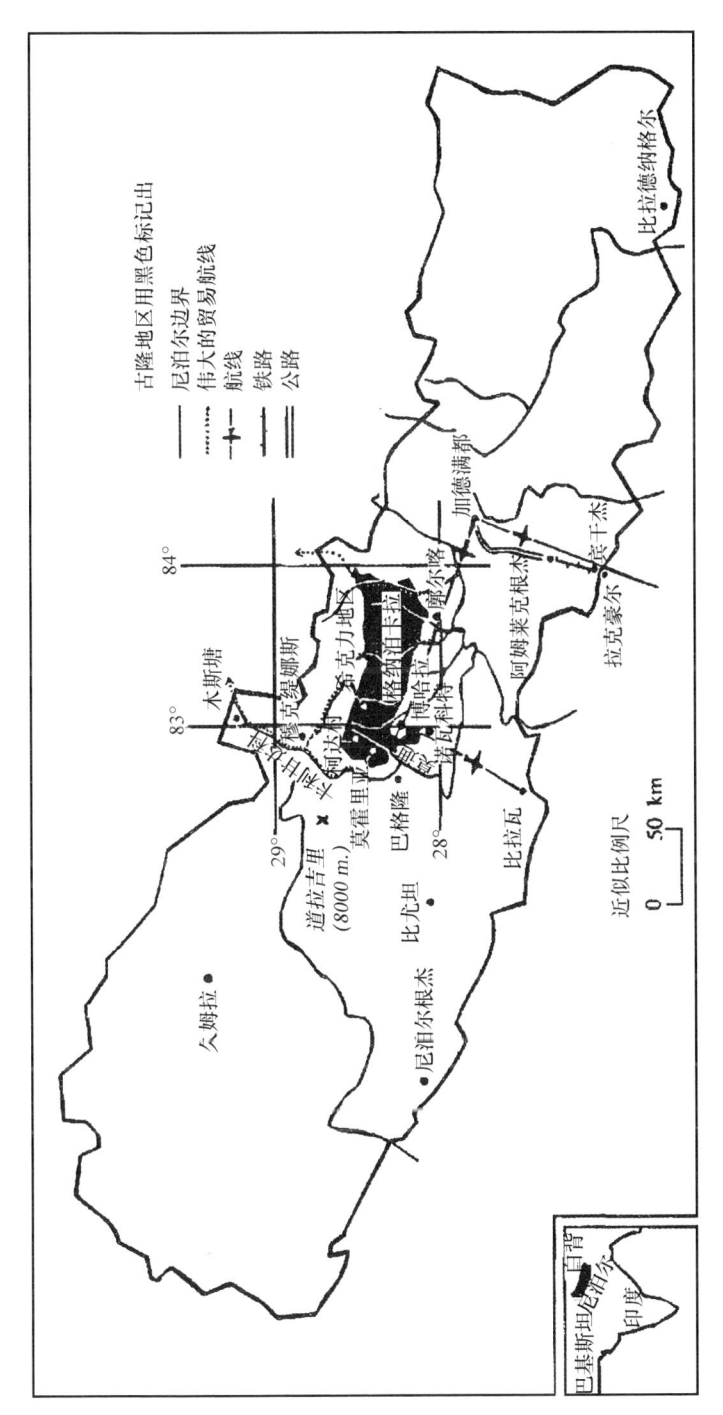

图1-2 尼泊尔和古隆地区

第一部分 古隆—技能—经济

尼泊尔北部是高山地带（海拔3000米到6000—8000米），一直延伸到西藏境内。古隆村就位于安纳普尔纳（Annapavna）山脉南坡和喜马尔佐利（Himalchuli）山中部的高山谷（high - hills）中。古隆南面是像博卡拉般一系列的小平原和大片平坦的谷底。卡利甘达基山谷和莫迪山谷之间的山脉构成了古隆的西部边界，而布利甘达基山谷成为其东部边界。古隆村海拔从1500米逐渐上升到2500米，牧场分布在海拔3500—4000米的区域。古隆村南北延伸长度140千米，东西延伸长度只有35—45千米。一系列从北向南流动的河流，将这个矩形分割成小块。这些源自喜马拉雅山脉的河流侵蚀力相当大，他们将地面冲刷得高低不平，山脊笔直延伸到山顶，深谷从1500米急剧上升到3000米。村庄和梯田都建立在这一系列悬顶和斜坡上。

土壤主要由片岩组成，在雨水、霜和风的侵蚀作用下，片岩会脱落。山谷底部覆盖着河流带来的肥沃冲积土壤。

这里气候复杂，会随着季节和海拔的变化而变化。在最北部的山谷，冬天非常寒冷。而在其他地方，气温不会低于零下8摄氏度。雪期非常短。夏天很热（超过38℃），在季风盛行期间非常潮湿，越往山谷底部，情况越糟。雨季，湍急的小溪和冒着泡的河流，冲刷掉涝土。相比之下，冬天几乎所有的泉水都干涸了。在农业部分，我们将更详细地讨论气候问题。

b）交流方式

同尼泊尔大部分地区一样，古隆地区没有公路，更别说汽车了，所有的货物都靠人力运送。小路横贯古隆。冬天，可涉水通过较小的河溪。季风盛行时，古隆人建造由竹竿衔接而成的临时桥梁（古隆语称"jahlon"），即由链条和木板构成的桥固定在主干道上，使桥更加坚固。但是，当道路被山体滑坡摧毁后，须涉水才能通过急流，这期间鲜有人旅行。

在古隆南面，有一条连接博卡拉和加德满都的东西向高速公路（途经廊尔喀）。根据季节的不同，这段路程要花9—10天，从一个山谷的底部到顶峰，须垂直地穿过从北到南的所有山谷。从这条主干路出发，

第一章　古隆与古隆族

有三条通往北方的支路（图1-1）。一是随着在古隆东部边缘的布利甘达基山谷，通往尼泊尔和西藏边境。二是沿着美丽的马相迪河谷，经过安纳普尔纳山脉的北部，通向卡利甘达基的高山谷和莫斯坦地区。三是离开博卡拉，沿着卡利甘达基山谷和莫斯坦地区通往西藏。因此，只有一条大路从北到南经过古隆，穿过马相迪谷，另外两条路分别从古隆东西经过。安纳普尔纳山脉与其他山脉连接在马相迪东部，因其高度之高，形成了一个几乎无法穿越的屏障。一年中只有一到两个月，在季风到来之前，当较高地区的积雪融化时，才可以通几次。

几年来，古隆地区一直依赖首都加德满都和印度的航空线路。加德满都、博卡拉和巴伊拉瓦（现称锡陀塔那迦）建造了机场，飞机每周有两三次或四次往返这三处地方。巴伊拉瓦到博卡拉的航线对古隆人相当重要。所有在印度和马来西亚廓尔喀兵团服役的古隆人都会通过此航线回家。[1]* 从博卡拉出发，士兵们向这个小镇北边的山谷走去。这架从巴伊拉瓦起飞的飞机还带来了香烟、纺织品、缝纫机等印度商品，这些东西都越来越深受古隆人的欢迎。

在古隆境内，四通八达的道路连接所有的村庄。南北方向，可看到沿山以放牛为主、连接乡村的半山腰小径，以及主河两岸沿谷底的道路。东西方向，由于河流很难淌过，道路数量非常少。每个山谷通常有两条交叉的常驻路（Perlnament voutes），一条是在海拔约3000米的高地上（属喜马拉雅山脉），另一路是更往南，建造好的精致的跨河桥。

这一道路的分布情况解释了为什么在相同山坡上的两个群落之间的互通关系要比在同一山谷的两侧的群落要容易得多。在研究莫霍里亚等村庄的婚姻统计数据时，可以进一步验证这种情况。

道路的维护由其经过的村庄进行。古隆人必须建造长石阶来应对这一地区河流强大的侵蚀力。这些沿山坡修建的石阶坡度有的高达55度，甚至60度。村庄会集体承担这项工程的费用。沿小路不时会

---

* 正文中用 [ ] 标注的信息，以补充说明的方式附于正文之后，见本书第380页。——译者注。

有一些石头修建的平台（尼泊尔语称"cautara"）同时也有供行者休息的阴凉地。[2]

c）植物

这里的动植物资源丰富，并为古隆人熟知。令人遗憾的是，我只能翻译我收集到的小部分动植物的名称。

海拔3000米及以下分布着树和竹。海拔2500米以下种植农作物。我们常说的"树木"这个词，古隆人称为"si，dhu"，这个词更多指的是植物。在这些植物中，有杜鹃花（pot-si）、大楠竹（rhi-duh）、山竹（mah）、桤木（ghyu-si）、檀香（caewal）、棉树（si-mal）、西南木荷（kyisu，其树皮刺激皮肤）、橡树（na-si）、松树（toga，羽叶白头树）、森林榕、栗树（phogi）、胡桃木（kato；包疮叶）以及灌木丛（小檗）。

图1-3 莫霍里亚村北部的山峰（海拔7080米）

图1-4 被河流反复侵蚀的山谷——面积逐年缩小

主要作物有水稻（malh）、谷子（nare）、玉米（makai，尼泊尔语）、大麦（karu）、荞麦（karsi）和马铃薯（alu，尼泊尔语）。玉米还有土豆都是从印度引进的，这也说明了为什么这两种没有对应的古隆语。

为了尽可能扩大种植面积，古隆人砍伐了大量的森林。森林砍伐会带来破坏性的河流侵蚀问题。

d）动物

小动物，尤其是昆虫，品种非常丰富。在海拔较低的地区，可以观察到一些难以形容的物种。我在古隆学到了许多动物的名字，但我无法确定相对应的已知物种（极少情况除外）。

灵长类动物中，猕猴和金丝猴在海拔1500—2000米的区域活动。所有的猴子都被称为timyo。它们会破坏粮食作物，特别是玉米，这是个很大的麻烦。古隆人会说老虎（ce，旧古隆语称to），但一些情形让我觉得他们经常把老虎和豹子混淆，因为在高原上老虎是非常罕见的。它们不接近有人居住的地区，除非它们捕食的猎物因染病而分散开来。在海拔2500米以上的地区，会有熊（tamu）出没。野狗（sela）和小狐狸（phyuro）数量众多，并且会袭击农院。我们还发现有貂（hyuku；黄喉貂）。田野和树林里满是老鼠（nimyu）、土拨鼠（tah-si）、鼹鼠等鼠类和豪猪。

第一部分 古隆—技能—经济

图1-5 远处是安纳普尔纳群山，中央是古隆村南部的一处梯田。古隆在这两块区域南北延伸

图 1-6 路面交通以及道路清理

图 1-7 跨越莫迪河的桥

海拔 2500 米以上地区，分布着大量古隆人极爱捕杀的鹿、野山羊等动物。一种叫作 eh（尼泊尔语称 thar）的鹿生活在海拔 3000 米

| 第一部分　古隆—技能—经济

的区域，数量不多。兰登（Landon）① 在这点上的描述与我不同。他称它们为"喜马拉雅鬣羚"，这一物种确实存在，也被称为"thar"，但像野羊。

在海拔2500米以上的地区，有着许多的tosar，即野生的栗色喜马拉雅山山羊和pitkla（jharal，尼泊尔语），兰登称这是一种与家养山羊杂交而成的半卵母山羊（Helnitraqus jemlahicus）。这类杂交动物中最常见的是togi，是一种红色的小鹿②。最后，麝香鹿也在荒凉的高地上生活，它的麝腺只有在发情期（冬季）才满。从这些腺体中提取的液体被当地的"医生"大量使用。这些牛科和鹿科（bovidae and cervidoe）有一个共同的种属名"pho"。村子里，有小螃蟹、青蛙、蟾蜍、蜥蜴以及许多很少攻击人类的蛇。古隆人一般称蛇为puri或puhri，具体每种蛇都有其专属名，比如蟒蛇被称为kelohbai。在季风期间，森林里充斥着大量的水蛭（小水蛭、大型水蛭）、蜗牛和鼻涕虫（Kapo）。在谷底的河流中，有大量的鱼，它们的体积很小，通名是tana。

鸟类丰富。举个例子，古隆有三种秃鹫：古隆语称Nhalina-kroe，该种秃鹫吃死在地里的牛的眼睛、嘴和鼻子；之后是清理所有尸体的Se-kroe；最后是吃骨头的Rhibti-kroe，他们将骨头带到空中，然后丢到岩石上，以此把骨头打碎，然后就飞下来吃碎骨。这种猛禽的种属名是kroe，或者更确切地说，是Kre。

鹰数量众多，他们不知疲倦地在村庄上空滑行，然后找准时机猛扑向母鸡和小鸡。猎捕蛇的鸟叫帕帕奎（papakui）。

最小的鸟通常被称为"name或nhame"，常见的有绿鸽（pekuku）、燕子（chimli）、白鸽（pitli）、莺、翠鸟、雀、捕蝇鸟、啄木鸟等。

树林里有奔跑的野鸡（daphe以及naksi）。夜晚会看到小蝙蝠

---

① Landon, P., *Nepal*, London, 1928, Vol. I, Appendix XIII.
② 尼泊尔语中同一个词所指在不同地区有差异，因此，我不确定我给出的名字是否总是准确的。读者也可以在霍奇森的许多文章中找到这些动物的精确描述，见Landon, in *Nepal*, Vol. I, Appendix XII, pp. 272–279。

(pho-pho）飞过。

昆虫的世界也是热闹非凡。包括：苍蝇（ne-bro）、虱子（sye）、蜘蛛（tymru-puce）、黑体红头的大黄蜂（cyewe）、蜜蜂（kohe）、臭虫（kopya 和 naple）、绿蝇（moso）和蚊子（tan）。

最后，家养动物包括：公牛（kla）、奶牛（meh）、水牛（magi）、山羊（ra）、绵羊（kyuh）、马（ta）、鸡（nakai）、狗（naki）和猫（nawar）。

在之后的篇章中，我们会提到这些动物在古隆神话中所扮演的重要角色。

e）莫迪河（Modi river）的河谷上游（图1-8）

我之前说过，我主要待在莫迪地区的莫霍里亚村（或称莫里村）。

这个河谷位于古隆地区的最西面。这里土壤肥沃，有许多较新的村庄。河谷大致呈东北至西南走向，与安纳普尔纳山脉垂直。莫迪河及其两条主要支流基摩（Kihmrõ）和巴鲁迪（Barudi）流经此处，这两条支流沿西谷流出。莫迪河及其两条支流像是急流，而不是河流。河床里巨石众多，水流湍急。这座山谷北部便是世界上最高的山脉之一——安纳普尔纳山脉，这条山脉的海拔超过8000米。从东到西，依次有四座壮丽的山峰。

两座稍矮一些的山直接耸立在河谷上方。往西延伸的山，其海拔7080米，另一个向东延伸的山，海拔6900米，两座山的山顶终年积雪。山谷西面海拔3000多米，东边2800米。气候从北到南各不相同。例如，在北部的科塔村（Kõta），冬天严寒。而季风期间，该村一直处于云层中，由于低温和光照时间短，大大阻碍了农作物的生长。科塔村和莫霍里亚村的农忙时节要相差两周到一个月左右的时间，尽管二者相隔不过7千米。垂直的南方，气候更为温和，晴朗无云。莫霍里亚村庄受这些高山河谷的影响较小。

农耕、村庄和房屋建构都必须适合气候条件，这也造成了同一山谷中村村不同的景象。因此，科塔的房屋比莫霍里亚村的房屋更坚固，更能抗风御寒，后者的农业活动因气候较温和而比科塔的更密集。海拔2400米以下的土地，只要土壤石化程度不严重或坡度不太

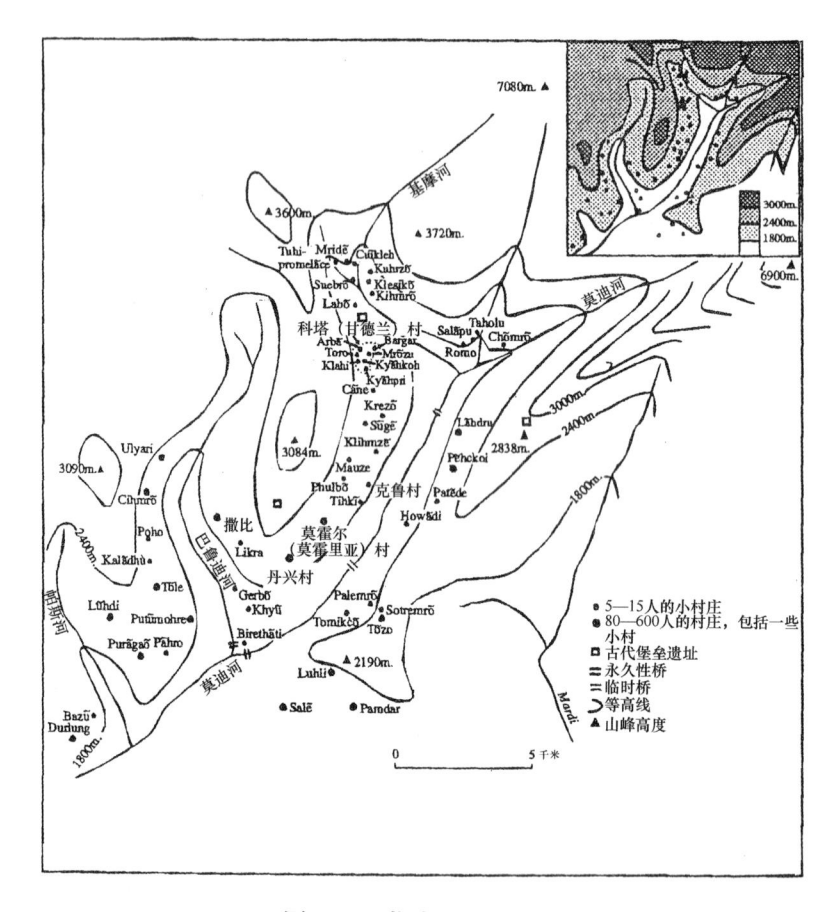

图 1-8 莫迪河上游山谷

陡就会用来耕种。林地从 2400 米向上延伸到大约 3600 米。林中稀疏的灌木丛会成为夏日放牧的场所。

19 世纪下半叶，海拔 2400 米以下的大部分土地仍然绿树葱郁，牛羊成群。有 200—300 头牛，以及上千只羊生活在那里。古隆那时保持着田园式经济。

2. 居民

该村住的几乎全是古隆族人。人们还发现了一些平民（铁匠、裁缝、金匠、鞋匠、农工）的房屋，以及婆罗门、马嘉人、塔芒人、塔卡利人和尼瓦尔人的房屋。

第一章 古隆与古隆族

a）概况

古隆族和南部的马嘉人是尼泊尔中部高山上两个最主要的、人数最多的山地民族。1952—1954 年的人口普查显示，讲古隆语的总人数为 162192 人，其中 149554 人居住在我们前面所述的中部地区。在分析人口时，我们会对这些数字作出进一步更正和评论。

在尼泊尔语中，住在此地的人常被称为"古隆人"。"古隆"一词在尼泊尔的传说中是从"上师"（Guru）一词衍生而来的，最初是古隆人为了庆祝他们伟大的智慧和学识。显然，这种说法无从考证，但给人以想象的空间。

古隆人在自己的语言中不使用"古隆"（gurung）这个词，而是使用塔穆-麦（tamu-mai，其中 mai 意为"人民"）。③

川崎先生④最近在他与日本喜马拉雅探险队旅途报告中陈述了以下事实。在安纳普尔纳山脉北坡和喜马拉雅山脉以北的马相迪一带的村庄里，居民们自称为喇嘛古隆（lama gurung），而将在南坡上的古隆人称共生古隆（co-gurung）或素食古隆（vegetarian gurung），即印度教古隆，他们吃的肉不如西藏人多。南坡古隆人否认了这一点，他们称北坡古隆人为菩提亚人，也就是藏民。川崎先生倾向于描述他们是藏族人。与我注意到的不同，川崎先生给出的一些古隆词在很大程度上是藏语。[3]

我们的研究只涉及喜马拉雅山脉南坡的古隆人。

b）起源

要确切地还原古隆的历史是不可能的。当地的语言没有书面记载，所以没有任何能供我们参考的古隆文献。下面试图运用几个最近用尼泊尔语记载下来的传说来梳理古隆的起源。我梳理主要的故事梗概，并附上历史事实。

赖斯族（Rais）和林布族（Limbus）（尼泊尔东部的居民）的传说描述了尼泊尔山地民族的起源：一个从西藏来的人穆奈福德

---

③ Cf. J. Burton PAGE.
④ J. Kawakita, *Peoples of Nepal Himalaya*, 1957.

(Munainuā)有十个儿子其中一位名叫古鲁帕（Gurupa），便是古隆族的祖先。

其他用尼泊尔语记载的传说将古隆族的起源与拉吉普特人的入侵联系起来，拉吉普特人的后裔建立了至今仍在尼泊尔有统治地位的塔库尔王朝。一位苏黎世王朝的王子带着他的妻子、祭司和仆人及其他家人在喜马拉雅山冥想，他们与土著人通婚，自此便有了不同的古隆部族。[4]

古隆族以前由迦勒王朝（ghale）统治，后来盖尔王朝的后裔组成了古隆族的一个部落。根据传说，这些盖尔人来自北部喜马拉雅山脉，并在锡克利斯、甘德龙（科塔）、蓝琼和廓尔喀的南部山坡上安顿下来，印度人结束了盖尔王朝的统治之后，盖尔人与原住民的缔结造就了当代古隆社会的氏族。

布鲁克·诺西（W. Brook Northey）和莫里斯（C. J. Morris）[5] 利用汉密尔顿、霍奇森和兰登提到的某些事实，试图重新梳理尼泊尔以西，特别是古隆地区的历史。在契托城被莫卧儿占领后，逃离的拉吉普特人占领了古隆地区。马尔马斯的小儿子，在征服乌贾因后，抵达了尼泊尔。在此之前，他已经攻下在马嘉尔群岛中靠近帕尔帕的里迪（Ridi）；随后他继续朝里迪以东的比尔科特扩张。在那里，马尔马斯生了两个儿子，坎卡（Khanca）和明卡（Minca）。坎卡开始征服玛迦的领土；明卡在诺瓦科特、蓝琼和坦胡建立了他的统治，这些地区主要由古隆人居住。15世纪末，他的一个后裔贾格德瓦在诺瓦科特称王，有七个儿子。长子继承了他的王位，二儿子卡鲁萨，则成为了南郑的国王，可惜很快就被暗杀了。这个国家的子民没了国王，便请求统治诺瓦科特和卡斯基的库尔曼丹让他们另一个儿子当国王。最小的一个，亚萨巴（Yasabam），被选去统治南郑，生育的两个儿子中，大儿子继承了王位，小儿子则离开并在1559年征服了廓尔喀。小儿子的后裔于18世纪离开廓尔喀，征服了加德满都，建立尼泊尔王朝，

---

[5] W. Brook Northey and C. J. Morris, *The Gurkhas*, p. 28 sq.

成为尼泊尔的国王,一直统治到今天⑥。[附录J]

古隆人对我说,他们的祖先在尼泊尔,特别是在科塔村定居时,发现了前人的踪迹。古隆人的蒙古人特性已经稍微淡化,呈现出我们现在所见到的这些特征。可以肯定的是,统治古隆的盖尔王朝在15世纪初已被推翻,从那时起古隆就受到入侵的印度人的影响。此外,很可能在此之前,后者已经来到古隆。

特纳先生写道:"蒙古人(古隆族也是其分支)似乎是最近才来到尼泊尔的,定居在喜马拉雅山以南的地区,然后与土著人混居在一起。"⑦可以肯定古隆人是北方蒙古人的一部分。他们的身体特征(通过照片对比)清楚地表明了这一点。川崎先生出版的喇嘛古隆的照片显示了他们与藏族人惊奇地相似。川崎先生还指出,盖尔国王在南下之前曾占领过一座古老的堡垒。古隆的妇女嫁给了来自南方的入侵者,也许在入侵者到达之前还嫁给了当地的土著人。

文化上,古隆族与藏族非常相似。他们的语言同属于藏缅语系⑧。古隆语被归入非代词化语言的范畴,与尼瓦尔语所代表的语系形成鲜明对比。沙飞(R. Shafer)现在将其归类为藏语支部。许多古隆词与藏语词是相同或非常相似的,尤其是在有关当地祭司的古代神话历史中。当然,双方动词的构成仍有不同。尽管几个世纪以来古隆语的改变很大,但仍可以清楚地辨别出它的单音节和音调特征⑨。

古隆宗教深受藏传佛教的影响,全村普遍信仰藏传佛教。同时与对边远地区祭司的信仰并存,这两种信仰由藏传佛教和藏族以及喜马拉雅人共有的古老宗教混合而成。

一项对核心的古隆家族的族谱研究表明,许多古代古隆姓氏与西

---

⑥ 兰登在《尼泊尔人》(*Le Nèpol*), Vol. 1, pp. 254—258 中,还引用了不同的传说,证实廓尔喀王朝的祖先是契托(chitor)的拉吉普特人,但他也怀疑这些传说不符合史实。

⑦ W. Brook Northey and C. J. Morris, *The Gurkhas*, p. 63 sq.

⑧ Turner, oc. cit; Hodgson, *Essays on the Language, Literature and Religion of Nepal*, Part Ⅱ, p. 146. G. Grierson, *Linguistic Survey of India*, Vol. Ⅲ, Part Ⅰ, pp. 173 sq. R. SHAFER, "Classification of the Sino-Tibetan languages", *Word*, Vol. Ⅱ, 1955. J. Burton PAGE, Two studies in Gurung-kura, *B. S. O. A. S*, 1955, Vol. Ⅻ, Part I, p. Ⅲ.

⑨ J. Burton, PAGE, loc. cit.

第一部分　古隆—技能—经济

藏人的姓氏相近，而现在采用的姓氏（第三代或第四代）是尼泊尔语发音。[5]

c）古隆人及其军事概况

在对古隆生活的各个方面进行研究之前，军事生活在古隆人生活中起着积极的重要作用。有数万古隆人在英国和印度军队中服过役或正在服役。士兵的大量外流造成的许多后果，我们将在本书不同章节中加以说明。

在下面的说明中，我们将指出古隆雇佣军（常称作"廓尔喀雇佣军"）历史的大致轮廓。我们需要思考两个问题：为什么英国和印度军队会招募古隆士兵？这些在国外服役的雇佣军对尼泊尔民族有什么影响？透过这两个问题我们会看到古隆人的一些基本特征，以及使古隆人与尼泊尔民族团结在一起的力量。

我们认为可提供一些政府层面的信息，也许是次要的资料，但有助于理解下列文献。

历史文献

有关古隆族历史的文献非常少且模糊，因此，这个地区17世纪前的军事概况也无从确切考证。然而，有一点可以确认的是在12世纪或13世纪，他们连同马嘉人一道拥护印度王子在尼泊尔西部的统治。

1559年，德拉比亚·沙阿（Drabya Shah）⑩攻下廓尔喀小镇（尼泊尔中西部）时，古隆士兵可能参与了围攻。在普里茨维纳拉扬（1742—1774）统治期间，古隆士兵在征服尼泊尔的过程中发挥了重要作用。在占领纳瓦科和加德满都谷地时，马嘉人、古隆人和卡斯人（婆罗门人与尼泊尔高地人民联姻的后代）占领了大部分。后来，这支军队还占领了尼泊尔东部地区。

战争结束后，这些古隆军人在加德满都以东的莱斯和林布得到了封地。他们在那里定居并与当地人结婚。

19世纪时，皇家卫队主要由古隆人和马嘉人组成。卡里巴哈多

---

⑩ Landon, *Nepal*, Vol. 1., p. 50. S. LÉVI, Loc. cit., Vol. I, p. 245.

尔团招募的全是最好的古隆士兵。在卡里巴萨德团,古隆人占多数。现在这些团仍然存在,只是古隆人不再是占比最高的。他们更想在国外服役。以前,他们经常由古隆军官指挥。我收集了一长串为国王或首相服务的杰出上校的名单,其中的两名军官,纳图和帕拉特,已经成为古隆传说中的传奇人物。[6]

据兰登说,1814年尼英战争期间,英国军官奥赫特罗尼将军赞叹了尼泊尔军队非凡的战斗品质。

> 早在1832年,霍奇森就在一份报告中指出,印度政府利用的这些宝贵的新兵和这些善战的部落困于尼泊尔,没有收入,很可能引发起义;在英国军官的指导下,他们加入印度军队,满足他们的好战愿望,从而利于英国。霍奇森花了18年时间才说服那些怀疑廓尔喀兵团忠诚度的人。1850年,达尔豪西勋爵授权组建三个团。最近,在中国远征中,廓尔喀特遣队表现最出色。⑪

1857年德里陷落后,冒着印度兵起义的危险,尼泊尔首相兼独裁者忠格·巴哈杜尔·拉纳首先派出3000人,接着再派出8000人,以围剿最后的抵抗。列维将军指出,大约在1900年,14000名廓尔喀士兵编入15个印度军团进行服役。据诺思和莫里斯说,从1914年到1918年,有55000名新兵与英军并肩作战。兰登估计在第一次世界大战期间有20万廓尔喀士兵在印度服役。在此期间,法国、英国、萨洛尼卡和整个近东都发现了廓尔喀兵。许多部队后来被遣散,但印度军队继续招募他们。廓尔喀士兵数量在第二次世界大战达到历史高点。每个团的兵力增加了三四倍甚至五倍。直至战争结束,这些部队主要用于阿萨姆边境和缅甸作战,占印度军队总作战力量的8%。⑫

精锐的廓尔喀兵团参加了意大利的战役(Monte Cassino,卡西诺山)。1947年,廓尔喀危机开始。印度随后宣布独立。英国和印度签

---

⑪ Sylvain LEVI, *op. cit.*, Vol. I, p. 292.
⑫ *Parliamentary Debates*, House of Commons, No. 390, Vol. II, p. 258.

署了瓜分 11 个廓尔喀兵团的协议，英国保留 4 个团，印度则保留 7 个团，同时剩下的士兵们可以自由选择英印两边，两国在不同区域进行征兵。尼泊尔、英国和印度政府签署了若干协定，以限制招募区、招募人数和津贴等。在加德满都附近的两个省，尼泊尔军队保留征兵权，以防止尼泊尔军队与外国军队之间的竞争。在印度军队服役的尼泊尔士兵通常被称为"廓尔喀"。廓尔喀是尼泊尔王朝的名字，位于尼泊尔西部，它与博赤纳喇（廓尔喀国王）征服加德满都的出发地同名。最初，几乎所有的新兵都是来自尼泊尔西部的古隆人和马嘉人，所以廓尔喀这个名字选得恰当，后来又招募了尼泊尔其他部族，有东部赖斯人和林布人以及中部的塔芒人。目前，新兵由蒙古高山民族构成：古隆人、马嘉人、赖斯人、林布人和塔芒人，他们主要居住在尼泊尔北部。军官不希望招募其他部族的尼泊尔人。

外国征兵的原因

在过去的一百年里，英国和印度从未停止招募廓尔喀兵。我们不禁要问："英印两国军队为什么要招募这些士兵，尤其是要招这些古隆人？"

很难确定是什么原因促使英国政府在 19 世纪决定在尼泊尔招募军队。我们先前总结的霍奇森的报告似乎能解释其主要原因之一是在印度北部生活着一个好战的没有工作的民族，导致他们迟早会暴动。英国军队可以充分利用这些人，避免与尼泊尔发生武装冲突，这是最初决定的部分原因。此外，1857 年的兵变扩大了廓尔喀军队的招募，廓尔喀军队无法像婆罗门人（那样）在众多的地方发动叛乱。后来，英国因为欣赏廓尔喀兵伟大的战斗品质而开始扩军。所以，回到我们的第一个问题，这些人有什么样的军事素质？

就我个人而言，我无法评判古隆人作为士兵的价值，我将引用几位曾指挥古隆士兵的英国军官的评价。然后，我将根据我对这些士兵所居住村庄的了解，进一步加以阐述。总的来说，意见分歧不大，如下的评述特别具有代表性：

伍德亚特（Woodyatt）将军[13]谈道："这些士兵开朗幽默，正义凛然，他们热爱游戏，钦佩那些能干和聪明的人。他们非常忠诚（前提是有优待），在有指导的情况下，学东西很快，即使惩罚再严酷，只要有正当理由，他们就不会反抗，也不喜欢被人欺压。"

根据几位军官的阐述，兰登写道："这些士兵精通战术，他们吃苦耐劳，并且能够迅速与欧洲人交好。"

这些性格特征比较符合事实。古隆人非常勤奋，同时富有创造力，任劳任怨。他们年轻时便为吃苦做好了准备；他们憎恨不公，直言不讳；他们性格开朗，与人打成一片；他们尊重贤能，并努力向这些人学习。

兰登谈到"他们遵守纪律"。我认为这一论断对整个古隆人来说不太准确。[14]古隆士兵遵守纪律的原因在于纪律重重，他们别无选择，唯有服从。无论是未成年人还是成人，古隆人都有不守纪律的倾向。尽管不遵守纪律会受到惩处，议会和村长做出的决定还是往往会受到抵制或只得到部分遵守。当要开展集体工作时，村长不得不多次去找那些直到计数结束时还没露面的村民。

另外，我认为可以补充一些在前面没有提到的品质，这些品质也受到外国军官的赞赏。在廓尔喀兵团中服役的古隆人（以及别的部族）并不遵守严格的等级制度（印度种姓制度）。这一点极其重要，因为当他理解到英国人在军队组织上所遇到的困难：允许每个印度士兵尊重他们的种姓制度，然而，古隆士兵却不关心谁做饭，和谁一起吃饭，除了牛肉和猪肉，他们什么都可以吃。他们对什么是洁净与否没有任何确切的概念。直到1947年印度独立，古隆人这样的行为仍受到英国军官的赞赏。此外，古隆人很容易适应新环境，他们很快就能习惯外国文化和军事生活。当古隆人处理一个新问题时，如果他的方法无效，他会放弃，立即去寻求新方法。古隆人组织秩序的灵活性

---

[13] Woodyatt, *Under Ten Viceroys*, p. 171.
[14] 以下评论主要基于我在莫迪山谷的所见所闻。但我认为我从别处收集的信息也可以窥见古隆一二。

使他们能够轻松地适应，因此他们的行为不受僵化规则的制约。此外，他们十分坦率，古隆人能清楚地阐述自己的观点与想法。他们不想编复杂的故事来欺骗别人，察觉到有人故意设圈套，或试图掩盖真正目的来骗他们，他们会非常生气。所以，古隆人对婆罗门人的虚伪嗤之以鼻。

征兵

英国军队和印度军队都各有优劣势，这往往会影响年轻新兵们的选择。

在英国军队中，古隆人驻扎在马来亚、新加坡或中国香港。当他们在马来亚的时候，军事训练和在丛林中的数月战役是非常辛苦的，但他们也会在槟榔屿或新加坡休息，那里的驻军训练要轻松很多。年轻新兵主要去英国军队，因为那儿工资更高。英国和印度军队的最低工资是一样的，但是前者除此之外还会获得出国补贴，这样他们的工资就翻了一番。已经结婚的士兵可获得与出国补贴一样多的家庭补贴。对古隆人来说，英国军队有两个不好的方面：一是马来亚的气候非常炎热潮湿，对长久生活在高地的他们来说非常不适应；二是古隆人和欧洲人、中国人和马来人很少接触，他们语言不通，无法交流，对他们来说完全是生活在一个陌生的文化环境中。

目前许多在印度军队服役的古隆新兵都驻扎在克什米尔或阿萨姆邦，这两个地区都多山，而古隆兵熟知山地地形，能够更出色地完成任务。因为印度文化极大地影响了尼泊尔，甚至像古隆族这种山地部落。因此，在印度，古隆人并不会感到自己身处异国他乡。所有的古隆人都通晓尼泊尔语，所以更容易学习印地语，能与周围的印度人沟通，也更容易融入当地。在宗教方面，他们很快接受了印度主流的宗教信仰。一个古隆士兵或者他的妻子，会经常带着唐卡回到村庄，这些唐卡多是印度神话的场景，然后把这些画贴在墙上，甚至在一些村的宗教仪式上，有些人会模仿他们在印度所见的祭拜动作。

1958年，我观察到英国和印度两个国家的征兵对古隆人的影响。少数留守在莫霍里亚村的年轻人患有肺结核病、残疾、佝偻病或者其他疾病，这表明了古隆地区面临着大量青壮年的流失。

第一章 古隆与古隆族

古隆年轻人往往在18—20岁参军。有些人从15岁开始加入了"童子军"组织，接受两三年的教育后再接受军事训练。受教育程度越高，升军衔越快。一名士兵（一开始）签署一份为期3年的合同，合同到期后6个月内可以再续3年。他可以随时离开军队，但只有服役满15年才可领取养老金。新兵必须自费去参加征兵部，在尼泊尔西部的特莱或在印度靠近尼泊尔边境的地方都有征兵部。英国和印度军官经常会通过古隆的谷地去拜访他们的旧部。到访每个村庄，他们都会受到热情的款待。他们会顺道招募新兵，并听取退役士兵或休假士兵对军队中发现问题的见解，但其实最好的"征兵官"应该是那些回乡的古隆士兵。[7]

古隆雇佣兵与尼泊尔

随着数万人加入外国军队，古隆人在尼泊尔中部创造了一个奇景。在莫霍里亚村，93名士兵只有6名在尼泊尔军队服役。他们几乎不去自己国家的军队，但常加入外国军队。这种现象在过去的20年里更加普遍。那6名士兵是不再被（雇佣军）雇佣的士兵。目前，还没有人离开村庄去尼泊尔军队服役。像所有雇佣军一样，古隆人通过参军换取金钱。尼泊尔政府允许雇佣军的存在，但只允许尼泊尔人加入英国和印度军队，也就是与尼泊尔签署了特别协定的盟国军队。此外，尼泊尔在两次世界大战期间清楚地表明了与英国的联盟。它不仅允许尼泊尔人加入英国军队，而且还向这些军队提供了大量物资援助。兰登估计，尼泊尔政府在1914—1918年向雇佣军提供的援助物资价值高达45万印度卢比。尼泊尔没有强制兵役，该国有一支小型正规军，但代表其真正军事实力的是另一支在外国军队服役过的廓尔喀士兵以及那些在需要时刻可动员起来保卫国家的人。

显然古隆人并非出于爱国情怀而加入印度或英国军队，他们参军仅是为了满足自己的个人物质需求，尽管如此，他们仍然忠于雇主。当我问尼泊尔军队的老兵为什么参军时，他们给了我很多答案，唯独没有爱国这个理由。此外，古隆人对什么是爱国没有明确的概念。我相信爱国这种精神主要是在国家出现危险的情形下产生的，尤其是同处一地的居民们都发现了同样的危险时。但是，两个多世纪以来，古隆人并没有亲历这种危险的情形,所以即使是古隆人,他们仍然把自己的个人利益放在首位。尼泊尔先后与西藏和英国开过战,但是战火从未波及古隆;与英国还是在很远的特莱开战。爱国精神和民族精神只是在年青一代的古隆人中才开始萌芽,他们逐渐开始有了国民的意识。[15]

在过去的几年里,政府开始注意到所有村落。政党不断通过书籍、报纸和广播等媒体扩大宣传,让全国人意识到尼泊尔是一个整体,一个有着共同敌人的整体。

我们之前谈到过古隆军队在普里什蒂纳拉延征服尼泊尔过程中发挥的重要作用。通过这种示范方式,他们在统治阶级中赢得了声望(在19世纪亦是如此)。古隆人能够积极参与国家事务,如一些古隆人在印度和英国军队中被提升为军官为政府工作,他们把自己的儿子送去加德满都或巴特那的大学学习。近年来,尼泊尔政府一个叫"廓尔

图1-9 梯田

---

[15] 格洛夫(D. L. Snellgrove)在其《喜马拉雅佛教》(*Buddhist Hlmalaya*, p.93)写道:"尽管这些人(古隆人、塔芒人、尼瓦尔人等)都知道自己是谁的臣民,但他们都没有尼泊尔公民这一意识。没有谁能想到共同体内部可以如此多元化。对他们而言,尼泊尔仍然是一个中部的小河谷,而不是我们所理解的地上的尼泊尔国。"

图 1 - 10　移栽前的水稻

图 1 - 11　古隆丹兴（Dangsing）人

第一部分 古隆—技能—经济

图 1-12 丹兴人中的鞋匠（Sarki）

图 1-13 古隆迦勒高村人

图 1-14 古隆妇女（一）

图 1-15 古隆妇女（二）

图 1-16 古隆妇女（三）

图 1-17 迦勒高（Ghalegao）村

图 1-18 科塔村

喀委员会"的政党试图捍卫古隆族和其他雇佣军团（像马嘉族、林布族等）的利益。[8]多亏他们受到过良好的教育，古隆人已经有了一定的政治意识，但信息不畅常常阻碍他们的行动。当我和我的朋友钱德拉·巴哈杜尔来到古隆时，村里人关于最近的政治发展、选举、改革等问题与巴哈杜尔进行了热烈的讨论。

二　莫霍里亚村

1."村庄"的定义

古隆族称他们的家乡为"塔穆－迈赫乌拉"（tamu-mai hyula）、"古隆村"，也就说古隆人居住的村子。

这片土地住的绝大部分是古隆族。某种意义上说，他们是这里的主人，但也同时承认塔库里国王的权威（迦勒王倒台后）。几个较小的族群归古隆族管理。例如，婆罗门的小村落在古隆区域，这些村民非常贫穷，常常为邻近村庄的古隆族人做日工或佃农。偶尔，古隆人会请他们来做占卜术，或选婚期。由于古隆人只是表面上被印度教教化，婆罗门只是作为一个祭司扮演一个次要的角色，他们低下的经济地位并没有因为作为高种姓祭司的声望而有所提高。[9]

古隆族内部没有什么固定的组织。比如，蓝琼区（Lamjung），长期以来古隆族和迦勒国王的统治都非常强势。又如，希克力地区（Siklis），甘杜荣（Ghandrung）、卡斯基（Kaski）则由其他的迦勒国王统治。这些区域差异不大，也不按（或不太符合）领土单位来组织。当然，尼泊尔政府已经建立了一个省、区制度，有的区域是人为划分的，有的沿着河流割裂而成，或者将不同族群的村庄进行整合而成。

古隆唯一的领土单位是村落，这个词所指含混不清，唯一使用的词是"nasa"。一个由几栋房子组成的小村庄叫 nasa；由 80—150 栋房子组成的村庄也叫 nasa；由 400—600 栋房子组成的聚居区，在某些情况下被分成了几个由 100—150 栋房子组成的 nasa。因此，nasa 这个词可以被翻译成"有点重要的房屋群"。

让我们看看聚居区的行政单位能否解释清楚这一问题。一个或几个头领作为尼泊尔政府的派驻代表会统领几家人（toh），这些头领（kroh）各自独立。让我们以丹兴为例，这个村大约有 120 栋房屋。该村有两个头领，每个头领分治固定数量的家庭，一人在村庄的底部，另一人在村庄的顶部（但是这些并不是唯一的分组方式），这两个区域一个在底部，另一个在顶部，类似于行政区的辖区。每个头领都会掌管税收，主持正义，维持秩序等。但是，适用于整个村庄的法规是由两个头领共同制定的，或者由该村庄两个"区"的大会制定的。因此，制定的地方性法规只适用于该村庄。该村的两个区之间没有明确的地理分隔。例如，低地区的居民可以把他的土地卖给高地区的居民，他的土地就会归另一个头领管辖；而出售给该村以外村庄的农民的土地仍然属于卖方村庄的头领管辖。树林和高地牧场不适用上述分管情况。

尽管没有明文规定，但一个头领至少管辖着 50 栋房屋，其中可以包含在另一个区的房屋，还可以包括在主村外的一两个管辖范围内的小村落（10 或 15 所房）。就拿科塔村来说，共包含 400 个房屋群和大约 20 个小村庄，每个小村庄有 5—20 栋房屋。这里有 7 个头领分管的 7 个区域是：arbe, toro, klahi, kyahpri, kyahkoh, mroju, bar-

— 33 —

gar，7个头领对相邻小村庄的房屋群进行了划定。[10]

在界定村庄时，我没有考虑到领土单位可以在几个头领之间间接划分的事实；换句话说，我没有把领土划分和头领权力联系起来。一个村由一定数目的房屋组成（数量可以从50到600栋不等，但通常在80—100栋），居民有权在政府明确规定的限度内开发土地。为了方便起见，由5—10间房子组成的单位我们称为"小村庄"，尽管在当地术语中没有对应的说法。在特定情况下，我将尽可能地指出该村庄是否有一个或多个头领，从而表明该村庄是由一个小定居点还是一个大定居点组成。

2. 人口

a）人口统计概况

在开始研究莫霍里亚（Moholiya）村的人口之前，我想对古隆人口统计做一个总结。尼泊尔第一次系统性的人口普查在1952—1954年[16]，普查结果显示，1954年尼泊尔人口约为8445万人。

表1-1　　　　　　　　　讲古隆语的族群

区域	人数（人）
东部高原地区	9147
东部内陆	13
东部	233
加德满都河谷	505
西部高原地区	149554
内部	2511
西部内陆	30
中西部	189
西部	10
尼泊尔（共计）	162192

资料来源：*Census of Population—Nepal*, 1952 - 54 A. D., Department of Statistics, Kathmandu, Nepal, 1958。

[16] *Census of Population—Nepal 1952 - 54 A. D.*, Department of Statistics, Kathmandu, Nepal, 1958.

第一章　古隆与古隆族

我需要对这些数字进行分析。由于没有开展任何调查来确定尼泊尔各族群的重要性，了解古隆人口数量唯一的途径是统计尼泊尔居民中会使用古隆语的人数。数据表明，他们中约93%在加德满都谷地以西的高地地区，包括我们以前研究过的古隆村。我不可能准确地说，这个地区讲古隆语的149554名居民的人数非常接近古隆族的人数，但在我看来，这两个数字是非常相似的。相反，尼泊尔东部的情况则大不相同。有9147人讲古隆语的小殖民地的存在，这是因为在廓尔喀王朝征服尼泊尔时，大部分军队是由古隆人和马嘉人组成的，这些部队参与了对尼泊尔东部的征服。在战役结束时，一些士兵从他们所服务的国王那里获得了被征服地区的土地，他们没有回到自己的家乡，而是在国王赐给他们的土地上定居。两个世纪以来，这些男人和他们的后代一直与古隆断绝来往，与土著妇女如赖斯人、林布人等结婚。他们中的许多人之间仍然说古隆语，但他们不再是古隆文化群体的一部分。许多人不会说他们祖传的语言，尽管他们知道自己起源于古隆族。人口普查所提供的9147人的数字没能说明尼泊尔东部古隆人的重要性。此外，由于许多与其他土著人民缔结婚姻，这部分人口非常混杂，而且非常分散。这个地区没有纯粹的古隆村。这句话同样适用于以前描述过的"古隆村"以外的所有地区。人口普查中的数字不包括离开尼泊尔6个月或更长时间的古隆族人。然而，许多成年男子已加入英国和印度军队，并已离开几年。因此，有必要增加西部高地地区149554人的人数，以获得古隆人的实际总数。事实上，大多数士兵在服役结束后返回了他们的村庄，少数人在印度定居，再也不回尼泊尔。

"印度语言调查项目"[17]显示，1904年在印度有7481人会说古隆语。

b）莫霍里亚村的人口统计

在1952—1954年的人口普查中，我没有找到任何关于莫霍里亚村人口的数据，因为它是与南部的邻近村庄丹兴的人口一起统计的。

我的人口普查显示，1958年6月有496名居民，具体包含如下：

---

[17]　Vol. Ⅱ, Part Ⅱ, p. 177.

第一部分 古隆—技能—经济

ⅰ. 该村当天的居民人数；

ⅱ. 士兵，在某些情况下由妻子陪同在国外服役；

ⅲ. 在印度定居了几年的家庭，但并不能确定他们是否会返回村庄；

ⅳ. 同母亲一起住在莫霍里亚以外的某个村庄的父母离异的年轻男孩，而父亲住在莫霍里亚村。事实上，这些孩子中大部分长大后会回到父系村落，因为他们保留着对父亲的继承权。但是如果他们的母亲再婚，只有在其继父决定收养他们的情况下，他们才能从继父那里享有这一权利。即使在这种情况下，他们也保留对生父的继承权。目前，莫霍里亚村没有父亲住在另一个村庄的男孩。

表 1-2 　　　　　　　　按年龄组分列的人口

年龄层（岁）	男性 非古隆人	男性 古隆人	男性 合计	女性 非古隆人	女性 古隆人	女性 合计
0—5	9	31	40	11	30	41
6—10	5	22	27	8	17	25
11—15	4	17	21	3	16	19
16—18	2	9	11	1	8	9
19—20	1	3	4	2	11	13
21—25	6	21	27	2	27	29
26—30	3	24	27	5	14	19
31—35	3	18	21	3	10	13
36—40	4	11	15		13	13
41—45		10	10		10	10
46—50	2	7	9		9	9
51—55	2	9	11		9	9
56—60		12	12		9	9
61—65	1	6	7		6	6
66—70		5	5		3	3
71—75		4	4		1	1
76—80		2	2		2	2
81—85		2	2	1	1	2
合计	42	213	255	36	196	232

第一章　古隆与古隆族

在496名居民中,我几乎准确地确定了其中487名的年龄。但是我忽略了5名成年人(3名男子和两名妇女)和4名未满19岁的男孩的年龄。要获取古隆人的年龄是很容易的。事实上,他们几乎总能计算出他的年龄。因此,获得一个人年龄的最大误差为正负一岁。

我们把人口分为古隆人和非古隆人。古隆人中包括加尔蒂(Gharti),他们是古代的奴隶,与古隆人通婚多年,渐渐地放弃了"加尔蒂"这个名字,转而使用"古隆"作为名字,定居在和他们有共同文化的古隆社区中。

莫霍里亚村有一个加尔蒂家庭。对于被古隆群族接纳的马嘉人,情况也相同。非古隆人由14个贱民家庭和一个婆罗门家庭组成。

古隆人有418名,其中包括我不知道年龄的人口,占总人口的近85%,非古隆人有78名。

我们可以追溯年龄金字塔(图1—19)。

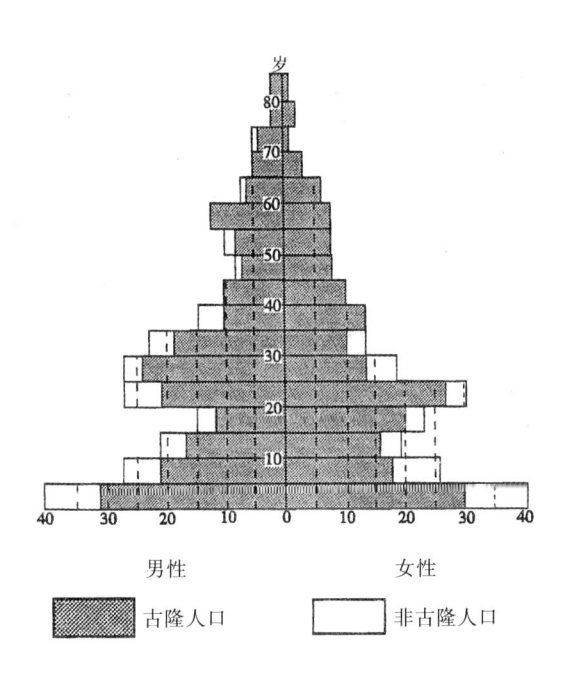

图1-19　莫霍里亚村古隆人的年龄金字塔

第一部分 古隆—技能—经济

在接下来的讨论中，我们只以古隆人为对象。

由于我们的统计数字仅以 418 名居民为基础，结论可能是暂时性的。不过，这些数字清楚地显示出某些特点，同样，我访问过的其他村庄也证实了这些特点，我将详细论述这些特点产生的后果。女性人口为 198 人，男性人口为 220 人，男性多于女性。我在古隆地区各地都注意到了这一事实。正如我们的统计数字显示的那样，男女生育的人数是相等的，但女性死亡率高于男性。在所有的村庄中，遇到的 65 岁以下的人中男性多于女性。女婴死亡率似乎高于男婴，同时，由于医疗设施缺乏，卫生状况很差，妇女往往会死于分娩。[11] 尽管年轻丈夫在妻子去世后往往再婚，但因分娩去世后没有另娶的男子也很普遍。因此，农村生活似乎没有受到妇女短缺的影响。事实上，这种情况主要由于大批男性在国外当兵而得到了平衡。国外服兵役的有相当数量是单身汉和鳏夫，因此，村里几乎所有的男人都可以很容易地找到妻子结婚或再婚。

以 10 岁为一个年龄段画第二个金字塔（图 1—20）似乎能减小因为只有 409 个数据所造成的误差。我们现在主要看第二个金字塔。

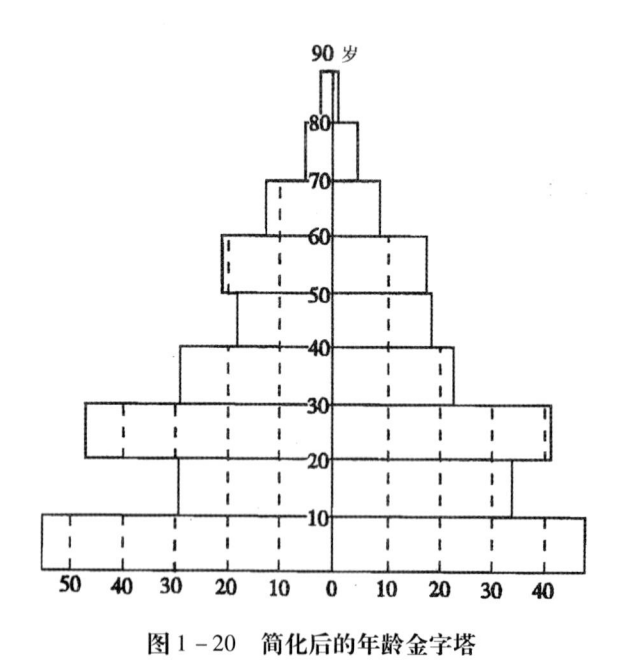

图 1-20 简化后的年龄金字塔

一是金字塔的底部非常大，表明出生率很高，但金字塔上部迅速缩小。很少有古隆人年龄超过60岁。

二是10—20岁这一年龄组的人数要少得多，这是由于第二次世界大战造成的。许多人加入英国军队，在战争期间没有返回他们的村庄（许多人在缅甸和意大利前线作战）。现在出生人数有所下降，这种情况产生的后果已经在15—20岁年龄组显现出来。

这一事实在妇女中不明显，因为15—20岁女性主要由来自邻近村庄的年轻妻子组成，以弥补莫霍里亚缺乏同龄年轻妇女的情况。可能的原因是山谷中某些村庄受征兵影响比莫霍里亚村小，出生人数的下降也不会出现该种程度。

三是30岁以上人群的死亡率非常高，特别是妇女。正如我们已经说过的，其中许多妇女在生下两三名子女后死于分娩。

四是年龄在40—50岁的男性人数略少于50—60岁的男性，这可以解释为第一次世界大战期间为英国而战的古隆人大规模外出导致了出生率的下降。

总之，我们可以看到，莫霍里亚村人口总体较年轻，其中60%不到30岁。我们将在整个研究过程中看到这种情况所产生的后果。[12]

出生率和生育力

我在莫霍里亚村的短暂停留使我只收集到以下事实：

妇女头胎的生育年龄——共102例研究。[13]

年龄组（岁）	人数
15—18	15
19—22	47
23—26	27
27—30	13

一是生育的年龄范围是非常清楚的，在15—30岁。古隆女孩不会像婆罗门、切特里或贱民那样过早地结婚。

二是登记的大多数生育年龄在19—26岁（73%）。然而，87%的初婚发生在 15—22 岁。因此，第一次婚姻与第一个孩子的出生之间存在着非常明显的差距，这不能用 9 个月的怀孕期来解释。根据古隆人的情况，可能的解释是许多年轻人在外国军队任职三年后休假 5—6 个月就结婚了。这些年轻夫妇同居的 2—3 个月，基于羞怯感，其性接触很少。经常发生的情况是，这名年轻士兵又去了国外三年，而他的妻子却没有怀孕。她必须等三年才能再次怀孕。这一情况非常普遍，甚至是诸多问题的起因。正如我们将会进一步说明的是这位年轻妇女不得不住在丈夫的房子里。婴儿的出生肯定了她在婆家的地位，婆家会赋予她一定的权利和权威。如果她没有孩子，随着她丈夫的离开，她的父母也不会再保护她。这三年间她像用人一样服侍公婆，同时过着非常糟糕的感情生活。我知道类似这种情况导致婚姻破裂的几个例子。也许这位年轻的妻子发现自己在新的生活中不快乐，她决定回到她的父母身边，或者她会找到新的伴侣，并向原来的丈夫提出离婚，这样才能嫁给新的伴侣。

三是第一次生育年龄的上限略低于 30 岁，这符合收集到的关于第一次结婚年龄的资料。所有应该结婚的妇女都在 26 岁之前结婚。只有 3% 的婚姻发生在这一年龄之上。26—30 岁的差距在某种程度上可以用上文所述的理由加以解释，这两项统计数字之间不存在分歧。

根据表 1—3，大多数分娩（88%）发生在 19—38 岁年龄组。因此，更年期似乎发生得很早。古隆人认为堕胎令人厌恶。[14]

表 1-3　　　　　**母亲生育的年龄 396 例研究**

年龄组（岁）	人数
15—18	19
19—22	84
23—26	89
27—30	82
31—34	60
35—38	37
39—42	13

续表

年龄组（岁）	人数
43—46	8
47—50	2
51—54	1
55—58	1

19—30岁生育的人数最多。如果我们将这一统计数字与第一次分娩时母亲的年龄进行比较，很明显，许多妇女在30岁之前生了3—4个孩子。对具体案例的研究显示了生育的周期性，即每间隔3—4年怀孕一次。这一间隔相当于士兵丈夫不在的期间，因为军事合同为期三年。这一事实导致生育速度减慢，并使21岁的妇女无法生育三个孩子，就像莫霍里亚或尼泊尔特莱的贱民家庭所发生的那样。也许这就是为什么古隆妇女一般比那些丈夫不被征召加入外国军队的低地妇女寿命更长的原因之一。在每两次怀孕的间隔期，母亲都可以得到充分的休息和锻炼，她也可以在孩子小的时候花更多的时间陪伴他们，他们中大多数直到3—4岁时才断奶，刚好是母亲准备孕育一个新的婴儿时。这项分析是基于102名母亲开展的，她们一共有396个孩子，她们中的许多人仍然可以生育。另外，我们还没有把不育的妇女包括在内。所以平均每个母亲怀孕的次数不少于4次。

我发现了女性中存在一定数量的不孕症，这常常导致婚姻破裂。我遇到的唯一的重婚案例（非常罕见）是因为第一任妻子的不孕。

死亡率

与出生率一样，我无法确定死亡率的数字。另外，我注意到莫霍里亚村的380名儿童的死亡率很高，只有70%的儿童年满17岁，17岁前的死亡率为30%。[15]由于缺乏卫生条件，许多婴儿在出生时和出生后的头两年内死亡。我观察到大量致命的慢性痢疾病例，贫困家庭的死亡率似乎要高得多。我们稍后会看到，富裕家庭主要属于某些宗族，在这些家庭中，婴儿死亡率较低，因此，这些家族的人数比其他家族增长得更快。

我会把婚姻和离婚的统计留到关于婚姻的章节来做解释。我也会对人口经济状况的统计做同样的工作,这些研究将会在相关章节中找到。

暂时外出的居民

莫霍里亚村的许多人出国了(印度、马来亚半岛),要么在英国和印度军队服役,要么在印度企业工作。

在莫霍利亚村,有93名男子是或曾经是士兵。19—85岁的男性人口总共134人。因此,其中70%的人有过军旅生活。

表1—4概述了这93人的服役状况。

表1-4　　　　　　　　　　93人服役状况

军衔	士兵 (Sepoy)			印度下士 (L. N. K.)		陆军一等兵 (Havildar)			陆军中士 (Sub'd)		军士长 (Capt.)	
陆军	I	B	N	I	B	I	B	N	I	N	I	B
现役军人	19	9	—	5	4	5	1	—	2	—	—	—
退伍军人	29	3	3	3	—	5	—	1	1	1	1	1

注：I：印度军队　　　　L. N. K.：陆军下士
　　B：英国军队　　　　Havildar：陆军一等兵
　　N：尼泊尔军队　　　Subedar 或 Subadhar：陆军中士
　　　　　　　　　　　Subedar Major：军士长,准尉副官(陆军中的团行政助理)
　　　　　　　　　　　Captain：委任军官或正式上尉,而不是"Gurkha Capital",
　　　　　　　　　　　"Gurkha Capital"是授予英国陆军军士长的荣誉称号。[16]

35名退伍士兵中有：

——13人有养老金,住在莫霍里亚村。

——3人获准退伍,19人在服役满15年前离开。

在22名没有养老金的退伍士兵中：

——14 人住在莫霍里亚村。

——8 名在印度或特莱的民间部门工作。

在 3 名下士中：

——1 人有养老金，住在莫霍里亚村。

——2 人在服役满 15 年之前离开，住在莫霍里亚。

在 6 名一等兵中：

——5 人有养老金，住在莫霍里亚村。

——1 人在服役满 15 年前离开，在特莱工作。

在 2 名中士中：

——两人都有养老金，住在莫霍里亚。

在 2 名上尉中：

——两人都有养老金，住在莫霍里亚。

这些数据表明，在印度服役的士兵人数多于在英国服役的。这是因为：自 1947 年以来，英国军队只招募了四个团的士兵；而印度军队包括英国占领印度时在印度服役的士兵和独立后在那里服役的士兵（有 29 名士兵是印度军队的老兵，而英国军队只有 3 名）。

虽然统计数字只包括 93 个案例，但显示出几个显著的特点（我能够进一步在其他古隆村验证这些情况）。退役士官或军官通常返回其出生的村庄度过余生。大多数人服役 15—30 年，很少在没有养恤金的情况下离开军队，因为他们只有服役 10—15 年后才能成为一等兵，当职级为一等兵、中士或上尉时，工资才会增加，才能够存下相当一部分钱。当他们带着丰厚的退休金退休时，不是被迫在印度找工作，而是宁可在自己的村子里舒适地度过余生。在那里，他的积蓄（经常用于投资）保证了他的安逸生活。相比之下，普通士兵通常在服役 15 年之前就离开了军队。60% 来自莫霍里亚的退伍士兵在退役时没有领取退休金的权利，他们中的大多数人是在第二个或第三个三年合同结束时提出辞职。服役 12 年后，很少有人选择退役，因为如果那样做，他们将不能享有唾手可得的退休金。在这三年的时间里，他们经常被提升到一个更高的职位，这一职业前景会说服他们签下最后一份合同。

表 1-5　　　　　　　　服役年数及人数

服役时间（年）	退伍士兵人数
3	2
6	7
9	8
12	2

尽管如此，一些人还是退役了。在19名选择不继续军旅生涯的士兵中，有8人没有返回该村工作。我不能说他们已经割断了一切束缚他们的纽带。他们中的一些人只在国外待了一段时间就回来了，在他们出生的地方颐养天年。几乎所有的士兵、不论是否领养老金的军官在他们任期一结束时就返回村庄。稍后，我们将尝试分析一个已辞职的士兵（一个普通士兵）不返回村庄的原因。

人口不平衡

1958年，在19—45岁的男子中，53%在英国或印度军队服役，9%在国外从事文职工作。因此，19—45岁的男子中有62%不在该村。24名19—25岁的青年男子中有20名是士兵。其余4人不适合服兵役。应当补充的是，有10名年轻妇女与丈夫住在国外。

因此，我们看到一个人口不平衡的社会，由儿童、妇女、老人和少数30岁以上的男子组成的村庄。村庄社区被迫进行改造，以减少不平衡，这种不平衡往往使村庄土地的开发成为不可能。工人的年龄范围扩大了，儿童和老人积极参与家务劳动和农业，妇女在田里的时间比以前多了，村民们被迫使用非古隆劳工。这些工人包括铁匠、裁缝、皮匠等贱民阶层（我们稍后将具体说明这些词的含义）。在过去两代人中，莫霍里亚村的贱民家庭数量显著增加，但他们所拥有的贫瘠土地面积没有变化。1/3的贱民家庭在村里才住了20年，因为不具备雇佣军资格，他们可以提供男性人力，因此，贱民比以前更不可缺少。他们从过去到现在仍然是唯一使用铁、金、银和皮革的人，同时也是农业工人，保证了古隆地区土地的开发。他们常常与古隆族进行讨价还价后工作，或者试图多拿一点粮食作为工作报酬。当我需要他们做搬运工时，他们讨价还价了很长时间才同意搬运我的设备，因为他们知道我找不到任何古隆人做搬运工。

c）非古隆人

我在这个标题下列入了住在莫霍里亚村的婆罗门和贱民。一些婆罗门住在古隆地区，通常住在与古隆定居点隔绝的几所房子的小社区里。有一个婆罗门家庭住在莫霍里亚村，它由3名成员组成：一名老妇人和她的两个40岁以上的儿子。他们住在村子的西边，在田野中间建了一座简陋的小茅屋。这两人是两个古隆家庭的牧民和日工，他们或多或少生活在古隆社区之外，生活在赤贫之中。正如我们所指出的那样，一个不变的特点是婆罗门的贫困，他们依靠古隆人维持生计。相比之下，贱民社区发挥着更为重要的作用，与古隆人的关系更密切。"贱民"（Untouchable）这个名称适用于所有通过接触古隆而侵蚀古隆的人。古隆语中没有任何泛指"贱民"的词语。古隆人用的是尼泊尔人通用的 kami、sarki（铁匠、鞋匠）等词。在下面的描述中，我将不加区分地使用"贱民"一词来涵盖铁匠、鞋匠、裁缝等。贱民就是不能接触古隆人的人。

有14所贱民的房屋，居住着75人，其中50%是15岁以下的人。他们分为两组：一组在村外，住在东北，由8所房屋组成；另一组在西，由6所房屋组成。第一组由"damai"（裁缝）和"kami"（铁匠）居住，二者稍有区别，这些铁匠是混血的，混合了桑色瑞人（sunseri）和哥达涅人（gotane）的血统。在第二组中，住着"sunwar"（金匠）。

这一地区的贱民房屋与村庄形成了一个社区。另外，他们按种族分区居住，每个人居住的地区与其他地区明显分开。这种种族隔离的倾向在许多村庄都有。我们没办法确定贱民是在哪个时期与古隆接触的。后者像其他尼泊尔人一样看待贱民，知道必须避免与他们接触，以免受到他们的污染。

喇嘛和祭司（普楚和科里布利）举行的所有仪式都是在没有贱民

第一部分 古隆—技能—经济

参与的情况下进行的。贱民和他们就像是陌生人。另外，贱民被要求参加印度教的仪式。在村庄做礼拜（puja）时，或在季风到来之前向雨女神祈祷时，以及在婆罗门仪式之后一些富裕家庭举行的婚礼上，他们负责为所有信奉印度教的尼泊尔人演奏九种乐器（这一角色主要保留给裁缝，但也不是绝对的规则）。

与印度教国家相比，古隆对贱民的歧视性措施非常有限，也不那么严格（举例来说，一个贱民妇女可以与古隆妇女在相同的水源打水）。贱民不能进入古隆人家，也不能触摸古隆人，而且从不吃另一个人的食物。当然，除了这些禁忌之外，古隆人所有的非仪式活动都可以与贱民一起完成。他们之间唯一的分工体现在：铁匠、裁缝、金匠和鞋匠（后者不在莫霍里亚村）等是贱民从事的职业活动。在某种程度上，古隆人和贱民之间的接触仅限于经济合作。古隆人提供自己的土地为贱民提供工作，因为他们缺乏人力。贱民为古隆人工作以维持生计，但仍然完全独立于他们的雇主，他们随时可以离开雇主。贱民不是古隆人的仆人，是日工，他们的第二职业始终是他们的专业工匠活动。他们的工作不因其种姓地位而贬值，报酬也与古隆人相同。

在这四个贱民群体中，裁缝、铁匠和鞋匠的收入相对较低。一般说来，贱民的经济状况岌岌可危，因为他们几乎没有任何土地。除了与古隆人的经济关系外，他们过着截然不同的生活，他们的着装方式不同，他们所举行的仪式是印度教的，只在他们的团体中举行。他们埋葬死者的方式不同，贱民中能与神心意相通的人负责照顾病人，他们只讲尼泊尔语。

然而，并非古隆人和贱民之间的关系缺乏诚意，甚至没有友谊，仍然有一些友好相处的例子。

调研的时候，当地一位著名的古隆祭司与我同住，他是我在宗教问题上最可靠的消息提供者。裁缝店的女主人病得很重，一位古隆人来求他立刻去检查病人。这位裁缝店的女主人受到了全村人的爱戴，那天我遇到的几个村民显然对她的病很担心。我的祭司朋友去检查她的病（在她家的阳台上，没有碰她），并给了她一种煮草药的混合物喝。

一天下午，村里的狗发现了一只狐狸，这只狗在村里搜寻。村民们便组织了一次大搜捕。一个年轻人——一个金匠，把这只狐狸杀死在果园里，结果他的手指被咬伤得很严重。整个村子的人一下子团结起来，为那位年轻的金匠鼓掌，钦佩他在没有枪的情况下杀死了狐狸。几分钟过去了，人们注意到年轻人的双手流了很多血。在场的古隆人们一致请我去给他包扎。但是，要做到这一点，我必须触摸金匠。我曾多次受到警告，要避免接触贱民，以免受到污染。此外，任何贱民都不得进入我居住的阁楼，虽然我并没有制定这条规则，但村里服务的人都默默遵守。我去帮助那位年轻的金匠，当晚又被邀请到古隆村的一位村民家里吃饭。在我逗留期间，古隆人们一遍又一遍地把贱民送到我那里去治疗。

这件事清楚地表明，古隆人并不是严格遵守这些不洁的规则。成年的贱民经常和古隆婴儿玩耍，把他们抱在怀里，试图逗他们开心。同样，10—12岁的孩子们可以一起玩耍，尽情在地上打滚，而不用担心他们的玩伴是古隆人还是贱民。直到13—14岁（女孩稍早一点），他们才清楚地认识到这种歧视。我经常问古隆人，当他们被一个贱民污染时，他们应该做什么。他们起初告知我这种事从来没有发生过，只是依稀记得这是很遥远的记忆。而当我坚持想知道具体做法时，他们告诉我如果在这种情况下有必要去看婆罗门，但是没有人能够详细地告诉我如何去除污染。我只知道一个手势，表达了古隆人对被污染的担忧；古隆人喝酒时，有时他会在一碗酒的表面轻弹然后喝下去，代表着净化自己，尤其是当他们在一个陌生房子里的时候。

古隆人忽视了不洁这一概念更深层次的意义、确切地限制和逻辑影响。事实上，传统的古隆思想中几乎没有不洁的概念。然而，由于受到统治尼泊尔的印度教团体的影响，古隆人被迫在与贱民交往中运用这一原则，以确保自己在尼泊尔社会中的优越地位。

3. 生存地

a）莫霍里亚村概况

莫霍里亚村（尼泊尔语为 Mohoriya，古隆语为 Mohre）[18] 位于莫

---

[18] 下文我将同时使用尼泊尔语和古隆语。

迪上游山谷的西坡，海拔约 2100 米。该村建在从莫迪（约 1500 米）向山顶（2600—3000 米）爬坡的两层上。莫霍里亚村是一个由大约 100 所房屋组成的村子。村子里的土地形成了一条长长的带状，从河边一直延伸到山顶上的森林。西南部与丹兴（Tuhsi，尼泊尔语为 Dangsing）的土地接壤，东北部是柯达村（Kota，尼泊尔语为 Chandrung 或 Ghandruk），它一直延伸到安纳普尔纳山脉的永久积雪区[17]。莫霍里亚村与从博卡拉（Pokhara）到西藏的主要路线相连，在山坡上有一条连接柯达、莫霍里亚村和丹兴与拜尔哈提（Birethati）的公路。这条路线上有中途可以停留的地方。在旱季，莫霍里亚村通过一条使用临时人行桥的道路与莫迪河谷东坡相连，这样就避免了在拜尔哈提或拉卓克（Lahdruk）修建的桥的漫长绕道，这座桥建在莫迪河水汹涌的狭窄峡谷之上。一条路向西北方向延伸到村庄上方的高坡，然后分成两个支线：一条从卡利甘达科（Kali Gandaki）河谷向西与通往西藏的路线会合；另一条向北通向安纳普尔纳山脉南坡发现的高地牧场。居民对周围的地形十分熟悉，他们会用指南针的四个点精确地定位自己。在那里问路很容易，到达这个地方要经过这个和那个地标、这样和那样的地形特征，它的东部要低得多。此外，军事训练还教会许多人看地图。我已经能够通过给他们看我所拥有的东西来验证这一点。

莫霍里亚村可以作为例子来描述一个普通的古隆村。村庄总是位于海拔 1800—2300 米，通常在山顶和半山腰之间的山坡上，但有时在山脊线上。第一种类型是以莫霍里亚村遗址为例，该遗址的田地遍布村庄周围。二是横跨拉朗（Lamrung）地区山脊线的格纳泊卡拉（Ghanpokhara）和格勒加（Ghalega）村落，土地下降了一两个坡长。

定居点之间的距离是合理的。人们步行 1—3 个小时后到达邻近的一个村庄，这使得社区之间的接触非常频繁。房子是在山坡上层层建造的。三四套住宅共用一个大平台，地面与下面房屋的屋顶处于相同的水平面。山坡上的景色是完全开阔的，人们可以看到山谷的尽头。古隆的房屋并不是一个封闭的住所，它们向大自然和每个人敞开大门，果园点缀在没有建筑的小块土地上。

b）村子的平面图

如平面图（图1-21）所示，该村位于东北—西南方向，沿着连接莫迪河谷西坡不同村庄的山坡边缘的主要道路的方向。从纵向上看，图1-21描绘了莫霍里亚定居点的发展情况。该村的建造人萨维（Sawai-Rho）的居所被他的后代重新修建，为图1-21上的房屋A。莫霍里亚的第一批房屋建在村庄以南的地方。通过家谱学的研究可以确定，100年前，在1815—1820年，也就是这个村庄开始建造的时候，这个村庄由12栋房子组成。大约在1890年，村庄北部的所有地区都被豹、鼠鹿（mouse-deer）和野猪居住的树林覆盖，这些动物后来被驱赶到高地。旧家庭规模扩大，新居民来到莫霍里亚村居住，定居点从最初的房屋越来越多地延伸到东北部。贱民的住所建在村庄的最北部和西部。

在古隆家族中，社会差异往往体现在房屋的分组中。古隆社会把自己分成两个群体，第一个群体是卡贾特人（Carjat）；第二个群体是索拉贾特人（Solahjat）。[18]（我们稍后将重提这一点；尼泊尔语中，"car-"是四的意思；"jati-"意为种姓或种类；"solah-"意为十六）。因此，可以看到（如图1-22）卡贾特人的房子几乎都在村庄的南部，而索拉贾特人的房子则占据了其余部分。这种分隔的趋势是普遍的，即使它并不总像莫霍里亚村如此明显。其实很容易理解这种分隔趋势。当一个新来的人想在村子里定居时，他不得不去问首领（kroh），首领通常是（除了在少数情况下）一个卡贾特人，其不与索拉贾特人结婚，尽管他们与索拉贾特人关系密切。因此，如果新来者是卡贾特人——可能或多或少与首领本人直接相关，首领会倾向于给他分配上地，在卡贾特人的集中区域建造房屋。当然，在卡贾特人的房屋中间也有几栋索拉贾特人的房屋。此外，将这种分布与图中的分布进行比较，可以看到，石墙和石板屋顶较好的房屋往往集中在卡贾特区。这是因为卡贾特人拥有更多的土地，比索拉贾特人更富有。人们可以通过区分部族和部族内部的谱系来研究房屋的分组[19]。

第一部分 古隆—技能—经济

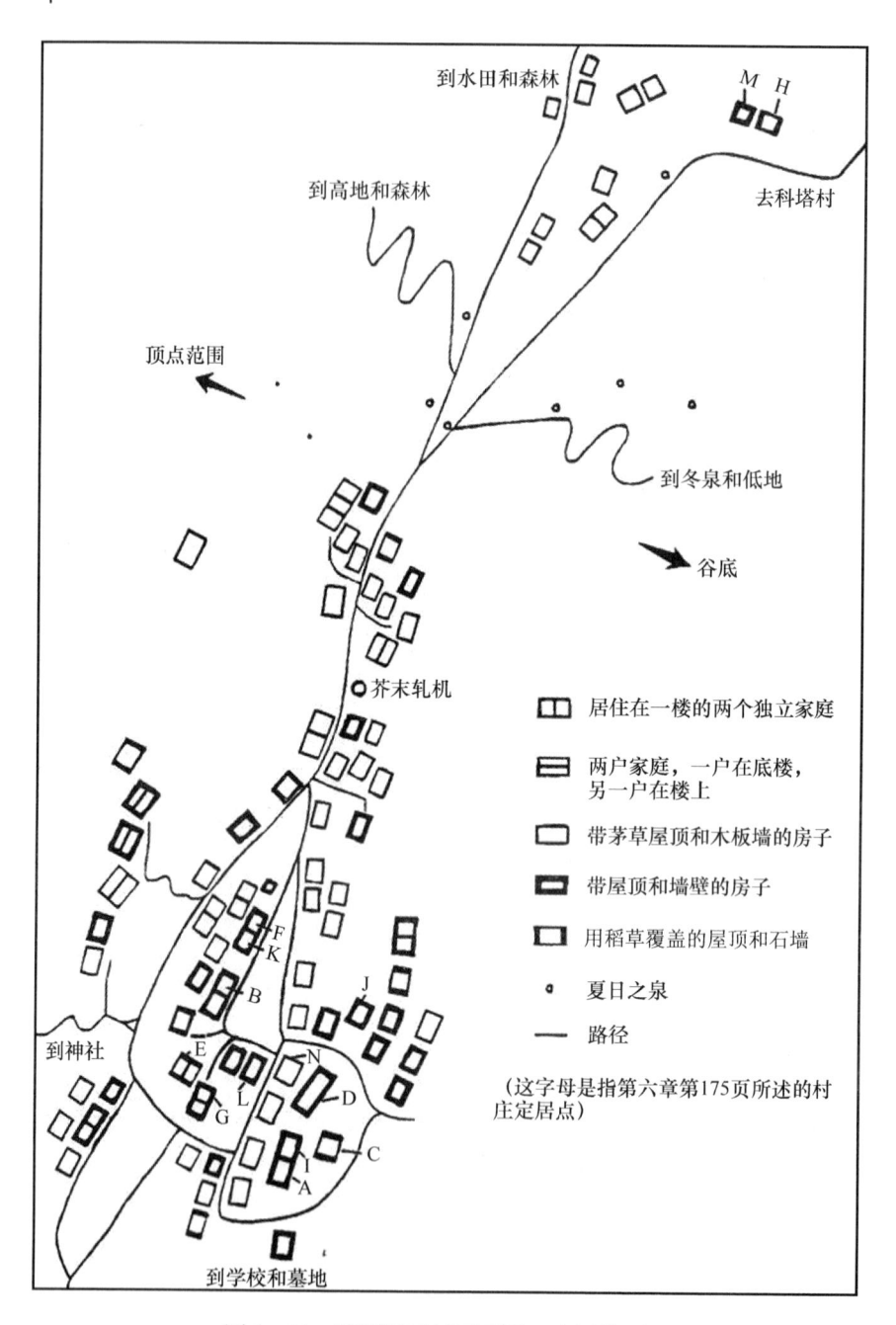

图 1-21 莫霍里亚村平面图（房屋类型）

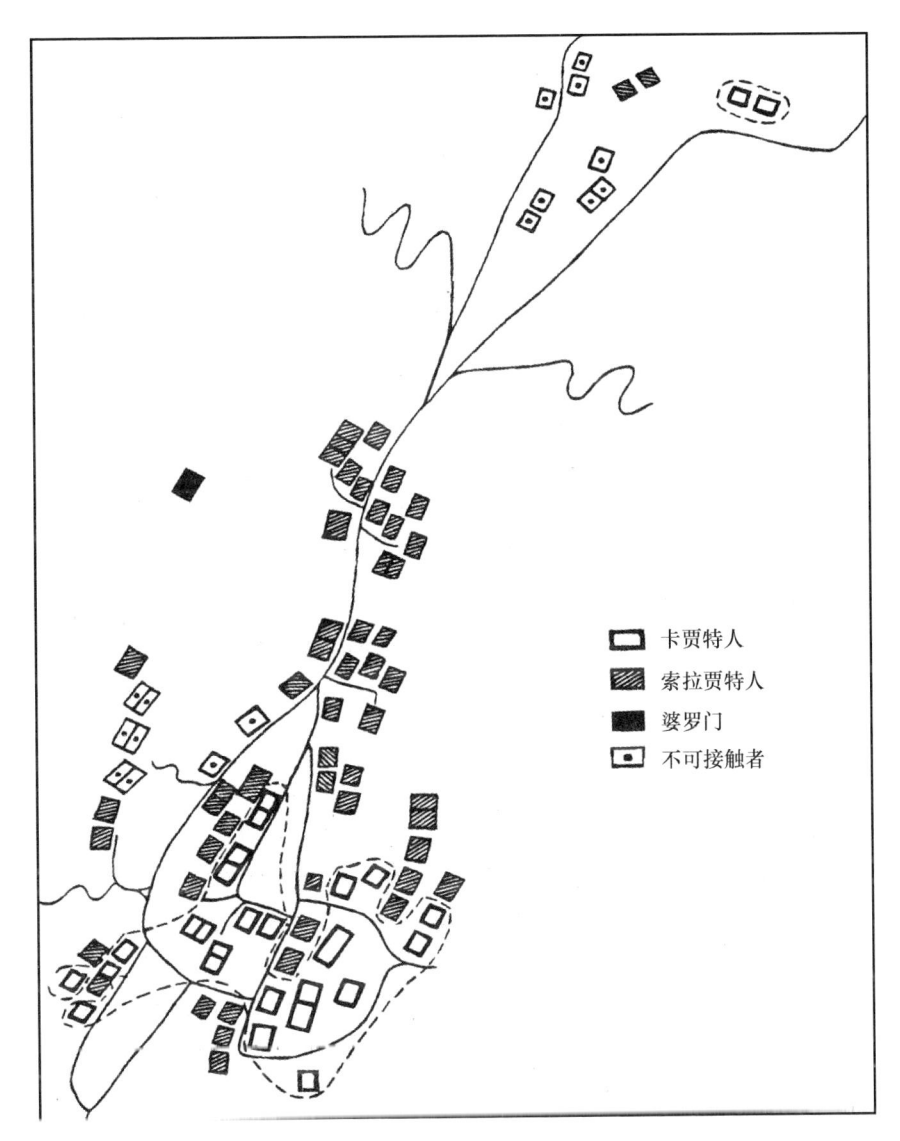

图 1-22 莫霍里亚村平面图（族群分布）

图例：
- 卡贾特人
- 索拉贾特人
- 婆罗门
- 不可接触者

一个完整的道路网络将不同的房屋群相通，这些道路在房屋之间蜿蜒。村民在墙壁旁边铺砌道路，社区会定期维修。这些道路扮演双重角色，不仅可以通行人和动物，而且还通行季风降雨期间的水流。这些人工铺砌的河床导引溪流，而不会破坏房屋所在露台的墙壁。经

第一部分　古隆—技能—经济

常有汹涌的脏水冲向我，浸泡到我的腿中间，使我不得不爬上小路。家用水源规划在村庄北部，最后一个古隆房屋和贱民居住区之间。这个地方被称为植物覆盖的水源（kyu-wa-dhu，"kyu"的意思是水，"dhu"的意思是树或植物）。它是覆盖着短草的岩石，除此之外，其他所有的泉水（在水源的下部）在冬季都是干涸的。

在季风期间，水源在6—7个地方同时涌出。村子的中间建造了一间磨坊，用来粉碎芥末籽以榨油。这家磨坊是该村的财产，芥籽油厂也是"八卦"的中心，人们不停地讨论着村里发生的事情。

在位于芥籽油厂附近的十字路口，铺砌了一个巨大的矩形平台，高出地面一米。这种类型的建筑在整个尼泊尔非常常见，被称为乘凉处（cautara）。平台周围是一个80厘米的壁架。从地面上，一个人把负荷放在另一个人的背上。正是在这个十字路口召开村民大会，100—200人聚集在社区的领袖周围。男人坐在平台上，女人们仍然站着，靠在邻近的墙上。这些会议对于他们来说没有正式性。每个人都站在他认为最好的地方，孩子们在人群中穿梭。村里的首领宣读议程，然后在场的所有男性和女性村民会讨论每个议题。如果需要做出决定，会征求在场大多数人的意见。乘凉处的十字路口在某种程度上是莫霍里亚村的公共场所。村民们早上去田间劳作之前会在这里会面；晚上吃完饭后会在这里聊天。十字路口附近房子的露台和走廊是村民的另一个最爱，他们会长时间地逗留在这里聊天。通常，来自邻近村庄的搬运工和旅行者在乘凉处休息几分钟，并与已经聚集在那里的村民聊天。在两块铺路石上还刻有棋盘，孩子们在棋盘上玩"老虎和牛"的游戏（一种类似象棋的游戏）。

首领的房子是古隆村的第二个聚会场所。坐在房子的走廊上，村长平衡着村民与委员会（8—10名成员组成）之间的分歧。某些公共集会也发生在他住所向前延伸的平台上，一年举行两次，仪式舞蹈在那里进行4—6天。

c）学校及教学水平[参见附录A]

莫霍里亚的第一所学校于两年前建造在田野中一个孤立的海角上，海拔400米，在村子的南边。从学校的露台上可以欣赏到山谷最壮丽的全景，从安纳普尔纳山脉向北延伸至 50—60 千米的低山山脉的南部。实际上，这所学校属于莫霍里亚村和丹兴村，由这两个村庄的人建造，因此，两个村庄的孩子都可以到那里学习。莫霍里亚村花了 800 卢比建造学校。它像是一座石头建筑，前面没有围墙，空气和光线充足，木制长椅排放在一个教室里，墙上是一块黑板。尼泊尔政府会支付由其任命的教师的费用，但学校的其他所有费用均由村庄或家庭承担，尤其是必须参与学校建造。莫霍里亚村学校的建立是尼泊尔政府庞大计划的一部分，该计划试图在所有农村发展教育。8 年前，尼泊尔除了低地的大城镇之外，没有任何学校，因此这是一项艰巨的任务。现存的问题仍然是需要找到在高地社区工作的大批教师。目前，教师是从普卡拉和加德满都的山谷招募的。高地社区被认为是年轻教师的流放地，他们通常是尼瓦尔人（Newar）、切特里人（Chetris）或婆罗门人（Brahmin），他们发现自己完全孤立于高地人群之中，生活在道德价值观和社会规则对他们来说都很陌生的环境中。不难想象，老师和村民之间有很多摩擦，双方都怀有许多不良的情绪。

　　因此，加德满都的一名年轻教师被分配莫霍里亚村。他住在村子南部一栋房子的一楼。他待了 6 个月，然后在假期时离开了。后来再也没有人听说过他，学校从那天起就没有老师了，不辞而别的老师并没有偿还欠莫霍里亚古隆村民的钱。当我 1958 年年底离开村子时，家长在那年冬天去照看孩子们，以尽量减少老师缺席带来的影响。

　　在每个古隆村，大量成年人在外国军队服役时学会了读写。他们能够教他们的孩子阅读、尼泊尔文字和基础数学知识，这使得教育水平有了很大地提高。莫霍里亚村 80% 的成年男性人口（古隆人，19—35 岁）知道如何用纳迦勒字符（nigari [deb-nagari]）读写尼泊尔语，许多人也知道如何用罗马字符书写尼泊尔语。他们三个人中能有一个人理解或者说英语。此外，许多曾在印度军队服役的人懂印地语，8% 的成年女性知道如何读写。当我们把这些数字与 1952—1954 年尼泊尔人口普查的结果进行比较时，感到十分惊讶。在当时的尼泊尔，全国达到上学年龄（5 岁）的人能够读写的占比为4.5%，男性为8%，女性为1%。根据人口普查委员会的报告，加德满都山谷的平均值最高：50%的男性和15%的女性知道如何读写。报告还指出，莫霍里亚村所在的卡斯基地区（Kaski）的百分比仅次于加德满都，为15.6%。（报告随附的地图不太准确，所以我不能确定莫霍里亚村是否真的被包括在卡斯基地区。如果不包括也没有多大关系，因为莫霍里亚村仍然隶属于该地区的边界内。）

我必须解释莫霍里亚村的数字与卡斯基地区数字之间的差异。具有读写能力的80%的男性和8%的女性只代表古隆人，因为这项研究中只有古隆人与我们直接相关。如果像人口普查一样计算包括五年以上所有居民在内的共同平均数，得出的结果是31%，即使假设19岁以下的居民不会读写（事实并非如此），仍然比报告中给出的数字高得多。人们认为造成这种差异的原因有两方面：一方面，莫霍里亚村的征兵比该地区的其他村庄竞争更加激烈，因此更多的男子在军队中学会了读写；另一方面，人口普查不包含没有生活在村庄里的男人和女人。然而，所有目前在国外服役的人都知道如何读写，从社会学角度来看，他们总有一天会回到出生的村庄，他们始终属于那个社区。

许多古隆人知道如何读写，因为他们在印度、马来亚、尼泊尔军队服役时都在加德满都接受过良好的军事训练（在莫霍里亚村有四次）。大多数情况下，他们童年时没有受过教育，但在他们入伍的18—19岁时就学会了。同时，退休或休假的父亲教会了下一代，所以相当数量的女孩和男孩知道如何破译纳迦勒字符，甚至是罗马字符。人们在家里可以找到各种各样的书，如机枪作战战术手册、数学手册、谈话手册、印度教神话的书籍以及印地语字母书籍。通常，在晚上，你会看到孩子们围着母亲，母亲在阅读包含简单短语的字母书。孩子们渴望学习，且不惧困难地学着。在我房里，我经常看到四五个孩子或青少年，默默地坐在我阁楼的一个角落里朗读尼泊尔语小册子，而根本不会担心我是否听到了，或者我是否还在那里。他们喜欢用一种非常简单的方式画罗马字符，这样我就可以用打字机把它们抄下来。然后他们会装饰这张纸，并把它寄给山谷中另一个村庄的亲戚。

所有古隆人都会两种语言。他们能像说古隆语一样轻松地说尼泊尔语。男人和男孩之间更多地使用尼泊尔语，即使他们没有和外国人在一起，他们已经养成了在军队里不断说尼泊尔语的习惯。当他们休假回到村子时，不会轻易改变这个习惯，男孩们倾向于模仿他们。相比之下，除非大家都是古隆人，不然妇女和小女孩基本不说话。总体来说，她们使用的古隆词汇比男性丰富得多。[20]

我们将会看到在一个其他方面都不发达的社会中，这种相对较高的教育水平会产生非常重要的结果。

第二章　生活习惯和技术技能

尽管生活在尼泊尔南部的印度人对整个尼泊尔影响很大，但由于古隆人独立生活在高谷中，他们仍保持了原来的传统技能。

部分工艺完全掌握在较低社会阶层的非古隆人手里，他们作为金匠、铁匠和皮革工人生活，但这可能是旧时的情况了。相比之下，古隆人保留了他们在尼泊尔享有盛名的编织和篮子制作技术。

在本章中，我将试着详细描述尚未被研究的某些技术技能。我将把古隆的物质文化置于喜马拉雅地区的物质文化体系中。许多研究者到目前为止还没有研究过这个主题，或者只是研究得较为肤浅。

为了简化我的讲述，农业方法将在农业一章中进行论述。下面我将首先介绍与身体、衣服和食物等有关的习惯，然后再具体描述女性或男性的习惯。

一　身体

1. 身体护理

古隆人清洁身体不是为了净化自己，而是为了卫生。一年中清洗几次，卫生也就不需担忧。我只知道他们一个清洁仪式：关于家庭成员去世时女人们所做的一个仪式，即亲人死后的第二天早上，女人们会解开亲人去世那天扎起的头发，到村里的小溪里清洗。在冬季，尤其是季风来临之前的3月、4月和5月，泉水的水量很少，所以缺水导致人们很少洗澡。

在莫霍里亚村，人们必须向东北方向走十分钟，才能到达唯一且很小的溪流。人们需要排队等待，然后带着一个装满水的沉重的铜罐爬上一个非常陡峭的斜坡回家。在旱季，孩子们每4—5天会在房子的露台上洗一次澡。女人们会在她们取来泉水的当天早上洗脸、嘴和脚。当男人们起床后，他们会拿着一壶水漱口，然后用湿手擦拭脸和头发。他们从来没有在家里好好地洗过一次澡。当他们因工作而到邻近莫迪的低地，或到邻近不会干涸的小溪的村庄北部时，他们才会洗澡。女人们偶尔到小溪洗头发，同时也会洗衣服。因此，每年这个时候跳蚤和虱子都会激增。

当季风来临时，整个村庄会变得湿润。因为温度上升，他们脱下衣服也不担心会冷。另外，此时的暴风雨非常之大以至于每个人都不得不直接洗澡。因此，春天里人们会经常洗澡和洗衣服（这些脏衣服事先在屋子里用水煮过），孩子们总是用肥皂洗，近年来肥皂使用得越来越频繁，他们会在身体涂上少量的吉（ghī，古隆语，意为"澄清黄油"）。女人从不在屋外清洗胸部和大腿之间的身体部位，她们会在屋子里用温水洗，或者半裸泡在池塘里，被植物很好地遮挡住而不让陌生人看见，洗好后再穿上干净的衣服。她们每两周到三周就会洗一次澡[21]，虽然在古隆的南边，切特里和婆罗门的妇女经常敞开上衣，露出乳房到处走动，但古隆妇女却"羞于"露出位于肩膀和膝盖之间的部分，即使天气很热，她们也穿很多衣服。只有老年妇女有时会在阳光下坐一两个小时，用油膏抹她们裸露的胸部。而男人们会在夏天光着胸膛工作，而且经常露出大腿。男孩们在八九岁之前半裸，而女孩们在五六岁之前半裸。当天气热的时候，2—4岁的小孩会全身赤裸地在房子的露台上玩耍。

帕内（Pane；Pena），是从芥菜杆中提取的除去油后留下的黏浆，用于洗头。乌米（Umi；Unphi），是一种干果取出果核后的果肉中提炼的一种油，妇女在洗乳房之前用它按摩身体，脸、胳膊、手和腿上都均匀地涂"吉"。在搅拌煮好的牛奶后，农民们利用手上残余的黄油来按摩腿和胳膊。

妇女们大约每两天整理一次头发，尤其是她们不在田里劳作的时候。她们会请别人帮忙去除头发里的虱子，然后用细木梳子（pre）

梳理头发,并用芥菜油或"吉"擦拭;整理好后便把头发披在背后,从脖子后编好辫子,并用一根红色的绳子系在辫子的末端。她们从不用香水。

一些士兵的发型之前是欧式的,他们通常不梳被尼泊尔帽子(pule)遮住的那部分头发。他们会请人帮忙把头发全部剪掉,每年剪两三次,并将剪掉的头发带回印度。很多古隆人习惯于按照印度人的方式在头顶留长发。

2. 卫生

成年人喜欢晚上在田野里排便,他们会去村庄里一些他们比较喜欢的角落;在雨季来临之前温暖干燥的时间里,那里气味很难闻,但随着暴雨来临会将村庄清理干净。孩子们则会在任何地方进行排泄,狗就会立刻来把这地方打扫干净。男人和女人蹲着小便,而老年妇女有时会站着小便。[22]

3. 行为和姿势

当古隆人坐下来工作时,他们会像"裁缝"一样交叉双腿,非常自在地左右移动在胸膛前。基于这种姿势,他们能完成所有的制篮、制绳、脱壳等工作。女人工作时则坐在她的脚跟上,迅速地把裙子夹在大腿之间。当她做饭、除菌或休息的时候,她便将两条腿在面前交叉坐着,一条腿伸直,膝盖在上面,另一条腿放在一侧靠在地上,两只脚靠在一起。

当人们休息或聊天时,会坐在自己的脚跟上,背靠在墙上或木桩上。如果有客人走进房子或走廊,主人或女主人会立即递上一个木制的座位或一个圆形的草席,让客人坐在上面,以避免客人弄脏衣服或感到冷。每所房子通常都有两张折叠床,其中一张是留给家里的主人使用;另一张可供家庭各成员:长子、其他子女、年幼的儿媳及其子女等使用,其他人则睡在科塔(kota,古隆语,意为"起居室或客厅")里炉边的地上。在晚上,床上用品和垫子放在地上用于过夜,早上则被卷起,就像印度的"床上用品"一样。在炎热的季节,男人们有时会睡在仆人睡的阳台上。

因为适应了山区的地形,古隆人的走路方式非常优雅。女人们只需微微抬起她们的双脚,左右摇摆以平衡她们的下半身,保持头顶完全稳定。男人们有一种更柔软更轻便的步伐,快速而均匀地移动身体的上部。通常用背来完成所有的搬运,篮子用带子系在前额上。带子与一根绳子相连,绳子绕过篮子的下部,使重物紧贴身体,身体向前倾斜以保持平衡,双手交叉放在脑后以放松颈部。负荷通常为30—40千克,有时达50千克。由于经常接受这种锻炼,古隆人的肩膀、脖子和腿部肌肉变得十分发达。从八九岁起,孩子们就能带着小篮子和小水罐去小溪边打水。运水方式也是相同的,即把大铜罐(装满时重10—15千克)平稳地放置在篮子底部。高窄的颈部可防止水因行走的摇动而溢出。当古隆人出行时,男人背着轻物走在前面,女人在后面分担着重物,并经常头顶着一把伞,双手交叉放在前面。同时,男人把伞的圆柄钩在衣服的衣领上,然后把伞挂在他的背上。

沿着尼泊尔的道路,人们可以找到乘凉平台(cautara)。这是一种由成堆的石头形成的一个矩形平台,或一种露台,高度达到在人的肾脏高度的位置,人们停下来的时候可以把篮子放在上面,背部靠在乘凉的平台上。这样,他可以放下重物,且不用蹲下就可以再把它背起来,因为蹲下再背起会是一个费力的过程。这种情况下,搬运工必须以交叉腿的姿势靠着篮子坐下来,然后把带子推到前额上,把胸膛向前倾,从地上拉起负荷,单膝支撑,两只脚交叉着。他主要靠在第一次抬起的腿抬起重物,第二条腿伸直,一只脚绕着另一只脚滑行,以便把它放在另一边正常的位置,直到身体完全直立。

在田里工作时人们通常是站着的,弓着身子,双手触地,双腿稍微分开。谷子的播种和收割是蹲着完成的,男女采用的姿势都一样。

古隆人只在亲属之间俯首。女人把围巾套在头上,低头朝她所尊敬的人弯腰。男人必须把头遮起,弯下腰来,用右手抚摸他要敬礼的男人或女人的两个脚踝,然后受礼者马上摸了摸他的肩膀,鼓励他再站起来,并用深情的话对他说:"做一个聪明的男人"或"做一个诚实的男人"①。据可靠的消息提供者说，这种俯卧的习惯是最近才有的。以前，他们只会鞠躬，稍微倾斜头部。在团圆的时候，如果一个人无意中撞到了邻居的脚，他会把手放在被撞的人的脚踝上，然后触摸自己的前额，以示道歉。

当古隆人遇到陌生人时，他们会以印度人的方式把双手放在脸前，然后说"那马斯特！"（namaste，尼泊尔语）。吃饭时，在洗好手和嘴后，古隆人会坐在圆形编织垫上或是木板上（peri 或 pera，尼泊尔语），旁边是壁炉。他以婆罗门（Brahmin）的方式认可这个家的主人，然后用右手吃饭，把蔬菜和肉汁放在米饭的左边或右边。进餐时，如果在自己家里，他会用嘴唇碰到杯子来喝谷物酒或牛奶。如果不在自己家里，他会直接把液体倒进嘴里，嘴唇不会碰杯子。吃完后，他会在刚吃过的盘子上或在屋外冲洗自己的手和嘴巴。

古隆人决不会在贱民的家里吃饭，也不会吃贱民所做的饭。相比之下，后者会吃由古隆人做的食物，但从不在古隆人的房子里吃，坐在古隆人家的走廊上，面朝墙吃东西。

村民们经常抽烟，大多是进口的印度烟。一个人点燃一支烟吸了几口后，再把烟递给邻居。香烟不会放进嘴里，它被垂直地夹在食指和中指之间，所有的手指都折叠在手掌上。吸烟是通过拇指和食指之间的凹陷处留下的一个小裂缝来完成的。女人们把手指叠在手掌上，把香烟握在小指形成的圆圈里，和男人一样吸入烟雾。为了抽完所有的烟，他们把烟头放进一个小的、细切好的竹管里，用作烟嘴。因为我抽烟的动作像个女人一样，这让他们常常觉得很搞笑。

村民们还抽一种叫巴恩（Bhan，尼泊尔语，"大麻"）的植物，提炼后会产生大麻酚。但是，在古隆，村民们只是简单地收集起来进行晾晒使之干燥，再用手捏成粉末，在手掌中掺入少量烟草和水，然后把所有东西放进小木管里，做成一个小碗的形状，从里面伸出一根短杆。他们如上所述握住烟蒂，但双手紧紧相连，通过位于拇指和食

---

① L'Abbé Dubois 描述了印度南部类似的称呼。（*Moeurs et institutions*，2nd part, chap. XIV）。

指底部的缝隙吸入[23]。

4. 衣着

古隆的服装非常鲜艳。当他们与其他民族混在一起时，很容易认出他们，如在古隆南部唯一的城市中心博卡拉。

a）女人

colo 是一种短衫，夏天穿短袖的，冬天则穿长袖的。它到腰部顶端，两边都有一个小缝。手臂被放进外袖，然后用带子绑在左侧的肩膀和腰部附近。这件衬衫非常贴身。当一个女人哺乳时，她把它拉起来，露出她的乳房。一个通过交叉的布块形成的小口袋隐藏在腹部下部附近，妇女们在那里放了几支香烟或烟头、烟嘴、钞票等。这些衣服通常是用黑天鹅绒做的。

nue［nani］是由一块长方形的轻质棉布制成的，颜色各异（许多是淡紫色，带有非常肃穆的黑色方块），覆盖着腰部到脚踝处。它覆盖在臀部周围，并通过在皮肤和裙子之间引入少量的布料而将其拉紧在腰部，后者的紧密性使其保持固定。nue 是由多种进口布料制成的。

phogi（pho-胃，腹部）是一条腰带。它是由一条很长的棉布制成的，缠在腰间几圈，覆盖在裙子的上部。它通常有着均匀明亮的颜色。

tiki 是一小块黑色天鹅绒，沿对角线对折成两半。它被放在背部，两个点朝着胃部向前，被 phogi 紧紧地像皮带一样保持在原位。女人坐在衣服的这一部分上，将衣服下半部分和 nue 折叠在大腿之间。

poro 是一种黑色的浅色大方格布，装饰有轻微凸起的图案，覆盖着从膝盖到胸部的身体。它从右臂下方通过，并通过将两个上角系在一起挂在左肩上。它在左边是开着的。

kra-mu（kra-头部）是一块很轻的方形棉布，戴在头上，垂到肩上。它有很多不同的用法。工作时，女人把它紧紧地套在头发上。Kra-mu 垂在她的背上，保护头部免受灰尘、雨水或阳光的伤害。当天气冷的时候，它会被戴到胸前，然后手藏在它下面紧紧地握在一起。此外，它也可以简单地套在肩膀上，优雅地垂在身体周围。当妇女们在一个仪式上帮忙或旅行时,她们经常会穿上一件白色的 kra-mu。

所有这些衣服都是由印度进口的布料制成,这种布料很轻,而且制作精良(天鹅绒除外)。除了在季风期间,他们会一直穿这些衣服直至破旧为止,也不经常清洗。他们穿同样的衣服直到穿坏,然后再换其他的。短衫经常会换,因为它很快就会由于持续性的搬运工作被撕破。他们会储备一些好的衣服在储物间里以备过节时穿。

b) 男人

pule 是一种尼泊尔随处可见的帽子。它的形状是一个略微截短的圆锥体,通常由结实的黑色织物制成。在山上,人们可以把它当作饮用泉水的杯子。现在大多由彩色的轻质棉布制成,不再那么结实。帽子的价格从 0.5—1.5 卢比不等。

bhoto 像女人们穿的 colo。它没有小口袋,用很结实的浅色棉布做的。有时是从村里做的白色布料上剪下来的。

phaso 是一种白色棉布做的腰带。

rhan 是一块长方形的白色棉布或 nani(一种亚麻布),沿其长的位置折叠一次,四个角两两打结。然后把用这种方法打的两个结放在一起后交叉,左边的结从右边穿过,反之也可行。固定在左侧的部分悬挂在左肩上,而右侧悬挂在右肩上。因此,它从前面看就像两只手在胸前交叉,在后背相遇,那里有一大块布,形成一个大口袋,下垂到大腿根。这件衣服有很多用途。口袋里可以装他一天中要用的镰刀、烟草和收获的蔬菜。把它拉过头顶,可以用来避雨。当他背着篮子的时候,它就起到了垫背的作用。到了晚上,男人们会把它脱下来,钻进这个白色的长方形棉布,四个角两两相连,就像一张折叠的床单。这种衣物大多用村里的织布制成。

kas[②] 是一块长方形的白色棉布,绕在臀部上几圈,刚好一端垂在

---

② 一位消息提供者"喇嘛·蒙尼"(lama murni)对霍奇森(Hodgson)(19 世纪上半叶)说,"喇嘛·蒙尼"穿着 khas:"人的床单"(H. Hodgson, Mss., India Office Library, Vol. 5, p. 52 *verso*)。

膝盖上方一端固定在腰部。当男人坐着的时候，他的大腿被半遮着。如果下雨的话，他就把 kas 系起来，把松开的一端固定在腰带上，这样走路就更方便了。

phogi 是一种腰带，使 kas 保持在腰部的位置。它通常是在西藏地区由红色、蓝色和黑色的五颜六色羊毛制成的。士兵们从印度带回的军带已经很受欢迎了。

c）孩子们

在 6 岁或 8 岁之前，男孩和女孩都会穿一种到膝盖处的衬衫，上部的剪裁就像男人或女人的衬衫，被称为塔波塔（tuh-bhota）。

当他们 6 岁或 8 岁后，孩子们逐渐开始穿和他们的长辈一样的衣服。

d）其他服饰

有一些衣服是季节性的，或者只在特定的日子穿。

paki 是一大块白色羊毛布，当天气寒冷或生病时，男人们在下班后用这块布将自己裹起来。

labru 是将两块大的矩形厚羊毛布沿一个长边和一个短边缝合在一起的衣服。它覆盖头部和整个身体，直到膝盖，像一个大斗篷。这种衣物是用山羊或绵羊的羊毛织成的。人们通常在寒冷或下雨时使用，因为它是防水的。

śyaku 是一种有两个斜坡的屋顶状的帽子，专为挎篮工作时而做？编制而成，戴在头上。它可以保护身体和篮子在搬运时不被雨水淋湿。这种帽子主要是女性佩戴。

尽管农民们仍然保留着他们的传统服装，但他们的穿着越来越趋向于服兵役期间的现代剪裁的服装。现在卡其色衬衫、短裤和套头衫因为方便而在古隆被广泛穿着。村里的农民从不穿鞋，只有当他们旅行或被邀请去另一个地方参加仪式时，他们才会穿鞋，几乎所有的鞋子都是由村里的低社会阶层的鞋匠做的。[24]

古隆人的衣服，尤其是男人的衣服，有着古老的传统。在当地祭司讲述的历史神话中，发现了许多关于男性服装的象征意义。

有些衣服被用作象征性、仪式性的物品，由特定的亲属在特定的情况下提供。

5. 饰品

每逢佳节，女人们都会打扮得漂漂亮亮，许多人头上或胸前都带着一片黄金或珊瑚。首先，我会描述日常的装饰品；其次，是那些很少佩戴的装饰品。

a）日常珠宝

marwali：小金耳环，扁平，饰有红石 tuti。女孩耳垂在 3—5 岁时被一根带刺的植物 ketu 刺穿。为了促进愈合，她们用芥末油或母乳涂抹伤口。在第一年，人们在耳洞里放一个小的木制钉 kal，以防止它长合。后来，他们用鸟羽毛中脉的末端代替了这个。同样的方法也适用于耳朵上的其他洞（有时会在老年妇女中扩大），也适用于左鼻洞。男孩和女孩一样，耳朵底部会被穿孔。女人的鼻子和耳朵上的洞只用来挂珠宝，而珠宝本身似乎没有审美价值。

śrimill：一串小金环，钩在整个耳朵的外缘。

na-ku：像上述小金环一样钩着的大金环。

dhori［dhungri］：螺旋状固定在耳垂上方耳朵的底部的小金盘。

dalmar：（或 citi），12—13 岁男孩戴的小金耳环。它们是菱形的，像钳子一样挂在耳垂上。

bhiru：一条由 8—10 颗玫瑰红珊瑚珠和两颗绿宝石组成的项链，通常与 2—4 颗金珠连在一起，呈对称排列。我认为这个饰品是最原始的日常古隆珠宝。根据女人的年龄和财富，珠子大小不同。在 14—15 岁戴的由 6—8 颗小珠子组成的项链被称为 natre，18—19 岁戴的项链则被称为 bhirukor。最昂贵的项链是由玫瑰橙珊瑚制成的，尺寸大，价值 700—800 卢比。这些珠子是从加尔各答进口的。

asurphi：左手三指上戴的戒指。

ghanmai［ghanmai chya，成对佩戴］，phyutani［phyutani chay］，hakim［hakim chya］：男人和女人戴在小指上的不同种类的金戒指。kalli 只有女人戴。

berneca［berne chya］：杏仁饼干形状的戒指。

balo：女人戴的绿色或红色玻璃手镯。她们会在丈夫死后把它弄碎。

khokre，sable：双脚踝上戴的金踝环。Khokre 是镀金的。孩子们尤其是小男孩戴的是银的。

rayĩ：另一种踝环，像一串金球。

bulaki：戴在左鼻洞下部的宝石。

b）节日珠宝

khilip［kilip］，zoh［zhoka］，tah：这是一件全金的华丽的头饰。tah 是一个巨大的金色圆盘，戴在前额上方，向前倾斜。太阳穴被两块饰匾（zoh）所覆盖，而头部的后面则被另外两块金质饰匾装饰，但这两块饰匾（khilip）较小。这些装饰品每件都刻得很好，镶嵌着小红石。

hamel：垂在胸前的项链。它是由一根绳子做成的，在绳子的外缘上有金牌。

naogiri：一条同样的项链。间隔的金珠串在绿色的小珠串上。

arśe：也是一条垂在胸前的项链，由一串绿色小珠子组成，上面有一个长长的金色装饰物，雕刻着一组圆盘状和球体的图案。

biz 或 bij［bijbanda］：一块巨大的金首饰，像一个双月牙形，用一根黑线挂在胸前。

女性饰品非常有价值，而且种类繁多。女人们非常喜欢自己的珠宝，并以佩戴它们为荣。当她们去印度或缅甸时都会带着这些珠宝。而且，许多珠宝是休假的士兵用省下来的钱买的并被带回来。

很难知道哪些饰物是特别的古隆饰品［有些名字似乎是古隆语：na-ru（na：耳朵），bhi-ru，natre，tah（花朵），zoh，arśe，khokre，sable］。低社会阶层的金匠是制作这些艺术品的唯一工匠，而且很难确定这些饰品是不是他们从南方来时所携带的。雕刻的设计灵感往往来自尼泊尔、印度风格模型，戴鼻饰的习惯显然来自南方，因为藏族文化没有这种风俗。

显然，这些装饰物一起构成了一个非常独特的珠宝集合，使古隆人有别于其他尼泊尔人。在古隆，从东边到西边，妇女都戴同样的珠宝。贫穷的农民则戴着独特的尼泊尔、印度风格饰品[25]。

二　房屋

古隆族主要有两种类型的房屋建筑。一种是木框架的单层建筑，有着土木结构的墙和茅草屋顶；另一种是石墙的双层建筑，屋顶是切割得很薄的石板。前者代表着传统的住宅，后者代表着富裕舒适的住宅，如今这种住宅越来越普遍[26]。

它们不是面向特定方向建造的。一般来说，它们沿着等高线建在平坦的山地上，背靠上面的梯田，面向山谷。

1. 被泥土覆盖的木屋

我将在这里以莫霍里亚的 N 房子为例来进行阐释。在我看来，N 房子包含了这类住房的主要特征。它由所谓的住宅区和走廊组成，两根木柱打入地面，间距为 3.6 米，支撑着屋脊。支撑屋顶边缘的墙是由木板制成的，花纹图案填补了间隙。花纹图案的两边都覆盖着掺有牛粪的泥浆，使墙壁表面光滑，人们可以通过它看到弧形的竖直木板，而房子两个较短的边也是弧形的。悬挑的屋顶靠在墙壁和支撑屋脊梁的中心支柱上，形成两个不相等的斜坡，较长的一侧屋顶覆盖着一半的房子和走廊。屋顶的茅草很厚，附着在一个轻型木框架上。阳台上只有一扇小门，人们必须弯下腰才能进去，而走廊则一直延伸到房子的前面。木柱支撑着屋顶，屋顶突出于阳台之上，以防季风雨侵袭。两到三个台阶将房子与较低的露台相连。房子的地板和走廊上覆盖着细匀、干燥的泥土，家里的女人经常把它弄湿，然后用手撒一些新鲜的泥，人们在家里从不穿鞋。一块垂直的木板把房子分成两部分。一部分（被称为 pagro）用于与外界交流，起着门厅的作用。这里摆放着农具、篮子等。在靠近门的架子上，放着一大罐水。在入口对面的墙壁上，有一个低矮的平台，晚上就在上面铺开床上用品。从隔板中央的一个开口可以进入房屋的第二部分科塔，在地板上挖一个方洞用来生火。厨具和水罐都放在方洞后面的壁架上。另一个靠墙搭建的平台，和第一个平台一样，是用来睡觉的。

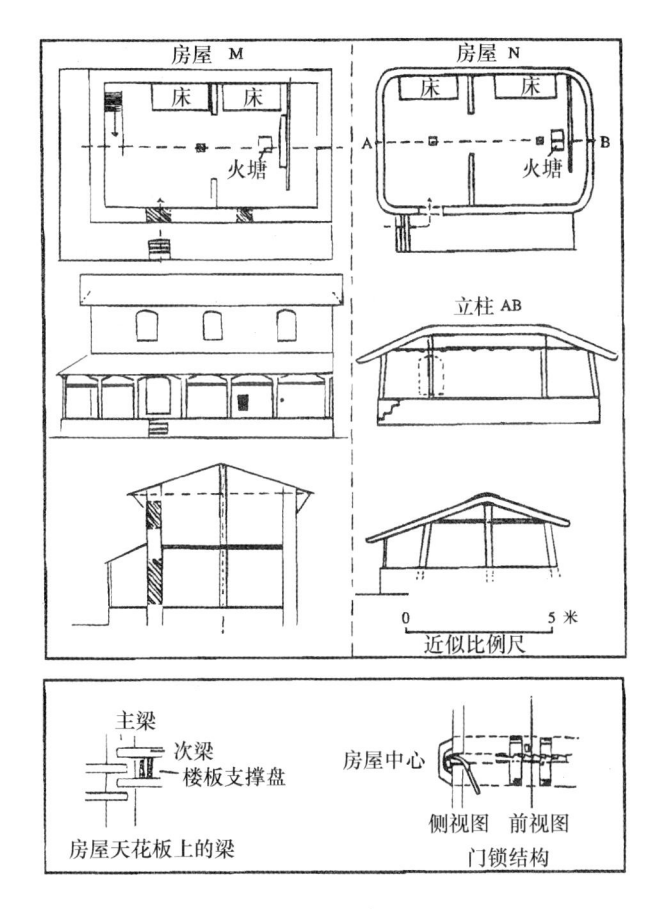

图 2－1　房屋

这两部分都被一种由山上的竹子制成的天花板覆盖着，人们把装着作物的麻袋放在天花板上。火塘上方悬挂着一个木制的干燥架，由于房子不能有效地通风，所以天花板上覆盖着一层厚厚的烟灰。

2. 石墙房屋

莫霍里亚的 M 房子是一个典型的石墙房屋。房屋底座是长方形的，四面墙是石头，地面上覆盖着一层薄薄的干泥。一座木结构建立在四面墙上，三根中央木柱支撑着一个沉重的突出屋顶，薄石板作为板条，最大的排列在底部，最小的在山脊线附近。按照大小顺序命名为"长子""二子""三子"等。房屋朝前开了三扇窗户，一楼的两

第一部分 古隆—技能—经济

个短边墙上各有一扇。由横梁支撑的天花板将两层隔开。走廊沿着房子的两面（或三面）延伸。事实上，走廊的侧面部分是封闭的，用作储藏室或年轻已婚儿子的居住空间。偶尔，石屋要盖上茅草屋顶，因为村内很少有劈裂石，博克拉以北的一个大村庄西克里斯也是如此，那里房子的墙壁虽然都是石头的，但几乎所有的屋顶都是茅草的。茅草是一种特殊的草，叫蔘（põ），几乎每个村庄都有这种草。它长得很高，茎很硬，很结实，干燥后放在屋顶上，到了冬季人们通常会对其进行修缮。房子的布局和木制的房子一样，壁炉后面的角落里，往往放着一箱贵重物品和日常用品。此外，前面墙上有一个孔，可以让光线通过交叉板条进入房间并改善通风。最后，放置在门一侧的梯子通向第一层，储存着每年的收成。

这层楼高大、通风良好，但没有人住。在莫霍里亚村逗留的整个期间，我住在一个类似这样的房子里，且发现非常适合居住。那为什么石屋一楼比木屋一楼居住起来舒适得多，住石屋的古隆人却不住在一楼呢？因为每个家庭都可以很容易地在整个房子里分散开住，而不必在一楼的同一个房间里与父母、孩子、姻亲或孙子睡在一起。通过对古隆人日常生活的观察可以获得答案。首先，有必要强调火塘区域（原文用 Kota）的重要性，人们做完工作晚上就会在那儿集合。父母、孩子和朋友围成一圈，他们成群结伙或全部聚在一起交谈。因为火被煤渣覆盖，所以他们几乎是处在黑暗中。他们喜欢围着火，火是生活的元素，强大而神秘。与火炉密切相关的是母亲，也就是妻子，当她不在田里劳作时，大部分时间都会待在火炉旁边。在那里，她与客人交谈；也就是在那里，她坐在小垫子上做饭，将做饭所需的食材放在她伸手可及的范围内。火塘区域是家庭生活的中心，人们围在火塘旁吃饭，当有人生病或死亡时也会躺在火塘旁边。还有一个同样重要的原因可以解释古隆人对房子底层的偏好。古隆人自己独处时会感到很不自在，尤其是在晚上。到了晚上吃完饭，大家就会聚集在村里一起度过整个晚上，在昏暗的夜里紧密地坐在一起。当他们想睡觉的时候，会彼此紧靠着并排躺下。我经常看到年轻人在阁楼上聊天或唱歌，待到很晚，然后伸伸懒腰接着睡觉了。我想替他们盖上些东西，但他们谁也不想要，他们一个挨着一个睡着，早晨起来发现他们几乎黏成一团了。单身的男人或女人会想方设法找到另一人与其一起睡觉，特别是在没有孩子的情况下。因此，有必要在其他人在场的情况下进行彼此之间的身体接触，而且在场的人越多越好。因此，住在一楼，远离火塘区域，想在家里自己独处的想法，似乎与古隆人的心理格格不入。

阳台在生活中也扮演着重要的角色。首先，在雨季，它是一个安全的、提供庇护的避难所，人们可以在那里工作、做篮子、剥玉米皮、缝纫和编织。人们坐在垫子上，靠着墙休息。其次，走廊里还有一个小型的手工磨谷物机，因为产量较小，经常被使用。最后，那些不能进屋子的贱民，就会在走廊上休息和吃饭。

有些石屋很大。我看到的最大的一个是位于莫霍里亚村北部的科塔村（Kōta），虽然不是最富有的地区，但也是古隆西部最繁荣的地区之一。它的正面长近28米，在一楼的正面有7扇窗户，深7米。这些房屋是在印度或马来亚服役的士兵财富积累的象征。一百年前，莫霍里亚村没有石头屋顶。只有4所房子有石墙，住宅很小。现在有32所宽敞舒适的房子，屋顶是由石头拼成的。在科塔村，几乎所有的房子都是石头的，大多数都被石头屋顶覆盖。

建造一座与上述类似的石屋需要多长时间？

表2-1　　　　　　　　　建造石屋时间

工作内容	工作日（个）
采石	140
石材运输	300
建墙	300
伐木	140
木材运输	90
木材固定	60
准备屋顶碎石	60
运输碎石	60
石屋顶搭建	20
合计	1170

第一部分 古隆—技能—经济

图 2-2 石屋 M（一）

图 2-3 石屋 M（二）

第二章 生活习惯和技术技能

图 2-4 古隆儿童（一）

图 2-5 古隆儿童（二）

第一部分 古隆—技能—经济

图 2-6 古隆儿童（三）

图 2-7 古隆儿童（四）

图2-8　木制涂泥的房屋 N

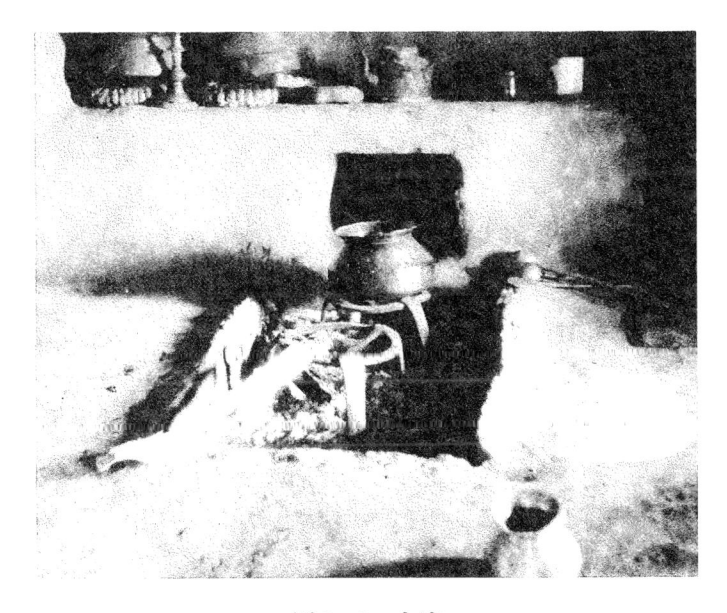

图2-9　火塘

一个工作日至少需要1.5卢比加一顿饭。建造一所这样的房子，所有的费用大约为4000卢比。[27]

这个数目对于古隆农民来说是很高的。然而，每年都有大量新建的舒适房屋取代木制房屋。稍后我们将了解到，虽然古隆人非常节俭，但他们随时准备花大量的钱来树立或提高自己在所居住社区的威望。

人们可以花不到4000卢比建造一座房子。有时几个家庭联合起来，同意作为一个集体一起建造房子。人们有时称这种集体为诺加（nogar），尽管这个词主要用于农民联合经营的协会。1955年，莫霍利亚五户人家合建了五座房子，有25人左右为彼此劳作。房子一幢接一幢地盖起来。每个家庭必须提供相同数量的工作日。如果一所房子比另一所房子需要更多的工作，它的主人必须支付剩余工作日的补偿。其他工作日都不支付工资，而是通过相互劳动来偿还。每天只提供食物，由房子主人来承担。这五座房子是在12月到次年3月之间建造的。每座建筑平均花费25天。由于采取这种方法，五座房子中有两座的价格没有超过800卢比，另外三座花费在1500—2000卢比。在这个体系中，建筑的实际成本并没有减少，但实际的花费却少了；因此，一个没有大量金钱储备的家庭仍然可以建造一所房子，而不必等待足够的流通资源。技术知识被汇集到一起。一个家庭有好木匠，另一个家庭有好的石匠，还有一个家庭有能搬运重物的人。所有这些技能结合在一起，形成一个完整的、同质的建筑集体，可以同时在建筑过程中操作。应该注意的是，这种关系是暂时性的，当所有的房子都建成后，这种关系就消失了。房屋主人们在结合成集体时，不考虑宗族或世系的情况，但他们的地位和生活水平或多或少是相同的，因此最终所有的房子都是以类似的方式建造的。古隆人和贱民之间从未形成过这种关系。

在莫霍里亚和科塔村，近1/4的房屋是由这种集体工作建造的。在科塔村，这样建造的房子的最低价格是1500卢比。

3. 建筑细节

墙壁所用石材是用锤子和铁凿子粗略凿成的小块片岩。灰浆是泥土，主要用来使石头固定和填补空隙。墙的厚度平均为一个"绳"（*yokru*）加上一个比塔（*bita*，跨度，古隆语："绳子"）的长度，总厚度约为 55 厘米。石头被平整地放置。房子的地基大约 60 厘米深。墙面通过放置在一楼天花板高度的水平梁保持直立，将两面相对的墙支撑起来。房顶上的墙壁覆盖着石灰。

建造石屋需要很多木材，一栋房子需要 5—7 棵树。1 棵树的最高价格是 5 卢比[28]。对于横梁，我们主要使用桤木；对于立柱，则使用库斯（*kyu-śī*，尼泊尔语为 *cilāune*）。图 2-1 显示了 M 和 N 号房屋，以及天花板用接合木材的细节等。门窗安装在木制铰链上，铰链与框架形成一个整体。关闭双开木门的方法很奇怪。在底部的外侧，有两个固定的环，其中一个环插着一个巨大的藏式挂锁。在内侧，离地面一米远的地方，有两个巨大的木头把手，上面有一个横杆，横杆上开着一个槽，晚上人们在家时，用横杆关上门。当然人们也可以从外面把门关上。其中一个门在把手的高度有一个穿孔。将镰刀的弯曲刀片穿过并将其放在杆上的切口上，就可以缓慢地将其穿过第二个把手的孔滑动。当古隆人不出远门的时候，他们就会像这样关上门。

雕刻工艺受尼泊尔模型的影响（主要是尼瓦尔），在莫迪山谷的工艺相对笨拙，而在古隆中央地区，已经能看到更多的加工工艺。

屋顶的石材（stones for the roof）由大块较硬的片岩制成，如果沿着解理线撞击，同时在各层之间推动楔块，就可以将其分成薄片。因为每块板至少有 1.5 厘米厚，而且很重，所以木框架必须非常坚固。一些石板用钉子（在村里锻造或进口）固定，打入支撑它们的木梁。其他板的重量和粗糙度保证了整个建筑的稳固和牢靠。

中部古隆地区的许多房屋的屋顶都由木瓦覆盖[29]。

一楼的地面和墙壁上覆盖着一层薄薄的土和牛粪混合起来的泥土，作为黏着剂。由于几乎每天天亮时都会对其进行维护，至少表面上维持着良好的状态。古隆住房内部清洁得非常干净，每一位女主人都非常认真，尽职尽责地为客人提供一个干净整洁的住所。

古隆的房屋不同于其他尼泊尔人建造的房屋，从远处可以看到古隆地区宽敞的石屋，与婆罗门或切特里人居住的小泥屋形成了鲜明对比。

4. 除主要住房之外的建筑物

每栋住宅在房子的一侧都有一个储存干材的庇护所，有时还为村里的山羊和绵羊提供一个小棚屋。而富裕家庭则有一个更为壮观的附属设施，它和主楼是用同一种石头建造的，只是它的建筑规模稍微小一些，且前面没有围墙。在小棚屋较低的部分用来储存木材，水牛在季风期间暂避在此处。一楼是一个巨大的阁楼，他们在那里堆稻草，存放农具，他们会经常放一个用来剥稻谷的装置库尼（kuni）。一些富有的喇嘛把阁楼布置成一个小的贡帕（gom-pa），他们会把书放在那里，并进行冥想。

三 火

与火及其仪式相关的技术会在其他部分进行解释，以便更容易理解。根据传统的技术，火是由两块石头或两块木头摩擦而生成的。现在火柴已经取代了这种方法，但是人们仍然在森林或田野里习得这种旧技术。房子里有唯一保存火种的地方，火永远不会熄灭[30]。不需要用火时，会用煤渣覆盖。一块块木头呈放射状摆在火焰周围，必要时被推到壁炉里补充。

火也是古隆人的大敌人。旧木屋常常成为火的牺牲品。在莫霍里亚村过去的三年里，三座房屋被大火烧毁。最近一次是在我到达村庄的两天后。这三个案例中，客厅的火是导致火灾的原因。所以古隆人采取了很多预防措施，以避免火灾发生，诸如家里点燃的火柴和香烟都要小心熄灭[31]。

四 烹饪

1. 固体食物

a）大米

mlah-gō 是煮熟的有壳的米饭。人们往平底锅里倒米饭，为了测量加水量，会把一只手的四个手指垂直地（yo-kri-plhi-kya；yo-kri；

手指；plhi：四）放在米饭上面，水位必须达到手指的顶端，把铜锅放在火上，等水完全蒸发后煮饭。用带有半圆形把手的钳子，把平底锅从火中拿出来，在吃饭前放在壁炉附近。

khil（khir，尼泊尔语）是和牛奶一起煮的米饭。

kĕh 是一种油炸面包。加入蜂蜜、牛奶和鸡蛋，用米粉稀释，将得到的面糊放入锅中油炸后就做成了这种面包。如果你把少量的液体糊状物放进一盘煮沸的吉（ghī，澄清黄油）中，你就会得到一团轻糊状物，中间是空心的（khuala-kĕh）。人们也可以用较厚的糊状物做软薄饼（budkci），类似于印度的小麦粉薄饼。

jilke：人们做它时需要用木抹刀（kepa）。将煮熟的米饭做成甜点放入竹筒，将活塞向下推到另一个活塞上，并用一个孔格栅封闭。这样，再加入黄油或滚波，就可以得到长股的 jilke。在尼泊尔和印度，人们都吃 jilke。有时人们会给糯糊上色。股身很细的 jilke 称为 kyuni。

lakĕ：将一种细米粉与水混合，然后将糊状物薄薄地倒在香蕉叶上。整批在煎锅里炸过之后，在阳光下晒干，把油炸煳和叶子分开。像 jilke 一样，它可以保存很长时间。在吃它之前，先把它放进热油炸一下，使它温热而脆。

kora［korā］：不断搅拌牛奶煮成米糊，做成很薄的奶油。

bharol：将炒干的米粒放入已在温水中浸泡过一段时间的煮沸的吉（ghī）中。

sakote：像 bharol 一样准备好，但是把谷物浸泡在牛奶中而不是水里。

śerāla：使用的是还没有完全成熟的仍然在谷壳里的稻米。在平底锅里烤，并不停地搅动。然后把谷壳取下来，干吃谷粒。

čyūra（尼泊尔语为 ciurā）：把用带着谷壳的稻米煮熟，在煎锅里烤，然后把谷粒剥皮。

bhūja（尼泊尔语）：带着谷壳煮饭，然后将其在阳光下晒干。最后把它们裹起来，放在锅里烤。

mlah-si-po：加入 ghī 和蜂蜜后，烤未脱壳的大米。

camre［camrĕ］：把未经蒸煮的大米放在水里泡 9 个小时，然后用吉（ghī）和蜂蜜慢慢地煮 5—6 小时。

b）玉米（makai，尼泊尔语）

krõ-bai makai（krõ-ba：烘烤）：将刚成熟的玉米棒在火里烤后，配以牛奶、ghī、煮沸凝固的牛奶（dhai）或酪乳（kola）食用。

teh-bai makai（teh-ba：烹饪）：用洋葱、红辣椒和泡菜（cho）煮玉米。这种做玉米的方法也叫作：birõla。

nho-bai makai（nho-ba：油炸）：将玉米粒在平底锅里烤，然后像 krõ-bai makai 那样食用。

sutu（尼泊尔语）：炸玉米粉然后加蜂蜜配茶食用。

pagō：将谷物先煎熟后磨碎，再与温水混合，配着蔬菜食用。

makai kĕh：将玉米粗略地碾碎，然后去皮，碾成细粉，然后像大米一样制成柯（kĕh）。

āta（尼泊尔语）：将玉米粗碾，然后煮沸，和 kola 一起食用。

kasar（尼泊尔语）：将 sutu 做成小球，加入蜂蜜，然后用 3—4 天把它们晾干。

jilke：制作方法与大米的一样。

cyo makai（cyo：小）［ćuneli makai］：是用茶叶炒的小粒玉米。

cyura：准备米饭。

c）小米（nare）、大麦（karu）、荞麦（karsi）

这些通常以 pagō，kĕh，sutu 等形式食用，并在一个名为合耶（cyĕ）的特殊篮子中筛分面粉。

d）蔬菜、肉类

蔬菜和肉类组成了称为柯胡（khu）的食物，它与煮熟的谷物、大米、玉米和小米等一起食用。它们在尼泊尔被称为塔卡瑞（tarkari）。在一定程度上，它是谷物菜肴的固体和液体调味料。大多数情况下，蔬菜会被煮熟，然后用"吉"油炸。主要蔬菜有：lapu-ta（萝卜）；turi-ta（tori：芥末；pase-ta：芥菜叶）；piralu（洋葱）；khoi（尼泊尔语：batta，炒米花）；kuta（尼泊尔语：niuro，蕨菜）；lautu（芦笋）；mo-tu（tusa：山竹幼枝）；alu（土豆）；cāpo（蘑菇）；ũśi

（南瓜）；tāṅar（dal：扁豆）；golbera（番茄）；mās（和洋葱一起吃的黑扁豆）。

肉最常见的做法是先油炸，然后加水来完成烹饪，这样做还能得到一些肉汤。古隆人吃水牛、山羊、绵羊、野味、鸡肉，有时还吃鱼。各种各样的香料都会被添加到肉和蔬菜的烹饪中。

2. **饮料**

ṅeh：牛奶；kola：脱脂乳。

cā：普通茶。

bhot cā（bhot：西藏）：藏茶。首先将从西藏买的叶子泡水煮沸，然后加入鸡蛋、蜂蜜、盐和 ghī，将混合物倒入一个中空的竹筒中。接着将竹筒放在大腿之间，用一段带有垫圈的活塞搅动它，将垫圈来回推入筒中以混合液体，最后将其倒入干净的杯子里。

khoi-pa（又名 khoi-pah：啤酒的一种，pa（又名 pah 帕合）：一种谷物酒精，其制备方法如下：

用来制作啤酒（khoi-pa）的主要谷物材料是玉米、大麦、小米和荞麦，富裕的家庭也会使用大米。这些谷物在晴天被晒在一种名为派欧（pyoh）的大垫子上。待晒干后把它们放在一个大铜锅里煮至水分完全蒸发。冷却后，再次放在垫子上晒干。然后加入一种深栗色的球形酵母（prahm）。这种酵母过去往往由人们自己制备，但现在人们可以从南方来的商人那里买到。在冬天，需要 1 个酵母球（prahm）和 1 帕斯（pathi）谷物混合，在夏天，需要 4 个酵母球和 6 帕斯谷物混合。然后这些谷物被放在一个篮子里发酵，冬天为两天，夏天为一天。之后它们会被倒进一个大的球形锅里，锅里装满了烤好的黏土，放置 6—20 天。底部留下的发酵汁就是一口叭，可以作为提神饮料饮用。

发酵的谷物也可以食用。这就是所谓的趴可（pah-ke）。如果一个人不喝一口叭，而是想制造谷物酒（pa），那么他可以把陶罐里所有食物倒进大平底铜锅。把谷物放在锅底中央，在上方放一个宽颈陶罐。接着把铜锅放在火上，然后把另一个较小的平底铜锅放在宽颈陶罐的颈缘，衔接处用湿抹布包裹，这样陶罐就完全封闭了。往

第一部分 古隆—技能—经济

上面的平底锅里装满冷水。发酵谷物的汁液凝结在冷锅的底部，凝结的水滴落在谷物上方的小容器中。由此收集的液体为帕（pa 或 pah）。这个过程需要多次换水以保持低水温从而实现更好的蒸馏效果，但换水3—4次即可。由此，帕（pa）的味道会很好，酒精含量也足够。1帕斯谷物可以发酵产生4瓶75毫升的好酒。常温下它可以保存一个月，如果软木塞塞得好，则可以保存更长时间。这种酒的酒精浓度不是很高（18度）。一瓶pa的价格从1.5卢比到2卢比不等。

3. 奶制品

chyugu（尼泊尔语：酥油）。这是一种用奶牛、水牛、山羊或绵羊的奶制成的黄油。牛奶煮沸后倒入一个大木壶（puru）中凝结两到三天。所得到的液体全部挥发后，得到的产品叫迪哈（dhai）。接着需要往里加水，冬天需要额外加热，然后用底部开了小槽的棍子（mahdi）搅拌它。用手将浮到水面上的黄油拿出来，剩下的液体叫脱脂乳（kola），可以喝。收集到的黄油继续煮，直到往表面洒了一些水滴后，可以听到一个小的爆沸声（cerar）时停止。然后，把酥油倒进一种叫"嘎普"（gapu）的木壶里，过滤保存；滤渣部分可以分给孩子们享用。酥油可以存放一到两年。2帕斯牛奶可以产生1码纳（mana）酥油。1码纳酥油可以卖4卢比。Chudbi 或 chyudbi，只要离开牛奶就会凝结。乳清被去除，将白奶酪长时间水煮，变粘稠。也有人混合奶油糊制成球状。chyudbi 可以保存10天。（我的消息提供者告诉我它最多可以保存2个月）。

4. 水果

水果在古隆村是非常罕见的。最常见的是香蕉（machi[macha]），它生长在较低的土地上，靠近稻田。有两种：一种非常大，不太好吃；另一种非常小，非常甜。其他的水果都是野生的，集中在灌木丛和森林里（如：桑葚、李子、草莓等）。甘蔗可以在古隆地区种植，但当地贫瘠的土壤不允许它密集种植。古隆人几乎不吃糖，偶尔吃的话，他们会从南方来的商人那里购买。[32]

5. 餐具

古隆妇女准备食物的器具是尼泊尔人民通用的。盘子、碗、砂锅、勺子等都是在南方平原的集市或城镇制作好，发往山区出售。[33]

传统的古隆书只记载了金、银、铁、铜、木五种原料。起初，木材似乎起着非常重要的作用，如今，它的地位已被博卡拉商人从印度进口的合金所取代。[34]

酒精在装饰着小块雕刻银饰的木壶（cohṅa）里发酵或保存，这与西藏地区相似。除此之外，酥油也被保存在木壶里，牛奶和迪哈则被倒进大壶里储存。这些木壶都是由当地人自己亲手制作的。[35]

大水罐、锅和煎锅则是用铜制的。直到现在依然还是古隆各地小铜矿生产的主要产品。矿石经过处理，制成金属，然后被打成厨房用具。这些器具到现在都是在南方的乡下制造的。尽管形状发生了变化，但古隆人仍然保留着原来的命名。

富裕的家庭会用银制的碗、盘和器皿。部分银质容器会用来盛装纯净水，每天都会更换。

说到铁器，必须提到 cōh [cohpa]，这是用来在火上加热平底锅的三脚架。它在当地的宗教仪式中扮演着重要的角色，神话故事精确地描述了它的制作过程。

古隆没有陶工。他们在传统故事中从未被提及。古隆人可能很早就掌握了陶器的技术，但是在尼泊尔中部的喜马拉雅山谷里，制作陶器的黏土很稀有，质量也很差，所以他们更喜欢从南方的工匠那里购买更漂亮、更耐磨的陶器。如今，所有的陶罐都是从古隆地区的工匠那里买来的。

6. 进食制度

古隆人一天吃两顿饭：一顿在早上7—8点，去田里劳作前；另一顿在晚上7—8点，在一天的劳作后。下午3点左右，他们也会吃点东西，喝点茶。在两餐之间，人们经常会看到村民们啃玉米，或者是在田野和森林里找到的一些水果或水草茎。

早餐和晚餐的内容或多或少会有些相同。

第一部分　古隆—技能—经济

（a）对于富裕的家庭

大米，或者玉米、小米、荞麦、大麦（有时会混合大米）、蔬菜和肉、牛奶制品。

（b）对于相对贫困的家庭

玉米，或者小米、荞麦、大麦，很少吃大米，主要吃蔬菜，很少吃肉，偶尔吃油炸食品，牛奶制品。

这些膳食的营养价值似乎不错。7个月以来，我一直和当地人吃同样的饮食，我一般吃得比他们少，尽管活动很多，常常需要长途跋涉，但我的身体状况还是很好。[36]

在吃饭的时候，通常男人先吃，然后才是孩子和女人，每所房子的女主人总是最后一个进食。当然这个问题事实上并没有严格的规定，除非有客人在场，家里的男主人可以和他在同一时间吃饭。妇女和孩子们则会等他们吃完后才开始进食。

最后需要指出的是，当男人不在家的时候，他们需要自己给自己准备食物。

五　女性的家庭任务

女性所有工作（除了编织）都是在做饭，这占据了女性大部分在家里的时间。

1. 磨

古隆族有很多种用来磨削谷粒的设备。

香料、香草等用小圆鹅卵石在石板上碾碎，这种设备并不复杂。然而，古隆人使用香料的情况要比南方低地的印度人少得多。

许多人的阳台上都有一个叫雷多（rhaĕdo）的小型手磨机［罗马式碾附机（Ploman mill）］。它由固定在地面上的扁平石头制成，并在中央突起。中心有钻孔的第二块石头被放在顶部。第一块石头上固定一个垂直的把手，可以使它转动。颗粒被放入中心孔。面粉撒在下面石头的底部。通常，两个女人面对面坐着，每个人都用手握住把手转动上面的磨刀石。谷物通过这种方式被磨碎，但是"雷多"一次只能磨少量的谷物，产量很少。邻居们相互免费借用手磨机。

如果谷物的数量较大，可以使用尼泊尔常见的水磨（chedo），带有辐射叶片的涡轮机驱动垂直轴，该轴转动水平的磨石。垂直漏斗充满了谷物，一个小门在下端封闭它。其调节方式是这样的：磨石转动时的粗糙度使其周期性地打开和关闭，从而不时地向磨机供给谷物。因此，使用起来非常简单。许多水厂只在夏天河水充足的时候才工作。这些磨坊属于农民私有，使用需要付费。[37]

每个村庄都有一个或多个芥籽油厂，这些榨油厂都是集体所有的。这个是由一块凿成的石头砌成的。其顶部是平的，中心钻有一个向顶部碾磨机的大的锥形孔，锥形底部的小孔，油会流入放置在石头底部空心中的容器中。大的木杵被放在上面的锥形洞中，它通过安装绳索和弯曲杆固定在水平杆上，这个杆由一两个女人在石头周围转动，慢慢地将放入中心孔的芥末颗粒辗碎并提取油，这台机器季风期停止使用。

2. 脱壳

脱壳是用库尼（kuni）完成的，库尼在尼泊尔使用得非常普遍。③在脚的驱动下，缠有金属的木制杠杆有节奏地升起和下降，击打放在圆形洞穴中的米粒，洞穴则埋在地下的石头中。棍子上绑有碎布，用脚操作杠杆的人会不断地把每次杵落下时从洞里跳出来的谷粒推回去。当谷物被充分粉碎后，把它们从洞里拿出来，然后用筛子筛一下，将外壳和谷粒分开。莫霍里亚村一共有5个库尼，虽然都是属于私人的，但任何人使用时都无须征得许可，也无须付费，这些库尼经常在凌晨三四点工作。

3. 风选

风选是在去壳后，用一个圆的、扁平的带有小圆边的簸扬盘来进行。女人蹲着用两只手拿着它，通过一系列极其精确和多样的运动（在侧面搅拌，垂直平衡，在倾斜的平面上摇晃），以惊人的速度消除石头、细小的稻草和粗糙的谷物。

4. 纺织

毫无疑问，古隆族妇女最原始的技能是织布。他们已经发展出

---

③ Cf. L. and D. Bernot, *Les Khyangs*, p. 19.

第一部分　古隆—技能—经济

相当成熟的织布技能和非常精细的技术。20年前，这些人穿的所有衣服都是用当地出产的布料裁剪而成的，而这些布料的纤维来自农村。如今，床上用品和羊毛披风仍在农村地区编织。然而，我们必须认识到，纺织如今越来越少，主要有两个原因：一是服装风格越来越受到城镇或驻扎在印度或者马来亚半岛的古隆雇佣兵的影响；二是新布料取代当地的产品。尽管如此，在莫霍里亚村94户人家中，62家仍在编织。在另外32户没有织布的人家中，有14户是属于身份较低的贫民。一般来说，很少有较低身份地位的贫民妇女会织布。她们不织羊毛，因为她们的家庭没有大群的山羊或绵羊。（男性贫民的衣服是尼泊尔和欧洲风格的混合产物，由进口布料制成，款式非常奇怪。）

另外，古隆族妇女现在织得少了，因为她们必须整天在田里工作，以取代男子缺席的体力劳动，因此能花在家务上的时间变得非常有限。[38]

a）材料的选用

主要使用两种当地材料：纳尼和羊毛，以及从印度进口的棉花。

纳尼（naṅi）：像中国麻布一样的荨麻纺织品，是一种40—50厘米高的野生植物。在9月底，当人们切割纳尼时，必须戴上手套来保护双手。采摘后，纳尼被捆成束（cya），反复击打地面（sui-ba）。通过这种方式，人们可以获得纳尼碎（naṅi sui）。将纳尼碎放入盛有灰烬的大罐中，然后将它带到河里，用一种叫作布欧卡（bhōka）的特制棍子在水中敲打后，在阳光下晒干。然后将纳尼再次弄湿并与少量米糠（pui）混合，用一种名叫布欧卡（bhōka）的器具敲打。之后将它带回房屋，用一种带有两个爪子的竹钳"刮"它们，以将可用的纤维与垃圾分开。最后用手将得到的白色纤维（naōi-si）弄得柔软和松散，得到的就是纳尼提莫（naṅi tim）。

羊毛：羊毛一被剪下，就被带到泉水边，放在一个格子状的篮子里，一边用流水冲洗，一边用小木叉搅动。然后把羊毛放在阳光下晒干，最后用手精梳使其松散并具有弹性。

第二章 生活习惯和技术技能

b）纺线技术

纳尼线可以通过拉动少量精梳纳尼纤维并用唾液润湿的手指紧紧地扭曲而粗略地制备。这个过程叫作纳尼卡巴（naṅi khae-ba）。羊毛和纳尼的加工过程称为纺线（per-ba）。这个过程中，女人们会使用纺车（rata）④将棉花的绞纱缠绕在卷轴（saco）上。

c）织布技术

织机是大洋洲型的。在连续的经线上，织机杆（板条箱）水平固定在两个桩（thor）上，而胸杆由皮带（peto）固定在织布机的腰部。工人的身体随着经纱（naśi 或 naśim）的位置前后运动从而调整织布机的张力。织布机的所有部件都是木制的，彼此间互不相连。柔性棒（krakrem 和 phale phlem）的运用使得它们可以随着工作的进行而卷起来放在一边。为了使被编织物的宽度保持恒定，一根两端分叉的杆（krom）被刺入织物的两侧以保持布面张力，并且不时地移动以尽可能接近最近穿过的纬线的线程。叶片被称为特瑟（te-śi）。它是用于敲打和保持航梭子运行通道畅通的；包投（bhō）是分离杆，在它前面或后面是另一个非常细的杆（mihyarwa），用于将经线分成两层。

织布工人把脚底放在一块由石头支撑的木板上。这块木板使经纱保持恒定的高度。经纱是连续的。上层称为劈（phi），下层是喏（nōh）。线轴放在梭子里。梭子很少用于羊毛，线轴只能穿过经线。

胸杆和织机杆之间的距离几乎总是固定的，它通常是腕尺（6 yo-kru）。编织件有两种长度：

长度为 12 腕尺的连续片段。它在完成编织的地方进行切割。这种长度的布料用于制作卡思（kas）。

通常，人们将片段分成两个 6 腕尺的部分，各保留一段没有纬纱的小经纱。这样完成的布片称为提普利（tipli）。切断这两段经纱后，可以得到两个 6 腕尺的帕达（pata）。进行清洗后，一件 6 腕尺的布片会因缩水损失约 1 腕尺的长度。纬线有两种宽度。羊毛是 1 腕尺，而纳尼

---

④ 它类似于勒儒瓦·高汉（A. Lerolgourhan）在《男人与女人》（*L'homme et la matière*）第 260 页中描述的远东纺车。然而，这个纺车不是用手操控的。它需要工人把右手食指推入固定在纺车轴的小木板上的水平孔中，使其旋转。

和棉花，边界则通常采取亚麻型编法：一条线程起，另一条线程落（有时同时两条起，另两条落）。这种布常被用于制作苒（rhaṅ）。当制作苒时，纵向的两个或三个片段会缝合在一起，两端制成流苏状；经线的中心有几条红线，它们在纵向上呈一条线。一个好的苒会用红色和蓝色刺绣装饰，大约价值15卢比。布是白色的，从不染色。

图 2 - 10 移植粟、黍

图 2 - 11 谷物食品的准备

第二章 生活习惯和技术技能

图 2-12 编织物（一） 　　图 2-13 编织物（二）

图 2-14 编织物（三）

第一部分 古隆—技能—经济

图 2 - 15 制作一个便携的竹篮

图 2 - 16 制作一种用来晾干谷物的垫子（pyoh）

图 2 - 17　把水牛肉分割成块

图 2 - 18　剥玉米

第一部分 古隆—技能—经济

羊毛编织的技术更复杂。会使用四种材料：当地绵羊的绵羊毛，或者山羊毛，前两种的混合物，以及藏系绵羊⑤的细羊毛。山羊的毛通常被用来编织粗糙的毯子，羊毛则通常优选用于编织。

羊毛编织过程中会使用三种棕片，通过在三种棕片上对四根线进行组合来产生斜纹或楔形斜纹。第一根线由第一个和第三个棕片控制，第二根线由第一个棕片控制，第三根线由第二个棕片控制，第四根线由第二个和第三个棕片控制。经线分为三段，中心段与外两段颜色不同。这两种颜色在经纱上以相同宽度的交替重复出现，由此，可以得到一个普通或混合颜色的方格。羊毛织物上一般有大量的装饰图案，但羊毛从不染色。在图案上，他们利用羊毛的天然颜色，织成黑

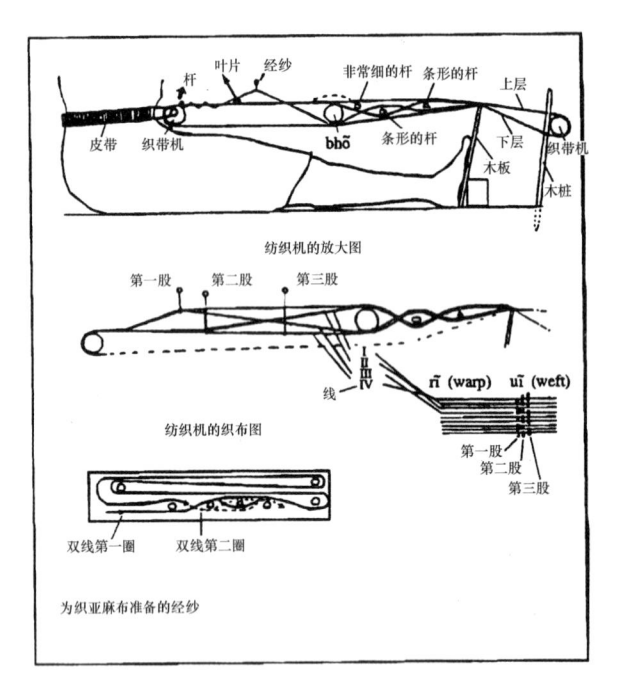

图 2-19 纺织技术

---

⑤ 这种羊有一层非常厚的外毛。但是在贴近皮肤的内侧，有一层非常精细且温暖的羊绒。将羊毛梳理，用分离出的羊绒编织的毯子又轻又软，而且异常温暖。这种织物是非常昂贵。

白相间的毯子和深浅棕色混搭的羊毛披肩（labru）。做成这样一个披肩需要用十二只山羊的毛。在我去过的村庄和我收集的传统故事里，我从来没有发现过染色布的痕迹。然而，农民们确实知道一些可以用来染皮革的植物。但只有身份低微的鞋匠（sariki）会用这种方法来染皮革，或许是因为染布的技术是他们带来的。

最后，简要介绍一下经纱的制备过程（如图 2-19）。使用的设备是一块有特定点洞的长木板。织布工根据需要的经纱，在某些孔中插入木棒。织布工从木板的一端到另一端，将织布机上不同的杆和转轴按一定的顺序排列好。有时织布工不用木板，只需将木棒推入房屋前面的地面即可。

织布在古隆族传统中占有重要地位。在所有的神话故事中，女人被描述为编织的人。例如，在葬礼上，往往用一卷线象征女人，正如用刀象征男人一样。

六　男性工作

1. 竹制编织物

古隆族农村使用的各种篮子都是由村民们自己制作的。除了自己使用，很多篮子也会出售给南方人，他们没有原材料——马赫（mah，一种竹子），自然也没能掌握编织篮子的技能。

马赫是一种长在山上的竹子。它们生长在 2500 米以上的高原，高度永远不会超过 5 米。它的茎秆纤细，柔软，规则，像大竹子一样进行分节，每个关节之间的一小段是空心的。马赫的竹笋非常好吃，农民们常常去收集。但是很多村庄的首领（krōh）禁止挖笋，避免影响马赫生长。为了使马赫长到足够的高度，该区域被分成两部分，每两年交替收割一次。不遵守规则的人将受到制裁。马赫和石头、泥土、木材一起，作为古隆族主要使用的非金属原材料。它也经常用于宗教仪式。古隆人常在走廊的顶上悬挂一根很短很细的马赫，上面用绳子打着一个松散的结，就像欧洲的马蹄铁一样，古隆人认为这可以带来好运。

| 第一部分　古隆—技能—经济

　　马赫在一年中的任何时候都可以收割，但主要是在春季的雨季前收割。一般不会在 Asar（6 月中旬到 7 月中旬）进行收割。砍下来的马赫会被捆成等长的一大束，由一个人垂直地背在背上。这些捆束的重量通常会达到 50 千克。

　　每根茎会被劈成两半。茎秆放在编篮工人后面，通过他的左臂下方，工人左手一点点把茎秆向前拉，右手拿着一把刀（kukri），刀刃平坦，两只手动作交替着，把马赫（mah）朝着自己的方向劈开。然后，每一半被从垂直于茎秆的方向分成两到三截。每一截再被分裂成弓弦形的三个长度不等的细条。第一条由外表皮构成，又薄又细长的，非常柔软。人们多用它来制作精致的物品，如背篓，古隆人称为"斯亚库"（syaku，装谷物的小篮子）。第二条更柔韧，但更厚。第三条最大最厚，不易弯曲；它对应着竹子的内芯（虽然严格地说竹子是中空的，它们没有芯）。人们主要用它来制作保护果园和田地免受鸡、水牛等动物侵犯的粗糙棚架。把前两种竹条放在泉水里浸泡，然后在阳光下晒干。它们被保存在屋内，放在天花板下方的横梁上。产生自烟雾的焦油熏在上面对它们是一种极好的保护。根据需要，保存下来的竹条会逐渐地被用于制作篮子。

　　以下是对几种竹制编织物的描述：

　　syaku（音译：斯亚库）：是一种非常特别的"雨衣"。它更像是一个带有两个半圆形斜面的小型便携式屋顶。一个连接内部和边缘的带子使它可以戴在头部。

　　制作一个斯亚库的步骤很复杂，但它可以使用很多年。首先要用马赫制作两个半圆，然后沿着它们的切线连接，使得它们能够彼此闭合。制备另外两个稍大的半圆并以相同的方式连接，然后固定到第一组半圆上面。这两层之间紧密包裹干燥的大叶子，这确保了它的水密性。该编织本身非常复杂，需要丰富的技能和经验。对它的描述将是困难和详细的。图 2-20 展示了马赫是如何编织的。

　　斯亚库是古隆族最具代表性的工艺之一。在当地祭司普库的神话历史中，斯亚库被描述为在葬礼上拥有超自然力量的器物。

　　phe（音译：普荷）是一种带有方形底部的背篓，它像一个截短

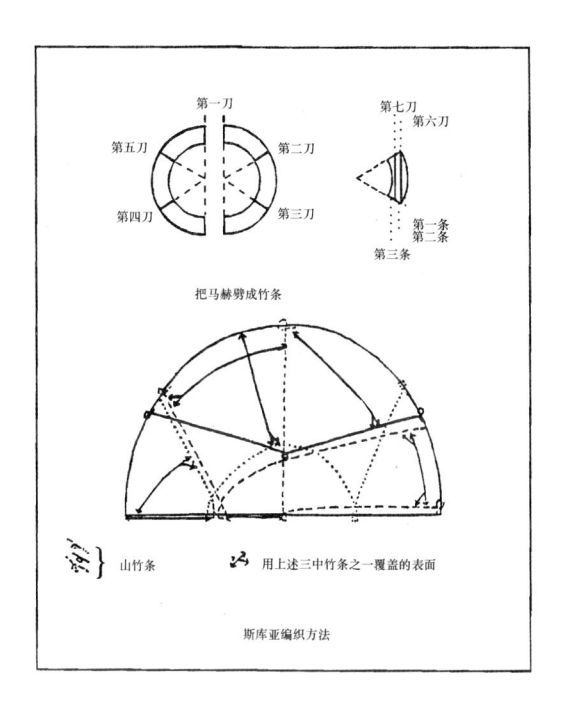

图 2 - 20　编织技术

的圆锥一样向上变宽。它有一个双层底。这种背篓有好几种款式，竹条不同程度地彼此叠压、以不同方式相交。最小的背篓是给孩子们用的，或者用来装小而重的东西。最大的用于运载大的、轻的货物。

pyoh（音译：派欧）是一种非常大的垫子，其中条带的编织非常紧密（2 条或 3 条以下，2 条或 3 条以上，每排都有一部分松编，呈交叉的对角线图案）。因为它用于在阳光下晾晒谷物，它必须有四到五米长。制作它需要很长的时间，因为必须通过敲击外边缘来使条带连接。男人一般用楔子和木槌来做这件事。

cakti（音译：卡克提）是一种圆形或椭圆形的平垫，人们可以坐在上面。它直径 30—40 厘米，通常由玉米穗外的玉米皮制成。它可以采用两端为圆形的长条形，几个人可以在上面坐成一排。卡克提编织成螺旋状，按照放射状方式将稻草用 8 字形固定。[6]

---

[6] *Notes and Queries on Anthropology*, p. 275, London, 1954, fig. 2.

|第一部分　古隆—技能—经济

除了这些物品，还可以列出一大串竹编物的种类，比如用稻草做的垫子、篮子、扬谷机、婴儿摇篮、筛子，等等。

最后应该提到的是，所有的绳子都是用当地森林里的草搓成的。在古隆村，编织工艺仍然很繁荣。其中，西克利斯和格纳泊卡拉地区制作的编织品最精细且最结实。

2. 武器及切割工具

古隆族使用很多不同种类的刀，最主要的两种是：

syāgi（音译：斯亚给），刀刃很短，用来剪绵羊和山羊的毛。

kukri（音译：库克瑞）在古隆被称为 kaca（音译：卡喀；这个名字很早以前与另一种已经消失的武器相对应）。库克瑞是尼泊尔的国刀。勒华古尔汗⑦研究过这种重刑刀刃，短而微弯，它既不是匕首，也不是投掷武器，更像一把砍刀。库克瑞通常被装在皮套里，挂在腹部的皮带上。基本在当地生产，但更多的是从南部平原的集市上购买的。这种刀还可用来砍伐树木，分割马赫和屠宰动物。也许是因为它的弯曲形状，它最常用于战争，砍向人类自己。

山羊、绵羊和鸡都是采取斩首的方式杀死，流出的血液会被收集起来。这些被杀死的动物，要么是作为对某些神灵或祖先的祭祀，要么作为被不幸囚禁的灵魂的交换。而水牛通常是被一根木棍击中头部，打晕，然后再斩首。水牛一旦被宰杀，就会立刻被卖掉。四五十个家族成员聚在一起分享牛肉，共同负担屠宰的费用（120—200 卢布）。对肉的分割方式很原始，每个人都能分到等量的肩部、肺部、肝脏、蹄子、骨头等部位，这个过程将牛按不同部位分割，然后每部分再进行等量的细分，因此，每部分分得的肉可能不会太多。这对古隆厨师来说不是一件难事，因为肉很贵，供应量很少。如果把它们切成薄片，精心制作，可以吃几顿饭。最初熏肉的发明，也是为了更容易地保存肉。它常常被作为一种调味料来配米饭，而不是当作一顿饭的主要食物。

从前，弓是打猎最常用的武器。但在过去的 50 年里，枪已经渐渐取代了它。弓在某些宗教仪式中还扮演着狩猎和吓鬼的角色。这种

---

⑦ Leroi-Gourhan, *Milieu et techniques*, p. 18, XVII.

弓的弓身和弓弦都是用 mah 制成的。除此之外，它可以用来射"尖箭"（打猎时，会在箭尖涂一点毒药），也可以用来射出小而圆的石头去杀鸟。这种弓往往配备了一个编结的弓弦。

男人和女人经常使用带有弯曲刀片的小镰刀。用于收割、雕刻小木器、切肉和削蔬菜。[39]

3. 狩猎

古隆人热爱狩猎。对他们来说，狩猎行为本身远比捕捉猎物重要得多。狩猎有两种。他们在村子的耕地周围捕鸟。这种时候枪很少使用。村民们用柔软的小茎或细丝做成陷阱。它们被藏在地上的草木里，或是树枝上，小鸟就被捉住勒死了。男人们和男孩们从不会厌倦这种娱乐。另一种狩猎发生在高地。这是一个大型狩猎游戏，被称为"pho klõ-ba"，pho 是马鹿、鼠鹿等的通用术语；klõ-ba 意味着狩猎和玩。（人们经常用 klõ-ba 来描述一个孩子在玩耍）。

一百年前，他们用弓和毒箭打猎。他们会让打手和猎人驻扎在猎物通常出没的小路上。现在他们用枪打猎，通常没有打手，因为这些人通常是四五人一组，从村里出发要走很多天。

七　药品

和西藏一样，古隆族的药学非常发达。即使在今天，当地人生病也只愿用传统的药物解决。在距离这里有两天步行路程的博卡拉有两家医院，但莫迪山谷的居民仍然不愿意去，距离和治疗费用是两个决定性的因素。

男人和女人都知道许多当地的治疗方法，有些专业的普楚祭司（pu-cu）和科里布利祭司（klihbrī，当地精通医术的祭司）对此更是精通。

以下是几种常见的施救措施：

头痛（尼泊尔语：kra na-ba，kra：头；na-ba：生病的）：使用一种植物的根（sutuba），使用时将它同适量水搅拌、混合成乳脂。将混合物抹在太阳穴和前额上，然后将一小块薄纸固定在上面，这样当乳脂干燥时它就不会脱落。宿醉时，它可以有效醒酒。对于头疼，人们也可以使用一种名为 paĩcu 的植物，这种植物可以在高山牧场中找到，同样地，也可以使用 biyĩ。

发烧（尼泊尔语：jāro）：把一种叫 pala 的植物的嫩芽压碎后和水混合。然后把液体煮沸饮用；也可以把 bhot guyāli 的根做成乳脂。这种药能缓和因发炎导致的舌头肿胀。

胃痛（尼泊尔语：pho na-ba，pho：胃部）：首先用"吉"油炸一种名叫 kutu 的水果碎块，然后把它放在盐水中煮沸，饮用冲泡出来的水。人们还可以吃一种叫作"yopla-kuta"的熟蔬菜。

痢疾：（尼泊尔语：cherdi-ba）：将一种名叫 tipur（尼泊尔语：bakimba）的水果切碎，然后和水一起喝下。

绦虫和其他蠕虫（尼泊尔语：pepe ta-ba）：使用一种叫 pĕceli 的水果的果核，这种水果一般生长在高山牧场里。将果核压碎并与水混合，然后全部喝下。也可以喝一种酒、木灰和水的混合物（尼泊尔语：me-brõ kyu，-me-bro：灰；kyu：水）。

烧伤和割伤（尼泊尔语：me-ji krõ-ba 和 yo tho-ha，me-ji：用火；krõ-ba：燃烧；yo：手；tho-ba：切开）：把 yokri nhakya 的乳脂抹在伤口上；meram-śĩ 也可以作为该植物的替代品。除此之外，鸡肺粉末可以撒在烧伤或切伤的伤口上。

咳嗽：（尼泊尔语：pyõ-ba）最好的治疗方法是将 besar 磨成的黄色粉末溶解在水中，煮沸后饮用。

肺（呼吸困难）：推荐服用诸如 tõsa，pitkla，tõgi 等野物的新鲜血液。也可以把豪猪的胃晒干磨成粉，将粉末溶解在水中，然后把混合物喝下去。

皮肤感染（尼泊尔语：lutu）：将草木灰、芥末油、水和旧电池里的粉末混合制成霜，涂在受感染的皮肤上。

眼疾（尼泊尔语：mih na-ba；mih：眼）：有一种叫国美（gome）的水果，将它的皮用少许水煮熟。用这种混合物擦洗眼睛。如果眼睛是被一小块木头刺穿的，涂上一点女人的乳汁也能缓解眼睛的疼痛。[40]

八 计量单位

以下是本研究中引用的古隆族使用的计量单位。

长度单位：

yokru（或 yokur）：腕尺，手臂的长度。

yo-kri plhi：(yo-kri：手指；plhi：四)：四指宽；除去拇指后其他四个手指的宽度。

bittah（或 bittā）：跨距，拇指和食指伸开后两指尖的距离，中文称"一扎"。

murhe（么荷）：前臂的长度。

janjir（吉安吉尔）：1 janjir 等于 9 英尺 3 英寸[⑧]；或等于 2 米 90 厘米；也等于 6 yorku 少 1 bittah。

面积单位：

kloh（开罗）：相当于 3 yorku × 2 yorku 或 6 yokru 平方的矩形。

muri（姆瑞）：边长为 4 janjir 的正方形所构成的 16 janjir 平方的面积。

谷物体积的测量单位：

muthi（慕斯）：1 把大米

mama（码纳）：10 把大米 = 10 muthi = 1pint[⑨]；57 毫升

pathi（帕斯） = 8 mana

muri = 20 pathi

重量单位：

śer（赛尔）：大约为 1 千克。

-dharne（达尔纳）：3 śer。-tola（投拉）：用来计量黄金和白银的重量。1 tola = 1/76 śer[⑩]。莫霍里亚地区的金匠们的计算方式不同。

[⑧] P. Landon, *op. cit.*, vol. 1, p. 255.
[⑨] P. Landon, *op. cit.*, vol. 1, p. 255.
[⑩] P. Landon, *op. cit.*, vol. 1, p. 255.

钱的计量单位：

1 mohr（摩尔）：1/2 rupee（卢比）

1mahee（码黑）：1 rupee（卢比）

1.6 尼泊尔卢比（缩写：Rp. N. C）= 1 印度卢比（Rp. I. C.）；（据1958年的汇率）。

第三章 农业

在本章中，我将论述对古隆的农业、畜牧业的一些研究。虽然大部分信息都是我在莫迪上游的山谷中收集所得，但是这项研究还是或多或少明确地展示了我对整个古隆族农业的观察。通过访问其他的山谷，我会进一步验证这项研究，并指出调查过程中发现的变化。由于没有人写过正式的报告，没有一块土地被测量过，村庄土地的面积从没有被计算过，因此，我所使用的统计资料是相当有限的。在古隆人的村庄里，他们几乎是地地道道的耕种者与饲养员，所以，我会尽力去具体化农业的各方面。例如，近年来大量男人离职参军的情况正在发生转变。

一 自然地理学的影响

古隆族农业的形成是由当地的地形、土壤、气候以及水文决定的。让我们来回顾一下这些因素。

古隆族的农业属于山地农业。梯田在从北向南延伸的陡坡于1400—2300米逐级上升。最高一处的村庄把土地在海拔1800—2600米分成梯田。土地的侵蚀是非常严重的，梯田的形状因此而不停地改变。土壤的质量、类型各不相同，从多石、贫瘠的片岩到山谷底部的冲积土壤，这也造就了古隆族农业丰富的多样性。

古隆族是亚热带季风气候，从7月初到10月底的炎热季节，其降水量十分大。古隆族的高海拔也影响了那里的气候，在12月和1月的冬季降雪覆盖了村庄高处的土地，在2月和3月则阳光普照。冬天和夏天的差异十分明显，冬天时常会结冰，而夏天则会上升到

30℃。由于土地被划分成许多层的梯田，同一个村庄会受到几种不同气候的影响。在夏季，山谷底部表现出亚热带气候的极度湿热，但山顶上却十分通风，白天享受着适宜的温度，晚上则会变凉许多。在冬季，山顶会非常冷并且时常被大雪覆盖，但低处却还是保持着温暖，被干燥的空气所包围。

这些气候条件创造了古隆族多元化的农业，古隆人在天气湿热、植物生长的阶段进行大量的生产活动，在天气干冷的阶段农业活动则较少。由于田地的位置，即使在同一个季节，气候差异也会使这种模式变得复杂。

每个山谷的水都汇入一条河中。在干燥的季节，斜坡几乎不会被灌溉到，溪流也都变得干涸。当季风来临之时，河水和溪流则满载着冲积土疯狂前进。正是沿着这些山谷底部的小溪和河流，在湿热季节才出现了灌溉农业。

二 土地的划分

莫霍里亚村被划分为许多个不同的地区（如图 3-2）。这些地区被分为两大类：种植水稻的"灌溉地"和混合种植的"旱地"。

1. 灌溉地

这些地分布在一些较低的山坡上；ãri 和 bhyãsi（Ⅰ）位于莫迪河一个弯道的凸岸冲积土的梯田上。高坡和低坡之间的水平差距很轻微，但是在季风期利用沿着山谷的低坡隔开的溪流和瀑布的水，对于重力灌溉已经足够；yuprõ（Ⅰb）位于溪流旁，由相当丰富但陡峭的土地建造的梯田组成。

这些地被称作 mlah-morõ（mlah：糙米；morõ or mrõ：田地），也就是"水稻田"。事实上，水稻是这里唯一可以一年收获一次的庄稼，尽管有冲积土本身的肥力，但没有施肥的土地也不能生产出第二种庄稼。

这类田地的总面积在逐年增加。新的梯田建在最陡峭的山坡上，从 bhyãsi 和 ãri 上直逼 khore。那儿的土地没有那么肥沃，但是可以被从斜坡向下流动的一条溪流引水灌溉，用来丈量这些水稻田的单位是muri，相当于16平方janjirs，也就是105.70平方米。①

2. 旱地

旱地被称为pakh-morõ［pakh-mrõ］（尼泊尔语：pakho）。它们构成了莫霍里亚村大部分的土地，从水稻田延伸到覆盖在山脉顶部繁茂的地带。它们大体上被将南北走向的陡坡划为梯田，被灌木丛组成的屏障分隔开，因为那里的斜坡太陡以至于不能建成。在区域的中心有一大串石头地kyuwadhū，上面覆盖着稀疏贫瘠的植被，村子取水的泉溪都在那里。

由于人口增长带来的需求，过去40年间一大片旱地第一次被逐渐开垦出来，这也造成了森林的破坏。一种最复杂的筑墙系统被构造出来，用来防止牛在农作物生长和收获的季节里进入种植区。这些墙壁是由分散在田地里无数的石头所垒成的。

三 栽培周期系统

为了应对自然地理环境带来的众多问题，村民们开发出了一种非常复杂的栽培周期系统。对作物循环系统的研究，可以让我们区别灌溉地和旱地两大类各自的子区分。

1. **灌溉地的作物循环**

bhyāsi，āri（I）（如图3-1，图3-2）

在寒冷时节，土地陷入沉寂。在此之后，从7月初到11月1日的āri，到11月15日的bhyāsi，人们耕种、播种、移植水稻，耕作的季节会随着季风到来的时间不同而变化。1958年，由于季风来的延迟，一直到7月中旬移植才结束。从12月到2月，人们驱赶群牛到水稻残留地形成的牧场中，这是田地唯一能获得施肥的方式。

yuprõ（IB）

这片土地海拔要高一些，它必须在每年10月15日之前完成收

---

① Landon，*op. cit.*，p. 255.

割。因此，水稻的移植也开始得更早一些。

从 5 月 15 日开始，穿过 yuprõ 的溪流便可以为播种水稻和灌溉提供足够的水源。从 11 月 15 日到 12 月 1 日牛群会在去 bhyāsi 和 āri 的路上停留一阵子。

水稻田的耕作周期不超过一年。

2. 旱地的作物循环

a) khore（Ⅱ）

这些斜坡过于陡峭，无法修筑成梯田。每隔一年，所有的植被都会被清理，只留下许多树。这些树的树根可以保持容易受腐蚀的土壤。粟在 5 月 15 日左右被播种下去，由于不是被移植来的，因而需要除草、修剪。而在 11 月 15 日，粟类收获。这些土地除了那些闲置时期，且再次利用之前被烧尽的植被和灌木所堆积的腐殖质滋养外，再也没有被施过肥。

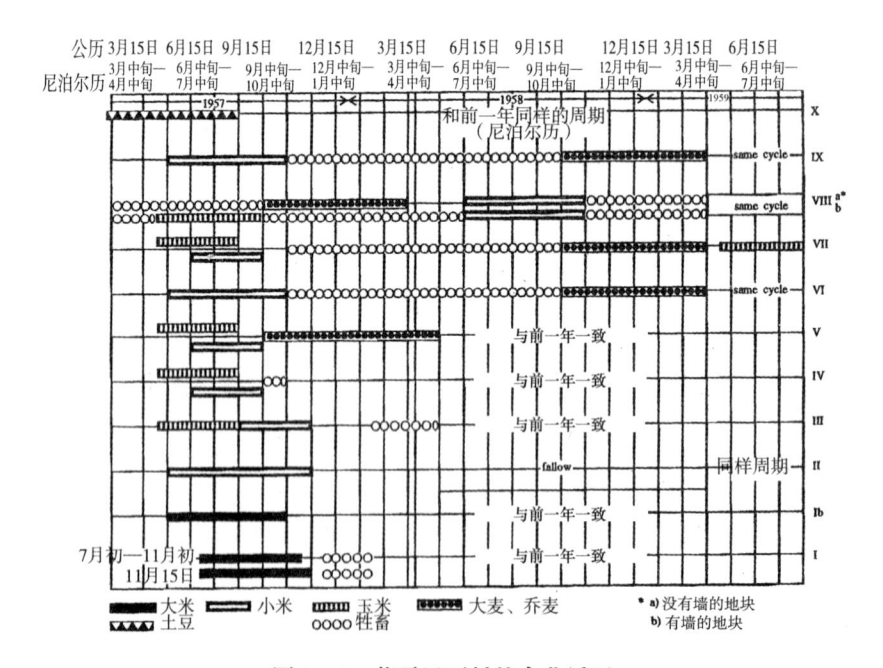

图 3-1 莫霍里亚村的农业循环

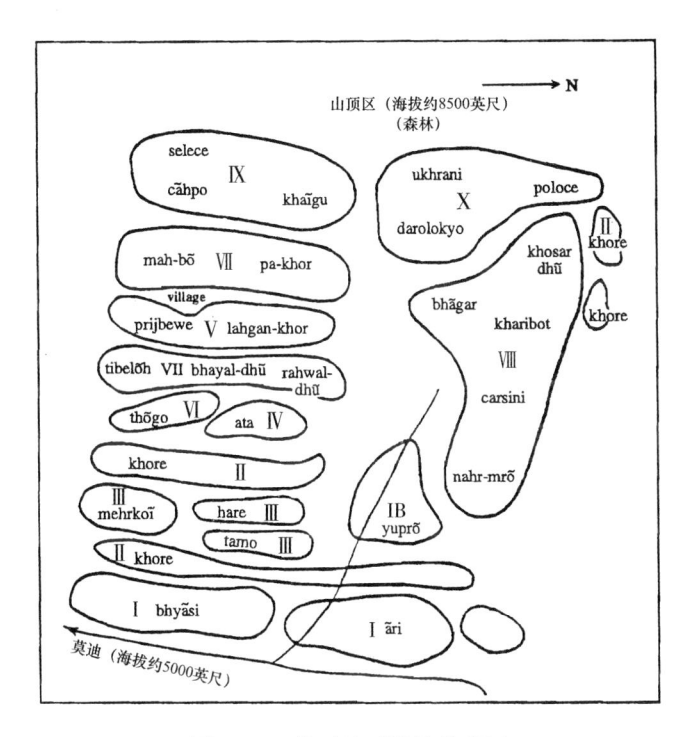

图 3-2 莫霍里亚村的耕种区

b) tamo, hare, mehrkoĩ（Ⅲ）

这些田地在亚热带季风气候的夏天很好地被遮蔽住。从 5 月 1 日到 8 月 15 日（作物在 mehrkoĩ 的生长要稍微快速一些），玉米发芽，并在一段快速的挖掘工作后，粟类便被立刻移栽。它们在 11 月 15 日前后被收获。牛群在 2 月到 4 月中旬从水稻田上被赶到上面来放牧。

c) ata［āta］（Ⅳ）

炎热季节在这里的结束要比在 tamo 稍早。因此粟类的收获也要早些（大约在 10 月 15 日），其中也有人为因素的干涉。农民们不能一次把所有的粟类都移栽完，所以不得不错开工作。粟类的移栽大概从 7 月 1 日开始，然而在 5 月初播种的玉米却仍然在地里，并且直到 8 月 15 日才会被收割。牛群从 10 月 15 日到 12 月 1 日从 ata 穿过，并走到下面的 bhyāsi 和 āri。

d）lahgan-khor，prijbewe（Ⅴ）

这些土地一直延伸到村庄边。由于肥料从村庄的牛棚里用背篓收集起来很容易，很好施肥，所以那里的土地很肥沃，气候很温和。但是从9月底开始，降霜使空气变得黏稠。一年到头，作物一轮接一轮，一年收获3次。从5月到8月中旬，玉米被种植并收割。从6月15日开始，粟类被移栽到玉米秆的遮蔽之下，并在9月15日左右成熟。随后迅速翻地并种植上大麦和荞麦（karu，karsi）。3月和4月的细雨与阳光促使它们成熟。4月15日至下一个周期循环之前，土地空闲下来并施肥，为来年春天的繁重工作做准备。

e）thõgo［thõgõ］（Ⅵ）

这部分村庄的土地十分贫瘠。它的循环在两年当中进行。例如，在1957年，玉米在5月中旬种植，并在8月15日左右成熟。从玉米成熟到1958年的9月中旬，那里放牧着牛群。从9月15日到1959年5月15日，大麦和荞麦在那里被耕种，循环从这时开始重复。

f）tibelõh，rahwal-dhũ，bhayal-dhũ，pa-khor，mah-bõ（Ⅶ）

这片土地的耕作循环交错安排在三年之中。在1957年，由于土地施肥良好，与土地Ⅴ一样种植的是玉米和粟类。5月1日到8月15日种植玉米，6月15日到11月15日种植粟类。从1957年8月15日到1958年11月中旬，牛群为这些田地施肥。大麦和荞麦会被播种在这里，并且在1959年5月15日前后收获。在5月初，玉米播种并在8月中旬收获。土地会在牛群经过之时得以空闲，直到1960年5月，循环会再次开始，首先播种玉米，接着在6月15日前后播种粟类。这些土地不够肥沃，无法做到每年收获一次玉米和粟类。

g）kharibot，khosar-dhũ，bhãgar，carsini，nahr-morõ［nahr mrõ］（Ⅷ）

这片土地的肥力要略低于Ⅶ的。1957年，牛群在那里放牧直到9月。接着，在9月中旬大麦和荞麦被播种，并在1958年3月中旬被收获。5月15日前后，粟类被移栽并且在10月15日成熟。在这一天，牛群返回这里并一直待到1959年11月，接着这个为期两年的循环又一次开始。这些田地被围墙环绕起来，用以在牛群停留时保护田地。这些土地的耕种循环与其他地方不同。在 1957 年，尽管牛群停留在环绕围墙的区域，粟类还是在 5 月 1 日播种并在 11 月中旬之前成熟。接着，牛群来到牧场，直到 1958 年 5 月 15 日，在这一天粟类移栽，并在 10 月 15 日前后收获。之后另一群牛经过后，这个循环以播种玉米的形式再次开始。

h) khaĩgu, cāhpo［chyāpo kharka］, selece［sẽle chai］（Ⅸ）

这些土地在一个非常寒冷且风很大的地区。尽管它们的肥力很足，但仍不足以一年收获两季，这里的耕种循环与土地Ⅸ相似。1957 年，从 5 月 15 日到 10 月 15 日，粟类在这里耕种。牛群则在这里一直喂养到 1958 年 11 月，从这一天起大麦和荞麦开始耕种，直到 4 月 15 日，这两类谷物的收获由于极寒导致在这里的休耕时间比在 thõgo Ⅵ更长。

i) poloce, darolokyo, ukhrani（Ⅹ）

这里的许多田地最近都被清理过。这里冬天很冷，但夏天却很清爽。季风时期，因为该地区持续陷入多云，阳光被削弱很多。这里只有唯一的一种一年一熟的薯类作物，5 月 1 日种下，8 月中旬挖出。

当Ⅷ地区播种粟类时，Ⅶ和Ⅸ地区正在休耕，群牛也生活在那里。这保证了粟类在村庄的稳定收获。如参考图表的话，可以发现Ⅷ地区在村庄的北面，而Ⅶ和Ⅸ地区则在村庄的南面。因此，每年有一半的中等海拔的土地耕种，而剩下的另一半则被牛群占用。我研究的这三年（1957，1958，1959），耕作循环与规律一致。为什么将地区Ⅷ与Ⅶ、Ⅸ明显地区分开呢？牛群是原因所在，把牛群赶在一两片广阔的土地并把它们用围墙或灌木丛环绕起来，来防止动物们毁坏旁边的庄稼，事实上是一件很轻松的事情。这对Ⅷ地区更是尤为正确。Ⅷ地区在村庄外围一点，被一大片的多石荒地分隔开来。Ⅷ和Ⅸ地区也有着直接连接灌木丛的优势，灌木丛向西覆盖高地，牛群可以轻易到那里去吃草。

四 耕作

1. 水稻

水稻每年只能收获一季。由于气候条件不允许，除雨季外，土地都不会被水没过。在玉米种植结束后，土壤会被翻松。初雨到来时，山顶发源的溪流因雨水上涨后很快就会浸没将被种植稻米的土地。雨水到来的日期并不确定。在1958年，由于气候格外干燥，直到6月伊始雨水才姗姗来迟。稻田被浸没后，一人犁地，另一人驱使着两头牛跟随，拉着装配一对刮擦泥土的垂直钩状物的单杠打碎并整平土壤。接着便播种稻种。与此同时，农民会修复已经受损的梯田壁，清理那些可能会使石块不再紧固的植物。当溪流足以浸没所有稻田时，移栽也就开始了。犁地、松土、整平依次进行，紧随其后便是移栽水稻。水流由溪流经由沟渠引入稻田。水流不断积蓄直至与梯田边缘建造的土壤边界持平，随后便会溢流到更低的梯田。

在8月中旬，杂草会挤占水稻的生存空间，在梯田壁的石缝间生长的杂草会破坏梯田。从11月1日开始，水稻的收获由 āri 开始，一直继续到 bhyāsi。水稻在晒场上脱壳。在 yuprō，水稻种植阶段来得更早一些。这主要是因为人们使用"旱地可用"的稻种，相较于 bhyāsi 和 āri 使用的稻种需水更少。

这是一份莫霍里亚村所使用水稻品种：

    tar sinjyani ［tar sinjali］（最常见的）
    ola ［ol-mlah］（良好的产出米率50%）
    genowa ［jhinuwa］（美味）
    tagmare（出米率50%）
    mlōgya（出米率50%）
    sinjyala ［sinjali］（保存两年会被虫蚀；出米率高）
    gorura（种植于 bhyāsi）
    jermani（种植于 bhyāsi；出米率高）

anerimarsi（种植于 bhyāsi；出米率高）
golkote（种植于高地；成熟非常慢）
bhaĩse gorura（出米率中等）
mosinu gorura（颗粒较小，表皮细腻）
rumani（美味）
ghaye［ghaeeya］（旱地稻种）
tar darmali（种植于高地）
āādi（烹饪快速）
sinjyali darmali（出米率高，种植于 āri）

2. 玉米

种植玉米使很多家庭在等待水稻成熟时能够养活自己。田地是在 4 月初清理，梯田墙壁也修复了。春季最初的几场雨中，犁地和播种相辅相成，热量还不算太高，土壤又很松软。从 5 月中旬开始，玉米植株被清理和培土。将粟种植在玉米地空隙时进行第二轮锄地。玉米穗在 8 月 15 日至 9 月 15 日被摘下。如果田地间种了粟，那会把玉米秆砍断至贴近土壤；如果是在收获玉米后才会种植粟的地区，就直接拔出玉米秆。用大背篓把玉米穗运到村中。青绿的玉米秆则用于喂牲畜。玉米有很多不同品种，一些品种的玉米每一植株能结出两到三个玉米穗，尤其是最新引进的"美国"品种，问题是其极高的茎秆可能会在完全成熟之前就被雨季而来的疾风折断。

3. 粟类

粟类的种植时间是 5 月上旬或 6 月初之后。雨季的第一场降水到来之际，这些植株便被移栽至玉米秆的荫蔽下。这种移栽于六七月进行，最终在 8 月初结束于 tamo。土地进行了细致的除草，连根拔去所有杂草，粟的植株被移植出来，但茎还保留在土中，这让耕地更加容易。收获时间是 9 月 15 日至 11 月 15 日，具体还得由粟种植的时间以及环境温度和湿度决定。

4. 大麦和荞麦

由于是冬季种植，此类谷物的生长期要漫长许多。播种起始于 9

月中旬至初次霜降之前。3月15日至4月15日收获。

5. 其他

莫霍里亚村还种植着许多其他的次要作物。例如：种植在高地的土豆；种植在毗邻房屋的果园或临近村庄田地里的豆类、蔬菜、调味料、洋葱和芥菜。豆类和其他蔬菜经常被间种在玉米和粟之间。土地一年两次施加重肥，能同时产出两种或三种不同的作物[41]。

五　经营

1. 施肥

施肥仅仅使用动物粪便，大型牛或鸡、山羊、绵羊的粪便都会使用。这些都在畜栏里堆积。施肥有两种方式：

牛粪会被倾倒在田地上并留存数周以滋养这些土地，它们的养分使土地更加肥沃。肥料会在栖息地附近牛群度夜的空地上堆积，接着便在地上扩散。这种肥料几乎全部由粪便构成。它基本失去了价值，因为当太阳升起，营养富集的发酵还未发生，它的表面就会干结。

在村子里的水牛棚，绵羊栏和鸡笼累积的肥料会用背筐运到临近村庄的田地里再铺洒在地面，特别是在 lahgan-khor 和 prijbewe 以及果园里。由于缺少合适的凹陷处，尿液中能够肥土的元素几乎都消失了。

2. 耕种

在进行春耕之前通常得先修复雨季期间被水侵袭和毁坏的梯田壁。人们使用一种由犁辕、把手和大型木制犁头组成的摆杆步犁，在其脆弱的端部（又称为鞋部）还使用一种加厚的点状部分起到保护作用。这种摆杆步犁会由两头小个头的黑色公牛拉着，承受着肩上的牛轭。犁沟会顺应水平地面的曲线延伸，与梯田壁保持平行。这一过程包括了在田地尽头处将犁调转方向。很多梯田狭窄的空间使得这一转向十分艰难。犁地的人必须将步犁像飞起的拱壁那样举在下面梯田的上方，这会在田地的外缘完成。

玉米是由跟随步犁的人手工播种的。这些播了种的犁沟在下一次犁过来时就会被覆盖。粟的种植则需要绝对的精确，土壤被用锄头翻开，接着手工打碎再整平，检查灌溉渠的流水。谷物由手工播种，均匀播撒在田间，再覆上一层恰到好处的土壤。为保证土壤新鲜潮湿，幼苗经常被用蕨叶覆盖。

3. 移栽、培土和除草

用于移栽的粟或者水稻都会成捆地用背筐运输。土地已经清理了杂草并用锄头松过土。水稻田则历经犁地、翻搅和整平。人们手握植株，倾斜着插进干土或者湿地。在玉米根系足够发达之后，农民会用锄头除草，再给玉米培土。给粟和水稻除草则会使用一种微型锄头。这些工作都会由农民排成一列顺着梯田水平面上的弯折完成，移栽时往后退，培土和除草时则往前进。

4. 收获

收获玉米的步骤是，走在玉米植株间，摘下茎秆上的玉米穗，再丢进背上的筐中。一个背筐装满，就会被运回村子里。在村子里有两种处理玉米穗的方法。通常会扒去 6 根玉米的皮再把它们捆在一起（只选用最好的玉米）。接着，一捆捆 6 根玉米穗会用木条穿起来悬挂，完美嵌入底楼的天花板以晒干。也可以把它们挂在外面。为了完成这项工作，长竹竿被竖直立在地上，并在 2.5 米的高度用水平的木条将它们联结在一起，接着便是挂上一捆捆玉米了。当这个建造完成时，会被茅草和树叶组成的厚实屋顶覆盖。屋顶隔绝了雨水的侵袭，玉米也因此得以被保存而不会腐坏。其他玉米穗则会在脱粒处理后再于太阳下晒干以存进房屋的粮仓。谷物都使用镰刀（asi［ãsi］）割断，捆扎成捆再堆起来干燥一阵子。

5. 脱壳

水稻会在田间进行脱壳。一组农民会围绕一堆稻穗组成一个圆，再有节奏地用长棍敲击稻穗，并逐渐转圈。其他谷物则稍后处理。人们用镰刀割下谷物的穗，然后用来处理成稻子。同样的办法在房子的平台上敲击它们。为了筛出谷壳，使用了一种圆形的装满谷子和壳的扬谷托盘。慢慢地，随着轻微的晃动，谷物颗粒滑下，堆得比人还高。较重的谷物会在扬谷器的底部堆积起来，同时极轻的谷壳会随着微风吹拂在稍远处落下。接着扬谷器会重新开始第二轮筛谷。

六 劳作

1. 在村庄和田地间的两点一线迁徙

很多耕地和古隆人的居所相距甚远，因此在长达数周的时间里，村民更习惯于在田间的窝棚暂住。这些跨越村庄的暂时性迁徙表现为在山谷顶端的村庄和谷地的农田之间的往来。

相较于村庄地区和高地更加清新的气候，谷地温暖潮湿的气候更加适宜农作物的较快生长，这一现象是莫霍里亚村人类迁徙的关键。

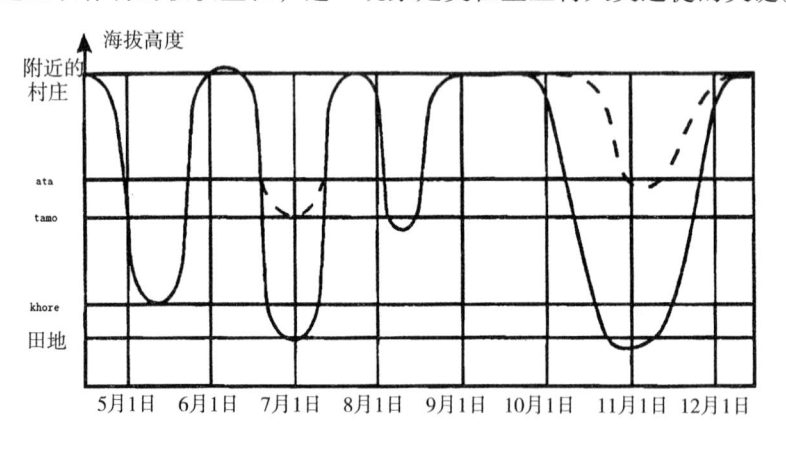

图 3-3 村庄—农田—村庄的劳动力移动

首先，玉米播种在村庄附近的田地（Ⅴ，Ⅵ，Ⅷ）。农民们白天在外劳作，晚上则回到村庄休憩。其后播种的是Ⅲ，Ⅳ。为了避免早晚驱驾牛群，农工们晚上通常不会回到村庄。玉米播种完成后，Ⅱ号地会被用锄子翻地，随后再种植粟。这些土地主要是由相对贫穷的家庭拥有，他们在外劳作数日也不会回到村庄。在同一阶段，yuprõ（IB）地区的稻米种植已经开始。在干燥地块，粟被种植在 thõgo（Ⅵ）中。因此村民在 7 月 1 日前都在村庄附近耕作。接着，大迁徙就开始了，迁徙分为两个方向：一股涌向地区Ⅳ移栽粟，以及在 khore 为作物除草；另一股则朝向稻田。整个家庭都会在田地停留 10—20 天，中途不返回村庄（在特别干旱的 1958 年，稻米的移栽耗时3周）。整个移栽过程必须尽快完成以保证水稻最终会在同一时间成熟。睡懒觉显得毫无意义，因此大家都暂居在临时性的窝棚或者永久性的简陋小屋，某一家庭成员会时不时地回到村庄拿取必需的食物。同时，玉米开始成熟，在临近田地收割的玉米穗被烤熟食用。

之后，人们会回到村庄收割玉米的地方。8月15日前后，在tamo，hare和mehrkoĭ（Ⅲ割玉米和移栽粟，这时会出现一个小型的区域迁移。由于为数众多的农民一天中需数次搬运大捆的玉米穗回到村庄，这只能算是小规模迁徙。这部分农民通常会将最后一次返程安排在夜幕降临以便回村睡觉。其他人则留在田地里赶工移栽粟，因为到了季节的末尾，必须保证粟在最后一场雨到来前扎根。

大多数村民直到10月都会睡在村庄中。虽然他们会去地势较低的田地锄稻米和粟的杂草，但他们还是倾向于晚上回到自家房屋，毕竟此时的劳作并不着急。第二次大迁徙在11月发生。这次是为了收割Ⅰ、Ⅱ、Ⅲ、Ⅳ、Ⅴ地区的稻米和粟。收割会在10月15日前后从作物成熟较早的Ⅳ、Ⅴ地区开始。相较于7月的迁徙，这次迁徙历时会更长。正如我们从玉米收割的案例中看到的那样，必须有特定的人拉着装满稻谷和粟的篮子回到村庄。从11月25日到5月初，这是万物凋敝的季节，莫霍里亚村村民都居住在村庄里。

我造访过迁徙现象更加明显的地区。他们占有更多的稻米地，村庄和低地，其海拔差异也更加显著，如科塔村。科塔村是莫迪山谷最偏远的一个村庄，从莫霍里亚村要步行3小时才可到达。从11月到次年4月，几乎所有居民都住在山谷谷底，整个村庄在数周内都被积雪覆盖，寒风吹彻。1月和2月，男性会登至村庄高地获取在雨季使用的木材。从6月中旬到8月中旬，居民再次来到谷地以移栽稻米和粟，同时收割玉米。实际上甘博卡拉有两片可供交替栖居的聚落。高地的村庄规划和秩序更好；低地的村庄显得有些散乱，但很多房屋和山脊上的房屋建造得一样好，学校往往会随着居民一起流动。

2. 农活

现在，我们来回答三个问题。谁在田间劳作？农民如何劳作？他们得到怎样的回报？

第一部分　古隆—技能—经济

a）工人

除却生理条件不容许外，所有的村庄居民都会参与农业生产中的一切活动。由于很多古隆男性是士兵或在海外务工，所以大部分农业生产的担子落在了妇女、老人和青少年的肩上。女性和男性劳动量一致，但如果是一些苦活，还是由男性来承担。原则上，男性要组织生产工作，但如果一家之主客居海外，就得由女性承担起决定农业生产何时进行和怎样进行的责任了。

古隆人和贱民做着相同的工作。贱民主要会被分配更加艰苦的任务，他们会为富有的村民们耕地。这些富人缺少男性劳动力有两个原因：一是他们占有大量土地，即便他们所有人口都在村庄中也必须雇用额外的劳动力；二是这类家庭的男性族人通常是在外征战的士兵，所以富裕的古隆地主必须雇用短工。就像其他缺乏劳动力的古隆家庭一样，他们也会雇用贱民，因为贱民不会被他国军队征募。但如果一个古隆人想要找工作，他也会像贱民一样被雇去耕地。如果他是雇主的朋友或者能力出众者，也会被优先雇用。

有两种人会在田间劳作，土地的所有者和临时雇工。前者也可能做后者的工作。土地较少就不够维持土地所有者的生活。这些土地所有者也因此必须暂时出卖他们的劳动力以维持生计。一旦他们的土地播种完毕，他们也不会闲着，而是用空闲时间为更加富裕的农民或男性离家的贫穷家庭工作。因此，我们必须把临时工分为两类：一是空闲时间兼做临时工的土地所有者；二是全职散工。后者主要从那些通常占有很少土地甚至根本没有土地的贱民中雇用。他们的家庭人数众多，一起居住在村庄中。这样他们就可以分摊任务，一部分在他们自己的土地劳作，其他人则去为古隆人打工。在雇用的临时工中，你也会发现婆罗门[61]和塔卡利人[62]的身影。他们少数居住在村子里，几乎没有任何土地。在莫霍里亚村，一些婆罗门人来自Tikhī，这是一片小规模婆罗门人居住地，在雨季，婆罗门人从居住地走40分钟到村庄的东北部工作。

什么年龄段的人会在田间劳作呢？一些15—17岁的男孩或16—18岁的女孩就算是成年工人了，他们会获得和其他成年人一样的报酬。男性从55岁，女性从60岁开始，就不那么常去农田劳作了，很多到了这个年纪的男性只会操心牲畜。

b）工作的节奏和秩序

古隆境内的农业工作是很费精力的。在低地完成一天漫长的劳动后，农民还得花上一个半小时到两个小时爬着差不多50%倾斜度的陡坡回到村庄。在收获季，农民要一天经历这样的险途3—6次，这取决于田地和村庄的距离远近。同时他们还得背负重达40千克的背篓。耕地期间，农民肩上扛着沉重的木制平衡犁和牛轭，背筐里还装有肥料。由于机械运输和畜力运输不可能实现，这个国家的一切都是由人力背负的。

当雨季到来时，工作节奏会变得相当快。粟和水稻需要移栽，同时玉米的收割必须尽快进行，还需要把收获从田间运到村庄。另外，由于男性的缺乏，成年劳动力始终不足。所有15—60岁的人都必须一刻不停地从早上五点工作到晚上七点才能得以按计划干完农活。在雨季，工作通常冒雨进行。低地又热又潮湿。降水会侵蚀田地，摧毁庄稼，还会渐渐毁坏梯田壁，梯田壁需要持续的维护。猴子会劫掠森林边缘的玉米，因此需要派一位警觉的守卫驱赶它们。有些男人终日待在窝棚中敲击平底锅或者吹口哨以震慑这些猴子。如果雨季没有如期而至，水稻和粟的种植就得从头再来。由于生长期被缩短，收成会比较差。夏季在高地会被水蛭困扰，这些水蛭会大量吸附在人们的身体上，在衣服下蠕动着吸血。

当然，人们在万物凋敝的冬季迎来闲暇时光，婚礼或者葬礼会在这时举办，提供了娱乐和走亲访友的机会。当然，古隆人也不会错失这个好时机，他们会建造或修葺自家房屋，在屋顶覆盖新的茅草。他们会上山砍柴以备雨季能有干柴使用，从而能放心在田间劳作。他们还会做些编织，制作篮子，垫子和背篓。妇人们用 nani 纺线织造衣物，或是用羊毛制作毛毯。

田间劳作是辛苦的，但古隆人总能从中找寻乐趣。几个古隆人聚在一起，他们总是会很开心。他们会以团队的形式工作，古隆有一套叫作"诺加"（nogar）的劳动力合作系统，它的原则如下，相较于

第一部分　古隆—技能—经济

20个人在同一片土地各自工作20天，20个人成功合力在20块土地上工作一天更加有效。也就是说同样的工作团体合作会比各自为战的效果更好。同一村庄的15或20或30个家庭聚在一起就可以形成一个诺加。每个家庭出一个人来保证会与其他人协力工作，无论男女。领导以少数服从多数的原则选出。领导人将为"诺加"的所有动向负责。他决定次日需要完成的田地劳作任务，可以给予那些完成农活压力最大的家庭优先权。只要"诺加"中有任何田地没有种植完成，任何其他村民都不可以雇用这一团体的成员。"诺加"并不一定每天都必须工作。"诺加"的成员不会得到回报，因为他们互惠互利地清偿了各自的人情债，他们在所有参与这一团体的土地上付出同等的劳动。只有3点钟的饭会由当天他们帮助劳作的家庭准备好提供给他们。如果"诺加"的一位成员无法参与某一天的劳动且他所在家庭也没有人可以顶替他的话，他就必须支付1.5卢比，也就是一天的报酬给"诺加"基金。

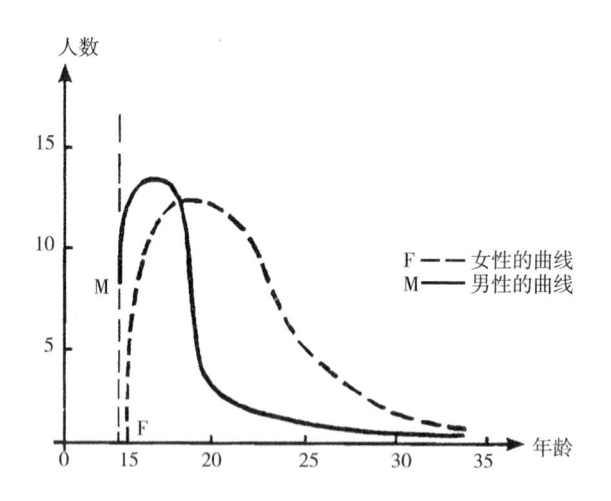

图3-4　展现"诺加"中男性和女性比例和年龄关系

有时候其他家庭会为"诺加"在自家田地中的劳动支付报酬。这个家庭不一定要属于这个"诺加"，但是通常来说都会是团体内的某个家庭。根据规则"诺加"已经帮助他们完成了应做的工作，但他们仍然因为有太多土地等待耕作而需要"诺加"再工作一天。"诺加"的成员就此成为雇用临工，并且收到1.5卢比作为当天工作的报酬，但钱款并不会被发放给每一个成员而是投入"诺加"的资金中。来自协会成员亲属或者来到村庄的富裕农民的馈赠也会放入这笔资金中。这笔钱会在收获季结束"诺加"解散时用以举办一场聚餐，人们会大吃大喝，载歌载舞。

"诺加"通常在6月中旬水稻和粟移栽之前形成并在粟收割结束后解散。它通常不会用在水稻收割上，毕竟拥有稻田的只是少数人。"诺加"之后不会转变成一个雇用临工的团体，因为这违背了好朋友合力劳作的契约精神。

一个村庄有可能形成数个"诺加"。1958年，莫霍里亚村只有1个，在南部的丹兴村则形成了4个"诺加"。这其中有一个完全由古隆族的贱民组成。我的研究表明，这样一个系统在尼泊尔其实是很独特的，特别是对于古隆族而言。在科塔有17个"诺加"组织起了村庄75%的居民。

据我所知，"诺加"的成员年龄在15—50岁。对于4个"诺加"的数据研究，我能够得出一些关于他们组成的结论。

15—19岁的年轻男性占到了"诺加"的大多数，随着年龄增长，男性数量便急剧降低，因为大部分成年男性都应征入伍离开了村庄。女性在17岁稍前会开始在"诺加"工作。从19岁开始往上，女性数量就超过了男性。在22—30岁，女性大多成为孩子们的母亲，就会逐渐离开"诺加"。

"诺加"主要由年轻人组成，但也会特别给年长者留些位置。图像清晰显示"诺加"是一个年轻人或者说相对年轻个体的组织，主要是15—25岁这一个年龄层次的人。这很好地反映了"诺加"的精神。和精气神相近的年轻人一同劳作，稳固的友谊使得所有成员联合在一起，他们将工作变成一种愉悦的劳动，当每个人完成自己任务的时候，总会一起开怀大笑，并且相互激励。

让我们跟随"诺加"日常的一天工作。7:30到8:00左右，一群年轻人会在当天需要帮忙的主人房子前集合。"诺加"的头目给出让大家开始的信号，在通往田间的小路上，一长列20个、30个或者60个人涌向田地中心。他们中有些人拿着为下午三点做饭的大锅或者食物。到达工作地点后，头目就会组织分工。他整天的任务就是给出建议，做出批评，以及鼓励年轻的村民。这些村民列队工作，大声唱着歌，欢笑打趣，毕竟不开玩笑的古隆人是不存在的。返回村庄时，他们用两个锄头互相敲击打着节拍唱歌。接着"诺加"的成员会在当天受帮助的主人家梯田里拉成一个圆，一对年轻人开始跟着鼓的节奏和着观众的拍手声和歌声跳舞。之后晚饭时间到了，大家也便散了。

"诺加"在村庄生活中扮演着重要角色。从经济角度来说，其重要的使命是完成任务的同时不需要支付货币报酬。在紧急情况时，一些农业工作很快就能被这群有组织有训练的工人完成。"诺加"在村庄中形成了团结一致的精神。因为这种自由的联合工作将人员有力地团结在一起，使他们习惯于集体生活，一般一个家庭不会独立生活或是工作，而始终与村庄中的其他家庭联系在一起[42]。

3. 报酬

所有工人取得的报酬都一样，无论长幼、男女、种族。在莫迪山谷，一个临工一天的工资是1.5卢比加一顿晚饭。报酬以现金或1.5卢比等价的粮食支付。在稻田工作的雇用短工会得到大米作为报酬，因为他们通常无法自己种植水稻。

七 生产能力

古隆地区的农业产量没有官方数据的记录。我已经记录了莫霍里亚村每户所收获的谷物数量并计算了总量。所用单位是体积尺度 muri。

表 3–1　　　　　　　　　　谷物收成　　　　　　　　单位：mur

单位	水稻	玉米	粟类	大麦与荞麦	谷物和蔬菜
Muri	910	448.9	672	221.7	93.11
百升（约）	830	410	610	200	85

注：1muri = 20pathi =（20×8）mana。

1mana 大约等于 1 品脱（pint），也就是 57 毫升。

所以 1muri 等于 91.2 升。

水稻的收成是至关重要的。村里一共有 60 户人家种植水稻，但他们中很多只是向富裕的地主租用一小块地，用来种植小部分。稻田被 25 个占了 1/4 人口的家庭掌控。作为对比，所有家庭都种植了玉米和粟这两种重要作物。表 3–1 展示的是 1957 年的数据，与丰收年相符合。如果收成不好，数据将会有 10% 左右的下降，对于产量来说只是很轻微的下滑，整体依旧保持着平衡。由于缺失对于土地的精确丈量，讨论亩产量也没有意义。

土豆的产量正在上升。这是由于轻微沙化的寒冷高地的开发导致的繁荣。土豆的引进已经使得某些特定的古隆居民收获了成功。莫霍里亚村北部的科塔几年来都大量产出一种高品质的土豆。村民以不错的价钱（1 卢比 1pathi）将土豆卖给南部村庄婆罗门、切特里和尼瓦尔人。这项新交易毫无疑问对科塔过去 20 年的繁荣做出了贡献。这与位于珠穆朗玛峰底部的夏尔巴人的快速发展有点相似，他们也是受益于从大吉岭（Darjeeling）引进的土豆。②［43］

八　牲畜饲养

在过去的百年中，牲畜饲养历经了深刻的变化。先前，畜牧作为财富的主要来源，农业只提供了少量的收入。古老的传说描绘了在高地上放牧成群的牛、绵羊、山羊和牦牛的生活。现如今由于住处的海

---

② 1959 年 4 月海门道夫教授在 Musée Guimet 的演讲中提到。

拔太低，古隆人已不再饲养牦牛了。这一情况符合我们的观点，即古隆人来自喜马拉雅山的北坡，那儿的高海拔地区适合牦牛的生长。在过去一个世纪中，古隆的人口数量高速增长，他们被迫砍伐高大的树木以将森林变作可以耕种的农田。可供放牧的活动空间逐渐消失，大量的畜群也就随之成为历史。90年前，莫霍里亚村的北部都被cak-dhũ（一种树的名字）森林覆盖。两个农民拥有总计500只绵羊和山羊。还有其他4个农民共享一个有300头牛的牧群。到了1958年，莫霍里亚的人口已经增长十倍，但是整个村庄仅仅拥有213头牛和200只山羊或绵羊。

1. 村庄内的牲畜饲养

每间房子都有一个设在阳台下方空洞处的鸡笼。每到夜晚，开口处的木板就会被放下，将家禽关在里面。居民对鸡的需求量十分可观，无论是家庭的宗教仪式还是宴请，鸡都不可或缺。无论是公鸡母鸡还是小鸡，它们都有着共同的两大天敌。一是借助果园较高植株的掩护得以溜进村庄的狐狸；二是秃鹫或猎鹰之类的掠食性鸟类。这些鸟类在村庄上空盘旋数小时，突然冲向地面抓走一只小鸡再飞向远方，完全无视试图保护小鸡的母鸡。村庄的看门犬不会直接攻击狐狸，而是警告它们离开。多亏这些看门犬的狂吠，人们能够寻出果园里狐狸的踪迹。带着枪的村民们会就此展开围剿，通常狐狸无法活着离开村庄，击杀狐狸的人可以获得毛皮。这样一份大奖总会招来大量村民聚集在狐狸丧命的地方围观。

古隆人从不养猪。他们认为猪是不洁净的，同时也拒绝食用猪肉，与这种动物产生任何联系都如同与贱民接触一样会污染古隆人。只有贱民有时会养猪，但也得保证它们在临近自己房屋的地方，远离古隆人的村庄。[44]

水牛到了晚上会被拴在房屋前方插于梯田的木桩上。白天它们就自由自在地在村庄北部闲逛。它们主要待在被称作kyu-wa-dhũ的灌木丛生的荒芜边区，或者在休耕的土地上。大约下午3时，它们会各自回到木桩附近，等待着人们带着草或玉米秆之类的饲料过来并把它们重新拴起来。它们提供了粪便作为肥料，以及（每天一升）满足村民日常需要的牛奶。村庄时不时会宰杀一头牛供村民们食用。[45]

莫霍里亚村 1/4 的家庭都饲养几只羊，共同构成了村庄羊总数 138 只的羊群。羊群栖息在小圈中，人们可以轻松收集它们的粪便（羊圈地面由间隔极小的竹竿组成）。每天早晨，一两个村民带着孩童聚拢所有羊群，赶着它们去村庄北面和东北面满是灌木丛的田地。就像水牛一样，羊群每周会被喂一次加盐的饲料来平衡它们的饮食。这些山羊为村庄提供了肥料和新鲜的肉。公羊被宰杀后，其螺旋状的角会被保留挂在支撑走廊的柱子上，作为一种能够带来好运的装饰。10 年前，疾病彻底毁灭了属于莫霍里亚村的绵羊群。

2. 田地间的牲畜饲养

奶牛并不会栖息在村庄。30% 的住民会在田地中间设置可移动的临时牛棚供牛群过夜使用。这些牛棚由轻质木材组成框架，再覆上竹席制成，精心设计的中央食槽使得牛群会面对面分成两列，其中一端会为小牛保留，并用于存放牧人的火种、食物、私人财产和牛奶罐。牛棚总会建在遮蔽得很好的梯田上，紧靠着支撑上一层梯田的墙壁。当畜群换到其他牧场时，牧人会拆掉牛棚，卷起竹席，打包他的财产食物以及木制的奶罐并放在一个形似背篓的封闭的大篮子中。如果没有人帮助他，他就必须自己搬运两趟，再在新的地点快速重新搭起牛棚。莫霍里亚村居住着 20 位牧民（个别家庭不能稳定地照料他们的牲畜）。婆罗门有 3 位，马嘉人有 1 位，其他都是古隆族家庭的家主们。还有一个是位 14 岁的少年，他父亲是一名士兵。

早上挤奶完成后，开始放牧牲畜。两三位牧民会照料彼此的畜群，以让一位牧民得以在第一次挤奶完成后抽身去寻找动物的草料和栖息的牧场。牛奶经过煮沸被保存在木坛中。当木坛装满以后，牧民搅拌发酵的牛奶，把它们制成酥油。牧民与动物们在一起吃饭睡觉。有时，他会带着酥油去村庄交换必需品。他们过着隐居式的生活。每一次挤奶，奶牛们最多可以提供一 mana 的牛奶（相当于每天 114 厘升）。

牲畜们跟着农作物穿过村庄。从 11 月到次年 2 月，动物们在较低的 I、II、III、IV 和 V 地区。夏天，它们爬向休耕的高地。牧民饲养着牛群，③ 它们在田地上排泄为田地施肥。它们为村庄提供牛奶做酥油。它们自身提供畜力在田地劳作。

阉割的方法如下所述：牛侧躺下，用绳子把它的蹄子捆起来，使它无法移动；牛的睾丸从后腿之间穿过，阴囊也被拽出来。接着，用一种木制的钳子夹住牛睾丸与身体之间的皮肤，并把一块石头放在它们之下。用一把由 jhare 木制成的木槌，敲击钳子（riśī）的上臂。将牛的睾丸与阴茎连起来的管道压坏，使得生殖功能丧失。手术过程一定要非常小心，避免打击睾丸旁的初生小牛的乳房，因为不经意的打击很可能会造成动物的死亡。在手术完成之后，对牛说："很遗憾！那么就这样吧，变得像女人一样吧！"

牲畜们会遭受各种各样的疾病，其中一些疾病使得牧民们难以应对。④ 雨季，水蛭成群地吸附在牛群后背，如果它们吸附到了眼睛、鼻孔或是耳朵上，则是非常危险的事情，没有牧民的帮助，牛群无法摆脱它们。有时，高地上的"牛虎游戏"会被流行病所破坏，这时候牛会被"老虎"（或者更确切地说是被豹子）杀掉。

尼泊尔法律会惩罚杀牛的人。古隆族对牛则没有特别的尊重，没有人崇拜它们。农民们习惯了坚守不吃牛肉的传统（前后文均分食牛肉的叙述或图片，似有矛盾，但原文如此。——译者注）。当牛死后，会被弃置，慢慢分解。秃鹫会迅速吃光尸体。如果牛死在牛棚里，皮革工匠萨尔基（sarki，尼泊尔的一个种姓）。会买下它的皮（1 卢比）并取死牛的肉吃⑤。如果一个牧人被雇用了，雇主将提供他的吃穿，并给他一年 20—25 卢比的工资。

---

③ 农民可以请牲畜的拥有者让牲畜在他的田地上放牧并提供粪肥。十五头牛一周需要 2 卢比。

④ 有一些疾病通过将一种叫作 mahrbel 的草药混合萘和一些石蜡涂到发炎的部位来治疗。

⑤ 古隆人认为 sarki 之所以有着特别强壮的身体是因为他们吃了许多死尸的肉。

表 3 – 2　　　　　　　　　动物普查

水牛	213
奶牛	99
公牛	64（全部用来耕地）
山羊	138（超过 70 只羊属于同一个人，并由另一个村庄来的牧羊人照料）。
马	3

只有富裕的家庭才会养马。它们是很好的骑乘动物，身材小却强壮有力，有很厚的鬃毛和一条很长的尾巴。这些出色的山地马知道如何小心翼翼地攀爬陡峭斜坡。它们没有钉蹄铁，大部分时间里，它们完全自由地生活在高处的牧场里，仅在主人要去遥远的村庄时，它们才被装上马鞍。大部分村庄都没有马。在迦勒村，由古迦勒国王设立在古隆村的中心，我看见饲养着 18—20 匹马，这是我遍览整个古隆发现的独一无二的情况。一匹马的价格在 900—1500 卢比。

3. 高地畜牧（高山牧场）

这种畜牧类型在莫霍里亚村已经成为历史了。一方面，绵羊因为疾病已经绝迹了；另一方面，之前论述的村庄辖地中已经没有足够喂养畜群过冬的大片牧场了。但是位于山谷尽头，即坐落在安纳普尔纳峰高耸山峰底部的村庄都还保留大规模的畜牧群。我研究了许多村庄中畜群的移动规律，尤其在莫迪山谷最顶部的科塔村，发现了饲养的羊群每年都循环着在高地和低地间长距离移动。科塔村有 7000 只绵羊和 3000 只山羊，这 10000 只羊群属于大约占古隆族总人口 1/5 的 90 户家庭。这些畜群以 500—600 只为一组离开村庄，每一组由三四位牧羊人带领。他们自己在高地上划分出 3 个不同的区域。在 5 月中旬，一些家庭和他们的牲畜一起离开村庄领地，此时田地的耕作刚要开始，牧群一路北上攀至高山的第一个斜坡处。8 月 1 日前后，他们会到达海拔 3500—4000 米的夏季牧场（尼泊尔语：bugani［古隆语：bugyani］）。树木一般不会生长在这样的海拔，取而代之的是山脊顶部和圆丘生长着的厚厚牧草。这些地区的积雪已消失数月，牧羊人会建造小屋以避免夏季的频繁降水和寒冷的夜晚。小孩童和羊羔都在小

第一部分　古隆—技能—经济

屋中，每一天这些牲畜都会去往不同的方向吃草。牧民会给母羊挤奶。新出生的羊羔会被集中在叫作 citra 的围场中。

科塔村的高山牧场位于三个不同的点，由此延伸出三条不同的路线。9月1日到来时，羊群通向低地的下降开始了。与上升一样，它是缓慢的；羊群会停留在良好的牧场大概一到两个星期。夏季通过直接路线，距离科塔村三到四天的路程。此时羊群和牧羊人的敌人是吮吸人类和动物血液的水蛭。绵羊的白色羊毛上有很多红色的污渍，这就是水蛭吮吸过的地方。当水蛭脱离时血液才会开始流动。大约在11月1日，羊群回到了科塔村（海拔2200—2500米）。它们被成群地带到收割过的谷子残茬上。在11月15—20日，它们会下到山谷的底部，在1600—1700米海拔范围内的稻茬中吃草。因此，在冬季，羊群会留在山谷的温和区域。大约在2月15日，它们穿过狭窄的峡谷上方莫迪地区的小桥，在山谷的另一边迅速上升到科塔村以东，然后沿着山脊线向南下降到 Sobrõ，高度不知不觉地从2500米降到2200米。在那里，从科塔村步行的话需要两天。由于会到处停留，羊群慢慢地在4月15日左右到达村庄。然后停留在玉米和小米田中以便在春耕之前为土地施肥。它们会一直待在那里直到5月15日，即新的高地出发日期。

在牧人迁徙时，他们虽然会带着食物，但还是消耗了许多羊群生产的奶制品。牛奶用于隔天制作"吉"和一种煮熟的奶酪（chyud-bi）。那些没有被吃掉的食物会不时由一两个牧羊人带回村里交换，然后再带着新的食物返回。牧羊人主要吃 khil，这是一种用牛奶煮的米饭。

住在高山上的500头牛每天最多能提供24mana的牛奶，将近13.5升。一部分被制成奶酪，可以保存10—11天。在6月到7月之间，牛奶产量处于最佳状态。山羊剪毛是在11月初，当羊群从布噶尼返回并靠近村庄时。绵羊一年剪两次毛：冬天过后的3月和9月底。这些羊毛会用于制作覆盖物和冬季保暖披肩。在科塔村会编织一定数量的毯子，然后卖给尼泊尔南部山谷的商人。在达萨拉（Dasarah）节日期间，南方人会买走近1000头牛用作节日期间的祭

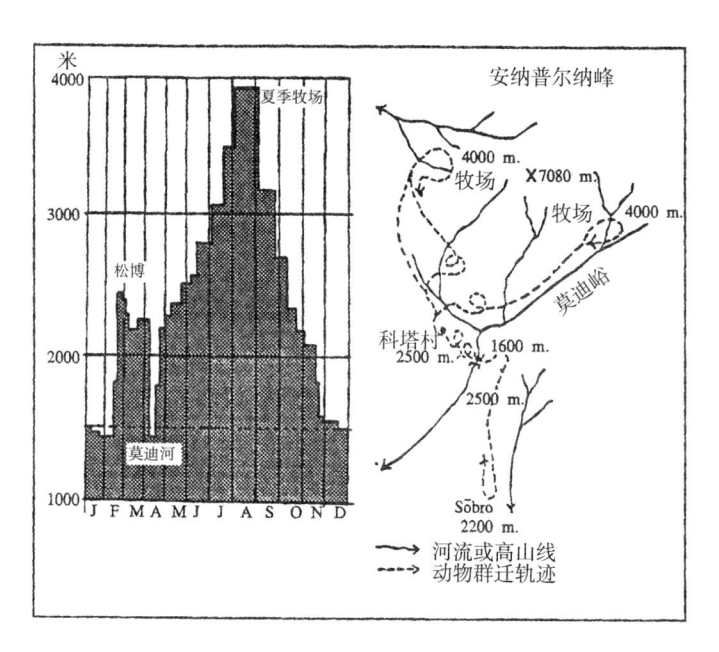

图 3-5 科塔村羊群的移动

品。一只大公羊价格 50—60 卢比，一只母羊和它的羊羔价格 90 卢比，一只母羊或一只两岁大的公山羊的价格在 40—50 卢比。村里还宰杀山羊和绵羊供自己食用，主要是雄性动物。所以村里每年都会饲养一定数量的动物。

牧羊人除了食物和衣服之外，每年还能得到 60—65 卢比的工资。在 4 个牧羊人中间，常常有两个挣工资的和两个羊群主人家庭的成员。

总而言之，科塔村的羊群遵循一个周期性地从高地向低地迁移的规律，反之亦然。除了两三个月的冬天，这些羊只在同一个地方停留很短的时间。它们从不住在村里的羊圈里，通常睡在户外，每年两次向高地移动，首先是向安纳普尔纳山脉移动，然后在山谷底部停留一段时间后，再向喜马拉雅山脉的中部移动。这些动物有四个用途：提供羊毛、牛奶、肉和肥料。

这些羊群由几位农民的绵羊组成，这意味着存在一种事先的安排：支付牧羊人的费用，奶制品的分配以及羊群给村民土地施肥的时间。该系统的顺利运行再次表明，尽管古隆人具有独立的性格，但他们还是习惯于团体合作，个体在很大程度上依赖于这些团体。

羊群移动过程中会使用村庄的土地。每个村民都可以在不付租金的情况下借出他们的羊群。虽然在科塔村北部的高地确实属于这个村庄，而在莫迪另一边的土地属于其他村庄，但来自科塔村的羊群可以自由进入。这证实了我在古隆族中经常注意到的一般情况，树木繁茂的山脉和山峰在行政上属于村庄，但实际上它们可以被用作牧场，前提是受益者不会侵犯村庄的权利[46]。

第四章 经济

在过去的60年里,古隆地区几乎形成了一个封闭的经济单位[47]。村庄预算平衡,在某些情况下还有盈余。现在,依托国外服役的士兵带回来的钱让村民能够过上超越当地水平的生活,建造好的房子,从印度进口布料为妇女和儿童制作服装,以及其他进口的制成品。古隆村明显比南部切特里人、尼瓦尔人和婆罗门居住的地方富裕。当地的经济主要建立在农业和畜牧业及繁荣的当地工业上,即织布和制篮。每一个村庄都有从事工匠工作的贱民群体来制作铁器、贵重饰品和缝制衣服。

古隆人拥有先进的理财观念。他们也许不是好商人,却很清楚如何管理家里的钱,迅速收回欠债,偿还借款和债务。他们了解所有贷款合同的法律规则,也知道财产权的限制。

我们首先来看一个家庭的预算、开支和收入。现存唯一的文件是我在古隆族停留期间收集到的。因为该文件只涵盖一年,无法研究预算的所有变化,但可以通过个人观察来检查和修改提供者提供的信息。

此后,我将简要介绍土地财产的获取方式及其分配情况。由于没有对土地进行测量,也没有进行土地调查,我不能分析出这个村子财产的流动和田地分布的变化。

一 家庭预算

由于数年来没有收集到关于家庭预算的资料,因此很难准确估计家庭预算。虽然一个家庭平均年份的粮食预算很容易计算（谷物收成在数量上变化不大），但是几乎不可能找出一般预算的细节。收入很容易估计，但支出就不一样了，对于一些仪式费用，只有涵盖数年的信息才能看出一些变化。例如，当一个家庭（在葬礼结束）举行葬礼（pae）时，要花费 300—1500 卢比，但这件事情只是偶然的，类似有的人死亡之后并不会举行帕尔。另外，当被问及贷款和高利贷问题时，被调查者往往保持沉默。这些交易在古隆族经常发生，但很难估计借款总额和利息支付所产生的额外费用[48]。

1. 粮食消费显示食物预算

当一个人吃饭时，习惯每餐给他 1mana 米饭，如果将其替换为其他谷物，则体积会更大。如果一个成年人除了米饭什么都不吃，他每年最多（1mana 的大米被认为是最合适的量）消耗（1×2×365）mana，或者说 730mana 或 4 muri，11 pathi，2 mana。我的调查表明，实际上很少有男人一顿饭吃这么多米饭，除非工作很辛苦，女人则从来不会在每顿饭吃掉 1mana。

这与消息提供者提供的每个家庭每年大米消费量的信息相当吻合。

我们考虑到两种情况：一种是吃米饭的家庭（富裕家庭）；另一种是不吃米饭的家庭（相当贫穷的家庭）。第一种情况下，家庭由 3 个成人，包含一名男子和两名妇女组成。

其消费是：5 muri 10 pathi 的大米
　　　　　6 muri 10 pathi 的其他谷类（玉米、小米、大麦、荞麦）

这相当于每个成年人每天少吃 1mana 大米和 1mana 其他谷物。

实际上，它也是区分男性和女性的，计算的基础是每个男人吃 2 muri 和 6 pathi 的米饭和每个女人 2 muri 和 2 pathi 的米饭；其他谷物也是如此，比如每年每个男人 4 muri 和 12 pathi 谷物，每名妇女 4 muri 和 4 pathi 谷物。

它的消费是：一年中每名成年男子每年除了米饭可食用 5 muri 和 6 pathi 的谷物，即每天 2.6 mana。

同时，每名妇女每年 4 muri 和 12 pathi。

这两种情况下，家庭成员在田间辛勤劳作所需营养和身体状况都会良好。许多穷人在家里吃得比上面提到的粮食数量还少，基本是他们在为更富裕的乡村房屋做日工时得到的。现在，利用上面给出的数字，我们可以评估在莫霍里亚村有多少个家庭的谷物预算是平衡的、赤字的，或盈余的。

平衡预算：23 个家庭（其中 3 家是贱民）

赤字预算：47 个家庭（12 家贱民）；20 个非常缺乏（其中 9 家贱民）

盈余预算：25 个家庭，其中 8 个盈余很多。

此外，有 4 个家庭的资料不完整。因此，50% 的家庭出现粮食短缺，23% 的家庭处于平衡状态，27% 的家庭出现盈余。15 个贱民家庭中有 12 个出现赤字，3 个处于平衡状态。这主要是由于大部分耕作规模小，并不能养活全家人，如果所有的村民都住在村里，就会有更多的赤字家庭。

2. 一般预算

a）支出

我们已经看到了谷物的开支。为弥补赤字，50% 的家庭必须在村里购买谷物。

所有村民消费的粮食中，有一小部分是自己生产的，只有那些产量不足的人才必须购买土豆、吉和肉类等食物。

有关住宅、维修或建造新屋（经常失火）的开支并不大。

男人的衣服主要是自家生产的纺织品，女人的衣服则是外地进口的纺织品。

仪式需要相当大的支出，尤其是葬礼仪式。这些仪式中，家庭花费的金额远远超过收到的金额。通常以粮食的形式支付给祭司。

耕种面积较大的家庭必须雇用日工，他们的工资是金钱或谷物。这些耕种者的粮食预算都是平衡或者过剩的。

古隆人会花大量的钱为他们的女人购置戒指、黄金饰品、珊瑚项链等。此外，他们抽从印度进口的香烟，这也需要很大开支。

| 第一部分　古隆—技能—经济

在冬天，休假的士兵和领取养老金的人都去博卡拉领取养老金，博卡拉离这里有两天的路程；或者去征兵营地，这意味着要坐飞机，这通常需要很大的开支。

古隆人经常借钱。许多家庭每年不得不用大量的金钱和粮食来支付到期利息。

对于不同生活条件的家庭，有很多不确定的费用，因此，不好去评估一个家庭特定情况下的总支出。不同情况之间存在着巨大的差异，这只是影响家庭预算的因素之一。

b）主要收入

农业生产是财政收入的基本来源。在莫霍里亚村，几乎所有的生产都被村里消费掉了。只有七八户人家的粮食产量大大超过他们的需要，才会把剩余的粮食卖给南方山谷的居民。村外每年有10—12头牛出售，而村里每年要吃掉8—10头水牛和65—70只山羊，许多家庭会联合起来买一头，宰杀后共同分享肉。

农产品预算赤字的家庭都会定期或不定期地把劳动力出租给富有的家庭。日工的工资是用金钱、谷物或食物支付。

流动现金主要由村里的男人挣来，他们在英国或印度军队服役。

将工资中省下来的钱带回了村子，这是一笔相当可观的现金，使得古隆村民的生活水平大大高于当地的平均水平。他们能够建造宽敞舒适的大石屋，妇女们穿着用印度材料制成的衣服，用沉甸甸的金饰和昂贵的珊瑚项链来装饰自己。让人印象深刻的是，葬礼之类的仪式都很隆重，村民们聚集在一起，（在两到三天）就会花费相当大的一笔钱。

一般来说，雇佣兵报酬很高。我会对他们的工资进行评估。由于每个士兵都是特例，因此在计算薪酬时需要考虑各种因素。在古隆一天工作会平均支付1.5尼泊尔卢比加上一餐，这明显少于一个印度卢比加上一餐的。请记住1.6 Rp. N. C.（尼泊尔货币）等于1 Rp. I. C.（印度货币）。

士兵的衣食住行是由雇用军队提供的。年轻士兵的基本工资是一个月35印度卢比。在英国军队中，给予他"海外"补贴55印度卢比，这样每个月工资将达到 90 印度卢比。

一名上尉（服役至少 15 年或 20 年后获得的军衔）每个月可以获得约 200 印度卢比，"海外"补贴 120 印度卢比，其在英国的工资就可达到 320 印度卢比。在英国军队中，每个月的家庭津贴从 80 印度卢比到 110 印度卢比不等。印度和英国军队允许士兵随迁妻子，期限为三年，然后她可以回到村里住三年，如果她愿意，还可以再陪她丈夫住三年。如果她是军官的妻子，无论他驻扎在哪里，她都可以一直陪着军官。一位在廓尔喀服役很长时间的印度军队高级军官对我说，在军队服务了三年之后，一名印度士兵储蓄的平均水平是 700—900 印度卢比，存款总额非常高。一方面，这取决于士兵个人的储蓄倾向，如他可以在营地食堂喝啤酒，然后从他的工资中扣除。另一方面，在离开之前，士兵买各种各样的印度材料给住在村里的家人穿。他还花很多钱买便宜货、茶叶、香烟等。因此，他不仅带回来储蓄，还带回来很多制成品，这是他家庭最期盼的乐趣。

一名士兵，不论他的军衔如何，服役至少 15 年（某些退伍的情况除外），他将有权领取与英国或印度军队相同的养老金。服务 15 年后，养老金是每个月 15 印度卢比。对于一个印度兵来说，即使他服役超过 15 年，养老金也总是保持在 15 印度卢比。

服役 25 年后，一名陆军士官长每月获得 25 印度卢比，一名上尉每月获得 35 印度卢比。

除了基本养老金外还有多种小费。某些荣誉职称的获得会提高养老金额。一位已经获得了几项非常重要的荣誉职称的普通上尉，每月至少获得 200 印度卢比的养老金。给予士兵的钱不征税。因此，外国军队支付的工资远远多于高地农民在村里获得的工资。

省下的工资并没有给当地集市上的尼瓦尔和塔卡利商人带来多大好处。事实上，这些村庄使用的所有制成品几乎都是士兵休假从印度带来的，包括英国雇佣军，因为他们从新加坡乘飞机返回加尔各答后，会被带到印度的征兵中心，在那里被解散。那里的产品选择和质量都比尼泊尔的好得多，价格也低得多。但是，士兵必须支付从尼泊尔—印度边境到自己村庄的交通费。在尼泊尔中西部地区，他必须从

第一部分 古隆—技能—经济

边境小镇瑙提瓦（Nautiwa），到尼泊尔特莱（Terai）的拜拉瓦（Bhairawa），然后从那里乘飞机去博卡拉，最后会雇1—3个搬运工，让他们陪他回到村子里。

在村庄的范围内，士兵挣的钱促使富裕家庭财富逐渐增加。我们已经看到，许多家庭在地方一级出现赤字。军人父亲或儿子的储蓄使这些家庭能够平衡他们的预算并购买紧缺的粮食。由于只有拥有大量土地的家庭才会产生农业盈余，才会出售农产品，所以士兵们的钱使这些家庭都过上了富裕的生活，但最后却流入了富有村民的腰包。因此，贫富村民之间的差距有增加的趋势。

尽管如此，雇佣兵在成为士官或军官时确实改善了某些耕作处于边缘水平的家庭（耕作的预算平衡是不稳定的）的经济状况。例如，在莫霍里亚村，一家之主的年龄为35岁，在印度军队服役，军衔按陆军规制晋升。他为自己建造了一座漂亮的房子，而他所在的当地宗族团体的其他成员在服役2—4年后辞职，他们的财富要少得多，不得不做短工。这一调查得出一个普遍的结论，即只有士官和在外国军队中服役15年以上的军官才有机会大大改善他们的家庭经济状况。从经济角度看，晋升是一个因素。我们稍后将从其他角度来看它有什么影响。[49]

c）其他收入

借款，高利贷：放债人通常是住在村里或山谷里的古隆人。一些富裕的古隆人给山谷或山谷之外的人提供贷款，这些人不是古隆族，而是尼瓦尔、塔卡利（Thakali）和切特里（Chetri）商人，他们居住在主要贸易路线的低地。因此，莫霍里亚村的大部分资金花费在拜尔哈提（Birethati），一个由卡利甘达基山谷（Kali Gandaki）连接博卡拉（Pokhara）和西藏的路线上建立的中转站。这些贷款合同以书面形式列出，在尼泊尔各地都很常见。如有必要，可将其作为证据文件单独提交法庭。其他的都不是正式有效的。村里有两三个人熟记这些公式，能够正确地制定出这样的合同。贷款通常以土地做抵押，其他商品诸如珠宝，也可以抵押。利率从10%—15%不等。由于借款人从未准备好准时还款，并（经常）要求延期，往往爆发出许多长期且代价高昂的纠纷。

当贫困家庭粮食储备用尽并等待玉米和小米的收获时，他们会去贷小额贷款。这种情况下，有一个特殊的借用系统叫作 batte。一个有粮食储备的家庭借给另一个缺乏粮食的家庭，利率是 1pathi。谷物可以在 3 或 4 个月内借 4pathi，贷款期限与粮荒期间的长短相对应。[50]

这种契约对古隆人和塔卡里利来说很常见，他们的村庄一直延伸到木斯塘的南部，在道拉吉利峰和安纳普尔纳山脉之间，在莫迪山谷的西北部。在低地的博卡拉或加德满都，这似乎是未知的。古隆人称之为达孔里（dhakuri）游戏，男性和女性都可以参加，但达孔里最受女性欢迎，它也可以由年轻女性组织，并由母亲提供建议。当选人员负责组织此游戏，该游戏可以在一年中的任何时间进行。让我们来看一个例子。一定数量的村民，例如 10 名，一起决定加入达孔里。每个成员在第一个月内给予 10 卢比，这代表 100 卢比的总和，立即给予需要它的玩家。在第二个月的开始，每个成员给予 10 加 1 卢比，总共 110 卢比给予第二个想要这笔钱的成员。在第三个月，个人贡献是 10 加 2 卢比，第三个成员收到 120 卢比。游戏一直持续到第十个月，每个玩家给出 10 加 9 卢比。最后一位在偿还前等了 10 个月的成员获得了 190 卢比。所有玩家都贡献了 145 卢比。要获得最大的金额，必须等待很长时间才能获得收益。如果没有玩家希望在第一个月初收到这笔钱，那么抽签来决定谁来接收。因此，运气起到了一定的作用，玩家对于现金的直接需求会对其产生影响。每月捐款总额通常超过 10 卢比，特别是富人参加时。如果有超过 10 个成员或每两个月付款，这段时间也可延长至 10 个月以上。从财务角度来看，该业务带来了一种复合利息贷款，在短期或中期内定期支付，并定期偿还。但如果贷方不希望从月度供款中获益，也可以通过抽签定期进行退货，贷款人因此成为借款人。[51]

在这里，我们再次看出古隆人喜好团队合作并且自娱自乐。与农业经营相同，他们在借贷金融业务中联合起来，尽管这可以单独完成，但他们更喜欢在一个小组中加入游戏，偶尔用抽签来转移注意力。古隆人的达孔里产生了一个问题。它是古隆文化的产物吗？消息提供者加德满都的婆罗门、切特里人和尼瓦尔人向我保证，在尼泊尔的低地没有实行达孔里。另外，弗里德曼（Freedman）描述了一个中国的贷款协会系统，类似于达孔里[①]的贷款。这使我们认为英国军队的古隆士兵可能从新加坡或香港等中国人那里学来了达孔里。然而，中国的借贷协会和古隆人的达孔里并不完全相同。中国的制度主要是"在合作基础上获得相对便宜的信贷手段，发起人对他所说的内容不感兴趣，而成员以低于放债人和典当经纪人要求的利率支付利息"。相比之下，达孔里是一场金钱游戏。有人说达孔里 klõ-ba（在达孔里中玩耍）和 pho klõ-ba 一样（在追逐中玩，去打猎）。此外，主要是女性和年轻女孩在达孔里"玩"，一般来说，她们属于相对富裕的家庭。[52]

二 当地非农职业

1. 贱民的职业

我们已经看到，贱民没有多少土地，经常在古隆人那里做日工。他们与古隆人在经济上的不同之处在于，他们只从事某些古隆人从不会从事的手工贸易。根据他们的分类，他们是铁匠、金匠、裁缝和鞋匠。

铁匠和金匠：在莫霍里亚村，有6个铁匠和5个金匠。他们生产铁、铜和贵金属。如果妻子和孩子被雇用为全职工人，那么家庭的一家之主就不能在地里干活，除非他的职业不受限于家里。古隆人可以自由地把工作交给一个技能高超或价格低廉的工匠。技能带来更高的价格，铁匠每年从古隆客户那里得到 1—6pathi 粮食。也可以按件付款。覆盖了摇臂犁（尼泊尔语称 phāli）木制犁头的顶端的金属护套，售价 3.50 卢比（含金属价格）。制作的物品常常很笨拙，而且制作得很差。铁匠们做钉子、镰刀及刀片、锄头、犁的刀片，以及放在火上

[①] M. Freedman, "The handling of money…", *Man*, 1959, No. 89.

的三脚架的锅、门上挂锁和链条的吊环。他们还修理所有的物件，特别是用来锁房子的藏锁。

莫霍里亚村的铁匠是贱民中最穷的。他们几乎没有任何土地，他们的家人只在那里待了两三代，但他们已经取代了其他离开村庄的铁匠，在距离莫霍里亚北部一小时车程的山上发现铜矿，由于开采成本太高，无法与南方商人出售的铜竞争，使得他们不得不关闭。这些铁匠中有许多人也是铜匠，他们从事矿工的工作，主要对矿石进行处理。关于这个问题，我无法收集到更多的资料，因为山谷里最后一名老矿工在我到达该地区前3个月去世了。

同样的工作，铁匠得到的似乎比金匠少。后者制造古隆妇女和儿童所有的珠宝和珍贵的装饰品。他们主要制作黄金和白银的，按照制作饰品的重量托拉（tola）② 支付。

1托拉的黄金价值约15尼泊尔卢比（约10印度卢比）

女性饰品bijbaiula，由10托拉黄金制成，可以在7天内完成。工人的工资是每托拉2卢比。工作大约3个小时就能挣到1卢比的工资。

一个arśe工资是4卢比每托拉，一个hamel 1卢比每托拉。

一对dhusi［dhungri］：4卢比（重量：1托拉）。一个fuli 1/4的工作的费用，包括黄金6卢比。

金匠也是村里的杂工。他也修理雨伞，做螺丝，修理箱子等，他是贱民中最不穷的，通常拥有好几块地，经常被雇佣做农活。

裁缝．准确地说男人很少当裁缝。妻子通常当裁缝，负责裁剪和缝补男人和女人的衣服。在莫霍里亚村有3户裁缝。每个古隆家庭每年要根据家庭的重要性和财富支付给裁缝2—11pathi的粮食，裁缝要么在她的家里工作，要么在雇用她的家庭的阳台上工作。（几位有一点闲暇的古隆老妇女自己做衣服）。

---

② 黄金100 lal = 10masa = 1tola；银80lal = 10masa；12 masa = 1 tola；Landon, *op. cit.* Vol. Ⅱ, p.330。据当地一位消息提供者透露，托拉银币的重量相当于旧版卢比银币的重量。

丈夫通常是日工、木匠或助理木匠，虽然大多数木匠是古隆人。根据手艺，木匠每天能额外拿到2—3卢比的食物。[53]

卡瓦特（katwal）：村长的"杂役"，往往是从裁缝中挑选出来的。我们稍后将描述他的活动。他每年从每户人家得到1pathi粮食。

鞋匠：莫霍里亚村没有鞋匠，他们会找来自丹兴村的鞋匠。他所有的工作都是做鞋和修鞋，是按件计酬的。一双野生山羊皮鞋的价格从13卢比到18卢比不等，主要取决于你想要的款式。如果提供皮革，价格减半。4天足够做1双鞋。如果是牛皮做的，价格从5卢比到9卢比不等。牛皮1卢比，水牛皮5卢比，野山羊皮2.5—3卢比。在过去的10年里，鞋匠的工作量增加了许多，因为越来越多的村民开始穿鞋。

2. 古隆人的职业

贱民有时从事这些职业，但比古隆人少得多，他们甚至不知道怎么做。

打猎和捕鱼：古隆人经常是在淡季、立春和严冬之前狩猎大型猎物和鸟类。在老士兵中，你会发现许多枪法很好的有经验的猎人。他们三五成群地往高处去，在那里住几天，带回来许多新鲜可口的肉、野山羊和鹿皮等野味。

当村民去莫迪河旁边的稻田里工作时，有几个人专注于使用鱼钩和渔网捕鱼。

采集：当他们在高地上班并在森林中砍伐木材时，无论男女长幼，大家都会收集各种野生植物和根茎。他们对所谓丛林野地的生长之物特别了解。在树林里，他们会发现水果（桑葚），蔬菜（非常好吃的山竹的小枝，富含清爽果汁的高大植物的茎，具有治疗用途的根和草药）。野生蔬菜在村民的饮食中起着重要作用。当果园产量不高时，村民会吃这些绿色食品。

两种当地工业：

编织：在人口普查的94个家庭中，有60家莫霍里亚村的妇女在淡季纺纱和编织。他们用棉线和naṅi编织男人的衣服，用绵羊和山羊的毛织毯子和帽子供家庭使用。一些老妇人也试图出售给不从事编织的家庭。羊毛毯和麻袋通常出售给南方人。在绵羊和山羊群多的村庄，织布业带来了相当多的额外收入，因为有许多毛毯出口。在蓝琼地区，村民们向南部低地的居民出售由 naǹi 制成的米袋（一个袋子 3 卢比）。

枝条编织：几乎所有村里的男人都使用山竹的柔软茎干进行编织。当地人使用背篦和肩筐搬运物品，不像莫霍里亚村那样被剥夺了大多数年轻人的村庄，他们制作了许多篮子，并将它们卖给了南方人。

三 付款类型

1. 现金

由于来自国外的资金越来越多，许多付款都可以用现金支付。但古隆人像尼泊尔的许多其他高地人一样，尚未接受使用纸币。士兵们带来的印度卢比被换成了尼泊尔的 1 卢比或半卢比，其中含有一定数量的白银。用尼泊尔钞票付款是不可能的，在古隆逗留期间，我不得不携带非常沉重的硬币[③]。即使在我住了几个月的莫霍里亚村，也无法使用纸币支付。人们不太信任纸币，尤其是女性，因为纸币既不像硬币那样可以验证，也无法识别。古隆人通过硬币来支付。在判断硬币表面没有破裂或磨损之后，他们会将硬币堆成五堆。硬币的价值比纸币更有形，"纸张没有任何重量，不会产生噪声，而且在季风时浸泡会变质"。[54]

2. 农产品

农产品的支付，尤其是谷物的支付经常在村子里进行，特别是在收获前支付给工人。如果可以用粮食或日工来结算，也存在倾向于不以硬币来结算。有两种使用量杯支付粮食的方法。一个人要么用边缘填满量杯的水平面，要么在量杯的上边缘形成金字塔状，只要粮食不掉到地上，他就把粮食堆在上面。由于每个家庭只生产供其家庭消费

---

③ 45 卢比的重量是 500 克（1958 年还不到 3000 法郎）。

的乳制品，因此很少用乳制品付款。

3. 以物易物

农产品的易货是非常罕见的，但为了获得盐却是很常见。古隆中部和西部地区没有盐。莫霍里亚村的人们沿着西北方向离开，穿过高山，到达卡利甘达基（Kali Gandaki）的山谷。在那里，人们会花两天半的时间爬上土库其（Tukche）的北部到达科普斯（Kopce），在那里，他们用带去的谷物换盐。对他们而言，最有利的交易是买大米。有时，他们也会带来大麦。通常对于西藏的商人来说，4pathi 的盐可以换 1pathi 的大米。村民们在 3 天后返回村庄，一个男人携带的东西多达 8 或 9pathi。根据我的资料，1pathi 的盐的重量接近 6 śer 或 6 千克。因此总重量为 48—54 千克。一个成年人每年消耗近 3pathi 的盐。而且还必须加上水牛、乳牛、山羊和绵羊的消费。在雨季来临之前和之后，也就是淡季，村民们会结队去盐矿。

盐也可以用金钱来支付，但由于卡利甘达基地区的居民和西藏人缺乏粮食，他们更喜欢用"谷物—盐"而不是"货币—盐"，所以兑换率不高。[55]

4. 散工

在"诺加"制度很少发展或没有发挥作用的村庄，村民为其邻居工作，而邻居则按照简单的互惠原则在前者的领域工作。穷人也用为邻居工作的时间来抵扣邻居为他们帮忙应该得到的粮食报酬，因为他们没有钱，用他们收获的少量粮食也很难偿还。最后，请注意，莫霍里亚村每个家庭的一名成员必须向村长提供一天的无偿劳动，以补偿他在村务上花费的时间。

四 土地所有权

尼泊尔的土地所有制非常混乱。世界上有许多不同类型的土地，但其中有一些却没有被清楚地标示出来。古隆的情况似乎简单得多，在莫霍里亚村有两类土地：第一类是无法种植的森林，只有使用权，所有权属于国家。经村长批准，在该村砍伐树木时，砍伐者支付的树价全部归省政府。第二类是该地区的其余土地，在 19 世纪初由该村的创始人以半卢比（mohre，该村的名字由此而来）的价格从尼泊尔政府手中购得，官方文件证明了这一点。一些村庄建立在国王提供的土地上，作为古隆人提供服务的报酬。这些地被称为 birta 土地。因此，拉卓克和北克可伊（Pēhckoi）的村庄是在尼泊尔国王 1800 年赐给他的古隆军官 Khadgasũ 的土地上发展起来的。这些人不向国王缴纳土地税。长期以来，这两个村庄的新居民并不交税，但自 20 世纪初以来，尼泊尔政府已命令他们交税。村民们对国家提起诉讼，最后的判决宣布这片土地只在 birta 给了 Khadgasũ。他的后代和村里的其他居民没有得到同样待遇。这片土地是属于这个村子的，但每年的租金都归国家所有。从那时起，拉卓克和北克可伊的村民要缴纳土地税。在莫霍里亚村也一样，每年支付将近 400 卢比，其中 2/3 是向稻田主人收取的。稻田是用尼泊尔的一个单位"Jangir"的平方来测量的，根据土地的质量，1 单位的租金从 0.25 卢比到 1.35 卢比不等。

非灌溉土地分为三类：

大片土地（hal），租金为 1 卢比。
中型田地（pate），租金为 0.75 卢比。
小型田地（kodale），租金为 0.50 卢比。

这项税收将于 4 月中旬在诺瓦科特（Nowakot）提交给省政府。

对这些领域有两种官方描述。第一个（phadgekodale）给出了该领域的名称和关于四个地理方向的精确边界。另一个（sabikodale）没有指定土地的名称。[56]

1. 获得

三四十年前，莫迪河谷村庄的大量土地还没有分配给村民[57]。未开垦的土地属于这个村庄。当一个人想要在一个村子里定居下来时，他请求村长允许他定居下来并耕种那些没人使用的土地。如果村长允许，他就拥有了耕种和建造房屋的土地。为了换取土地，必须给村长一定数额的钱，村长把这些钱放进了村里的金库里。

第一部分 古隆—技能—经济

当村长在诺瓦科特的阿达（Adda）以他个人的名义注册获得新土地时，购买者成为土地的合法拥有者，在那里他们被写在了税务承担人名册上。只有土地注册过才能被作为所有权的证明。男性在没有男性父系亲属的时候，可以继承财产。父系之属是个人问题，它属于一家之主。我们将在研究继承规则时详细说明这些情况。

莫霍里亚村的所有土地现在都有合法的所有者。财产的取得可以通过继承和各种形式的转让、出售或作为贷款的临时担保来获得，这一程序通常是在交出土地之后进行的。古隆人非常依恋土地，因此，只有在极大的压力下，如当延期贷款被拒绝，一个人才会出售土地。如果出价是由贵族提出的，那它几乎总是优先于另一个家族或另一个氏族的成员。土地买卖不是很频繁，[58]事实上，尽管有相当数量贫穷的家户，但士兵们带来的余款使他们中的许多人有足够的钱养活自己，而不必冒着出卖土地的风险。土地出售主要是在兄弟们中间进行的。他们中的一些人离开了村子，与家人定居在印度或他们工作的任何地方，他们不打算回村里去，把自己的那部分卖给了兄弟们。有时一个家庭会在村里没有任何继承人的情况下死亡，通常，在他去世之前，户主会将他的土地遗赠给一个女婿。后者若不住在村里，会卖掉他岳父的土地，让妻子住在他们自己的村里。那些有存款并得到提拔的士兵往往热衷于购买土地，尤其是那些出身十分贫苦的士兵。他们可以通过购买土地获得声望和尊重，因为古隆地区的富人和受人尊敬的人总是拥有大量的土地。

土地价格各不相同。这取决于土壤、气候、村庄的位置，通道的便利性和风险。需要注意的是，土地的地形总是在变化。在季风期间，整个山区都落入莫迪山谷，山体滑坡发生在许多地区。我目睹了许多类似的小灾难，最终摧毁了田地，或者至少摧毁了一年的庄稼。村民们修复了梯田，使它们在废墟中重生，并以各种各样的方式保护自己的土地不受侵蚀，大规模的斜坡清理有效地阻止了对后者的斗争。（附录B）

土地是以其所产谷物的数量为基数来衡量的。在这个村子里，1muri玉米可以卖到300卢比。在低地，价格更便宜（200卢比）。可灌溉土地的价格从300卢比到500卢比每muri的糙米不等[59]。

土地所有权经常作为货币贷款的担保。接受担保的人通常是该村或邻村的村长。古隆地区有许多富裕家庭给借款人提供贷款。但是南部的几个小城市与古隆村落之间的合同非常有限和困难，贷方将处于不利的地位，无法保证贷方的安全和资金的回笼。

在货币贷款合同中，人们可以用三种不同的方式对待不动产。第一种情况下，如果借款的金额在固定的日期没有偿还，贷款人就会得到协议中指定的土地或财产作为补偿。第二种情况是贷款人在借款金额尚未偿还时，以土地作为抵押，他有使用权进行耕种，但他归还土地的时候，必须从他使用质押土地所得的权益中扣除应付的利息。在第三种情况下，一切照常进行，只是贷款人获得全部利息，不减去作为质押的土地的物权总额。在很多情况下，借款人一再要求延期数年，总是希望有一天他能偿还。但是，由于合同是以正式形式起草并签署的，所以土地的所有权从来不会有任何混淆，即实际上土地一直在贷款人手中（或在很长一段时间内）。如果精疲力竭的债权人想获得土地的所有权，他要求债务人和他一起去阿达那里，这样抵押的土地就可以以他的名义登记，这样合同就结束了，财产也就转移了。如果债务人拒绝这一解决办法，贷款者唯一能做的就是自己去诺瓦科特的阿达那里，并提起诉讼，出示双方已签署的合同。当他胜诉时，允许立即转让财产。但贷款人几乎从不使用最后一种方法，因为他知道，尽管他肯定能获得公正，但要很长时间才能做出判决，他不得不使用大笔款项支付法庭上的诉讼费用。他满足于现在拥有抵押的土地，直到有一天对方改变了主意。

2. 分成制

这种合作使用土地的制度很普遍，包括在一年或几年的时间里把土地交给另一个村民使用，条件是他耕种土地，然后与土地所有者分享收获，作为土地使用的报酬。根据土地的肥沃程度，土地的分割是将一半，或者1/3的收获分配给所有者，2/3的收获分配给农民。当家族中的男人在国外当兵时，大地主常常诉诸于这种制度。[60]

3. 土地分配

大多数村民都是小地主。由于人口增长，土地被分给越来越多的家庭，这些家庭被迫在贫瘠的土地上清理和建造新的小梯田，给这些土地铺上来自高地的肥沃土壤，可以种植土豆。

梯田小而分散。莫霍里亚村一小块土地上的所有权清单向我展示了一幅令人难以置信的拼合画，所有者数量惊人。然而，有必要指出的是，大多数情况下同一宗族的土地是聚集在一起的。大多数家庭在村子的各地区都拥有土地。因此，可以根据气候和土壤的性质，在不同季节有不同的收获，但这并不适用于少数富人手中的稻田。

尽管我没有关于莫霍里亚村田地面积的数字，我还是根据土地的生产类型进行了分类。94个家庭中有58个在莫霍里亚村种植水稻，但其中大多数只收获一两个muri，田地不属于他们，他们是佃农。在94个家庭中，只有27个家庭每年至少生产8muri稻子（4muri糙米）。大约30%的人口拥有稻田，这30%代表着村里的富裕家庭。这在古隆是十分普遍的现象。从经济的角度来看，那些生产超过7到8muri米的人属于特权阶级。

如果考虑每个家庭的谷物总产量，人们就会意识到小生产与盈余生产之间存在着一个大幅度的波动范围。如果我们的谷物略有不足，处于平衡状态和略微过剩的粮食预算加在一起，我们就涵盖了70%的家庭。事实是20%的家庭存在非常明显的赤字，10%有大量盈余，50%的家庭没有足够的土地来保证食物的供给且必须做其他工作。

第二部分
社　　会

在研究古隆人的社会组织时，如果要理解它的运作方式和矛盾，就必须时刻记住它的历史背景。虽然古隆人自尼泊尔建立起就不能在长远的时间里准确地追溯自己的历史，但很明显，他们经历了两个截然不同的时期。第一个时期是从到达喜马拉雅山脉南坡时一直延续到村庄被印度人征服的时候。第二个时期是从那次征服到今天。第一个时期受藏传佛教前弘期和后弘期的影响非常显著，第二个时期是受新入侵者印度教国家的影响。我们必须理解古隆人经常提到的历史观点，古隆等级制度和部落组织是如何受到印度文化的影响的。但如今古隆人却拒绝了它。自江格·巴哈杜尔（Jang Bahadur，19世纪下半叶）以来，古隆人之间发生了许多法律诉讼，一部分人拒绝接受另一部分人给予他们的低下地位。经常重复的论点是："婆罗门和南方的男人把我们的人民划分为不同的种姓，但以前我们都是平等的，我们希望能够再次平等。"

从现在开始，非常有必要表明这种心态的存在，以解释我收集的大部分混乱的信息，这些情况迫使我非常仔细地检查它，因为它往往带有偏见。不幸的是，我不能总是这样做。因此，在我的写作中，我有时会被迫简单地描述所收集的信息，而无法进行严格的分析或解释。

在接下来的研究中，我将避免使用"部落"和"种姓"这两个词来描述古隆人。一些英国作家提到古隆人经常使用"部落"这个词。尽管古隆人在空间上形成了一个隔离的群体，但他们的政治组织与一个部落的政治组织毫无共同之处，我们将在下面看到这一点。因此，"部落"一词的使用在我看来是不正确的。有人能说古隆是"种姓"吗？是的，如果把他们放在尼泊尔社会的等级制度中，其种姓的定义并不仅仅是与其他种姓的关系，而是在社会等级制度中占有的地位，它由其内部组织来定义。然而，遗留下来的专业化概念对古隆人来说是陌生的。古隆人可以是农民、木匠、商人、士兵、祭司，他们的儿子可以自由从事任何喜欢的职业。古隆语中没有词语来表达"种姓"的含义。古隆人将菩提亚人（居住在尼泊尔和西藏边境地区的居民）称为"bhot-mai"（西藏人），将 kamis（铁匠贱民）称为"kami-mai"。如果一个古隆人遇见一个陌生人，他会问他："你是谁？"来找出这个人属于哪个团体。因此，为了尽可能保留古隆人的观点，我将避免使用"种姓"这个词。我将使用"古隆人"一词，古隆人是由他们的文化组成的一个不同于尼泊尔社会的其他族群的群体。

第五章 氏族和等级组织

一 氏族和族群

古隆社会被划分为各个氏族。严格来说，古隆语里面没有"氏族"一词。当一个人说：kon-mai, lama-mai 就是说"孔"（kon）和"喇嘛"（lama），也就是说这个人属于孔氏族和喇嘛氏族。[61]当一个古隆人想要知道另外一个古隆人的氏族，他会问："你属于什么古隆？"氏族是（为了便于）异族通婚和父系的，但不构成一个地方单位。一份古老的手稿可以表明它并非一直如此。该文献由丹兴村村长负责，1694年用尼泊尔语写出，文献内容如下：

> 古隆族在蓝琼建立了自己的地位。迦勒氏族集中在卡潘科（Kapancok）附近，分成4个 tughyu①。霍坦（ghotane）氏族（现在他们被叫做 Konmai）在他们取名为 Kon-thar-walayo-pardi② 的科内尔迪（Koneardi）居住，喇嘛氏族在蓝琼居住并取名为 Paegi-lama-thar-walayo，而拉姆查恩（lamechane）或普隆拉姆查恩（plon lamechane）定居在菲－泊鲁（Phi-proh）。

---

① 藏语，gduṅ-brgyud；gduṅ：表示家族；rgyud：血统（JÄSCHKE,、Engl. Dict., p. 124）

② kon-e：古隆语：孔或霍坦氏族。-thar：尼泊尔语：表示氏族（也可以表示为：部落、种类、种姓，R. L. Turner, *Nepali Dictionary*, 1931, p. 294）。我认为有必要将科内尔迪（Koneardi）读成科内帕迪（konepardi）。

有充分的理由证明由于人口大量增加，古隆族曾迁移到人口较少的地区，寻找干净的土地和高牧场。莫迪山谷的许多家庭都是在20世纪头30年从以蓝琼县为中心的古隆地区搬迁过来的③。该区域包括前面文献中列出的氏族。

古隆族被分为了两大族群：卡贾特族群和索拉赫贾特族群。除了稍后我们会看到的一个或两个案例外，这两个族群是属于一个氏族，且只属于一个氏族是毫无疑问的。虽然每个氏族都是异族通婚，但这两个族群中的任何一个都是同族群通婚的。事实上我们看到的婚姻规则有时会被违背。Carjat（cārjāt）和 Solahjat（solahjāt 或 sorajāt）这两个词是尼泊尔语，car 和 solah 分别是"四"和"十六"。在印度 fāt 或 jāti 这个词被表达为"种姓"和其他意思，特纳（Turner）在他的尼泊尔词典中给出了以下译文："种类，物种，部落，民族，种姓。"这些都不能激发我们的兴趣。我建议 Carjat 翻译为"四个氏族"（the four clans），Solahjat 翻译为"十六个氏族"（sixteen clans）。在这本书的后面会说明，是氏族的规则而不是种姓规则，如哪些特征描述了卡贾特族群的四个单位。

我们将会看到，人们普遍认为有四个卡贾特氏族，但事实上有四个以上。至于索拉贾特氏族，没有人可以列出十六个氏族名称，它曾经有过吗？鉴于包含在传说Ⅱ（如下）中荒诞的名单，我对此表示怀疑。实际上，数字4和16不仅仅是纯粹的描述，它们表明了地位的差异，根据一个普遍存在于恒河平原的现象，数量较少的群体比数量较多的群体具有更高的地位，但是其精神是完全从这里复制的（传说Ⅱ，如下）。[附录 C]

二 起源传说

如果我们考虑古隆族的历史，实际情况就更清楚了。特别是与古

---

③ 我能够证实，自19世纪初以来，莫迪山谷的人口已大大增加。另外，许多传说都说"由于人口密集，一定数量的家庭被迫移民"。最后，在同一个山谷收集的族谱信息表明了祖先的起源地。

隆族起源有关的文章，我称为传说。④

传说Ⅰ：用尼泊尔语写的这篇文章⑤并非来自古隆人，而是来自赖斯人和居住在尼泊尔东部的林布人。

"基尔蒂人"（Kirāti）是尼泊尔最古老的居民。生活在海蒙塔（Hemonta）的索恩布马努（Soyenbumanu）有几个孩子，其第二个孩子托伊亚（Thoiṅiua）去了日本。第三个孩子去了泰国、缅甸和越南的交趾支那（Cochin-China）。他最年长的孩子穆阿依乌阿（Muṅaiṅua）去了中国，然后去了西藏，最后来到了印度的北部边境。穆阿依乌阿有十个孩子：林布族的创始人约克坦巴（Yoktumba）、阿普利亚（Apliṅua），赖斯族的创始人雅卡科瓦（Yakakowa），拉鲁族（Larus）的创始人鲁菲巴（Luṅpheba）、塔菲巴（Thaṅpheba），松瓦尔族（Sunwars），即察盘（Chepangs），塔米斯族（Thamis）的创始人苏哈舍巴（Suhacepa），古隆族的创始人古鲁帕，马嘉族的创始人马卡帕（Mankapa）、塔卡利斯（Thakāli），塔曼（Tamangs）和夏尔巴（Sherpas）族的创始人托克洛卡帕（Toklokapa），塔鲁（Tharus）和丹瓦（Danwars）族的创始人坦哒瓦（Thaṅdawa）。第33代基尔蒂（Kirāti）族统治了加德满都。⑥

传说Ⅱ：⑦卡斯基的国王请他的婆罗门祭司向他解释古隆人和古隆族的卡贾特族群和索拉贾特族群的起源。婆罗门告诉他：

苏里亚杰（Suryajā）王朝，有一位巴尔杜瓦佳戈特拉种族（Bharadvaja gotra）的国王，他有两个儿子。大儿子珞肯（Locan）不

---

④ 大部分的传说都是从许多古隆人中了解到的，因为最近出版的几本小册子或文章，主要是在加德满都出版的，这些小册子或文章或多或少精确地复制了原稿。这些用尼泊尔语写了至少 个世纪的书，是在一些古隆人手中发现的，他们通常不大热衷于展示这些书，原因我们稍后将看到。

⑤ 旧传说由 Til Bahadur 再版，参见 Hāl-Khabar，Kathmandu，1st Chait 2013（1957）。

⑥ M. 赫尔曼（M. Hermans）在《印藏语系》（The Indo-Tibetan）第14页中写道："古隆人有一个传统，根据这个传统，他们声称来自 Po-hiung，一个位于尼泊尔以外，西藏某个地方的土地。""po"表示西藏（藏语，bod，pron. pö）；赫尔曼是否将"po-hiung"理解为pö-yul，西藏中部的地方。

⑦ 根据一篇尼泊尔出版的卡比·西卡纳特·苏伯迪·潘迪特（Kabi Sikarnath Subrdi Pandit）的文本（Gurunko vaṃśāvali，Benares）。

| 第二部分　社会

像小儿子诺肯（Nocan）那样深受父母的喜爱。他的父母不遵守继承规则，剥夺了他们大儿子的继承权而加冕他们的小儿子。珞肯感到极大的痛苦，开始怀疑这个世界上事物的价值。有一天，他离开宫殿，走向喜马拉雅山，和他的妻子卡莉（Kali）、他的祭司以及他的儿子穆昆达阿查里雅（Mukunda Acharye）和加尔戈特拉（Garga gotra）一起在那里过着苦行僧般的生活。后面还带上了他的妻子卡西（Kasi）。一个霍瓦斯（Khowase）氏族的奴隶克赛辛格（Kesai Singh）和他的妻子法丽（Phali）也加入了他们的队伍。在路上，他们遇到了两个妓女，并在同一个住所过夜。当王子和祭司睡觉时，两个妓女破坏了他们的 janaï（婆罗门线）并在他们的嘴唇上倒了一些酒，然后她们逃跑了。当王子和祭司醒来时，他们明白被羞辱了。⑧ 从此以后，他们再也不能属于他们的种族了。他们在喜马拉雅山建立了自己的家园，在那里挖了一个住所居住……有一天，他们对他们的奴隶说："你一直忠于我们，你可以叫自己为基辛格塔帕，我们会吃你们准备的食物，喜马拉雅山脉是纯净的山脉，在这里，我们可以吃一个劣等种姓的人的食物。"公主有三个儿子：迦勒摩诃古隆（ghale Mahan Gurung）、霍坦摩诃古隆（Ghotane Mahan Gurung）、喇嘛摩诃古隆（Lama Mahan Gurung）和一个女儿拉克希米（Lakshmi）。祭司的妻子有两个儿子，大儿子是拉姆查恩摩诃古隆（lamechane Mahan Gurung），小儿子是普隆尼拉姆查恩古隆（Plone Lamechane Gurung），他们还有三个女儿，孔玛里（Kumari）、奈里（Nari）和玛里（Mali）。后来，王子的孩子和祭司的孩子结婚了。王子的儿子是第一代迦勒、霍坦和喇嘛，祭司的儿子是第一

---

⑧ 关于王子被玷污的故事有几个版本。最普遍的版本不是来自南方的王子，也不是妓女，而是来自北方的迦勒国王（卡贾特氏族）和他的克利布利（klihbrĩ）奴隶（索拉贾特氏族）、索拉贾特氏族的祭司和一个喇嘛族的敌人、卡贾特氏族的祭司。因此，赫尔曼（Hermanns）说："一个迦勒国王（卡贾特氏族）和一个奴隶加布里埃（Gabring）（klihbrĩ）一起出行。在夜间，毗湿奴（Vishnu）靠近加布里埃，对他说：'拿走他的圣线（janae）并将一些酒精倒入他的嘴里。'加布里埃按毗湿奴（Vishnu）说的做了，这样王子就被玷污了。"（loc. cit., p. 16）

代拉姆查恩。⑨ 于是诞生了四个卡贾特氏族。因为他们有冥想的能力，所以给他们起名叫摩诃（Mahan）。基辛格的妻子生了10个女儿和16个儿子。儿子的名字分别是帕杰古塔帕（Pajgyu Thapa）、侬塔帕（Nor Thapa）、开普卡塔帕（Kepcae Thapa）、蒂因斯塔帕（Timcē Thapa）、普娄卡塔帕（Procae Thapa）、约卡塔帕（Yoca Thapa）、孔拉尔塔帕（Khulal Thapa）、克朗卡塔帕（Kromcae Thapa）、加布里塔帕（Gabri Thapa）、哆希塔帕（Dorsae Thapa）、贝尔卡塔帕（Bhaecae Thapa）、科凯塔帕（Kokae Thapa）、孔卡塔帕（Kucae Thapa）、南卡塔帕（Namcae Thapa）、利尼塔帕（Leṅae Thapa）、鲁卡塔帕（Rupcae Thapa）。他们建立了16个索拉贾特氏族。他们兄弟姐妹后来通婚了。

南卡氏族（属于索拉贾特）的一个男人虐待了一个霍坦族女孩。因为这个男人没有被卡贾特人杀死，所以索拉贾特人请求原谅，"我们将成为你的仆人，我们清扫你走过的道路并洒上露水，我们将带着你的包袱和鞋走在你身后，我们会吃你的剩菜……"通婚是被禁止的。但是卡贾特人可以接近索拉贾特女人，如果反过来索拉贾特人则会受到惩罚。

因为他们的人口不断增加，他们进入了蓝琼地区，并让最年长的迦勒成为他们的国王。诺瓦科特（Nowakot）的萨希（Sahi）国王击败了迦勒国王，但是索拉贾特人希望住在卡贾特人的附近。他们在蓝琼、卡斯基和甘德兰登（Ghandrung）建立了自己的政权。

可以看出，这个文本是一个纯粹的印度教类型的传说，建立了一种在恒河平原中经常发现的二分法等级⑩，其中结尾指的是真实的地方，

---

⑨ 祭司的一个后裔，而不是国王的三个后裔：暗示地位的差异。但是很明显，你不能让佛教喇嘛从婆罗门祭司那里降下来。事实上，至少在这个国家的西部，拉姆查恩从来不是祭司，喇嘛才是。

⑩ 例如，克鲁克（W. Crooke），《西北省份和乌德的部落和种姓》（*He Tribes and Castes of the North-West Provinces and Oudh*），第四卷，第268页中提到："萨那陀婆罗门（Sanadh Brahmans）的一个分支是'三个半氏族'（three-and-a—half houses）（sārhe-tīn ghar）和'十个氏族'（das ghar）。前者被认为是优越的族群，而且他们中间普遍存在着一种多夫制，三个半氏族（three-and-a—half houses）为了省钱，会从十个氏族"选取新娘而不会给他们女孩作为交换。"（"houses"，必须理解"当地血统群体"。）Cf. *Census of India*, 1901, U. P. Report, p. 210 (Khattri：2 1/2, 4, 12, 52); Shrrring, M. A., *Hindu Tribes and Castes*, Calcutta, 1881, Vol. 1, p. 62 sq. (Sarasvati Brahmans：5, 8, 12, 52 jāti).

| 第二部分　社会

这可能是一个历史事实。古隆人被认为没有受到印度教的影响。

传说Ⅲ：这篇文章与前一篇完全不同。古隆族的"族谱"实际上是肯（can）族的族谱，具有代表性的是拉其普特（Rajputs）氏族，讲的是他们的竞争者与当地国王迦勒的编年史。⑪

尔杜瓦佳戈特拉种族的夏尔·钱德拉·辛格（Sher Chandra Singh）出生在本德尔汗达（Bundelkhanda）。他的儿子毗湿奴·钱德拉（Vishnu Chandra）去了拉其普塔尼（Rajputana），他的后代住在那里，直到第八代发生了通婚。他们的一个后代，巴尔巴德拉（Balbhadra）在卡特（Chitor）当政。24代人都统治着库马翁（Kumaon）地区。到了第24代时，肯族统治了库马翁。编年史列出了25个名字。在第25代，比尔辛格（Bir Singh）有三个儿子。第一个儿子在库马翁，第二个儿子去了多蒂（Doti）（西尼泊尔），第三个儿子比尔肯（Bilcan），去了孔米尔（Khumir）。他所有后代的名字都带有can。⑫比尔肯有三个儿子，曼尼肯（Manekcan）、戈皮肯（Gopican）和摩诃肯（Mahancan）。摩诃肯成为皮乌坦（Pyuthan）的国王（位于古隆西南部的马嘉地区）。戈皮肯或另一个版本的摩诃肯统治阿克坦（Arghā）（根据知情者的说法，在古隆西南部的名为"Kaski W. No. 3"的省份），他有两个儿子，珞肯和诺肯，因珞肯去了喜马拉雅山而结束两者的竞争（参见传说Ⅱ）。摩诃肯⑬有两个儿子，阿塔尔肯（Atalcan）和麦肯（Mekcan）。后来诺肯变得不受欢迎，他被赶出并被阿塔尔肯取代他的位置。

---

⑪ 本故事取自两篇尼泊尔文献，一篇是由约吉纳哈里·纳特（Yogi Narhari Nath）写的"Gurung Ghale Raja hamko vamśāvali"（1956），另一篇由夏尔巴哈杜尔古隆（Sher Bahadur Gurung）所著的"Gurunko vamśāvali"（1957）。这些文献总结了（我不能说有多么准确）曼·巴哈杜尔（Man Bahadur）拥有的手稿，这本手稿（卷）宽5英尺，长15英尺，长6英寸，日期为1766年（萨卡时代，Saka Era）。在曼·巴哈杜尔的手稿中提到，据说原稿是在锡亚坦卡扬古尔坦（Syartancangyasurtan）王国的西达卡姆里加斯塔利戈尔查皮坦（Siddacalmrigasthaligorchapitanam）发现的。第一代古隆人在锡亚坦卡扬古尔坦（Syartancangyasurtan）建立了自己的政权。提供信息的古隆人并不了解这些国家。

⑫ 请注意"chandra"（或cand）的过渡，它表示从月亮王朝（代替传说Ⅱ中提到的太阳王朝）到过渡到肯。我们将看到这个词还有其他的密切关系。

⑬ 参见摩诃古隆（Mahan Gurung）在传说Ⅱ中给予卡贾特的称谓。

第五章 氏族和等级组织

然后诺肯去了贝尼（Beni）（在标志着古隆西边领地的边界，但不包括在其领地内的卡利甘达基河边）。他接触了巴勒瓦（Bhalewa）、唐塔（Thantap）和加尔科特（Ghalkot，可能是 Ghalekot）。加尔科特的国王在监禁他之后，给了他选择被杀或以联盟的方式活着的选择。诺肯同意以和平相处的方式生活在靠近迦勒国王的地方。他和他的兄弟努帕肯（Nupacan）将他们的圣线（sacred threads）扔进了卡利甘达基河里。然后他们逃到了库马翁，接着诺肯去了卢普罗（Lupro，古隆的领地），生了三个儿子：哈肯（Harcan）、珞哈肯（Lohacan）和珞肯。他们去了洛瓦拉（Lhowala）、普佐（Purzo）和约曼盖（Yomangai）。在路上遇到两个喇嘛，帕提可亚（Paetikyal）和图赖雅（Tughya）以及一个迦勒国王，他的三个女儿嫁给了诺肯的三个儿子（或是诺肯为保护迦勒国王而杀死了一个喇嘛）。迦勒国王用魔法杀死了诺肯其他七个儿子中的五个，剩下两个儿子病重。在婆罗门的劝告下，一位喇嘛被招来治疗他们。然后他们取名为托尔肯（Thorcan）和菲尔肯（Phaecan，或 Paecan）并皈依了喇嘛的信仰。菲尔肯学习了喇嘛的理论，成为"上师（guru）"。他与一位迦勒国王的女儿结婚并生了一个儿子兰比姆（Ranbhim），兰比姆有一个巨人的胃口和力量，这让他征服了所有的敌人。

兰比姆去了西克里斯（siklis），并希望娶迦勒国王的女儿。国王派去了一个仆人，而不是他的女儿。兰比姆发现了并诅咒迦勒国王，国王感到害怕，就召回兰比姆并对他说："去喷泉那里。两个女人会在那里。如果你能把我的女儿和仆人区分开，我的女儿将是你的。"公主的一位老仆人，藏在离喷泉 25 米的篮子里，告诉兰比姆哪一个女人是国王的女儿，兰比姆选对了公主。后者与肯族的后裔结婚。（古隆传说，兰比姆和仆人的孩子生下了索拉贾特氏族，而兰比姆和公主的孩子是卡贾特氏族的祖先）。托尔肯去了孔基（Kongi）[14]并在那里建立了自己的政权，而菲尔肯则去了蓝琼。菲尔肯有四个孙子：唐基（Tungi）、旁基（Pungi）、卡奥基（Kaogi）和弥基（Migi）。另

---

[14] Cf. *Koneardi*, p. 158.

| 第二部分　社会

一个版本是：唐基、孔基、普基（Pugi）和彭基（Phengi）。他们住在（Heprohphiproh）[15]。菲尔肯的婆罗门祭司有两个儿子，莱韦拉姆查恩（Lewe lamechane）和普隆尼拉姆查恩，属于加尔戈特拉（Garga gotra）氏族。经过一系列的通婚后，四个部族出现了：喇嘛氏族、拉姆查恩氏族、迦勒氏族和霍坦氏族。蓝琼国王死后，波卡尔（Pocal）、班达里（Bhandari）、萨瓦尔（Sawal）、杜拉（Dura）和奇姆萨（Chimsa）五个男人，前往诺瓦科特把伽罗萨希（Kalo Sahi）国王的儿子带回来继承蓝琼的王位。波霍（Pojo）的迦勒国王引诱新王子进入陷阱并将他杀死。这五个男人只好让死去的王子的弟弟坐上新空出来的宝座上。他们叫肯族人［孔基亚尔（Kukikyal）、萨巴亚尔（Sabakyal）、普隆克亚尔（Purukyal）、卡奥亚尔（Kaokyal）］来保护他。肯族人将波霍国王淹死在马莉桑迪（Marysandi）河中。从那时起，迦勒人就没有喝过那条河的水。蓝琼的国王占领了波霍国，并把它交给了一个曾经帮助他管理王国的肯族人。随后他娶了一位迦勒国王的女儿。最后，结果表明，迦勒人、肯族人和其他人从此以后都称为古隆人。

与前一个传说相比，关于氏族的起源，这篇文章阐述得相当混乱，并未直接提及卡贾特或索拉贾特。但它很好地描述了来自印度的人们渗透到尼泊尔中部和西部的山区的情况，这是历史学家普遍承认的事实。[16] 这些肯族人，发现那里已经有人居住了，如果他们也在这里，那为了适应当地习俗，他们就失去了圣线。新来的人不仅遇到了迦勒国王，还遇到了当地的祭司和喇嘛，他们逐渐与当地居民结合在一起，与迦勒国王的女儿结婚，并与托尔肯和菲尔肯一起，接受了拯救他们的喇嘛的宗教。托尔肯的名字无疑是一个印度教编年史者歪曲

---

[15] he：高地；phi：高的；proh：高山。其中，lamechane 就居住在高山上（Phi-proh）。

[16] 参见 Sylvain LÉVI, op. cit., Vol. 1, pp. 253 - 264。在 Sylvain Lévi（第254—555页）的传统叙述中加了第一位廓尔喀国王一个声誉高的起源，与传说Ⅲ的部分有关的许多类比，涉及 can 的起源和对卡斯基和蓝琼（Lamjung）的王权的征服。

— 152 —

了一个非印度教雅利安人名字的例子。[17] 后来，为了帮助来自印度的王子们在古隆建立影响力，他们成功地驱逐了迦勒国王，从这些王子出生就一直统治着尼泊尔的廓尔喀王朝。为了偿还他们的服务，肯族人没收土地并得到管理国家的权利。

三 卡贾特人

1. 名称

古隆族经常用古隆语 plih-gi（plih：四的意思）表示有四个卡贾特氏族（特别是在其领土的西部）；-gi 从来不单独使用，人们会发现它的名字如：tu-gi, pu-gi, mi-gi，它们是氏族的一部分；但是，例如，mi-gi 是东部古隆族的名称，对西部古隆族来说，象征着氏族的一个部分；事实上，gi 似乎有资格确定一群具有共同祖先的人的名字，并且如果将 gi 与 skye（藏语：表示将要出生）进行比较，也证实了这一假设[18]。[62]

plih-gi 或卡贾特包括四个氏族，通常按以下顺序列举：

迦勒（ghale）

霍坦（ghotane 或 ghotani）

喇嘛（lama）

拉姆查恩（lamechane 或 lamechani）

---

[17] Thorcan 写的是 rdor-'čhan，"他持有金刚"，现在是西藏一个宗教人士的名字。phaecan 或 paecan 里的 phae 或 pae，表示"西藏"或"藏语"。在 158 页的文本中，我们有"坡吉喇嘛（poe-gi lama）"这个词，表示西藏的喇嘛。在 Thorcan 和 Phaecan 这两个名字中，引入了肯，使这些人及其后代成为肯的世系。据库马翁地区的历史记载，布坎南（Buchanan）曾写道："人们普遍认为，布坎南家族的创始人是托尔辛格（Thor Chandra），一个月亮（Moon）家族的后裔，他大约在 350 年前，为了追求财富而离开詹西（Jansi）或普楚祭司蒂什坦（Pratishtan）去到了对面的阿拉哈巴德（Allahabad）。"［Francis Buchanan (Hamilton), An Account of the Kingdom of Nepal, 1819, p. 29］

[18] 藏语中的隐音常常与古隆语的共鸣音相对应。

古隆人在尼泊尔讲述时给出了这个名单。在古隆人的影响下，西部的居民倾向于用孔代替霍坦，用普隆代替拉姆查恩。然而，有些知情者还是会将拉姆查恩与普隆拉姆查恩区分开来。有趣的是，要注意给出的四个名称在发音上的分组方式：

  迦勒（ghale） 霍坦（ghotane）
  喇嘛（lama） 拉姆查恩（lamechane）

其中两个名字以 lama 或 lame 开头，每对的第二个名字以 tane 或 chane 结尾。虽然迦勒和喇嘛都有古隆发音（或藏语），但在古隆语的其他任何地方都没有使用后缀 chane／tane 甚至 ne／ni。由于古隆人主要使用孔和普隆代替霍坦和拉姆查恩，因此两个姓氏可能比两个单音节名称更新。当我向我的信息提供者询问霍坦和拉姆查恩的来源时，他们经常回答："他们是由切特里和婆罗门发明的词。"我们也要记住，在关于每个卡贾特氏族自己建立的地方短篇编年史中，据说霍坦定居在科内尔迪，也就是说在孔的国家。

在下文中，我将优先使用以下名称：

  迦勒（ghale） 喇嘛（lama）
  孔（kon）   普隆（plon）

这是更同质和更具代表性的古隆命名法。[63]

2. 西藏背景

这些传说提供的信息是，这些名字很可能是受前一时期印度的影响。同时，也证明了当地的传说、古建筑的遗迹以及毗邻西藏边境地区的喇嘛－古隆（lama-Gurung）的存在[19]，充分说明了古隆人从喜马拉雅山脉的北坡迁移到南坡，在服从印度王子的权威之前，曾与藏人

---

[19] 川崎引用了布拉加（Braga）的一位喇嘛－古隆族人提供的一些信息："很久以前，我们北部山谷的人们被南方山上的劫匪骚扰（他指的是安纳普尔纳山脉）。那时，我们的北部山谷里有一个喇嘛，通过一些方法使劫匪不可能越过山脉。出于同样的原因，我们无法离开。所以虽然我们都是古隆人，但我们的习俗在山的两侧会有所不同。"（Jiro Kawakita, *Peoples of Nepal Himalaya*, Vol. Ⅲ, p. 215）。

第五章 氏族和等级组织

签订过协议。我们的目的不是写出古隆的假设历史。我们的任务包括了解观察揭示实际组织结构，为此，将古隆现实中的这些模糊方面与已知的藏族和印度社会进行比较是很有用的。因此，古隆氏族的名字清楚地被西藏术语所阐明：

a）迦勒（ghale）（里斯利，Risley）

ghaleh，ghale（大吉岭的古隆族，也许是 gyal，ghyal，gyel 的变体，它代表"国王"，rgyal-po）是西藏的国王之词。所有的信息都指出古隆的国王属于迦勒氏族。此外，人们可能会提出这样一个假设：这个词曾经一度表明皇室职务。

b）kon-ghotane（里斯利[20]：ghoneh）

这些术语的分析无法使人们形成一个精确的假设。必须将孔（kon）和霍坦（ghotane）视为两个没有词源联系的词吗？可以将 kon 调和为 gho，kon 调和为 ghoneh 吗？对不同古隆方言的研究表明，同一个单词可以用初始辅音消音或共鸣，吸气式或非吸气式-ko-，go-，kho-，gho-，其中两种形式有时出现在同一方言中：ghoneh（和 kon）可能与 go-gnas（藏语，发音为 ko-nē）有关，它代表"官方位置"- go-pa（来自 mgo：head；pa 是实质性阳性词）是常用的藏语中的"村长"[21]。根据古隆的传统，孔氏族是迦勒国王的管理者。今天，许多村长都属于孔氏族。

c）喇嘛毫无疑问是藏语单词 bla-ma

祭司的意思（发音为 la-ma）这个单词也表示一个功能：祭司的重要职位。同样，喇嘛这个词在尼泊尔不仅仅在这个有限的意义上使用。在古隆，lama-mi 是喇嘛祭司、lama-mai（氏族成员）表示喇嘛族人；喇嘛也可以描述那些信仰藏传佛教的喇嘛。在尼泊尔语中，喇嘛表示"喇嘛祭司、西藏居民"和"藏传佛教信徒"。某些尼泊尔群体被单独称为喇嘛或附加到另一个名称上。因此，安纳普尔纳山脉北部的喇嘛-古隆，加德满都山谷的北部的喇嘛-塔芒

---

[20] H. H. Risley, *Tribes and Castes of Bengal*, Vol. 1.
[21] Jäschke, *op. cit.* p. 95：P. Carrasco, *Land and Polity in Tibet*, p. 281.

| 第二部分　社会

（lama-Tamang），有时被简称为喇嘛[22]。通过使用这些名字，这些尼泊尔人希望将自己与其他在他们的文化中被认为信仰佛教的藏传佛教徒和藏族的尼泊尔人区分开来。霍奇森（H. Hodgson）告诉我们，在19世纪初lama-murmi有一种类似的态度，他将自己与murmi区别开来。[23]

在古隆人中，我们不知道在哪个时代开始使用"喇嘛"这个名字，从这个意义上讲，它与其他群体的区别是如此之大，以至于喇嘛祭司是从他们当中独一无二地选出的。

d) 普隆、拉姆查恩（Plon，lamechane）

普隆（plon）可能与藏语的 blon 相关，发音为 lön。一方面，在藏语和古隆语中，同一个词在古隆语中的发音与在藏语中的发音不同，这是很常见的。另一方面，藏语单词共振的唇音辅音在古隆常被发为不发音的唇音辅音。例如：bla（藏语，表示灵魂）发音 la，在古隆语的发音是 plah（h 表示更高的音调）。这些注释使我们能够识别带有 blon（藏语）的 plon（古隆语）；普隆（plon）表示高级官员，民事或军事官员，在许多有关政府等级的表达中都遇到类似这种表达。目前，许多古隆村庄的领导人都是普隆（plon）氏族的一员。

拉姆查恩这个似乎与喇嘛有关的词将在后面讨论。我们在这里可能指出 mčhod-gnas（藏语）发音 čhö-nē 的意思是"祭司"，"村里的祭司"和"献祭"（sacrificer），"献祭的祭司"。

总结一下：四个古老的名字，迦勒、孔、喇嘛、普隆，这似乎最初都强调了他们指定的群体的政治或宗教功能。这些团体在印度教前印度社会中构成了特权阶层。这个阶层包括小地区的国王、官员（收税人）、议员，以及世袭的祭司。类似的情况似乎对西藏和某些周边

---

[22] E. Vansittart, *Gurkhas*, p. 139, lāmā.
[23] H. Hodgson, Ms., Vol. 5, p. 53 verso, sq.

喜马拉雅国家影响最大[24]。土地的某种权利或土地的收入似乎构成了我们试图描述的阶级的基本特权。[64]

3. 印度教的贡献和现状

印度教的影响不仅体现在引入了卡贾特和索拉贾特之间的严格区分，而且用霍坦取代了孔、拉姆查恩取代了普隆，而且我相信，它在君主和祭司之间的"四个氏族"中引入了一种区分。在传说Ⅱ中，这种区别是非常明显的，我们可能还记得，三个氏族来源于君主，第四个拉姆查恩氏族是来源于祭司。在传说Ⅲ中，这些区别应该不那么明显，这是很自然的，因为这考虑到迦勒和喇嘛祭司的存在。但是，其中区别的关键在于，一种是正确的形式，另一种形式是从传说Ⅱ中借鉴过来的。首先，这是托尔肯和菲尔肯之间的区别，前者（传说Ⅱ）将他的名字与权力联系在一起，并且根据引用的文件在领土上与孔或霍坦的土地孔基联系在一起，后者（传说Ⅲ）是他成为喇嘛祭司和上师。可以推断出君主生下了霍坦、祭司，在某种程度上其生下的是喇嘛。至于拉姆查恩，如传说Ⅱ所说的那样，他们确实由祭司所生，矛盾的是，他是菲尔肯的婆罗门祭司。

喇嘛在语言和事实上都与祭司身份有关，整个结果是四个氏族分为两类：

    君主（Lords）   祭司（priest）

    迦勒（ghale）   喇嘛（lama）
    霍坦（ghotane）   拉姆查恩（lamechane）

---

[24] 卡拉斯科（Carrasco）描述了在11世纪之前西藏的政治组织，他写道："组建统治阶级的贵族似乎是他们自己省份的地方统治者。成为统治王朝的国王的主体当中的一些人最初是小诸侯国的首领和他们的议员（blon）……这些贵族还参加了国王的政府，担任大臣（blon）。由贵族担任的政治职位倾向于成为世袭的，拉萨（Lhasa）的铭文中提到官员的情况清楚地证明了这一点。"842年，国王达摩（Glair-dar-mar）被暗杀后，"西藏分裂成许多由地方王朝为首的小国，这些王朝由从其大臣或新家族的王朝继承"。（P. Carrasco, op. cit., pp. 18 - 19）。

| 第二部分　社会

　　人们意识到，这些区别可能已经被那些为复兴古老地方特权团体的古隆人所承认，以便于将他们自己置于新的印度教等级框架中。相对没有享有特权的群体，如孔族，可能从对迦勒氏族的剥夺中获益，也许偶尔会与入侵者结盟驱赶迦勒氏族。据知情者透露，在西克里斯，迦勒国王被孔或霍坦人驱逐出境。在这一地区，400多户人家中有85户人家被霍坦氏族所夺占。[65]

　　人们会注意到，在迦勒、孔和普隆之间政治功能存在的古老差异已经消失，迦勒不再是国王，其他三个氏族的成员同样可以成为村庄的首领。总的来说，在印度教的影响下，这些功能的区分似乎被君主与祭司的区分所取代。事实是，这最后对应于喇嘛与其他部族相对的功能区别。然而它是不同的，因为它的印度教精神是等级制度的，它同样适用于所有四个氏族，但最终它不起作用，因为它包括没有正当理由的祭司中的普隆或拉姆查恩。

　　拉姆查恩一词本身很难分析。里斯利表示在古隆族（clans 也可以表示为 thar 或 sept）居住的大吉岭存在叫喇米尘尼亚（lāmi chhanya）、拉姆萨尼（lamsani）和希尼喇嘛（chheni lama）㉕这样的名字，这些名字似乎可以在其他尼泊尔山区人民中找到，如马嘉人（见下文）。拉姆查恩和霍坦分别与喇嘛和迦勒有一定的相似性。人们可以立即做出两个假设。这两个词都是由前两个词（ghotane：ghal-can；lamechane：lama-can）的变形造成的，然后用著名的名字替换古名，因为它们是建立在迦勒和喇嘛之上的。或者，它们是由婆罗门教和克萨德里亚人（Kshatriyas）带来的印度名字造成的，因此享有盛誉。

　　霍奇森引用一份来自尼泊尔东部乌帕迪亚婆罗门（Upadhyaya Brahmin）的氏族名单中的名字 lāmichānia（加尔戈特拉氏族，Garga gotra）和 gōtaniya（孔西克戈特拉氏族，"kousik" gotra）。㉖我们不能

㉕　Op, cit, Vol. Ⅱ, pp. 5, 14, 204.
㉖　H. Hodgson, Ms., Vol. V, p. 66；kousik 事实上是 kausik 或者 kauśik，在印度北部非常普遍（参见 Sherring, op. cit., Vol. Ⅱ, p. lx；R. V. Russell and Hiralal, *Castes and Tribes of the Central Provinces*, London, 1916, Vol. 1, p. 376）。里斯利（Risley）从尼泊尔婆罗门的一个氏族中发现了 gotanya 这个名字。（loc. cif.）

肯定婆罗门是否采用古隆名字。但肯族人的例子甚至表明，人们可以质疑两个词汇表之间的相似之处。在范西塔特（Vansittart）给出的马嘉族的氏族和血统列表中，六个主要部族中的每一个部族都包括一个名为 lāmchane 的血统。现在，大多数马嘉族血统都有着出名的印度名字：卡特、卡诺日（kanoje）、纳格板西（nagabansi）等。

两个氏族对抗两个氏族可能是理想的分类。正如我在开始时说的那样，目前有四个以上的卡贾特氏族。例如，在莫迪山谷中，我注意到另外两个氏族，帕（paĩ）可能表示"藏族"和莱姆（lem）（leh 或 le 的变形，参见传说Ⅲ）。在他的分类中，范西塔特（Vansittart）认为莱姆（lem）是普隆（plon）谱系的名称。我的信息提供者也同意将普隆（plon）和莱姆（lem）归为一类，同时肯定他们属于两个不同的部族。我认为人们看不到分裂过程的结果，相反，我们努力将两个最初不同的氏族合并成一个族群。至于帕（paĩ），他们有时被归为普隆，有时被归为喇嘛。有人说他们组成了一个独立的氏族。但是，我注意到很多案例，其中帕（paĩ）与普隆（plon）结婚，如果帕（paĩ）被分类为普隆（plon），则不会发生这种情况。[66] 这些传说反映了作者将某些部族纳入卡贾特分类的狭隘秩序所面临的困难。在第一代拉姆查恩氏族中，提到了两个人，拉姆查恩摩诃（la-mechane mahan）和普隆尼拉姆查恩（传说Ⅱ），莱韦拉姆查恩和普隆尼拉姆查恩（传说Ⅲ）。里斯利（第 2 卷，第 14 页）表明存在一个 thar 或 sept lhe-bo lamsani（如下面的引文所示 lhe 可能是 le 或 leh；lamsani 可能是 lamchane）。他补充说，根据传说，"两个古隆人，父亲和儿子，因为争吵而彼此分开。支持父亲的一派依旧在 leh-bo，支持儿子的一派和儿子一起移居到了遥远的地方。后者被称为拉姆萨尼坦基（lamsani tangi）（古隆语中的 tangi 是分开的意思）"。

在远古时代，尤其是当古隆族分散在众多的喜马拉雅山谷中时，分裂的过程是必要的。但后来，在新统治者的影响下，一个有组织的融合过程主要是为了平衡霍坦和拉姆查恩氏族。在拉姆查恩的名字下，有几个氏族组成，这些氏族实际上与拉姆查恩氏族不同。这种融合过程必将伴随着增加新群体的过程。对于古老的特权群体来说，可能增加一些通过结婚而与新成立的克萨德里亚（Kshatriyas）和婆罗门密切结盟的群体，并认可了他们的特权地位。有一个事实是确定的：在人数上，霍坦人和拉姆查恩人比喇嘛人多得多，尤其是迦勒人。在甘德兰登，拥有3000名居民的村子，只有4座迦勒人的房子，而超过1/3的人口认为自己是拉姆查恩人。在莫霍里亚，只有一个迦勒家族。在蓝琼地区，迦勒人的数量稍微多一些。建在一个岬角脚下的迦勒高（Ghalegaõ），在古老的时候是一个由蓝琼的迦勒国王居住的堡垒，村里的头人是一个迦勒人，据我所知，这是一个独特的例子。

4. 卡贾特的婚姻制度

在同族通婚的卡贾特族群中，存在着婚姻制度。采取的措施如下：迦勒（ghale）Ⅰ，孔（kon）Ⅱ，喇嘛（lama）Ⅲ，普隆（plon）Ⅳ。迦勒可能不会与孔结婚，喇嘛可能不会和普隆结婚，但迦勒和孔可能会与喇嘛和普隆结婚。[67]

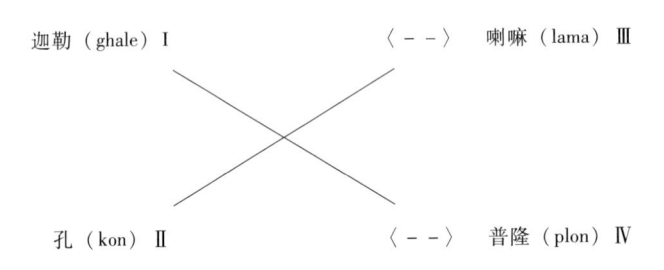

图 5-1　卡贾特与婚姻制度

事实上，卡贾特被分为两对氏族，即迦勒-孔（ghale-kon）和喇嘛-普隆（lama-plon），每对都形成一个异族群体。㉗

两对迦勒-孔（或霍坦）和喇嘛-普隆（或拉姆查恩）之间的

㉗ 这些婚姻规则与来自北方的通古斯（Tungus）族群的孔马肯（Kumarcen）氏族的婚姻规则相同；参见 Shirkogoroff, *Social Organisation of the Northern Tungus*, pp. 212-213, and the Mao Naga；参见 T. C. Hodson, *The Naga bribes of Manipur*, p. 73（cited by C. LÉVI-STRAUSS, *Les structure élémentaires de la parenté*, p. 213 and pp. 466-467）。

区别与君主和祭司之间的理想区别相匹配。例如，所有这一切的发生好像喇嘛和拉姆查恩只形成一个单一的异族氏族，一个祭司的氏族。

要解释卡贾特的外婚规则，最简单的假设是假设两个外婚制中的每一对（迦勒－霍坦和喇嘛－拉姆查恩）（Ghale-ghotane and lama-lamechane）是分裂成两组的结果，有着不同名字的单独外婚群体。事实上，这个巨大的卡贾特族人口是由霍坦族和拉姆查恩族组成，我们可以承认另外两个类别迦勒和喇嘛，他们的数量要少得多，在外婚群体中表现出优越的地位，迦勒族是在迦勒－霍坦族里，而喇嘛是在喇嘛－拉姆查恩族里。

一般来说，卡贾特族的婚姻规则是由莫迪地区的迦勒族、孔族、喇嘛族和普隆族4个家族严格遵守的。其信息似乎表明，在中部和东部的古隆部分地区，相当多的婚姻没有遵从这些规则。此外，我们已经看到，在卡贾特族中，实际上有4个以上的氏族。在莫迪山谷和莫霍里亚，我遇到过6个在派族（paī，一种附属宗族名字，有的写作paen）和其他卡贾特族、孔族、普隆族之间缔结婚姻的例子。这证明了派族不能被插入进迦勒、霍坦和喇嘛、拉姆查恩类别，这解释了古隆族所带来的困惑。

四　索拉贾特人

未被纳入卡贾特族的氏族都是索拉贾特族群的一部分。这个群体的命名比卡贾特族更加混乱。没有古隆人能给我一份16个索拉贾特家族的名单。下图给出的名单是带有幻想成分的。这儿的每个氏族的名字都是由塔帕（thapa，在克辛格·卡瓦斯家谱中提到的种族名字）写成的，从而没有出现在任何古隆名字中。塔帕族是由一个马嘉族组成的[28]。这16个名字中的两个，rup-ce 和 pro-ce，我的信息提供者都不知道（rup 来自 rup 或者 ru-pa，古隆语，意为"线"。在藏语中 rus

---

[28] kulāl 是一个马嘉族塔帕血统的名字（Vansittart, p. 98），也是一个古隆氏族血统的名字。

或者 rus-pa 表示"骨头"或者"血统"和"父系家庭",另一种说法是骨头侧面;pro 在古隆语中表示"尼泊尔",如 pro-kui,意为"尼泊尔语言")。范西塔式(Vansittart)所给的长清单里也没有提及它们。相反,其他 14 个名字的分布却是非常广的。范西塔式给出了 97 个氏族的名字,霍奇森㉙给出了 28 个名字,两本尼泊尔编年史提供 40 个名字㉚。只有 1 个名字是我手里的 5 个名单中共有的。有 3 个名字在 3 个名单中都有。范西塔式在担任有很多古隆族人服役的廓尔喀族部队军官时收集到的名单似乎是最详尽的。不幸的是,并不总是能够核实所有名字是否真的是氏族的名字,而不是血统的名字。另外,他有时也注意到同一个氏族有两三个不同的名字,还有根据通知他的士兵的原籍村而变化的同字的发音。

根据我现有的资料,再与上面提到的清单相比,我增加了一定数量的名字(只要它是可以肯定的),这些名字是来自索拉贾特家族(最大的外婚父系群体)。这 27 个名字的名单是不完整的,所以我只保留了在几个山谷中数量较多的具有代表性的血统或较多地方后裔的宗族。

alẽ	*mormẽ*(*or muromẽ*)
bhaezẽ(*or bhaecẽ*)	*norẽ*
garbu	*nume*(*or paicẽ*)
kepzẽ(*or kepcẽ*)	*panzẽ*(*or pancae*)
khulal	*plopo*
klihbrĩ	*pom*
kokẽ	*telẽ*
kromzẽ(*or kromcae*)	*tenla*
kroẽ	*thimzẽ*(*or thimcae*)

㉙ B. H. Hodgson, *Essays on the Language*, Part Ⅱ, p. 43.
㉚ 我没有使用里斯利给的清单(在附录二中有引用),因为它是基于大吉岭的古隆族所收集的信息,而这些古隆族大部分是从东尼泊尔移民过去的。这些古隆族人和西部的古隆族人已经没有联系并且已经被当地的社会同化。一些名字是从赖斯(rais,氏族名字)和里莫巴斯(Limbus,氏族名字)借来的。

| 第五章　氏族和等级组织

kupzẽ（or *kupcae*）　　*tohrzẽ*（or *tohrcae*）
lahw　　　　　　　　　　*yozcẽ*（or *yojcẽ*）
lehgẽ　　　　　　　　　　*zhimyal*
mahpzẽ（or *mahpcae*）

  我故意把30多个名字留在一边，他们大多是非古隆的词源，是一些来到古隆并在古隆建立了自己领地的小团体，现在他们已经融入了当地社会。这是为什么能发现他们和其他尼泊尔人相同的名字，比如Regmi、Gharti和Pun。尽管这些群体是古隆人，但是拒绝广大人民所接受的"古隆"这个名字是不对的[31]；我宁愿不把他们的名字加到我的名单上，因为每一个名字都只包括数目有限的分散的家庭。

  虽然无法给出完整的命名，只有系统的人口普查才有可能确定人员，但我试图收集大多数部族的有限名单，其中包括相当数量的个体。大量有外国名字的次级宗族存在，这表明古隆社会并不是绝对封闭的，而是接受非古隆人的。如今，只有索拉贾特吸收了这些新增的东西。[32]

  以上的名单证明有超过16个索拉贾特氏族。这些名称在某种意义上具有一定的同一性，它们的第二个音节都是以ẽ结束，此外，10个名字的第二个音节都是zẽ或者cẽ或者caẽ。在西藏，chan发音为chen表示"命令"或"等级"。

  在莫里霍亚和甘德兰登，卡贾特术语plih-gi的几个消息提供者建议我把这个名字ku-gi当作索拉贾特（ku即9，在西藏语中被写作dgu），他们坚决认为从来没有16个索拉贾特氏族，而是仅仅有9个，

---

  [31] 我没有包含像khulal、zhimyal这些不是古隆族而且在马嘉族（Magar）血统的命名中遇到的名字。

  [32] 那儿存在一个相对较晚形成的小的软氏族（ran）（尼泊尔语：rānā）。我们不能说这是一个卡贾特或索拉贾特团体。但是，总的来说，它的成员和卡贾特族通婚。软族或拉纳族（Rana）是住在古隆地区的马嘉家族的后裔。但是自从拉纳族在马嘉家族中有一个高的地位后，古隆族给了它的成员一个比平时更优越的位置，在索拉贾特中对最近起源的古隆族进行划分。因此，软族正在成为卡贾特族群的成员。

以下是他们的名单：

kercae　　*mahpcae*
klihbrĩ　　*paicē*
kupcae　　*thimcē*
kromcae　　*tohrcaē*
Lehṅe or lehnē

这个名单里的所有氏族都是众所周知的，他们都被范西塔式引用。相关材料的缺乏使我们无法解释这个名单或术语"ku-gi"。消息提供者说氏族被划分为两个族群，plih-gi 和 ku-gi，这似乎表明在卡贾特－索拉贾特的划分出现之前，就存在某种类型的划分。这个 ku-gi 应该是很古老的，首先，在这个名单中的九个名字是西藏—古隆语（Tibeto-Gurung）；其次，所有在古村庄里发现的像 Siklis 这样的索拉贾特氏族名字是被包含在这个名单里。

五　卡贾特—索拉贾特阶层

我们已经看到了传说，特别是传说Ⅱ说明了卡贾特和索拉贾特在地位上的不同，我们也在追踪这两个族群的祖先，国王和祭司是一方面，奴隶和仆人又是另一方面。这使我们想到两个问题。地位上的差别现在还存在吗？假如存在，哪一种是可能的，怎么解释它呢？

目前，几乎所有的村长都是卡贾特人，但是他们都得到了卡贾特人和索拉贾特人的协助。一般来说，富有的地主都是卡贾特人，大部分的稻田在他们手里。如果一个人回忆起村庄的新成员是如何获得土地的，这是可以解释的。村长（krōh）可以自由分配土地。得益于这种措施，许多村长以自己的名义向省政府登记了未开垦的土地，因此变成了拥有者。后来，当他们的家庭变大后，他们就能够耕种这些以前登记的土地，而不必拆散祖先的土地。但是对于索拉贾特家庭来说就不同了，他们不得不把死人留下来的土地分成越来越小的块，却不

— 164 —

第五章　氏族和等级组织

能够开垦新的土地。因此在卡贾特家族的手中，拥有国家管理权和财富的占绝大部分。

没有特别的宗教角色来区分卡贾特和索拉贾特。事实上，假如喇嘛属于卡贾特族，那么祭司和克里布利就是索拉贾特族。所有的祭司都被两个宗族平等地使用。根据迦勒高村（Ghalegao）的迦勒村长所说，迦勒国王的祭司是克里布利而不是喇嘛。在所有公共的宗教事件中，这两个团体混合在一起，没有将特权给予其中某一方。一位卡贾特人会在自家接待索拉贾特人，当然，他更喜欢一个富有的卡贾特人或他的家族成员。在索拉贾特之间也会发现这种状况。那些富有的、属于相同氏族以及与主人结盟的人，比所有其他人都更加受欢迎。一个人尊重有权势的人，一个人接待与你有亲缘关系的人。

正如许多作者所述的那样，古隆索拉贾特是卡贾特的仆人吗？[33] 仅仅20年以前，当卡贾特人外出游玩的时候，他还习惯于把行李给索拉贾特人搬运并且付给他服务费，这个习惯现在已经消失了。[68]我看见过一个或两个索拉贾特搬运工跟随一个富有的卡贾特旅行者，但并不意味着任何奴役。这个搬运工同意跟着卡贾特人是因为他没有事情可做，而做这个可以让他挣得几卢比。我也看见过相同的事情发生在富有的索拉贾特人和来自相同氏族的搬运工之间。我观察到卡贾特离开卡利甘达基山谷用谷物换盐时，他们自己搬运谷物。索拉贾特人经常在卡贾特人的田里工作，但是因为经济的原因，通常卡贾特人比索拉贾特人拥有更多的土地。这些帮助耕作而获得报酬的人可能是卡贾特人或者是索拉贾特人，甚至两者都不是。当我们研究农村农业合作协会"诺加"时发现它特别强调了无论是哪种古隆族人参加都没关系，并没有社会歧视。在居民协会建造房屋和一种叫达孔里的游戏中同样如此。最后，没有特别地区别卡贾特和索拉贾特。一个古隆人可以是土地拥有者、日工、木匠、祭司或者士兵。假如他是富有的和知识渊博的，他可以参加村长理事会，并在司法事务上提供

---

[33] Cf. *Nepalese Chronicles*, Vansittart, Morris, etc. loc. cit.

帮助。

所有这些都让人想到，如今没有任何事情可以说明索拉贾特是卡贾特的仆人。然而，古老的传统早已希望如此。一位杰出的卡贾特人仍然证实这一传统是有充分根据的。

在最近几年，在两个宗族之间爆发了大量的冲突。19世纪下半叶，在印度贝拿勒斯（Benares）出版了一本西卡马斯（Sikamath）著的书之后（1854），尼泊尔的总理被呼吁对索拉贾特人的地位是否要低于卡贾特人做出评价。在一份很长的文件中，江格巴哈杜尔支持几个在《尼泊尔编年史》中提出的事实，他坚定地回答并且指出在卡贾特人和索拉贾特人之间的地位不平等是十分合理的[34]。

在1908年，丹兴村的村长，一个卡贾特人，拿出了一个小册子，据此他坚持认为索拉贾特是卡贾特的仆人。这个出版物在古隆领域引发了极大的骚动，从而引起了反对作者的合法诉讼。据我所了解，至今还没有给出裁定。在1956年，夏尔·巴哈杜尔，一位受过高等教育的卡贾特人，拿出了一小本编年史集以帮助理清古隆族的历史[35]。但所有的编年史都与我在本章开头所说的有些相似。他没有批判他们或者表达任何观点。他的小册子被理解为是对索拉贾特低等地位的一种新的肯定。古隆大部分人口，卡贾特人和索拉贾特人，站出来反对这个出版物。因此，一个世纪以来，希望在卡贾特和索拉贾特之间建立严格的等级制度的传统一直备受争议，而且许多古隆族拒绝承认这种制度的存在。

以下是我在1958年对卡贾特和索拉贾特地位进行调查时记录的几件逸事，展示我当时的感受。

在甘德兰登，我有一个优秀的卡贾特消息提供者是这个大族群的主要负责人。他和我的朋友钱德拉·巴哈杜尔是亲戚关系。最开始他拒绝回答我的问题："我对卡贾特和索拉贾特没有什么可说的。你不能就这个问题写文章，因为这两个族群之间已经没有区别了。他们有

---

[34] 我未能查阅原始文献。
[35] Sher Bahadur Gurung, op. cit.

第五章 氏族和等级组织

相同的权利且平等。"后来，经过长谈，钱德拉·巴哈杜尔对他解释说我的目的不是支持或者反对卡贾特或反对索拉贾特，而是为了集合事实以便我能够去描述真正的古隆族社会结构。在几次拜访之后，他同意给我一些信息，但是仍不断重复说我的研究是没有意义的。

然后是莫霍里亚村人口普查，钱德拉·巴哈杜尔（卡贾特人），家住农村，他坚决拒绝询问索拉贾特家族的每一个成员属于哪个氏族，因为他怀疑一听到这个问题，"索拉贾特人会认为我是想把他们与卡贾特人分隔开和断定他们的低等地位"。我后来证实了他说的话的准确性。对于我来说，在卡贾特人中间获得信息就比较容易了，钱德拉·巴哈杜尔询问的家庭属于谁，仅仅凭借间接的观察我就能得到有关索拉贾特的信息。

在我离开莫霍里亚返回西克利斯地区前的晚上，他们在我住过的谷仓里给我举行了一场大型的告别宴会。村里有一位生病的村长对我说了几句话。他让我不要在卡贾特和索拉贾特之间的歧视问题上站在某一边，古隆人是一个族群，"那些说一个是另一个的奴隶的都是骗人的，和现实不相符"。这些话得到了目前所有人，包括卡贾特和索拉贾特人的支持。

然而在锡克利斯一个超过600户人家的非常老的村庄里，当我和一群居民讨论古隆族的历史时，我在民众中引起了难以置信的骚动，特别是谈到卡贾特和索拉贾特在其中的角色。村子里到处都聚集着30—40个人的组。我从钱德拉·巴哈杜尔那儿了解到他们认为我是尼泊尔政府派来收集有关该问题法律案件的资料的。幸亏钱德拉·巴哈杜尔的机灵，他详细解释了我问这些问题的目的，这个形势才得以被纠正。从此以后，卡贾特和索拉贾特人都很乐意帮助我。一位年老的索拉贾特妇女有一本古老的编年史原稿。村里的知名人士去找她，希望她能把文件借给我们。"这个原稿已经丢失了"，她告诉我们。在同一个锡克利斯村庄，我被推荐去找一名德高望重的祭司，因为他对整个古隆西部地区都比较了解。他对我的问题回答得非常开放。"这是事实，有一天他告诉我有卡贾特和索拉贾特。我自己是一名索拉贾特人，这种歧视是婆罗门和南方人所创造，为了划分古隆族在尼泊尔社会中给他们一个更低的地位。"这个观点反映了古隆族批评婆罗门的总体趋势，婆罗门作为种姓社会的拥护者，在那里，他们被赋予了最高的地位。但是，尽管这种推断是可能的，即已经是尼泊尔主人的婆罗门和南方人一直在努力使古隆族等高地人口处于较低的地位，但是他们没有完全划分古隆人口。后面我们会继续讨论这个问题。

总的来说，索拉贾特不是卡贾特的仆人。他们拥有与后者完全相同的权利（我这里说的不是婚嫁规则）。几乎所有卡贾特人都承认这个事实。因此，人们可能会感到奇怪的是到底这样的争论是否将两个族群分割开来，我认为卡贾特和索拉贾特之间争执的真正动机是经济。通常，卡贾特人是富有的或财富更多的，而索拉贾特人是贫穷的或财富更少的。卡贾特人拥有大部分土地而索拉贾特人只有小部分。在甘德兰登，这场危机已经公开爆发。一个卡贾特人，迪尔·巴哈杜尔已成为可怜的索拉贾特农民的捍卫者。他以他们的名义提起了几起土地的合法诉讼，这些土地是由富有的卡贾特人非法获得的，并分配给索拉贾特人。后者完全是土地所有者，但他们是小土地所有者，他们的农业经营往往处于赤字状态。因此，他们必须考虑为较富裕的土地所有者工作，即大部分卡贾特人，以便能够平衡他们的预算，特别是在这些很少有人加入外国军队的地区。古隆族不接受因厄运导致弃权。他指责并希望维护自己的权利，他抱怨尼泊尔政府长期以来对他们不公正的待遇，并没有给予他与大中央山谷居民相同的权利和优势。同样，他也不再愿意接受一些村民拥有大量土地，另一些村民也需要土地。很难确定古隆在没有比较的情况下态度是否发生了变化。至少可以说，自20世纪初以来，新的因素已经介入并改变了古隆族的态度。

很多古隆人已经在印度或英国军队服役。他们受过教育。在旅游时，他们会观察经过的土地。由于对政治很感兴趣，他们阅读与当时占领亚洲人民的社会斗争相关的文章。不要忘记，自1950年革命以来，尼泊尔的政治形势发生了深刻的变化，在开启议会君主制时代的同时，恢复了国王的一切权力。第一次立法选举发生在1959年2月[69]。有必要强调军事雇佣军的重要作用，这在一定程度上使卡贾特和索拉贾特之间的差距得以平衡。在军人生涯中，士兵会因为他的能力被提升到更高的职位。索拉贾特和卡贾特人一样有机会成为一名军官或者是英国国民的军士长。古隆人习惯于认为，在军队服役的10年或20年期间，不管他在传统的古隆阶层地位怎样，在军队等级阶梯中是平等的。

这种情况对社会有什么影响？当一名士兵，尤其服役至少15年的士兵，会成为一名军士长或者军官，从而在村里获得一定的威望。即使他们不再于军队中服役，老士兵仍然尊重前军士长或前军官，就像在军队里一样。当莫霍里亚村的一位村民谈到我的联络员钱德拉·巴哈杜尔时，他称他为"一位上尉最年轻的儿子"，他的父亲曾是英军的一名军官。假如古隆人与后者交谈，他叫他"萨赫布船长"（Saheb，主人、先生。在尼泊尔语中，古隆地区很少使用，并且仅仅当一个人对另一人较高社会地位非常尊敬时，与他交谈才会使用，但是在军队中，这是称呼长官的方式。古隆人通常称呼我为 Saheb）。

尽管大多数村长是卡贾特人，但是索拉贾特人也会参与村里事务的管理。由于缺乏确凿的证据，我们不能说这是一种新的趋势。但有一个事实似乎是肯定的：村议会的大多数成员是从老士兵中选出的，最重要的成员是从老士官和军官中选出，包括卡贾特人和索拉贾特人。无论是卡贾特人还是索拉贾特人，由于教育和军队中所获得的军衔赋予他的威望，这些在军队中指挥的人继续在该村行使他们的权力。

因此，雇用士兵可以让古隆人，特别是索拉贾特人变得富有，特别是如果他被提升为士官或军官的话，他便有了购买土地的钱，土地是古隆地区财富的来源，并提升他自己的经济地位以至于和富有的卡贾特人平等。根据前面所说的，在某个时期，毫无疑问卡贾特人有不给索拉贾特人土地的权利。如今所有可耕种的土地都被征用和耕种，这个权力不再有利于卡贾特人。当然，这个权力已经给了卡贾特人很大一部分土地，但是如果他能找到一个买家，一个在他还是士官或军官的时候存下了积蓄了索拉贾特人可以将它们买下来，他们会成为像卡贾特这样的大地主。因此，雇佣兵在现实中制造了一种倾向于限制卡贾特人权利的局面。

第二部分 社会

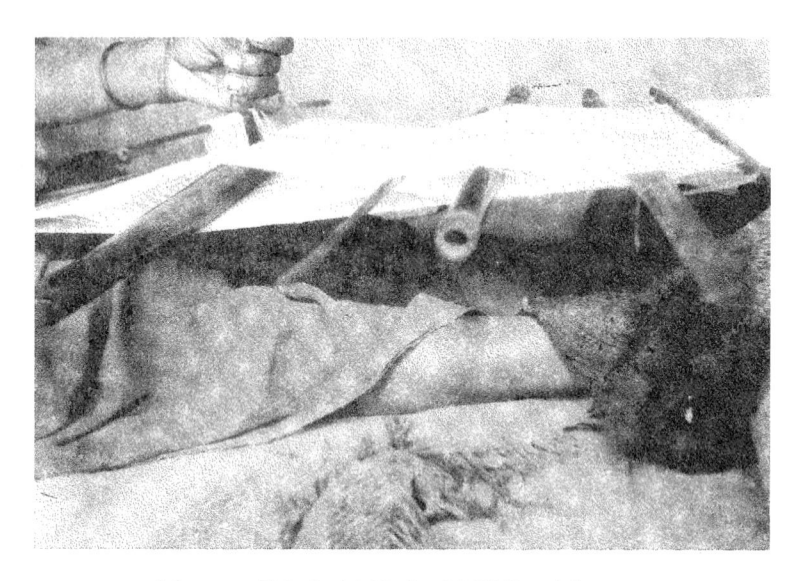

图 5-2 编织包裹腰部以下衣服的织布机 nèṅi

图 5-3 穿毛线雨衣的小男孩（亦叫作 labru）

第五章 氏族和等级组织

图 5-4 克里布利（Klihbrī）祭司

图 5-5 普楚祭司（pucu）

图 5-6 婆罗门（Brahmin）

图 5-7 达梅（Dhame，村里萨满教的祭司）

图 5-8 喇嘛（Loma）

六 结论

尽管他们现在拒绝给卡贾特氏族一个优于索拉贾特的地位，但是古隆人并不总是认识到这一点，但他们补充说，卡贾特—索拉贾特的区别直到南方王子征服古隆领土之后才出现。我认为必须纠正后一种情况。在尼泊尔—印度的影响还没有显现出来之前，某些古隆人就可以凭借他们担任的公职而从大量的人口中区分出来。迦勒族是国王，孔族是国王的管家，喇嘛家族是最有声望的祭司。我没有提到普隆家族，因为我还没有发现他们的官职特征。但我认为，如果把四个氏族的婚姻规则都考虑进去的话，那么它可以被包括在其他三个家族中。

卡贾特—索拉贾特区别的产生似乎是由于两种制度的融合，即古

第五章 氏族和等级组织

隆部落型社会和由国家新主人所引进的印度式社会的融合。这个部落和印度人的融合突出了上、下两级的区别，并且孤立了上层。即使在今天，古隆婚姻规则也是证据，卡贾特家族遵守严格的规则，不允许他们吸收外国元素。相比之下，索拉贾特的婚姻规则更灵活，这些家族吸收了非古隆元素。最确定的是，由四个部族组成的卡贾特组织结构破裂了；除了迦勒、孔族、喇嘛和普隆家族之外，还存在着重要的次级家族。但这与索拉贾特家族的大量人口相比是没有什么意义的。

在采用印度教模式的过程中，卡贾特人给索拉贾特人强加了一种新的社会分工，不是建立在传统差异的基础上，而是建立在等级划分的基础上的[见附录J，有关古隆族的其他历史]。

第六章　本地后裔

在一个氏族里，古隆族区分出有共同祖先的各种血统。tah-mai 表示"tah 族人"或"当地男子后裔"。一定数量的血统名字后缀是 gi，还有 ten-gi，pan-gi，mi-gi，sican-gi 等后缀。大多数孔族的名字是以 rõ，rõh，kro，gro：com-rõ，hoj-ro，maj-rõ，nai-kro，mlo-gro 等为后缀。在普楚祭司所讲述的历史中，我们经常在这些人的名字中发现后缀 rõ 和 krõ，比如 pa-chae-rõ，waj-krõ。也许应该将这些后缀与单词 keõ 或者 krõh 进行比较，这些单词是"村长"的意思，这将倾向于确认强调孔家族成员长期以来是迦勒国王的管理者的传统。[70]

几个世纪以来，每个氏族都打破自己的血统，但是古隆族的（至少在西部古隆地区）族谱并没有说明这种分割是如何发生的。古隆族似乎对此毫不重视。因此，不可能区分不同层次的分割，从而重建血统的历史结构。这是不可能尝试的，除非一个人列出了所有的名字和据说属于同一个家族的血统本地化的系统名单。

血统没有形成一个群体。一些相同血统的成员彼此之间居住的地方往往很远，并且没有联系。相比之下，在任何村庄里，相同血统的成员都形成一个整体，即"本地后裔"。

根据古隆的观点，我们只谈本地后裔。当一个人在村庄里落脚时，他就成了新的后裔群体的起点。有时候，除了他的氏族之外，他还保留了本地族群的名字。

一 村里的族群

氏族是外婚制，更重要的是本地后裔是外婚制。正如我们前面所指出的，这个群体是父系的。住宅是父权制：一般情况下，本地定居后裔的儿子在结婚后还是居住在父亲的村庄。有时候当女方的父亲没有儿子时可能会接受他到女方的村庄居住。这是很少发生的。

一个村庄可由多数或少数的本地后裔组成。每个群体，特别是卡贾特家族的群体，倾向于在村庄内共同生活。下面的例子显示了莫霍里亚的地方宗族 mi-gi-ro（孔族）是如何形成的。

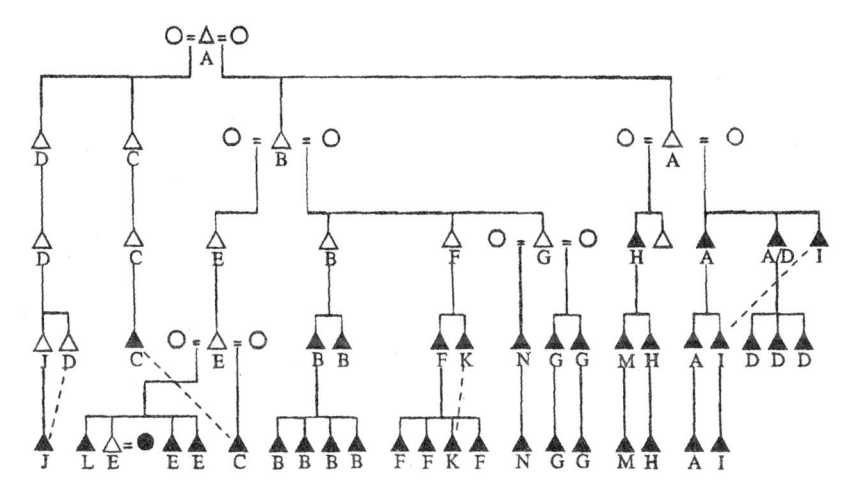

图 6-1 本地后裔的谱系表

——表示生活在 1958 年的人　　------ 表示收养

字母所指代的房屋见图 1-21 第 49 页

莫霍里亚村的第一位居民定居在房子 A 处。他有四个儿子；最后一个继承他的房子。其他三个在接近他们父亲的地方重建房子（B，C，D）。在第三代，有十栋房子来对应第二代中的四所。居住在房子 B 里的儿子有四个儿子。最大的儿子和第二任妻子居住在 B 其他的三个儿子建造了房子 E，F，G（那时 E 仅仅有一所房子）。因此，我们看到 B 屋周围形成了第二组房屋。居住在房子 A 里最年轻的儿子有五个儿子。儿子的第一任妻子生的两个儿子去清理村庄北面的土地并在那里建造了房子 H。最小的儿子不久就死了，没有孩子。他第二任妻子所生的三个儿子中的两个长子和他们的父亲住在 A 房子里。最小的儿子建了一间房子 I，隔开了他的祖先的房子。

在第四代，我们发现了 15 所房子。居住在 D 房子里的最老的支系分隔开了，一个儿子修建了房子 J，第二个儿子待在祖先的房子 D 里。在死之前，他收养了仍然居住在房子 J 的侄子。他的房子空荡荡的，这是创建人小儿子的第二个儿子，他和他的哥哥住在 A 家，他买了这所房子，现在还住在那里。住在房子 C 的这个家庭，在第四代之后就全部死了，但是在他死之前，房主收养了 E 家一个年轻的儿子，并把他的房子给了他。建立 B 房子的两个儿子均各有两个儿子。B 房扩建了另一层，年长的孙子住在第一层，年少的孙子住在底层，两户人家实际上是独立的。房子 K 建在房子 F 旁边。最后，G 房扩大，在底层同一屋檐下建造了两所独立的住宅。居住在 H 房里的有两个儿子，年长的儿子在他父亲旁边建造了一所房子（M），而年幼的儿子则居住在房子 H 里。居住在房子 A 里的人有两个儿子：年长的居住在祖先的房子 A 里，而年少的儿子被居住在 I 房的伯父收养，后来搬进去住了。因此，在第四代房子数量已经翻倍了，扩大了第三代的住所群体。

在第五代时，直到 1958 年出现了一些变化，几个家庭的儿子没有离开他们父母的房子，而且也没有划分财产。然而，有必要注意房子 E 年长的儿子所建造的房子 L。这个最后的房子被扩大和加高，第二个儿子的家庭居住在底层而第三、第四个儿子的家庭居住在第一层。第五个儿子居住在他被收养的房 C 里。F 房主的四个儿子中，第三个儿子已经被居住在房 K 的伯父收养。在第五代，房子数量已经增至 17 所[71]。

同一件事有几种说法。属于宗族的房屋往往通过扩建旧住宅或在其上增加新的建筑物而保持集中。然而房 H 和 M 的事例显示，假如孩子们想的话，他们可以随意在村里的其他地方定居。祖先的房子往

第六章 本地后裔

往是由最小的儿子继承，但这不是规定。房 J、L 和 M 清楚地展示了这一点。除非孩子们非常依恋他们的父系家庭，否则当他们从家庭中独立时，他们有相当大的自由去他们喜欢的地方定居。我们经常会发现这一点，独立的感觉，加上对习俗的尊重，是古隆人的一个显著性格特征。

一般来说，在同一个村庄里，属于索拉贾特的当地后裔群体的数量比属于卡贾特要多，属于相同群体的家庭数目各不相同。一般来说，群体建立时间更长，那么属于它的家庭就越多。

数量上占据优势的群体并不总是在乡村事务中占据主导地位。这点上就体现了卡贾特和索拉贾特之间的区别。一般来说，村长是卡贾特后裔群体的成员，这个家族在卡贾特群体中家庭数量最多。此外，似乎在许多古隆村，可能有一个卡贾特后裔群体，其中显然包括比任何其他单一的卡贾特血统更多的家庭。在这方面莫霍里亚村是典型的例子。在 27 个卡贾特家庭中，17 个属于相同群体，其他的群体仅仅包含一个或两个家庭。在科塔村 600 户人家中，有 1/3 是同一个卡贾特后裔群体的成员。

我们引入占主导地位的地方后裔群体的概念。占主导地位的本地后裔是卡贾特。它是数量最多的卡贾特后裔群体，拥有该村当地后裔群体的大部分土地（简单地说，它是最富有的），从这个群体中来选择村长。这个定义是建立在莫迪山谷村庄所观察到的客观事实之上的。在关于家族等级和卡贾特与索拉贾特之间区别的讨论之后，主导群体是卡贾特并不让我们感到惊讶。

此外，在某种情况下，之所以今天出现的群体中占主导地位的变成数量最多和最有权力的，是因为卡贾特群体建立时间最长。我们知道起初科塔村的普隆族就想证明这个假设，即村长最开始就是从卡贾特本地后裔群体中数量最多的、最富有的和最有权力的人里选出的。

至于占主导地位群体是最富裕的，可以提出两种假设，这两种假设相互补充。第一个假设我们已经提出：村长最初是从最富有的卡贾特后裔中挑选出来的。第二个假设是基于第一个的基础上，占主导地

— 177 —

位的群体成员是村长。的确，在过去 60 年左右的时间里，莫迪谷有一定数量的村长以他们自己的名义在村里注册了一些未开垦的土地（正是村长同意将这些土地授予新居民）。后来，这些土地被分配给了他们后裔群体中的某些成员，因此阻止了村里的其他居民占用它们。

请注意，尼泊尔政府可能只确认了一个古老的特权，给予村长分配土地的权利。如果假设证实是正确的，那么我们就可以说占主导地位的地方后裔群体长期拥有土地权。

二 这些族群之间的关系

一个地方群体作为后裔所有亲属都是由父系联系起来，他们有共同的祖先，自从祖先在村里定居以来，他一直是这个群体的出发点。一个古隆人或多或少知道他家谱中的前五代人，这就足以建立他与本地后裔的其他成员的日常关系[72]。我们随后将揭示老年人在亲属关系体系中所起的作用。

任何一个后裔群体成员都没有义务在村里代表自己的群体。在村议会期间，每个一家之主都参加讨论，并代表自己家庭的利益。在选择村委会成员时，他所属的这个或那个本地群体并不起决定作用。所有群体在这个议会中没有代表，通常一个群体可能有几个代表。

在许多情况下，其中一位户主在当地群体中发挥着主导作用。他可以把他的权威归功于他的年长，或者在军队中被提升的高职位，或者他有调和差异的能力，或者他的财富，或他作为村长。他多次发挥自己的影响力，在某种程度上，他扮演着宗族顾问的角色。村民在决定结婚或为哀悼而组织仪式（pae）之前都会征求他的意见。他需要在宗族内部发生纠纷时进行仲裁。争端可能使家庭成员处于对立地位：妻子要求离婚，但丈夫拒绝；所有成年儿子都希望他们的父亲对土地进行第一次分割，这样就能让他们离开父母开始经营自己的独立家庭，然而他们的父亲不同意分土地；等等。这场争端使两个家庭相互对立；一个家庭没有在约定的时间里向另一个家庭还钱；一个家庭种植了一块属于另一个家庭的土地并试图占有它；等等。

对争端中进行仲裁的世系群体成员的决定，大家不接受，这种情况也是可能发生的。这群人便去找村长裁决，但这不经常发生。当地群体的家庭不喜欢在公共场合裁定争端。他们试图背着其他家族的家庭进行他们的斗争或争吵。在这种情况下，本地后裔群体展示了他们是如何团结的，以及组成他们的家庭是如何共同负责的，尽管他们之间存在一定的分歧。这里有一个例子说明了这一特性：

一个富有的本地后裔群体内部爆发了一场争论。家庭 A 继承了一片极其陡峭的土地，覆盖着荆棘，但他们还没有注册，也暂时没有种植，因为他们有足够的土地来种植。另一家庭 B 在这片土地上开辟了几块梯田，并在那里种植水稻。A 家庭告诉 B 家庭他们没有权利在不属于他们的土地上耕种，并命令他们不要再在那里种植水稻。家庭 B 回避回应，次年再次违背家庭 A 的意愿在这块土地上耕作。然后，B 家庭让大家知道，他们建造梯田的土地已经以他们的名义登记了（这使他们正式成为拥有者）。同一个家庭 B 也和家庭 A 以及本地其他后裔族群家庭在几块小土地的边界问题上发生冲突。由于形势的严重性，所有的一家之主都聚在一起，决定前往有争议的土地，然后测量它们并判断每一块土地的价值。回到村里，没有参与的户主提出了一个考虑到各方权利的分割方案，然后提交。在事情完全解决之前，因故我不得不离开这个村庄，但当我离开之后，他们达成了协议。在任何时候，属于其他本地后裔群体的居民都没有公开讨论这一争端。当我问他们关于这个问题时，他们简短而回避地说："这不关我们的事，它发生在所有的本地后裔群体中。"争议爆发的本地群体的户主在其中一人的房子里会面，村里的其他人仅仅就目前的事件展开长时间的讨论。A 和 B 家族从未断绝关系。他们的大部分日常交往都是平淡的。

于同一地方群体的家庭之间的团结在许多其他场合也有所体现：在灾后建造房子时，在物质缺乏时期，在收割稻谷的季节到来时，等等。在两个宗教仪式上，本地后裔群体的团结是特别明显的。一个是群体成员的死亡仪式，我们将随后研究。另一个是通常每年不定期聚集一次。

本地后裔在接近村庄的田野里组织一次野餐 so-kai（或 so-ba，意为"分开、划分"；kai，意为"食物"）。一只羊被贡奉给保护本地家族的鬼神或灵魂。这个仪式没有特别的名字。这个庆祝仪式或多或少有点像印度教的 pūjā 仪式。主持仪式的人通常是本地后裔群体中最老的成员。在这个纪念仪式上，水和大米被提供给在一个由两到三块石头装饰的神的小祭坛上。与祭祀动物的血液混合的大米和动物的肝脏放在出席者的面前。人们通过看肝脏的外观来判断这对本地群体来说是好兆头还是坏兆头。如果肝的主叶在下侧有一个短槽，这是一个好的迹象，说明神灵是眷顾的。相反，如果凹槽很长，那就是个坏兆头。

没有什么能使我们更确切地了解这种具有某种印度教性质的宗教信仰在受到印度人影响之前是否以类似或不同的形式存在，但它显示了本地后裔群体的宗教团结精神。

三　不同居住地之间族群的关系

这些关系主要是由地理上的邻近性以及父系和亲缘关系决定的。只有那些生活在非常局限的地理区域的当地群体才或多或少地经常接触。当我们研究婚姻时，我们可以看到这一领域的确切范围。如果一个村庄中的一个本地后裔群体与另一个居住在遥远聚居地的当地群体分离，第一个群体通常会失去与第二个群体的所有联系。相反，如果他们居住在两个邻近的村庄，两个当地的后裔群体就会维持他们的父系关系。但是，两个由父系血缘联系起来的群体比由亲和力联合起来的群体的亲密关系要弱得多。然而，如果是在相同群体中的两大由亲缘关系联合起来的父系群体，则后者加强了前者的力量。

如果一个古隆人去他嫁过去的亲戚居住的村庄，他不仅受到亲戚们的爱戴，也会被邀请去拜访亲戚的其他本地后裔家庭。正如我们看到的，这一特点在卡贾特人中尤为明显，因为在一个地方群体中，往往有几个家庭与另一个群体的家庭建立了几代人的联盟。和卡贾特一起旅行时，我们偶尔会决定在我同伴的亲戚家里过夜。一般来说，我们不能在第二天离开，因为我的同伴被邀请去他亲戚的本地后裔家中吃饭，他也不能在一个晚上甚至一天里应酬完所有的邀请。

第七章　村庄：组织和司法

一　组织

1. 古代组织的遗迹

来自西克利斯的普楚祭司告诉我，修建西克利斯的传奇故事与古隆地区迦勒族的几个国王划分领土有关。

> 那些兴建西克利斯的先辈们从北方来，越过了坐落在安纳普尔纳山脉四座高峰东面的高山。在西克利斯之旅中，他们先后居住在 Ol-proh，Phal-proh（proh：山）和托西亚（Tohsya）。定居西克利斯后，迦勒家族住在 Kohl 或 Kohla。①

迦勒族人有着什么样的历史？

> 一个女人在 Sabuti-kyal-sa（kyal：国王；sa：地球）附近冥想。有一天，她梦见一位喇嘛，体验到了强烈的性满足感。醒来后，她便发现自己怀孕了。随后她产下一子，名叫 Pajo-karu-kleh（kleh：神）。他后来成了国王。与此同时，北方的其他民族也来到了这里。国王婚后有了几个孩子。他的一个孙子去了 Co-karu-hyul-sa（hyul：意为"国家"。我的资料提供人游历四方，据他

---

① 我的资料提供人曾去过这个高 3200 米的地方。从西克利斯出发，向东北方向前行，只需一天旅程即可到达。如今，此地山高林茂，人们在那里找到了石屋的地基。

所说，此地靠近穆格蒂纳特 Muktinath，在安纳普尔纳山脉北坡）。然后他移居到玛纳博（Manangbhot）东南边的布拉加（Braga）附近。在那里，尽管 Kyal-bo-kham-ba（kyal-bo：国王）并非 Pajo-karu-kleh 血亲，但他却成为国王。于是，Kyal-bo-kham-ba 去了布拉加东南边的萨布叶（Sabje），随后到达了 Kohla。后来，Pajo-karu-kleh 的后人夺取了国王 Kyal-bo-ruju 的权力。从那时起，那些自居住于喜马拉雅北部起就以迦勒自称的国王们征服了南坡的土地。其中一对兄弟向东方迈进，分别前往廓尔喀地区和位于迦勒村的蓝琼地区。第三个兄弟则去了西克利斯。

这些王国在被南方诸侯占领时消失了。但是，在古隆人居住的几个山谷里，几乎没有独立的诸侯国。因此，莫迪山谷由两个家族统治：一个是在山谷北面的甘德兰登，另一个位于巴鲁迪（Barūdi）山谷②的西南部和北部。所有这些小邦国在 18 世纪下半叶普里特维·纳拉扬统治期间丧失主权。村长，即中央权力的地方代表，持有国家管理权。这一制度保持至今。

2. 村长

"村长"的古隆语为 krōh，尼泊尔语为 mukhya。我们已经知道一个村里可以有几个村长。这种情况下，每个村长都独立代表依赖他的族群，并会面讨论村庄利益的相关问题。

如何解释一个地区由多个村长领导这一事实呢？针对此问题，我没有找到任何文献记载或者一手资料，所以无法明确回答。然而，我们似乎可以提出一种合理假设：让我们想象一个村庄，它几个世纪以来一直由当地宗祧群体 A 带领。在这百年中，整个村庄不断发展。宗祧群体 A 逐渐分散开来，每个子组便在发展过程中迁入新的"社区"（quarter）。有两个例子可以支持这一解释：

古隆是一个近 600 户人家的大聚落，分为 7 个村庄，更确切地

---

② 我已经参观了国王们占领的两座堡垒遗址。石头的地基和某些遗迹（城墙、沟渠）仍然可见。这些堡垒坐落在岬上，几乎无法抵达，守护着广阔的土地。

说,是 7 个"城区",其中最古老的城区是陀咯(To-ro),在那里,人们仍然能看到古隆族第一任村长的房子。这个村长是拉姆查恩族人(或者普隆)。如今,古隆族由 7 个村长管理,其中只有一个不是陀咯村长的后代。10 年前,这 7 个村长全是普隆,但其中一个因为无能被免职,孔取而代之。

西克利斯是另一个拥有 400 多户家庭的聚落。我们已经说过,据传说,孔赶走了迦勒,接管了村庄事务的管理。如今现存 84 所孔的房屋,并且在西克利斯的 10 个村长中,有 6 个是孔,他们属于同一地方世系。其余 4 人中,有两个普隆和一个喇嘛。

村长职位世袭,父传长子。但这并非金科玉律,可以灵活处理:如果村长没有儿子,他可以收养他的兄弟或族人的儿子。但做决定之前,他必须与村民商议。他可以随意领养婴儿,但这个婴儿只能继承他的土地,不能继承职位。他需要得到全村的许可才能将村长职位传给他。如果事实表明新任村长无法领导村庄,有两种不同的方式来免除他的职务。其一,多数居民向中央政府任命的省长(Bara-hakim)发出请求,要求他解雇村长。给出的理由可以是:愚昧无知、言行不一、病入膏肓,等等。由省长最终决定是否批准该请求。其二,如果村长在执行委托任务中犯了严重错误,省政府也可以直接撤职。例如:

1940 年,莫霍里亚的村长和丹兴的村长产生争执。在这次争执中,丹兴的村长不守信用,而莫霍里亚村长不胜其任。他们两人都被解职,前者由省长直接开除,后者由于村民不满,要求其离职。

10 年前,7 个古隆村长中的一个普隆族人没有能力处理村民事务。应其管理的居民要求,他由一个孔氏族取代。

因此,如果村长无能,只要村委会的请求得到省政府批准,即可解雇村长,其职位可交与当地主要宗祧群体或其他地方宗祧群体。

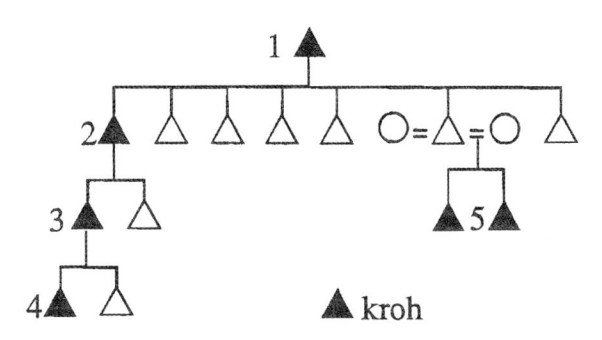

图 7-1 莫霍里亚村村长（krōh）的继承

四代以来，村长职位都是父传长子，直到第四任村长处理村务不当被免职：在一次诉讼中，第四任莫霍里亚村村长允许丹兴村占有本村土地。此后，两个族人奋斗多年，想要收回这片土地，终于使第一次判决无效。应社区的要求，这两个人成为莫霍里亚村的村长。他们是兄弟，由于辈分原因，哥哥占一定优势，是该村"第一"村长，但从法律上讲，两人拥有相同的权力[73]。

a) 村长的氏族

几乎所有的村长都是卡贾特人，但我也认识两个索拉贾特村长：一个属于克利布（klihbn）部落，在卡斯基省 3 号地区，另一个在该省西部 4 号地区。这些村长主要来自孔和普隆家族。喇嘛家族的村长也不多，而且据我所知，只有一位迦勒族村长，即迦勒村的村长。（参见第五章和第六章）。

b) 村长的作用

他是中央和省政府任命的村代表，在社区执行尼泊尔法律。他持有每所房屋土地所有权的最新清单，并在政府机关（省政府）登记土地转让，以便保障购买者合法所有权，同时确保其进行土地登记，即在税务登记册上写下他的名字。村长收取管辖区村屋的年度土地税，交予政府机关。他还收取村民在政府允许的森林区域砍伐树木需缴纳的费用。他控制着国家对学校运转的财政援助。他决定案件由传统地方司法还是官方政府司法审判。除此之外，他起草了大部分关于债务担保，土地或牲畜买卖，离婚决定等官方文件。

村长颁布并实施村庄规章制度。他根据传统习俗和尼泊尔占卜年历来安排宴会日程。他决定哪个森林的树木和山间竹林可以砍伐，某些情况下，他必须同意砍伐树木，收取一定费用，并纳入他监管的村资金库。他监督那些必须由整个社区完成的集体工作：修复破损道路，清除季风季节生长与狭窄车道接壤的墙上杂草，建造或修理蓄水池，修建集会场所，准备当地盛宴。若豹、熊或猴群摧毁庄稼或攻击牛群，由村长决定是否有必要组织一次猎杀。若纠纷双方或村长本人不愿向省法院提起诉讼，他有责任对地方纠纷做出裁决。

他组织举行某些宗教仪式，尤其是在干旱或流行病导致人或牛大批死亡时。

他决定外来人员是否可以留在本村。如果有需要清理的土地，他将要求新来的人进行清理。

若村里有几个村长，影响整个社会的重大决定由他们共同商讨完成。

村长通过两个地方机构管理村务：（显贵组成的）委员会和村庄大会。

3. 村委会

村委会成员由村长从村中最具代表性和最有能力的人中选出。在莫霍里亚村，村委会由如下成员构成，其年龄、家族和地位如下所示：

45 岁　　退役军士　　索拉贾特

48 岁　　退役军士　　卡贾特

52 岁　　退役上尉　　卡贾特

74 岁　　　　　　　　索拉贾特

51 岁　　退役士兵　　卡贾特

48 岁　　退役军士　　卡贾特

50 岁　　前士兵　　　卡贾特

32 岁　　预备军士　　卡贾特

第七章 村庄：组织和司法

62 岁　退役上尉　卡贾特
72 岁　退役中尉　卡贾特
51 岁　前士兵　　索拉贾特

村委会成员人数并非一成不变。即使在同一个村庄，成员人数在不同年份也有所不同。贱民不能参与村务管理，却不得不服从村中法令。虽然村委会可能有七个卡贾特，四个索拉贾特，但这两个部族享有同等成员权利。莫霍里亚的三个主要部族——孔（卡贾特人），彭（pun）和约以（yoj，索拉贾特人）——在村委会中的分布为：与村长血亲的孔族人（莫霍里亚的主要血统）五个，其他血统的孔族人两个，同血统的两个彭族人和一个约以（也是一个帕以，pahi）。

从上述例子来看，我们可以得出结论，选择村委会成员的因素包含：拥有大量土地的富裕村民，受过良好教育，在外国军队服役期间游历颇多，能发表权威意见。除了上述例子中的两个退役上尉和一个退役中尉之外，曾为士兵的村委会成员通过成为军士或军官证明了自身能力。某些人以其诚实、智慧或有能力平息双方争议而闻名。总而言之，选择这些村委会成员是为了提高村委会的效率、质量，并公正地代表各方利益。村长召集村委会成员在家中会面。村委会的作用主要在于协同村长就地方争端做出裁决，并审判村长管辖范围内的案件（家庭纠纷、损坏房屋、偷窃行为等）。村委会主要是审判大会和该村仲裁法庭。他们召开会议，共同准备村庄大会，并就次要地方事务向村长提议。

4. 村庄大会

每家每户都有村庄大会代表，代表几乎都是户主。如果他缺席（时常发生）或者死亡，其妻可代替他参会，参会人仅限古隆族人。

议会由村长召集，一般一年三次。这些会议恰逢所有农民都在村里期间。他们在村长家门前的大露台上或村庄的主要乘凉处会面。在某些村庄，如在格纳泊卡拉（Ghanpokhara），还为此建造了一个被石头包围的大型露台。这个集会通常用尼泊尔语 kacuri 来称呼。

普楚祭司述说往事时谈到，这个集会在社会宗教中扮演着重要角色。发生严重危机，或须做出重要决定时，国王便会召开大会，王子与臣民进行非正式讨论。

如今，召开大会旨在：

与村长讨论村内规章制度及其实施方案（学校建设运营，明确农业区与放牧区等）。村长也利用这一场合让人们了解政府的最新决定。

与村长商议，是否全村共同组织额外宗教仪式，以抗干旱、流行病或自然灾害。例如，我在莫霍里亚村逗留期间，村里水牛染上流行病。四天内死了五头牛。大会召开，决定举行一次祭祀，以满足神意，安抚恶灵。大会列出水牛主人名单，确定所需牲畜祭品款项，费用由水牛主人承担。

5. 卡特瓦

村长任命卡特瓦③，卡特瓦公开村长决定，如某天被定为假日。他将村长的指令传达给山谷里的其他村长。他陪同村长为政府机关收税，并帮村长搬送银币。

卡特瓦通常从达迈人（damai）（贱民裁缝）中挑选。在莫霍里亚，村里每个家庭向卡特瓦支付1pathi谷物。[74]

6. 义务劳动

每个家庭每年免费为村长工作一天，回报他耗时管理乡村事务的辛苦劳累。十年前，每个家庭每年需免费工作三天，但自革命以来，尼泊尔深受影响，政治社会发生巨变，免费劳动时间减少。

7. 评价

整个尼泊尔的一般行政和政治组织相同。因此，我在这项研究中不处理这个问题。尽管如此，我想在此指出到目前为止中央政府与村庄接触很少。村庄独立生活，对首都一无所知，中央对古隆高山生活也所知甚少。然而，在过去8年中，人们做出了一些努力。1959年学校已经建成，尼泊尔历史上第一次举行立法选举，其中古隆族受邀参与[75]。

下图则简要概括了村庄各组织关系。

---

③ F. Barth 指出卡特瓦的存在；见 *Indus and Swat Kohistan*, Oslo, 1956, p. 37。

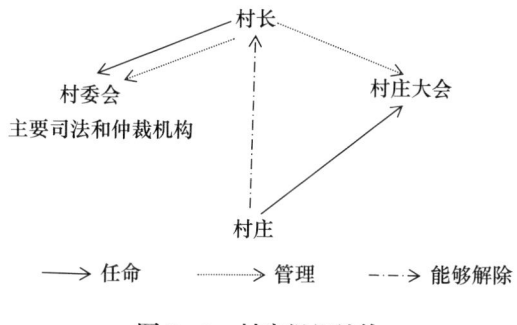

图 7-2 村庄组织结构

政治组织的基础是村庄，即家庭社区。每个家庭有一名成员加入村庄大会，管理有关大众利益的地方事务。如果事实证明村长无法捍卫村庄权益，村民可以解雇村长。但村民解雇村长的权力又被村长权力制约。村长不由村民推选，而通过世袭得到权力和声望。并且，只要他能胜任他的工作，便能保持独立，不受村民制约。他主持村庄大会并批准其决定。他任命村委会，并充当首脑。村委会成员受到社区的委托和尊重，代表村民意见，向村长提出建议，归根结底就是帮助村长主持公道。

因此，这一组织系统相互制约。一方面，村长和村民在村务中都有发言权；另一方面，他们保持着彼此的独立性。村委会作为仲裁人和私人权利法庭发挥着专门的作用。

二 司法

虽然古隆族内部争端频繁，但多为小冲突，很快便可得到解决。盗窃和殴打等行为非常罕见。

在处理地方传统司法和官方省级司法之前，我先简要介绍其中三个方面，看看冲突或争端在何种氛围中爆发以及该如何处理争端。

晚上5点，女房主从田里回来后，发现丢了一只鸡。邻居亲戚告诉她，下午看见贱民的妻子在房子周围徘徊。这个女人以小偷小摸著

| 第二部分　社会

称，女房主冲到外面，在贱民房前守着。由于没有抓住小偷"三只手"的现行，为避免制造丑闻，女房主并没有直接指责她。"有人偷了我的鸡，我可怜的鸡！（她讲尼泊尔语，因为这是贱民金匠的房子），我没有母鸡孵蛋，我没有小鸡。诅咒偷我鸡的人生病，永生痛苦！"她用尖锐的声音喊道。诅咒20分钟后，她回到了家。第二天早上，在去田里干活前，她重复了同样的诅咒。然后，这件事就不了了之了。

某天晚上6点左右，普楚祭司和他的邻居发生了争执。祭司生性懒惰，嗜酒如命，但又穷困潦倒。他的女邻居62岁，相当富有。那天晚上，普楚祭司喝醉了酒，像往常一样，前来向他的邻居索要（更确切地说是乞讨）钱财，但邻居出于某些原因拒绝了他。祭司变得无礼，邻居倍感愤怒，很快，他们各执一端。"懒惰，酗酒！"她吼道；"小气，粗鲁！"他回击。第二天早上，争端继续，不过短短几分钟后就平息了，一切又恢复正常了。

在移栽水稻期间，两名男子发生争执。前一天晚上，其中一人将一条灌溉渠道的水引向了自家农田。第二天早上，另一人和他的日工来移植水稻时，却因田地没有得到灌溉而停工。这场争执并不暴力。两名男子都很聪明、精明，懂中庸之道。两人在房子露台上讨论时，邻居也参与进来，试图让犯错者意识到错误。最终犯错男子需向另一方提供粮食以补偿其所受损失。事情得以解决。

争议常在晚上爆发，那时争执双方刚从田地返回村庄（争吵在白天积累起来，逐渐升级）。骤升的声音，戏剧的姿势，双方都想让对方见阎王；争吵很快就会结束，一两天之后全都被遗忘了。

所有这些争议都有一个特点。虽然争论的喧嚣让所有村民都意识到冲突，但没有人会偏袒任何一方。涉及争论的只有两个人或两个家庭，没有任何其他村民加入。人们在家里听到这些争论，也不过是插科打诨罢了。在古隆族人的道德观念中，如果未侵犯村庄内部规章制度或古隆社会禁令，冲突只应涉及冲突双方。尽管如此，如果冲突双方选择并要求另外一个或几个村民进行仲裁，村民们不会拒绝，并试图帮助恢复两个家庭之间的和平。

1. 地方司法

如果有犯罪行为发生，或者必须由村长出面干预来和平解决争端，村长会召集村委会担任仲裁庭。会议通常于村长家走廊召开。

必须由地方司法决定的普通犯罪很少见，古隆族在性格上并不咄咄逼人，格外尊重个性，不会向对方发起攻击。盗窃并不常见，在我与古隆族人相处的日子里，未发生任何盗窃案。我的资料提供人说，"偷窃通常是贱民做的事"。高地古隆人自尊自重，诚信做人。我在莫霍里亚村度过的六个月里，行李箱和设备散布于我住的谷仓。我外出时村民经常来我家聚会，然而，我的住所里没有任何物品丢失。毫无疑问，古隆族厌恶盗窃。如果村民犯了这种罪行，社区里很快传开，整个村庄立即警惕起来。罪犯将处于孤立无援的境地，他将不再拥有村民的信任。个人生活与村庄社区的生活密切相关，没有人能够也没有人愿意与村庄割裂开来。因此，这种情境会迫使他远离罪行，以免受社会谴责，使身边充满敌意和怀疑。[76]

a）争论

由地方司法管理的案件中，最常发生的纠纷主要有：

无力偿还贷款；

牲畜造成的农田损害；

对水稻田灌溉用水的过度使用；

打破村内的规章制度；

继承遗产，婚姻破裂（我们将稍后研究）。

无力偿还贷款。富裕家庭以相当高的利率向贫困家庭提供大量资金和粮食。债务人往往无法在规定的日期偿还，仲裁庭延迟期限。通常，当他的儿子或兄弟在3年后从军队返回并带回1000卢比或1500卢比的储蓄时，仲裁庭会命令他还债，或者，仲裁庭决定将签订合同时做担保的土地交付债权人，用来偿还贷款。

牲畜造成的农田损害。在种植田地的过程中，可能会发生水牛或奶牛跳过围墙并摧毁植物的事件。当发现损害时，农田主人和造成损害的牲畜主人，再加上从村委会中选出的两名公证成员，一同去评估损失。牲畜所有者给予补偿的谷物量或土豆量由两名见证人决定。如果当事人对评估存有异议，便由村长与村委会出面处理。这种类型的争议非常频繁，但总能很快和平解决。

对水稻田灌溉用水的过度使用。这种争论常爆发于季风季节移植水稻时。村民在没有权利的情况下，掘开水渠，将渠水引向自己的田地。通常，因为没有确切的水资源分布系统，只有默示协议，所以解决这样的争端非常困难。此外，因为水稻只是暂时遭受干旱，并非完全受损，所以造成的损失难以估计。

打破村内的规章制度。在研究村庄的政治组织时，我们对村长颁布的条例已有所提及。如果某个村民违反制度，他必须向村资金库支付钱财，以示补偿。在这种情况下，既没有仲裁，也没有和平协商。村长是案件的唯一法官。

b) 仲裁庭及其权力

仲裁庭由村长主持，由村长及其指定的村委会组成。除了审理违反普通法或违反村内规章制度的情况外，仲裁庭都起仲裁作用，当事人可以向省管辖区对仲裁庭所作决定提出上诉。为审判案件，村长依靠当事人的证词，证人提供的事实，并听取村委会成员的意见，做出最终判断。地方司法的权威不可撼动，无论是否有村长干预，村民们普遍倾向于在村里友好地处理纠纷。他们认识所有咨询的人。通常，他们自己与咨询方有亲戚关系。因为村长和村委会与村民住在同一个村庄，他们最了解争议发生的情况，比如，当事人身份，他们的性格和经济地位。此外，这样的解决方案花费很低。我们马上就要讲到，这个原因起着决定性作用，并且经常使当事人不得不接受当地司法的决定。

与仲裁案件相反，因为轻罪判决总是得到形成规章制度的社会的认可，所以犯罪者接受对轻罪的判决。拒绝接受舆论，使自己成为一个村庄弃儿。

c) 处罚

处罚总是由村长决定。有两种处罚：

如果罪行很小并且罪犯不是累犯，那么村长会对他进行教育，指出错误，责令其改正，并向他解释如果他再犯的后果。

如果罪行严重或犯罪者是累犯，则村长决定罚款金额或粮食赔偿量。如果对某人造成损害，违法者必须给予赔偿。因此，对于被盗的鸡，罪犯必须向申诉人提供5—6卢比作为赔偿。

如果不尊重村庄规章制度，则需向村资金库缴纳罚款，金额按传统制定。例如：

在村长设定的耕地范围内，如果牲畜主人未在约定时间前将牲畜带离，罚款5卢比。

在村长规定的集体工作中，如果某家庭未派成员前往，每天罚款1卢比。

在20世纪初，体罚，殴打很常见。罪犯被绑在树上，用棍棒击打。这种惩罚只在犯罪者是累犯并且罪行严重时执行。

2. 省级或官方司法

本书对这种司法组织不做详细研究，只研究它在古隆社会中扮演的角色。

官方司法法院都在古隆族境外，位于尼泊尔中部平原，即省政府所在地，如博卡拉和诺瓦科特。因此，有关各方必须从他们的村庄步行两三天才能向省级司法提出诉讼。官方司法的法官和其他雇员中有切特里、婆罗门、尼瓦尔族人，但从未雇过古隆族。他们对高地人口生活一无所知，由于不了解冲突原因，他们在审判这些村民冲突时处于不利地位。最后不要忘了，相比切特里、婆罗门和其他人，古隆族属于低劣种姓。因此，法官和诉讼当事人之间的关系受到一定的限制，并对后者有不利影响。官方司法审判有两种情况：

尼泊尔法律规定，刑事案件属于官方司法管辖范围。村长必须将罪犯移交给犯罪地区的政府警察。刑事案件极为罕见。在莫迪山谷，他们只记得 起发生了1950—1951年丹兴村的谋杀案。当时，民族革命恢复了尼泊尔国王权力，为该国的民主化开辟了道路。社会问题随处可见。在位于莫霍里亚村南部的丹兴村，有一个名声享誉山谷的富人，也是尼泊尔军队的前中尉。他被村里的几个人杀死了，动机尚不清楚，但貌似是因为他未能平息穷人怨恨富人，却又必须为之工作的仇富心理。其中一名凶手在兰阳地区被捕，受到政府司法监禁，其他人仍然在逃。这起谋杀案可以被称为政治案件，属于记录在案的一系列特殊事件之一，这些事件震动了整个尼泊尔[77]。古隆族善战，战争对他来说类似一次追逐，一个人类游戏，但这并不意味着他崇尚暴力。他并不侵略成性。在爱情，嫉妒或竞争中，他并不暴力。

当地方司法仲裁不被接受时，当事人可以诉诸省级司法。这个程序既费时又费钱。只有富农才会参与其中。两个村庄之间以及村长与村民之间的异议由这个省级司法管辖区审判。例如：

在莫霍里亚邻村，居民指责一名富裕的村长对未开垦的土地进行登记，以便成为地主。这些土地是村庄财产，本应给穷困潦倒的人。此项诉讼在省级法庭展开，持续了18年。村长花费了16000—17000卢比（1958年为100万法郎），这是一笔巨款，因为当时一天的工资是1.5—2卢比。他不得不从别家借来8000卢比以继续这个案子。他最终获得胜利。为了偿还债务，他将价值6500卢比的水稻田交付与他的债权人。

莫霍里亚村和丹兴村之间爆发争执。丹兴村村长指责莫霍里亚村村长没有向政府机关公开村庄稻田情况，以避免纳税。丹兴村村长赢得第一次诉讼，莫霍里亚村村长被解雇，没有人顶替村长职位，莫霍里亚村的领土由丹兴村村长管理。来自莫霍里亚的两个卡贾特族人重新审理案件，证实此前证据并不准确。通过巨额费用，他们赢得了第二次诉讼。莫霍里亚村这片土地物归原主，村庄再次独立。两名辩护人成为莫霍里亚村长。[78]

事实上，官方司法只审判有关地主利益的最重要的争议。这些冲突偶尔会被对抗双方——穷人和富人或两个大地主之间夸大。买通官员所需钱财极多，小地主不敢向省司法提起诉讼，而宁愿接受地方司法仲裁，即使不满意，也不至于分文不剩。古隆族的经济、政治以及司法组织，成为了几乎封闭的单位，只是表面上依赖于国家其他区域和省级与中央政府。

第八章　出生—童年—青年

在接下来的篇幅中，我们将从出生到结婚这一时间段，来考察古隆族青年男女。结婚是古隆人人生中的重要阶段。正如接下来我们会看到的，一个古隆人直到结婚才完全获得地位。

一　出生

怀孕期间没有特殊待遇[79]。在孩子出生前两三个月，丈夫不再与妻子发生性关系。女人们说，如果你能感觉到胎儿的头部在右边，那么就是男孩，如果它在左边，那就是女孩。出生时，婴儿的身体被洗净并涂上吉或芥末油。为了给孩子"敏锐的视力"，最好将这种油滴入每只眼睛。应用镰刀或尼泊尔刀（khukri）切割脐带。如果鼻子或颅骨异常，就用手按压来矫正形状。如果孩子或孩子母亲难产死亡，有时会请来喇嘛进行适当的佛教仪式。在孩子出生后，女性经期不再被视为不洁净。在家庭中，她立刻恢复正常生活。婴儿出生的头六个月里，母乳是他唯一的饮食；随后又加入玉米粉、大米粉、蜂蜜、盐和黄油。当母亲怀有另一个孩子时，才会停止母乳喂养这个婴儿。婴儿出生时没有宗教仪式。如果家庭富裕，他们可以让婆罗门根据孩子出生日期和时间为孩子做一个星象运势。[比照补充说明9]

在过去的两三代中，只需查询集市上购买的尼泊尔—印度天宫日历，即可确定孩子的名字。如果孩子在某个时间出生，他的名字就必须以c.j等开头。这个名字总是与他父母或祖父母名字不同。现在取名都从尼泊尔名字（Sham Sher, Chandra Singh, Chandra Bahadur）中选出，尽管严格来说，直到 20 世纪中叶前，所有的名字都来自古隆语。

二　幼年期

幼儿的待遇与性别无关。男人女人将他们抱在怀里，并在闲暇时间（大部分时间是早晨，和傍晚从农田回来时）与他们一起玩耍。在夜间，小孩子和母亲一起睡觉，男人独自睡觉。孩子六七岁前，相比于父亲，他们常与母亲待在一起。父亲去田里工作时从不带着他的孩子。在晴朗的日子里，小家伙经常在房子的走廊里玩耍。六七岁前，男孩穿衬衫，女孩穿裙子。他们一起玩耍，女孩跟着一群男孩玩他们组织的游戏和谋划的顽皮伎俩。该群体的活力源于男孩；他们不会拒绝与女孩们一起玩，而是让她们加入他们的游戏，这让女孩儿们感到非常高兴。

六七年后，尽管成年人没有直接命令让两性分开，男孩儿、女孩儿也不再一起玩耍。女孩开始穿过膝裙。在接下来的几年里，她穿得越来越像她的母亲；衣服盖住她的臀部和腿部，紧身胸衣，宽腰带和头巾。相比之下，这个男孩继续穿着他的衬衫，直到他八九岁的时候，才像他父亲一样穿着；这些衣服在尼泊尔被称为 khas, rhan 等。从孩子五六岁起，成年人就会叫他们注意形象："不要那样掀裙子，把肚子遮住。"孩子养成了在成年人面前不表现出性别特征的习惯，但在私下里，尤其是男孩，他们表现得非常自豪。我让八九个男孩画的画显示了他们对两性的准确认识，及其自由表达。相比之下，女孩们更多是拒绝画男人或女人，特别是当男孩和她们在一起，她们只画了装饰图案。在这个年龄段，两个性别分开玩耍。女孩们开始承担家庭杂活。她们与母亲紧密联系，母亲将她们塑造成她们应有的女性角色。她们带陶罐去取泉水。她们学会在果园工作，并用手磨机研磨面粉。她们经常帮母亲除虱，背弟弟妹妹。相比之下，男孩们越来越不受成年人约束，总是愉快地和一群爱讲闲话的人混在一起。他们几乎从不工作，活跃在整个村庄里。他们爱取乐，给成年人带来很多麻烦。他们的游戏与他们忽视的女孩完全不同。因此，当她们初入成人社交时，男孩组成了一个完全不负责任的独立团体。玩耍、跑步、攀爬，他们在锻炼身体的同时也培养了个人主动性。如果有人在白天问一位母亲："你的儿子在哪里？"她回答说："我不知道……在村子里……搞恶作剧！"相比之下，她可以准确地说："我的女儿在这里或那里。"

三　青春期

在 13—14 岁时，孩子在接下来的几年里被称为 cyō colo（cyo：小）然后被称为 kolo。在他成为一个青少年或一个年轻人的那一刻，男孩或女孩不再拥有同样的生活，他们很少会面。男孩几乎整天不在村里。他看管动物，去森林拾柴禾，和田里的成年人一起工作。他只回家吃饭，而且常常不在家过夜而与邻居的其他同龄男孩同住。女孩做家务忙得不可开交。母亲白天去田里，女儿在家里工作，照顾小孩。到了晚上，她和几个朋友消遣一会儿，并总是在家里睡觉。

在 15—16 岁时，男孩和女孩完全意识到自己的性别，并且几乎总是与同性别的成年人产生共鸣。晚上，少年在房子里聚会打发时间，欢笑不断，少女也在背后参与。人们能听到她们的玻璃手镯晃来晃去的清脆声音，她们手捂着嘴或裹着头巾嫣然一笑。请她们唱歌时，她们在男孩们面前害羞，而他们则用有些粗鲁的寒暄使她们难堪。

在每晚的聚会上，有 15—19 岁的女孩和 17—21 岁的男孩。更小的孩子不喜欢参加这些青少年聚会。14—16 岁的男孩会去另一所房子里玩耍。很多女孩都会在 15—18 岁时结婚，但男孩从不这样。不管少女是否比少年更早成熟，社会确实让女孩提前为成人生活做好了准备。她们的责任，她们对家庭生活的了解，她们的身体发育，让 15—16 岁的男孩们印象深刻。他们感到尴尬，并避免与她们打交道。但是，随着少年长成青年，他们就渴望女孩儿的陪伴。尽管青少年单独接触很少，但在一个群体中男孩儿喜欢和女孩儿们在一起，女孩儿们也一样。一个女孩永远不会独自与一群男孩混在一起，一个男孩独自与一群女孩一起玩耍也极不寻常。当两个群体混在一起时，他们的谈话很活泼，男孩们妙语连珠，女孩们予以反击。晚上唱歌时，即兴创作尤为重要。二重唱通常由两个年轻人演唱，男孩为响应他的女孩唱两个诗节。

在研究"诺加"（nogar）时，我们已经了解青少年两性如何在一个工作组中混合。他们整天都在田野里唱歌，经常说些粗鄙笑话。男孩们有时会做出明显带有性含义的粗俗手势。群体的存在让男孩更加外向，女孩有点轻浮。但是白天在公共场合，人们从未看到男孩和女孩单独一起散步和调情。

夜间，年轻情侣会偷偷在村边田间做爱。如果被发现，他们会感到羞耻，害怕其他年轻人会开玩笑取笑他们。成人不会严厉指责这个男孩。而这个女孩将受到父母的严厉训斥[80]。其他村民会取笑她，但不会批评她的行为。为了避免这种错误，母亲在晚上紧盯少女动向，特别是富裕的卡贾特家庭。在莫霍里亚村，这些富家少女在晚上10点或11点之后逗留在我家的情况是异乎寻常的。相比之下，其他少女经常会和男孩们一起唱歌直到凌晨两三点钟。不过，她们总是回到家中睡觉，而男孩们就睡在我的阁楼或邻近的房子里，直到清晨开始干活才回到父亲的房子中。因此，这些夜间聚会让青少年相互认识，更好地相互了解，并形成恋爱关系。这种依恋极少导致性行为（男孩虽然愿意，但女孩因为害怕被发现，极力避免）。

没有关于月经的禁忌。母亲帮助她的女儿度过第一个经期，并不把这件事当作少女生活中的严重危机。因为在10—16岁，她与男孩的接触很少，所以当她处于适婚年龄时，她有点害怕与一群年轻朋友混在一起。她经常会找些借口，偷偷溜进暗处里。那时她什么都不说。突然，她会加入合唱团唱歌，然后积极参加聚会。她有必要打破一种模糊的障碍，这种障碍将两性分开并使她与男孩相比处于劣势地位。即使可能根本没有人会拒绝，实际上确实没有人拒绝，但她的加入必须悄然无声。如果男女两性不在一起聚会，夜晚就不会这么愉快了。通常，一群少年会去请女孩加入，这样他们就可以一起消遣。她们自然拒绝。男孩们说他们会在聚会处等她们，随后便返回聚会。十五分钟或半小时后，女孩们就会到达。伴着手镯清脆声音和裙子沙沙作响，她们悄悄进入。此外，晚上的所有歌曲都是由男女共同演唱的。

古隆族纯粹的舞蹈，只有男人才会跳。在尼泊尔—印度风格的舞蹈中，少年装扮成女人跳舞，现在这些表演频繁出现在现代节日中。只有两种舞蹈由女孩表演，其中一种还是由小女孩演出。但这些舞蹈具有仪式特征，一年仅在村长的露台上进行一次，而且表演次数越来越少 [81]。

从表面来看，少女沉默寡言是因为尼泊尔—印度文明的影响越来越大。因此，当我问一个古隆青年关于 ro-dhi（古隆语，青少年晚会的风俗，在古隆族中很受欢迎）的事情时，他说："如今，ro-dhi 不像之前那么繁荣，这样反而更好。年轻女孩和男孩晚上见面并不好。其他尼泊尔人民从来没有这样做，他们批评我们的习俗，说我们道德败坏。"我经常听到这种言论。古隆士兵在印度或加德满都时会观察到女性。她们的行为属于尼泊尔高种姓婆罗门、切特里的行为。古隆族人也想被认为是一个高种姓的人。因此，他试图模仿在尼泊尔—印度文化中长大的人民的行为举止。

一般来说，婚前性行为很少见。事实上，从 19 岁起，身体健康的年轻男子将加入外国军队并离开村庄。但是，6 个月兵役后，他们又返回村庄，其间可能会试图向一位女孩求婚。就少女而言，她们早在 15—18 岁就已结婚，因此在婚前可能发生性关系的时间很短。年轻人经常迫不得已在村外寻找妻子，订婚夫妇之间的婚前性行为也很不寻常，卡贾特尤其如此。因此，他只能在婚礼前与未婚妻见 两次面。

四 离家参军的青年

男孩从小就认为他会像父亲一样当兵。当大人叫他行军礼的时候，没有一个两三岁的男孩不知道如何"行额首礼"，也就是行一个英国军人的军姿礼。小男孩很自豪地系着士兵的腰带或戴着印度军队的廓尔喀枪手的绿色羊毛贝雷帽。当他的父亲或村里的人休假回来时,孩子会听到令他着迷的军队生活故事。他听到了飞机、船只、汽车和大城镇,城镇里满是发大财的体面人。休假的男人会带回书籍和周报,上面的照片展示着男孩一无所知的生活。他们还向男孩讲述军队生活的另一面,纪律和危险之类的,但这些很快就被遗忘了。毫无疑问,休假的雇佣兵是廓尔喀军队最好的士兵招募员。

19岁时,古隆族人到了自信独立的阶段。他们虽并不完全知道参军生活的模样,却一直盼望着参军的日子。他已经从青年时期获得了自信和独立的品质。从很小的时候起,他就肩负重任,他的父亲在国外当兵,因此,他必须帮助他的母亲在田间工作,从森林拾柴,收割时还要扛重物,并照管动物。青年们意识到他们在现代古隆村扮演的角色。男孩们经常会对一个要他们做事的重要人士说"不",因为他们早先拒绝给予男孩们应得的报酬。

古隆青年选择军队生涯的动机是什么?当我直接问:"你为什么要到国外当兵"这个问题时,最常见的答案如下所示(顺序不分先后):

印度或马来半岛的士兵收入很高;

这是旅行的好机会,我可以看看现代社会;

没有足够的土地养活所有人,我有几个兄弟。如果我们中的一两个参军的话,剩下的人可以过得轻松一点①[82];

人们看到士兵们的风采,听到他们谈论的生活,不由自主地就被诱惑,想同长辈一样,成为士兵。

最后三个理由不需要进一步解释,代表了年轻人参军的真正动机。第一个理由需要一些阐述。经济动机至关重要。事实上,尼泊尔

---

① 由于缺乏近几个世纪来古隆人口增长的资料供人研究,所以不能证实这个假设——人口过剩迫使古隆人在国王手下或外国政府服兵役以缓解这种局面。从我收集到的材料来看,有一点似乎可以确定:例如,在目前的情况下,莫迪河谷上游地区几乎无法养活所有人。无疑,在过去80年中,人口增加了很多。人口的快速增长在一定程度上说明了过去20年里参军士兵的大批离去。

军队也会招募军人，如果不是某些原因，古隆族中有更多人可能会加入尼泊尔军队。加德满都类似于一个中等收入水平的印度小镇，有汽车、宫殿、电影院等。而且，住在加德满都，就是住在尼泊尔，在自己的国家，和说同样语言的人一起生活。然而，外国军队与本国军队存在一个重大差异。前者的薪水要高得多，并且服役15年后，退休时还会有养老金。尼泊尔军队报酬不高，也不向士兵提供养老金。为了确保尼泊尔军队的兵源，已经颁布了一项法律，即不允许居住在离加德满都两个行政区内的人加入外国军队。但是，我知道一些生活在这些地区的士兵已经在印度参军，并且为了被外国军队接受，他们伪造出生村庄的名字。因为低地人民一般不被印度或英国接受，尼泊尔军队可以从中招募人员，并未受到影响。

除了上述四个由我的资料提供人直接描述的动机之外，在我看来，还有其他可能的次要原因。这些原因是从休假或退休的士兵谈话中得知。他们喜欢军队生活，因为这是集体生活，我之前已论述过，古隆族都不太喜欢独自生活。他们会嘲笑没有同伴一同旅行的人。在军队中，他们睡在宿舍里，由班或连训练，一起踢足球或玩纸牌消遣。

同样值得注意的是，成为一名士兵会给他们带来威望。得益于赚来的钱，他们可以买到手表、裤子、太阳镜和一些小玩意儿，这些都是村里人羡慕的。作为一名士兵，特别是已经成为军士或军官，他在村中的地位会显著上升，并可进行村务管理。

正如许多士兵所知，与艰苦的山地生活相比，驻军士兵的生活就是天堂，生活惬意轻松。兵役时间不长且相对固定，在田地里工作很脏，但在军队里却不是这样。当他的日常任务完成后，士兵可以洗澡，收拾打扮，然后出去消遣。

第九章　婚姻

　　几乎所有的家庭都是一夫一妻制，一个男人一生只能娶一个女人。男人非常忠诚于自己的妻子，并不想同时与两个女人分享他的感情。就女人而言，如果她有了孩子，这个女人就不会容忍与另一位女人生活在同一屋檐下。如果丈夫想要娶另一个妻子，那么他的第一个妻子则会离婚并离开他。我已经注意到了好几个"一夫多妻"的例子，尽管社会已经完全接受了这种制度，但这种情况依然非常罕见。我了解到的所有例子中都是第一任妻子没有生育能力的。丈夫仍然爱他的妻子，并且要询问她是否愿意接受第二任妻子给他生孩子，尤其是生儿子。当丈夫做出这个决定时，他一般是在45—50岁。在莫霍里亚村，一个男人是可以重婚的。有一个72岁的男人，他的第一位妻子是65岁，第二位是45岁。第二任妻子分别在她30岁和32岁时生了两个男孩。

　　通常情况下，在"一夫多妻"的家庭中，这两个妻子不会是亲生姐妹。但是，也有一些例外。例如：

　　在甘德兰登住着一位重婚的前印度军队的队长。他娶了一个来自莫霍里亚南部村庄的女孩。因为这个女人没有孩子，于是他娶了这个女人的妹妹，并且最后给他生了几个孩子。但与此同时，这两姐妹的父亲收养了一位可以继承其岳父财产的船长。第一个妻子住在她父亲的家里，而妹妹则住在甘德兰登。这个队长跟两个女人轮流生活。而且，第一任妻子从那以后也生了孩子。

　　在"一夫多妻"的家庭中，丈夫通常会是一个富有的人，他有能力可以养活两个妻子。而在贫困家庭中，无法生育孩子的妻子就会被送回娘家并被休弃。然后男子就会娶第二个女人。因此，似乎只有当第一任妻子不育并且经济状况允许时才会有一夫多妻的情况存在。

在一定意义上，纳妾制并不存在。

有些没有结婚的，丧偶的或者离婚了的男人和女人会在没有举行婚礼的情况下就生活在一起。因为双方中如果一个是来自卡贾特而另一个是来自索拉贾特时，他们是不能举行婚礼的。这种婚姻与合法婚姻唯一不同的地方就是婚礼仪式的缺失。我们稍后会详细地看到这两种类型的婚姻在其他任何方面都是没有区分的，并且通常都被社会所接受。

再婚和离婚在古隆人中都非常普遍。一对夫妇可以自由地做出决定，他们的冲突并不会影响他们所居住的村落。通奸或离婚只是夫妻双方关心的事情，并没有给他们带来明显的社会压力。

古隆人明显更喜欢一夫一妻制。容易离婚就使一个女人在她的丈夫忽视她时离开他，从而使她恢复独立与自由。

一　婚姻的初期

关于男女结婚由双方当事人的父母进行商议。虽然在最近几年中情况可能发生了很大的变化，给予了男女双方更多选择自由，但父母的意愿对孩子的决定依然有着巨大的影响。根据情侣双方现在是否住在同一个村庄，商议会采取两种不同的形式，区分以下两种情况。

如果男女双方生活在同一个村庄[①]，那么他们在结婚前就已经很了解彼此了。因为他们是同一代人，并且在童年和青少年时期就会多次接触。村里的两个年轻人之间经常会产生情愫，有一天男孩会告知他的父母想娶某个女孩。如果他的父母看好这桩姻缘，他们就会联系女孩的家人。为了做到这一点，他们需要两个家庭之间的共同好友，而且最好是父亲的亲属。他们希望这个中间人是一个有声望的人，并

---

① 正如我们后来所发现的一样，这在索拉贾特人中比卡贾特人中更常见。

| 第二部分　社会

且拥有非凡的智慧和独到的见解。而他的任务就是研究女孩和男孩的星象图，了解女孩是不是自愿接受这段婚姻，以及她的父母是否同意这段婚姻。如果所有的建议和占卜术所显示的结果都是比较吉利的，那么这桩婚事也就八九不离十了。可能双方的父母还会进行一次正式的见面，但这不是必须进行的。这个男孩的家人可以送一件有着象征性价值的银质礼物和 1 卢比来庆祝订婚［casucangra（chhajub chyoba）］。男孩的父亲也会给女孩的父亲寄去 1 卢比［pica（mahi）］作为友好的象征（a-gu）。

如果订婚的两人住在两个不同的村庄，那么这个男孩在婚礼商议开始之前对这个女孩的了解就会少之又少。但是，有时一个年轻男人或女人会在去葬礼帮忙吊唁或陪伴已经订婚了的或已婚女孩到邻近的村庄时，遇到他们未来的妻子或丈夫。通常，女性是婚姻的牵头人。她们习惯于在一年中至少花上 10—12 天的时间到邻近的村落与父母一起度过。在那里她会谈论丈夫村子里到了适婚年龄的男孩，他们的姻亲，并询问她们本村适婚年龄的女孩。在决定之前没有任何事是确定下来的。她们询问的同时也通常会被询问。当她们回到丈夫的村庄时，她们会讨论她们的所见所闻以及印象，并做媒撮合有可能的姻缘。这些聊天是女性八卦的重要组成部分。在这个阶段，男人们并不知道他们的妻子之间的谈话。如果一个当兵的儿子离开得匆忙，那么他的父亲将有权利决定是否终止这种情况以及这个男孩和某个女孩结婚的可能性。如果他看好他儿子的婚姻，他就会向女孩的父母派去一个媒人。在这种情况下，这个中间人的角色与婚姻双方在同一个村庄时的情况相同。如果这两个家庭同意他们孩子的姻缘，未来的丈夫将到他未婚妻的家中，以便使这对年轻夫妇在接受他们父母的选择之前提前碰面。所以，即使在这种类型的婚姻中，父母也会让双方有机会相互了解并征求他们同意。

值得注意的是，在第二种情况中，女人们会在她们拜访期间在村落里找寻一些可以和她们丈夫当地村落的男孩结婚的女孩，而女人们在这个过程中所扮演的角色是不断传承的。这种角色体现了一种母系婚姻的趋势，尤其是在卡贾特族中，这种婚姻我们在之后会进行论述。

在商议过程中，当地祭司扮演着顾问的角色。事实上，询问订婚夫妇的星座和了解他们是否愿意结婚是十分有必要的。富裕的家庭深受印度教的影响，他们按照印度占卜的方法，召唤婆罗门，看婚姻是否可行。通常情况下，他们会请佛教喇嘛，祭司普楚或克里布利来做这件事情。喇嘛有时会依据西藏占卜术的规则来给出他的意见，但更多时候他会使用古隆占卜术（受西藏影响）。普楚和克里布利也常用这种方法。在不详细讨论这个用于宗教研究系统细节的情况下，每个人的生命受到他出生年份运势的影响，这种运势征兆每12年轮回一次。如果两个年轻人中的一个处于不幸的一年，那么最好推迟一年结婚。如果年份所代表的运势不被情侣相信，那么执意结婚就会令人沮丧，会让人感到不快。

只有婆罗门能够准确地确定婚期，因为古隆占卜术在这个问题上没有作任何规定。然而，婆罗门却很少被咨询（因为请婆罗门来到低地是十分昂贵的）。当地祭司在与有关家庭确定婚礼的日期时，会试图依照在村里的一些房子里找到的小尼泊尔—印度星象日历来决定。实际上，所选择的日期通常是家庭最方便的日期。

二 婚姻的规则

1 同族婚姻和异族婚姻

让我们简要回顾一下涉及同族婚姻和异族婚姻的原则。

古隆人是一夫一妻制的。我的信息提供者经常说："古隆人只能与古隆人结婚。"事实上，我们看到的情况并非总是如此。卡贾特和索拉贾特的两个氏族群体分别是同族结婚的。而部落则是异族结婚的。在卡贾特族中，一部分是部落迦勒和孔，另一部分是喇嘛和普隆，这样就形成了两个异族群体。

| 第二部分　社会

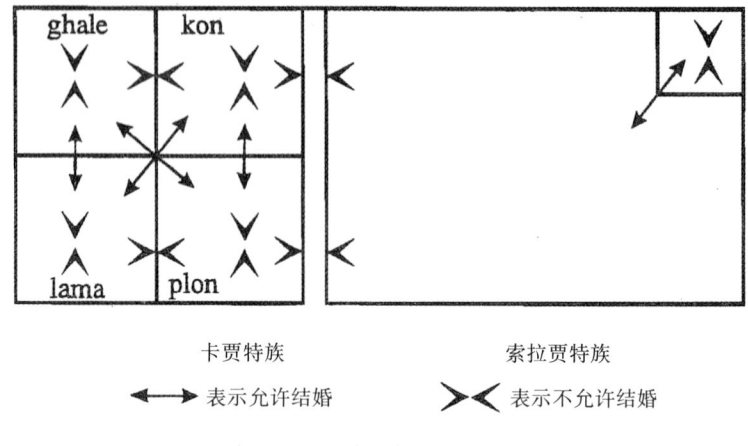

```
ghale  kon
lama  plon
```

卡贾特族　　　　　索拉贾特族

◄———► 表示允许结婚　　►◄ 表示不允许结婚

图 9-1　同族婚姻和异族婚姻

那么这些原则在多大程度上被遵守呢？理想并不总是与事实相符。我们说，古隆人组成了一个同族群体。但是，也有许多与其他氏族通婚的例子。记载显示印度的王子与迦勒的女孩结了婚。从一些古隆人的长相也可以清楚地看出蒙古洛德（Mongoloid）和阿尔严（Aryan）血统的混合。莫霍里亚村有许多诸如此类的血统混合的氏族，但不得不说在莫迪山谷是一个例外。彭（puns）族人，也就是马嘉人在这个村里定居，并与古隆女孩结婚。现在他们也被称为古隆人，而且和"真正的"古隆人没有区别。一个加尔蒂家族（前奴隶）已经开始与古隆人有了婚姻的联系。但这些婚姻通常具有以下特征：

孩子通常是属于蒙古洛德（Mongoloid）族的。
这个男人要在索拉贾特族中结婚。
他只有在适应了古隆传统并忘记了自己的传统时才结婚。

[83]

我没有遇到过违反宗族外婚规则的单一案例。[2] 当被问及如果有

---

② 参见第十五章。

这种情况会发生什么时，我的信息提供者一致认为来自同一个家族的夫妇将不得不离开村庄，失去他们在这个地区生活的所有权利。但据他们说，这种情况从未发生过。

卡贾特族和索拉贾特族的同族婚姻原则并不总是被遵守。在莫霍里亚村，我注意到两起违反原则的案例：

有一个孔族的女孩（卡贾特人），她的第一个丈夫是卡贾特人。但最后她离开了他，回到了莫霍里亚的家中。之后她与索拉贾特的男人发生了性关系。过了不久，她搬进了这个男人的家里。从那以后，她一直住在他家里，但是没有举行婚礼，她有四个孩子，他们显然像他们的父亲一样是索拉贾特人。这个女人的血统是莫霍里亚村最富有最高贵的血统。她的族人反对这对男女的结合，但也被迫接受了既定的现实。之后这个女人与她的父母和其他村民很好地生活在一起。

我们将再次感受这种类似的态度。一个男人和一个女人不会被阻止去追求他们想要的幸福，特别是在第一次婚姻之后。第二次婚姻更多的是基于两个人之间的意愿，而不是两个家庭或当地血统种族之间的意愿。当然，父母尽最大努力防止不正常的婚姻发生，但如果他们的孩子坚决地做出了决定，他们也会接受。村落是置于冲突之外的，因此也不会谴责这种婚姻。

似乎一个卡贾特女人很容易被索拉贾特家族接纳。相比之下，索拉贾特的妻子在卡贾特家庭中的地位则非常卑微。其中主要的阻碍不是因男人产生的，而是由这个家庭中的女人创造的，她们认为年轻的妻子是低人一等的。如果夫妇可以独立生活，情况就可以得到改善。

在再婚或一夫多妻的婚姻中，两对卡贾特氏族中的异族婚姻有时会因第二次婚姻而受到侵犯。但大多数或不正规的婚姻都是由于对宗族命名的混淆造成的。由于很难将某些部落置于卡贾特族中，因此，这种婚姻就无法说明是否违反了原则，因为在这种情况下，婚姻的原则尚未被明确规定。

2. 其他限制

除了同族婚姻和异族婚姻的原则之外，还存在关于亲属的限制，这就完善了前者。这些限制相当于制裁手段，当家庭关系变得过分亲

第二部分　社会

密时（儿子和母亲，父亲和女儿，兄弟和姐妹发生性关系），当事人将受到最严厉的惩罚。在我来看，古隆人对这种结合的态度与对近亲通婚的态度类似。对于古隆人来说，这样的结合是可怕的。我的信息提供者无法告诉我一个具体案例。他告诉我"如果发生了这样的事情，在法律规定下，当事人会立刻被别人向尼泊尔警方举报"。然而，在祭司讲述的历史中，描述了一起乱伦事件：

> 一对兄妹彼此相爱并且发生了性关系，但他们立即意识到他们所犯错误的严重性，于是悄悄地离开了村庄。因为他们知道如果他们的关系被公之于众就会被当成怪物一样被处死。于是他们独自生活在高山里的一个木屋中。有一天，当妹妹在编织时，她从垂直的岩石峭壁的高处不慎跌落。当她的哥哥回到家中，发现他的伴侣已经死了，他也从高处纵身一跃殉情了。于是这对兄妹就变成了两个流浪的灵魂：这两个被山"吃掉"的人扰乱了人们的平静。

在平行亲属的范畴内，婚姻是不可能的。关于父系的平行亲属的限制可以看作氏族的异族婚姻产生的，因为在那一方，不同的父亲，兄弟，姐妹，儿子和女儿都属于同一个氏族。关于母系的平行亲属的规则源于禁止两姐妹的后人之间的婚姻。古隆人解释这个禁令说："我不能娶我母亲的妹妹的女儿，因为我称我母亲的姐姐'母亲'，而她的女儿就是我的妹妹。"

但是交叉亲属之间的婚姻是被允许的，但也只能在同一代人中进行。特别是，一个人不能娶他姊妹的女儿，也就是他的外甥女。人们常常将交叉婚姻禁令解释为母系中的异族婚姻。在这里我们不能得出任何结论。但有必要指出的是，如果与外甥女的婚姻被允许，那在葬礼上的吊唁也就无法完成了。我没见过这样的婚姻案例。我的信息提供者告诉我，这样的婚姻是例外，在第一次婚姻中永远不会发生。最后，请注意古隆人对两个男人互相娶彼此的姊妹这种情况并不赞成。我没有这方面的单独的例子。[84]

3. 优先婚姻

古隆人可以和他父亲这边的表亲结婚，也可以和他母亲这边的表亲结婚。事实上，当他要和表亲结婚时，他通常会从母亲这边选择。没有明确的规则会迫使古隆人与其表亲结婚。似乎这种婚姻被视为是不理想的结合。尽管如此，在两个表亲间，比起他父亲的姐妹的女儿，古隆人更喜欢他母亲的兄弟的女儿。在莫霍里亚族谱中，我注意到古隆人与父母的表亲结婚的情况很少见，而与其他表亲的婚姻则频繁发生。[85] 但是，如果我们考虑族谱中显示的婚姻总数，可以看到，在相当多的例子中，男人娶了一个与他没有血缘关系的女人。我们也了解到此后这种情况在索拉贾特中比在卡贾特中更经常出现。后者倾向于支持母系婚姻，也就是一个男人和他母亲兄弟的女儿结婚。

三 婚姻的地点和母系婚姻

1. 统计数据和评论

在研究了出生于莫霍里亚或者在此结婚的 138 名女孩之后，我们整理出了以下数据：

莫霍里亚村

在莫霍里亚村结婚的莫霍里亚索拉贾特女性	36
在莫霍里亚村结婚的莫霍里亚卡贾特女性	3
在莫霍里亚村结婚的莫霍里亚中的索拉贾特与卡贾特通婚的女性	3
共计	42

科塔（甘德兰登）

在莫霍里亚结婚的科塔索拉贾特女性	25
在莫霍里亚结婚的科塔卡贾特女性	19
共计	44
在科塔结婚的莫霍里亚女性	10

丹兴地区 [包括图司、加瑞博（Garibō）、比瑞亚特、萨北（Sabe）]
索拉贾特女性 9
卡贾特女性 11
共计 20
在这个地区结婚的莫霍里亚女性 7

在巴瑞迪和帕斯河之间的地区
索拉贾特女性 3
卡贾特女性 2
共计 5
在这个地区结婚的莫霍里亚女性 6

在莫迪上游的南坡地区
索拉贾特女性 7
卡贾特女性 9
共计 16
在这个地区结婚的莫霍里亚女性 6

在莫迪上游的东坡地区
索拉贾特女性 4
卡贾特女性 4
共计 8
在这个地区结婚的莫霍里亚女性 12

来自更远的城市地区的女性
一个来自廓尔喀（卡贾特），一个来自巴格浪（Baglung）（卡贾特），一个来自本尼（索拉贾特）
共计 3

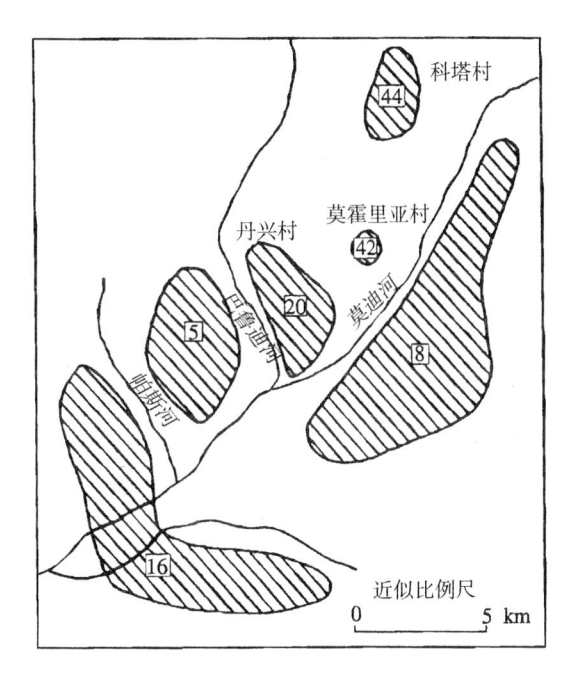

图 9-2 婚姻地图

除了三个例外，所有已婚人士的家人都居住在莫迪山谷。85%的人住在莫迪河上游山谷，那里距离莫霍里亚只有半天的步行路程。82%位于莫迪上游与莫霍里亚相同的同一斜坡上，并且集中在丹兴（莫霍里亚以南），莫霍里亚和科塔（北部）三个村庄中的大部分区域。因此，他们主要与来自同一个村庄或附近的村庄（不仅在山谷中，而且在山谷的同一侧）的女孩结婚。

我认为由于古隆族所在地区陡峭的地貌解释了这种非常有限的本地化。在季风期间，只有同一斜坡上的村庄很容易到达。在那段时间，到达山谷对面另一边的村庄定居点必须绕道而行。

在莫霍里亚和丹兴地区的106例案例中，有42例来自莫霍里亚，占40%。如果看完总共138个案例，可以了解到莫霍里亚的婚姻超过30%是在村庄内的，70%是跨村的。

在这70%中，49%是卡贾特之间的婚姻，51%是索拉贾特之间的婚姻。但是，如果有人记得村子里有27间房子属于卡贾特而54间是属于索拉贾特的，那么似乎很明显，大部分卡贾特人会在村外结婚。此外，如果考虑在莫霍里亚内发生的 39 例定期婚姻，这一结论就得到了证实，因为 36 例是索拉贾特之间的婚姻，而只有 3 例是在卡贾特之间。这个事实在古隆族很普遍，这表明相较于索拉贾特，卡贾特与邻近的村庄有着更多的联系。我们了解到他们需要与其他村庄进行联姻。

2. 卡贾特的婚姻

卡贾特式的婚姻取决于几个或多或少相互关联的群体。

在每个村庄中，人们会发现一个或两个当地血统的群体，这些群体比其他群体数量更占优势。在莫霍里亚村，27 个卡贾特家族中有 17 个属于孔族的同一血统，而其他血统仅有一个，两个或三个家族代表。通常相同血统由同一山谷中的几个村庄代表。因此，似乎在几个世纪前，普隆在科塔初步形成。超过 200 个家庭是这些普隆的后代，如今他们仍住在那里。在 19 世纪初，他们中的一些人在两个新村庄中山谷的东坡定居，并建立了两个当地的血统群体。

莫霍里亚的孔与上述家族相仿。在 19 世纪，丹兴的一些人移居到科塔和莫霍里亚，并且形成了当地新的团体。值得注意的是，他们并不总是在数量上占优势。在这两个例子中，拉卓克和北克可伊的普隆以及莫霍里亚的孔是最重要的。相比之下，科塔的孔只形成了一个当地的小型血统。

我们可以从四个卡贾特部族中管理婚姻的规则，以及涉及婚姻发生的地理区域限制的结论中概括出，卡贾特婚姻的一个特征是它只在一个有限区域内的少数血统之间发生。

另外，卡贾特婚姻很少发生在出生于同一个村庄的两个人之间。因此，生活在该地区的家族由婚姻关系联系起来是理所应当的，在村庄中也是这样。

尽管卡贾特对婚姻的倾向并没有被完全解释，但这种情况与这种倾向不谋而合。父系制度中的母系婚姻[3]指的是儿子的婚姻形式与他父亲的婚姻相同，他的妻子是他舅舅的女儿。在古隆人或卡贾特中，

---

③ Cf. C. LÉVI-Strauss, *Structures élémentaires de la parenté*, and L. Dumont, *loc. cit*, p. 118.

没有因这种婚姻偏好而制定的规则。但事实上，人们有支持这种婚姻的倾向。我曾听卡贾特人说："嫁给一个已经和我们有亲属关系的女人是件好事，因为这样我们更了解她"，"年轻妻子同与她丈夫相同血统的当地人来说并非陌生人。在这里她找到了一个旁系的母亲和一个旁系的姐妹"，或者说："当情侣双方父母的家庭已经有了几次婚姻联系时，婚姻的商议会容易得多。"在此，我引用一位普楚祭司的话来证明先前言论的意义："如果一个人娶了他姑姑的女儿，在葬礼问题上就会引发异常情况：由死者妻兄赠送的礼物会交给死者的儿子，而他却是死者的女婿。"

总而言之，事实证明卡贾特不喜欢与父亲的表亲结婚。而且，他们倾向于与已建立家族姻亲关系的女人结婚。通过这两个观察我们可以得出结论，他们倾向于支持母系婚姻。

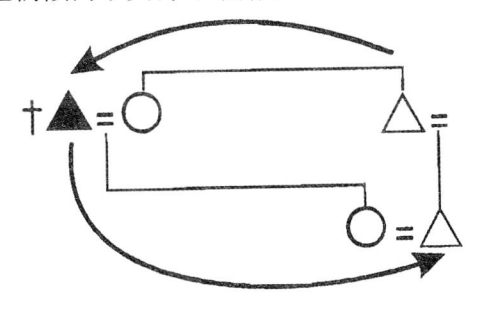

图9-3 出席葬礼和父系婚姻

尽管我不可能获得三代以上家谱中所有人的完整信息，但对这些家谱的研究表明，父系婚姻很少见，而母系婚姻更为多见。与父系表亲结婚的案件很少见，特别是直接形式的婚姻（如图9-4，a）。这种通婚关系的倒置最常以间接方式出现，要么是隔代人（如图9-4，b），要么是依赖于同类人（如图9-4，c）；卡贾特人并不赞同父系婚姻和对称型交换。

母系婚姻经常以直接形式出现（如图9-5，a），但我没有任何关于在第三代中的通婚关系的例子。通婚关系会以更复杂的形式出现，妻子不是母亲的"真正的兄弟"的女儿，而是母亲的旁系兄弟（如图9-5，b）。

| 第二部分　社会

另一个例子更为复杂（如图9-5，c）：血统之间的关系在三代之间依然保持不变，但是家庭或谱系却来自不同的地点。

村庄2的一个有着当地血统群体的家庭扎根在了村庄3，并建立了另一个群体。

来自村庄2的血统在第一代和第三代与村庄1的血统结婚，而来自村庄3的血统则介入了第二代。

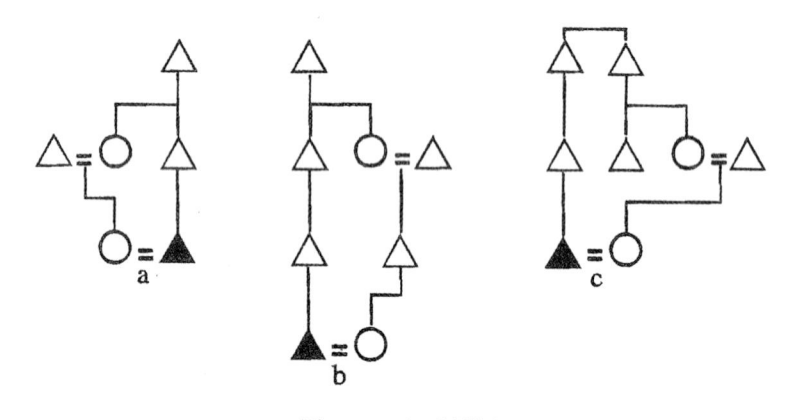

图9-4　父系婚姻

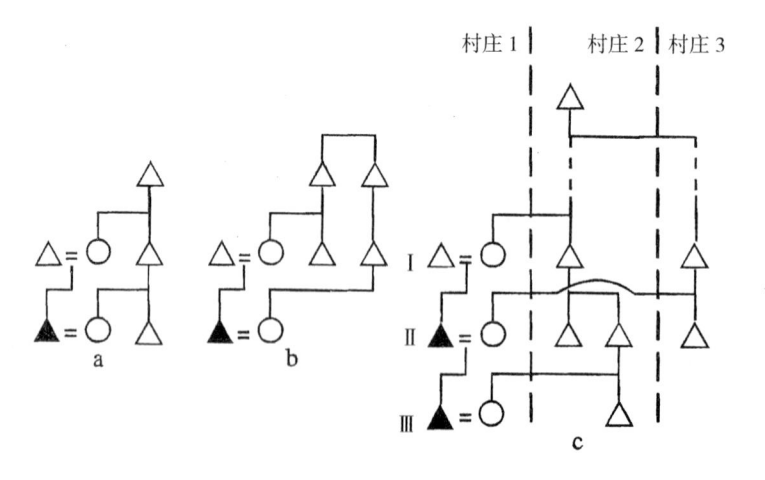

图9-5　母系婚姻

还要注意的是，婚姻之间的联系通常会在一代人之间进行。

总而言之，在这些复杂的形式中，母系婚姻的情况经常发生在卡贾特中，而与父亲一方的表亲结婚这种相反的情况却很少见。

3. 索拉贾特的婚姻

人们已经看到索拉贾特婚姻，像卡贾特婚姻一样，仅限于受限制的地理区域。不同的是，索拉贾特在自己村庄找到一个配偶要容易得多，一方面他可以与除他自己以外的任何索拉贾特家族成员结婚，另一方面，在一个特定的村庄中氏族的数量比卡贾特要多得多。像卡贾特一样，索拉贾特不太喜欢与父系的表亲结婚；他们显示出的是支持像卡贾特这样的婚姻的倾向。但是，所观察到的婚姻案例并没有显示出这种婚姻的优势。解释卡贾特和索拉贾特婚姻之间的这种差异是十分困难的。然而，值得注意的是，现在因爱结婚的情况在索拉贾特更为常见：在村庄内，无论父母接受与否，一个男孩和一个女孩会通过结婚建立关系。

而且这种趋势似乎还在增长。

四　人们结婚的年龄

1. 女性结婚年龄

a）初婚的年龄（在莫霍里亚村的237例案例）

表9-1　　　　　　　　　　初婚的年龄

年龄段（岁）	案例数（个）	百分比（%）
13—14	13	6
15—18	114	48
19—22	92	39
23—26	10	4
27—30	3	1
31—34	2	1
35—38	3	1

当女孩年龄为 13—14 岁时,她们就会结婚,或者更确切地说在这之前她们已经结婚了。事实上,表 9-1 所显示的 13 个案例中的女生是现在已经 30 岁或者年龄更大的女性了。如今,非常年轻的女孩结婚的情况很少见。许多回到村里结婚的士兵都认为娶一个年幼的女孩并不好。

87% 的年轻女孩会在 15—22 岁结婚;23—40 岁结婚的有 8%。在莫霍里亚,没有一个 40 岁的男人或女人是从未结过婚的。古隆人认为,一个不结婚的成年人是一个不正常的人。很多人都惊讶,他们经常以此调侃自己,我还没有结婚。婚姻给了一个成年人充分的地位。[86]

b)第二次婚姻的年龄(第一任丈夫死亡或离婚后),共 17 例:

表 9-2　　　　　　　　　　第二次婚姻的年龄

年龄段(岁)	案例数(个)
15—18	1
19—22	2
23—26	5
27—30	4
31—34	—
35—38	2
39—42	—
43—46	2
47—50	1

30 岁以下的女性通常在第一次离婚后再婚。相比之下,30 岁以上的女性第二次婚姻主要是因为第一任丈夫去世。

2. 初结婚时夫妻之间的年龄差异

共 95 例:

表9-3　　　　　　　　初结婚时夫妻之间的年龄差异

年龄差	案例数（个）
6个月—1年	5
1—3岁	22
4—7岁	31
8—11岁	16
12—15岁	15
16—19岁	5
20—23岁	1

该统计数据证实了人口学一章中的结论［87］。

几乎没有男人在22岁之前结婚。但这并不能解释超过35%的夫妻之间存在着巨大年龄差异。事实上，如果我们考虑到有一定数量的女性在16—17岁时结婚，那也只能带来最大5—6年的年龄差异。相反，我们很容易找到这种现象的原因，因为很多人在国外当兵。他们没有结婚，因为他们几乎没有机会在结婚的8—10年里与妻子一起生活。因此，士兵宁愿等到他30—35岁才结婚。服役15年后他到了退休的年龄，此时他的退休金也得到了保障。此外，他通常会与寡妇或年轻的离婚女子结婚。最后，值得注意的是，在第一次婚姻中，丈夫几乎总是比妻子年长。

五　结婚仪式

古隆婚礼本身没有宗教意义。仪式非常简单。总之，它通过将单身人士转变为已婚人士的身份，标志着一个男人和一个女人的合法夫妻生活的开始。在整个仪式上，没有喇嘛，没有普楚，也没有克里布利介入。婆罗门只在印度的奢华婚礼中扮演某种角色。

在普楚祭司所讲述的多次描述婚礼的历史中，我从来没有发现任何关于宗教婚礼的描述。当一个男人决定娶一个女人时，他会考虑与

| 第二部分　社会

后者的血统关系和氏族，如果这些关系都允许，他就会把她带回他自己的家中，或带回父母那里，但不会有任何特别的仪式。

现在使用的"婚姻"一词是尼泊尔语："biyā"。Biyā la-ba：要结婚或结婚（la-ba：在古隆语中是"要做"）。

在普楚祭司用古隆语讲的历史中，我找到了一个男人向女人求婚的短文。虽然这篇文章是古老的古隆语，因而很难翻译，但我也要在这里引用它，因为我认为它是最有趣的。

ṅe-do phai-na yu-lo，tuh-do phai-na yulo，④ 一个叫 a-paokahrab-kleh 的男人说"我想加入你的家族"。

ṅo-ji ṅe-jiṅe-ma a-ta，tuh-ji tuhna a-ta，（一个女人回答道）"我们的婚姻不会很好"。

ṅa-ji ṅe-ri ṅe-ja śe-mu，tuh-ri tuh-ja se-mu，（男人说道）"我知道我们天生一对"。ṅe-ro phai-na bha-ji，（他又补充道）他与她结婚是为了加入她的家族。

遗憾的是，我们不可能逐字翻译这个对话。因为它用了一种语言来讲述，这种语言有一些现在不再使用的单词和后缀，还有一些重复，但它们为祭司的诵读提供了节奏。（我已经与古隆的信息提供者讨论了我所提供的翻译摘要）

尽管翻译存在不确定性，但古隆婚姻的重要性在这次谈话中得到体现。结婚是指将两个人的家庭联系在一起。我们稍后将有机会再回到这个重要的事实。

婚礼通常只在10月中旬到次年4月初举行。在此期间没有规定

---

④　ṅa-ji：我
　　ṅo-ji：我们
　　Phai-ba：参加，结婚
　　Yu-ba：来
　　śe-ba，知道
　　Bha-ba：带走
ṅe 包括配偶夫妇的亲戚。ṅe 是指赋予女性自我血统的人。tuh：如今已经不被使用了。我的信息提供者觉得这个词是表示 ṅa-ji，我；ṅo-ji，我们；自我血统的亲戚的另一种形式。

第九章 婚姻

禁止他们进行仪式。我在8月的一次婚姻中协助过他人。年轻的丈夫，是马来西亚的一名士兵，从5月到9月回家休假结婚，因为双方家庭不想再等到3年后的下一次休假才办婚礼。古隆人喜欢在淡季举办孩子的婚礼，因为在那时他们有更多的空闲时间。从4月到10月的农业活动是十分繁忙的，以至于婚礼的筹备和庆祝——即使是很简单的婚礼——也会扰乱田间的工作，并有可能耽误农活。

如今的婚礼仪式仍然非常简单。然而，在过去几个世纪，增加了某些印度教角色的仪式。此外，一些富裕的家庭会请婆罗门，然后仪式会变得更加复杂；而我只会描述最常见的婚礼[5]。

新郎会在一些年轻朋友或同辈的家人的陪同下，在婚礼前一天晚上或第二天早些时候到达未婚妻的村庄[6]，到未婚妻家里。在房子里面，即将结婚的夫妇并排坐下。女孩的父亲和母亲在新婚夫妇的额头上抹上一点加了脱脂牛奶（尼泊尔语，dhai或dahi）的大米，祝福他们过上幸福的生活。然后，他们会帮女儿洗脚，沾一滴用过的水在他们的嘴唇上。新娘的家人会为她准备一些嫁妆。有时，新郎父母给的聘礼会直接交给新娘的父母。之后在新娘的村庄里的婚礼仪式就这样结束了。

这对夫妇，在新娘的朋友和新郎的朋友陪同下，前往新郎的村庄。在年轻新娘的丈夫家里，她会收到一整天穿的新衣服。然后一个父母都健在的男孩和新郎家里以及村子里的长辈会将混合了脱脂牛奶（dhai）的大米抹在这对年轻夫妇的额头上。当他们完成这项仪式后，他们会祝愿这对夫妇幸福快乐。到了晚上，这位年轻的妻子会睡在婆家，就在同她一起来的女同伴住处的旁边。至少在三天之内，这对年轻夫妇都会待在这所房子里。然后，妻子和她的朋友再次回到她的村庄，并且之后独自一人再回来，最后和她的丈夫住在一起[88]。

---

[5] 诺西（Northey）和莫里西（Morris）描述了一个廓尔喀士兵告诉他们的古隆婚礼，这种婚礼是由婆罗门完成的印度教仪式。但就我而言，我并没有见过这种仪式。（loc. cit., p. 194）

[6] 如果夫妇双方住在同一个村庄，仪式就会以同样的方式进行，从一个村庄搬到另一个村庄除外。

— 219 —

| 第二部分　社会

在之后的 15—20 天内，年轻的妻子，尤其是来自另一个村庄的年轻妻子，会在婆家感到不安。因为她对他们的习惯一无所知，也不知道家里的东西在哪里。她只通过第三人与丈夫说话。如果这对夫妇在结婚前只见过一两次或者如果他们住在丈夫父母的房子里，那么婚礼往往会在结婚那天后的两三个星期内完成。对于后者来说，丈夫的兄弟姐妹和他们住在同一个房间里，这会使这对夫妇感到尴尬和害羞。

我从未参加过婆罗门庆祝的婚礼，但一位婆罗门和一位根据印度教的习俗嫁女儿的富裕的古隆地主向我描述了这种婚礼。它与在尼泊尔的切特里或婆罗门村庄庆祝的真正的印度教婚姻相差甚远。这里有一个值得注意的事实：就像在传统的婚姻中一样，它的仪式非常不完整。当女孩的父母把大米混合着酸奶抹在夫妇的额头上时，他们会给女孩洗脚然后沾一滴水在他们的嘴唇上。在印度，给夫妇洗脚这项仪式由新娘的父母完成。它可能显示出在孟加拉国婆罗门⑦与同阶层结婚的重要性。在这里，父母只给新娘洗脚。

这似乎是我在尼泊尔低地的婆罗门村庄观察到的借鉴仪式的问题，这种仪式在婚姻期间暂时将新娘置于她的家庭之上，与印度针对夫妇俩人的情况似乎很相似⑧。虽然这种仪式被弱化，但古隆人似乎借鉴了这种方式。

我们已经提到过，在商议期间，新郎的父母会给新娘的父母送去 1 卢比作为友好的象征。尽管钱不多而且不是强制性的，但这都象征父母为了建立良好关系的意图。他们会有下嫁的疑虑吗？在任何情况下，这种情况对双方父母的未来关系来说并不重要。事实上，在所有情况下，如果两个家庭碰面，他们会吃同样的食物，并且客人会得到主人所有礼貌的待遇。在葬礼上，如果舅舅去世则被自己的家人接收。在被称为霍卡赫巴（rhil-kahe-ba）的仪式中，祭司同时以这对夫妇两个家庭的名义为死人的灵魂祈祷。

---

⑦　H. H. Risley, *The Tribes and Castes of Bengal*, Calcutta, 1892.
⑧　L. Dumont, *Une sous-caste*, pp. 256 - 256.

在丈夫的家中进行的仪式促使我们做出几点结论。不是新郎父母把混合了脱脂牛奶的大米抹在夫妇额头上的，而是他们的家庭，是当地血统群体和村里的其他群体的长辈。因此，婚姻不是由年轻夫妇的父母而是由他们居住的村庄所批准的，所以婚姻变得众所周知。村庄里的长辈接受这对夫妇，并给予他们祝福，使他们可以和平与幸福地生活在那里。

在村里的长辈之前，一个年轻男孩也会把混着脱脂牛奶的大米抹在夫妇的额头上，祝他们幸福，但这个男孩的父母必须健在。这个男孩会祝愿这对夫妇幸福快乐，也希望他们的父母都长寿。对古隆人而言，这个愿望是可以理解的，因为年轻夫妇最希望的是有一个儿子来继承他父亲的财产并保证后代的生活。

六　新娘和她的婆家

许多男人会在30—35岁前结婚。这时儿子们尚未分割父母财产和分家，所以年轻夫妇必须与丈夫的父母住在同一屋檐下。因此，妇女们结婚的头5—10年会在她们公婆的家里度过，特别是当她们嫁给一个家庭的长子时，她们必须等到丈夫所有的弟弟成年后分割财产。年轻的妻子和她的公婆、丈夫的兄弟姐妹住在一起，有时还会有她的妯娌。我们将会探讨新娘和这些跟她生活在同一屋檐下的人的关系。

首先必须区分儿媳妇与她的婆家是否在同一个村庄，这十分重要。如果这对年轻的夫妇来自同一个村庄，那么当她还是个孩子时，她的婆家人就会认识她。因此，她不会觉得自己在新家里完全是一个陌生人，而且可以毫不尴尬地在那里说话。相反，当她需要到另一个村庄时，她必须使自己为人所知并且被欣赏。在村里，她没有信任的朋友可以与之交谈。起初，她就像因禁在丈夫家里的"囚犯"，但她的处境并不像印度那种大家族那样艰难。这里的观点是不同的，年轻的新娘并不是一辈子都住在婆家，她只会在那里度过一段短暂的时间，等待她的丈夫与父母分开并建立一个独立的家庭。她继续向她的婆婆学习如何扮演好家里女主人的角色，以便有一天她可以管理自己的家庭。因此，婆婆也并没有像在印度那样控制儿媳妇。

儿媳妇对她的公婆和对她丈夫的兄弟姐妹的态度是十分尊重的，这是古隆社会形态下一种普遍的态度。一个人必须尊重他的长辈。因为丈夫尊重他的兄弟姐妹和他的父母，所以他的妻子必须遵守同样的规则。这对新人没有任何个人财产。因此，每个家庭成员必须在尚未分割的家庭的家主领导下工作，而这个家主就是丈夫的父亲。他的儿媳妇必须遵守他的命令，就像对待她自己的父亲一样，但她知道他现在正为她未来的家庭工作，而以前她只是为她的兄弟工作。

公公和儿媳妇之间的感情与父女之间的感情非常相似，没有任何尴尬，所以儿媳妇可以认真地完成她的工作。一开始，当她还没有孩子的时候，她和公公一起在农田里工作，而婆婆则更喜欢忙一些不太累的家务。儿媳妇与婆婆之间的关系往往不那么和谐，婆婆有自己的做事方式，并且迫使儿媳妇盲目跟随她们。有了儿媳就意味着可以将更多家庭琐事交给她干。婆婆白天几乎不会留时间给儿媳妇休息，而且还会抱怨她懒惰。她对儿媳比对女儿更为专制。她偶尔也会对儿媳妇产生某种女性的嫉妒。她作为女主人，家里的地位实际上非常不稳定。如果她的丈夫去世，她将变得一无所有并由她的一个儿子安置。然后，儿媳妇将扮演家里女主人的角色。虽然婆婆总是受到尊重，但在新家里只能处于次要地位，不会拥有和儿媳妇相同的权利。但有必要强调的是，一般来说，婆婆和儿媳之间并不会有严重的冲突，他们的关系也被认为是真诚的友谊。

当儿媳妇生下一个儿子时，她的地位就发生了变化，这个事件不仅是丈夫所希望的，也是公婆所希望的。通过培养男性继承人，她在丈夫血统中的地位得到肯定，并用同样的方式以儿子的名义获得了在家庭决议中说话的权利。不能忘记的是年轻的母亲经常独自在一个村庄里。她的丈夫在军队中，所以她在家里是代表他的。

如果房子里还有其他的儿媳妇，年轻妻子与她们的关系一般都会很好。年轻的儿媳妇就像姐妹一样尊重年长的那一个。通常情况下，两三个儿媳妇和她们的公婆一起生活，而她们的丈夫却不在。如果她们都是来自其他村庄，她们在公婆心中的地位是一样的。与丈夫分开，她们倾向于将自己的烦恼和无聊彼此倾诉，这种态度使她们很难与婆婆相处。尽管如此，她们并没有成为后者的敌对团体。她们只是在相同的处境下才勉强走到一起，从而弥补她们本应从真正的婚姻生活中才能获得的感情和安慰。

年轻的妻子通常不会和她丈夫的兄弟一起生活，特别是哥哥，因为他们大多是士兵。但是当真的遇到这种情况时，他们的关系并没有任何尴尬，年龄和性别决定了他们相互尊重的程度。

第十章　家庭

在古隆，男人和女人结婚可以没有任何仪式。他们在结婚时不会签署任何正式文件，但离婚会由村长进行登记，以便离婚的人能够合法再婚［89］。事实上，也很少有人举行仪式来庆祝结婚，特别是在第一次结婚时。如果这对夫妇的父母不同意这桩婚姻，也不会有任何仪式，虽然这没有达到违法的程度却也违反了某些传统习俗。因此，当一位卡贾特的女孩与一位索拉贾特的男孩结婚时，卡贾特的家庭拒绝表示对这桩婚姻的祝福，但也接受结婚的事实，也会与这对新婚夫妇保持正常的关系。而这对新婚夫妇创建的家庭在社区生活中也同样享有充分的权利。

一　丈夫和妻子的关系

丈夫是整个家庭的负责人。丈夫独自拥有所有家庭财产，指导家庭生活，他也因此受到尊重。在家里，他的妻子为他准备饭菜，并且妻子一般只会在丈夫吃完后才开始用餐。当夫妇一起外出时，丈夫通常走在妻子前面。需要注意的是，在古隆，由于路径狭窄，难以并排行走，人们只能一前一后排列。但是当一群村民一起出行时，如在低地，男性和女性都有的情况下，谁前谁后的顺序就不那么重要，女性走在男人的前面或者跟在后面都可以。同样，在送葬队伍中，走路也没有优先顺序，但是官员总是会走在最前面。在乡村的节庆期间，男性和女性都倾向于和同龄的同性别的人聚在一起。已婚妇女，邻居和亲戚会聚在一起，男人也会像这样聚在一起，但夫妇和他们的孩子并排出现在人群中的场景也十分常见。

当一对夫妇接待另一个家庭时，这两对夫妇会在一起吃饭。男主人和男性客人都在火炉一侧，而女性客人通常会和女主人一起在火炉的另一侧吃。女性客人常会恳切地请求女主人不用为她服务，并表示"当男人们吃完后，她会和她一起吃饭"，但为了表现出对男性客人和女性客人的同等尊重，女主人会坚持为她服务。当许多同族的人与他们的妻子在一个房子里聚会时，男人和女人交流谈话时所坐的位置就没有明确的规定。人群中年纪大或在军中职位较高的人最受尊敬，他们会坐在床上，其他客人就坐在地板上，而房子的女主人通常就独自待在火炉和内墙之间。

在白天，无论是在村庄还是在田野里，男女之间为了讨论一个共同的问题或者互相开玩笑都不会有任何尴尬。

总而言之，古隆社会中性别的隔离并不十分明显。在古隆的家庭中，当一个女人生了孩子，尤其是当她与儿子或与儿媳一起生活时，她实际上成了家庭中最具权威性的人。当家中的男主人超过50—55岁时，他就会将所有的时间都投入在照顾家畜身上，将田间工作留给他的儿子和儿媳。男主人经常不在家，常独自睡在村外的临时马厩里，只有回到村中时才会发号施令，而妻子独自在家里组织农业生产。在过去的二三十年间，许多男人都外出当兵了，他们的妻子都被独自留在村子里。在丈夫缺席期间，房子的管理和孩子的教育事务都委托给女人。当然，她会征询丈夫同族男人的建议，然后她在执行所有家庭事务或农业活动上负有和男人们同等的责任。因此，妻子获得了发言权，能够在家庭或村庄会议上拥有一席之地，能够参与讨论，提出建议并承担相应的责任。30—35岁的妻子与20岁的新婚妻子是十分不同的，前者不仅通过诞下后代延续家族血脉确保了她在丈夫家中的地位，还因为独自承担起了家中繁重的事务和生活的责任成为家中的权威，尤其是她们独特的决策能力也得到了男人们的欣赏。有一位住在莫霍里亚村的女性，今年42岁了，她的丈夫在印度，儿子在马来亚半岛。村委会或一些家庭经常会来寻求她的建议，如如何仲裁财产纠纷。事实上，就女性地位来说，也可以说是因为军士们赋予了

| 第二部分　社会

妇女们无可置疑的权威,妇女在家庭内部和村庄内的地位才得以提高。

一定程度上,夫妻关系是建立在双方在家庭日常生活的相互扶持上。而在古隆,这种互帮互助不仅仅只体现在夫妻之间,还体现在每一个村民之间。村民之间的团结有助于保持村庄的和谐,而维持这种和谐几乎已经成为每一个村民的责任,如他们总是时刻准备着去调解冲突。在村民们把村庄的和谐看得很重要时,妇女之间"良好"的社交能力反而可能会成为一种不幸:她们平日的闲聊往往成为家庭之间冲突的根源,并且通常都由男人试图来修复冲突对家庭关系的伤害。男人们通常对他们的妻子之间长时间的低声私语和笑声冷眼相待。他们经常说:"啊!女人!她们总是目光短浅!"古隆人们生活的世界仅仅局限在小小的村庄之中,因此不太会考虑到他们言行会导致什么长远的后果。

夫妇双方从来不会在公众场合通过一些温柔的言语或者亲密的动作来表现他们之间的感情。一般来说,夫妻间的性关系只发生在晚上且是在上锁的房子内进行。在发生性行为时,二人都会十分沉默。所以有人告诉我,当一对夫妇仍然与丈夫的父母生活在一起时,亲密的性行为就会更为罕见,因为这对夫妇会觉得有其他家庭成员在场的情况下,发生性行为十分的尴尬,即使家人们已经睡着了。相比之下,当他们在田地里生活,独自在小屋里睡觉时,他们对于性行为就没有了心理负担;如果这对夫妇住在自己的房子里,并且孩子们都很年幼时也是如此。

配偶之间的性关系也不会因为丈夫是士兵而受到阻碍。我曾经问道:"关于性交,你会对你丈夫总是不在家感到不满吗?"几位士兵的妻子回答说:"我们女人不一样,不像你们男人,我们能够自己解决。"这一回答似乎能够得到事实的验证,就算丈夫不在,通奸的行为也是十分罕见的。这是因为士兵们的妻子的实际生活十分艰苦。她们必须承担所有的家务和田地里的劳作。她们的劳作从早上5—6时开始,经常到晚上10时之后才能结束。她们也经常用库尼去稻壳直到凌晨2—3时。这种高强度的劳作下,她们几乎没有了闲暇时间来想是否要和村庄中其他的男人们有一段风流故事，不只如此，古隆的传统也会限制通奸事件的产生。

丈夫，如果他是印度或马来亚的士兵，似乎也会尽量避免产生婚外性关系。几位军医、来自印度和英国的几位军官给我提供了不少信息：与其他廓尔喀的士兵一样，古隆士兵也做定期体检。从检查结果看，得性病的病例十分罕见。此外，新加坡的妓女经常感染性病，因为士兵经常找这些妓女。一位在古隆工作的英国医生告诉我，据他所知，莫迪山谷附近的地区，很少有人会得性病。但这些信息不能用来证实士兵会尽量避免有婚外性关系，因为受感染的士兵会在军队接受治疗。然而，在国外的士兵似乎与当地的妇女不会有性接触。

二　父母与子女的关系

当孩子还很小的时候，父亲会花很多的闲暇时间去陪伴，尤其当这个孩子是他第一个儿子的时候。父亲会陪他一起玩，一起在村庄漫步，并且时刻关心他的健康。我在莫霍里亚逗留期间，通常是父亲带着孩子到我这里来拿药。如果父亲是一名士兵，他会利用在家的时间教他的孩子读书和写字，并给他们描述在国外看到的东西。女儿长大后，会更加亲近她的母亲，她们会在母亲的监督下工作，直到结婚。相反，儿子会变得越来越独立，但也更喜欢向母亲倾诉。当他16—18岁，到了能在田间工作的年纪，他会跟着父亲，向父亲学习各种技能，但他对他父亲的那种尊重往往使他不容易向父亲敞开心扉。相比之下，他与父亲的兄弟说话就会轻松自然很多，尽管他同样尊重他们。如果父亲是士兵，儿子往往很少有机会去了解他的父亲，也不习惯和父亲生活在一起，因此会更亲近独自赡养他的母亲。

即使女儿结婚了，她的父母仍然会关心她。如果她住在另一个村庄，他们也经常会抽出10—15天的时间待在一起，聊聊天，看看女儿的孩子。如果女儿决定和丈夫离婚，父母不会反对。如果导致破裂的原因不严重，他们甚至会建议她与丈夫和好。

当年龄到十八九岁，许多年轻的古隆男人就出国当兵了。可以预见的是，这种情况下一定会产生一些涉及父母和儿子之间关系的问题。当一个古隆的年轻人决定加入军队时，他仍然和他的父母一起生活。在父母的权威之下，年轻人必须征得父母的同意才能离开。在第一次世界大战时期，有许多年轻人入伍。一位已经退休的老军官估计，在第一次世界大战期间入伍的莫霍里亚的年轻人中，有85%并未经过父亲同意。在第二次世界大战期间，这一比例降至45%。根据我目前得到的信息，现在能够得到父母的允许去当兵的青少年的人数比例达到了75%。现实中，有两个主要原因会让父母反对自己的儿子去当兵。一方面，家庭需要一个男性劳力来承担农业劳作：如果一个儿子参军了，父亲已经老了，或者去世了，年轻人的离开会使田地的工作变得更加困难。另一方面，母亲不喜欢看到她的儿子加入军队。当她想到他住在外国将要面对的一切，她会感到十分害怕，"凡事都不一样"，她也知道有很多士兵离开后就再也没能回来，或者是因为他们在服役期间死亡（可能是因为生病或受伤而死），或者是因为他们在印度——最常见的是在加尔各答定居了。对于一个母亲来说，无论是为人民而赴死，或者是定居在外国都是难以接受的。有时，父亲已经同意了儿子参军的想法，但母亲会拒绝并向丈夫施压，要求丈夫迫使男孩改变他的决定。

当一位年轻的士兵踏上自己选择的路时，他得确保自己有生活费。即使他把存款给了家人，他也养成了保证自己财务自由的习惯。如果他想购买一套欧式剪裁的西装，去看电影或喝啤酒，他都不会向父母要钱。通常，在他离家当兵的前三年，他会带上自己的妻子，他已经习惯了与妻子和孩子一起生活。尽管他在村里既没有房子，也没有田地，但他已经是自己家庭的主人。同样，当回到父母家时，他会试图尽快得到父系土地的份额，这样他就可以完全独立于他的父母。但是，实现完全独立之前仍然有障碍。

首先，年轻的妻子并不乐意很快就住在丈夫不在的新家中。她还很年轻，并没有足够的经验独自管理家务。此外，她也很难在抚养好一两个孩子的同时完成田间的工作。最后，当一个人了解了古隆高度发达的集群生活模式后，很容易就能想象到未来至少3年的孤独生活

第十章　家庭

对年轻的妻子来说没有一点吸引力。因此，尽管会有不便，年轻的妻子也会选择接受和公婆一起居住的生活：她在田里工作，而她的婆婆就可以在家里和孩子们一起忙碌。

其次年轻士兵建立自己独立的家庭。如果他想分得父亲的财产，那么他必须等到他的其他兄弟已经成年，他的妹妹都达到了结婚的年龄才行。父亲在去世前拒绝分割财产的情况是极少见的。当这种情况发生时，村长或当地其他同族的人进行干预并迫使他将财产的一半分给他的每个儿子（财产完全分割只能在父亲去世后完成）。一个男人如果得不到自己家庭分割的田地，他是不可能在父家之外建立自己独立家庭的。因为他什么财产都没有。他的妻子没有嫁妆（最多会有一些珠宝），而他自己在当兵时攒下的钱全部存入了父系的共同基金。大多数情况下儿子独立的年龄在30—35岁，但独立年龄的差异也可以很大。

在父亲的财产尚未进行部分分割的情况下（这种情况很少发生），如果儿子决定建立一个独立的家庭，他必须将他的妻子和孩子带到国外，而不能住在村里。在没有得到分割的土地的情况下，儿子无法独立生活在村里或保证他自己的独立的家庭的生活，他的父母会拒绝帮助他们，因为他不接受财产共有的事实而想要独立出去。最好的案例就是那些放弃军队生活并在印度民间工作的人，他们与妻子和孩子住在一起；他们只是偶尔会告知他们的父母一些他们的生活。事实上，过早地期望获得自由变得独立会破坏家庭的整体性。谴责一个儿子从村庄中自我"流放"，不是因为村子不赞成他的行为——这个行为只涉及他的直系家庭和父母——而是因为父母不能接受儿子的独立，但这不会对其他人造成任何影响。古隆人十分重视对财产的完美平等分割。古隆人认为只有当每个儿子同时获得他等份额的财产，除了他之前能够带来的不可分割的财产之外，才有可能达到完美的平等。尽管如此，也不能低估儿子对父系家族的强烈依恋以及对父亲权威的深刻尊重。关于这一点，我经常能够从父亲和他已婚的儿子在家休假期间以及已婚的儿子在村里逗留的行为中得到证实。[90]

三 祖父母和孙子女之间的关系

孙辈的孩子们和普遍意义上的"年轻人"经常和他们的祖父母,那些"老人"们开玩笑。仿佛在他们之间,孩子同父辈之间的距离感就消失了。孩子们用顽皮的语气与祖父母谈笑而祖父母们也喜欢和年轻人一起笑。人们总是会对老年人的耳聋和总是重复自己的话投以善意的微笑。平日里,老年男性到处闲逛消磨时间,老年妇女总是在家里忙着做些小事。年青一代并没有对老一辈表现出不尊重,恰恰相反,他们会静静地倾听老人们讲述他们的故事。在村中的会议上,人们会考虑老年人的建议,老年人常是礼拜的主持人或联结当地有血缘的族群的人的重要纽带,在某种程度上代表了已经消失的世代与新世代之间的联系。老年人知晓人们深深地依恋的旧传统中最好的部分,从这个意义上讲,老一辈也扮演了老师的角色。

四 孩子们之间的关系

在童年时期发展的直系兄弟之间的亲密关系会一直延续下去。兄弟之间的某些冲突产生于他们的妻子在父权财产分割时,但这些冲突都只是短暂的,真正的感情始终将兄弟们团结在一起。有时两兄弟都在印度或马来亚的同一个部门服役,他们也同时回来休假。如果兄弟间有互相通信,他们的信件就毫无疑问地成了他们之间联系的载体。他们还需要彼此:他们会在农业上互帮互助,弟弟通常都十分尊重他的兄长。

兄弟和姊妹之间比较缺乏了解。他们在很小的时候就会因为没有共同的活动而很少接触。女孩的结婚时间为16—19岁,而男孩会在18—20岁时离家参军。在那之后,他们可能就很少能见到对方了:兄弟只会在休假时回到村里,如果姊妹住在一个很远的村庄,那么他们几乎没有机会能够同时回到父母的家里。但就算如此,他们在童年时期建立起来的深厚感情仍然存在,就算是久别重逢也不会感到生疏和尴尬。如果一个女孩要与她的丈夫离婚，而她的父母已经去世，那么她的兄弟即使知道离婚会带来巨大的经济压力也还是会支持自己的姊妹。如果丈夫拒绝离婚，他就会去他的姊妹结婚的村庄帮助她离婚。当看葬礼上的主持人时，我们会发现，哥哥实际上是那个"赐予"他妹妹与男人结婚的人，并且当在他的姐夫家里举行葬礼的时候，他一直扮演着"送礼人"的角色。

一般来说，姐妹们在童年时期联系十分紧密。她们一同劳作和玩耍，但随着各自步入婚姻，她们就逐渐分开了，只有在葬礼上她们才有机会重新团聚。当然，她们也可能相约在同一时间一起去看望他们的父母。

最后要注意的是尼泊尔的一种习俗，这种习俗在古隆也很常见，即两个没有血缘关系的男人能建立起亲兄弟般的关系。两个彼此非常要好的年轻人可以结拜为兄弟。仪式很简单。两人中的一个男孩的父母在他们的额头上放一团混合了酸奶的大米（我们在讲结婚时描述过类似的仪式），然后这两个年轻人会用儿子在离家很久后回家见到父母时行礼的方式向这对父母行礼。最后，两个男孩交换礼物，并会一起享用一顿美餐。从那之后，他们就将对方认为是自己的亲兄弟，每个人都称对方为"兄弟"，称对方的父母为"父亲"和"母亲"。他们告诉我，通过这种方式，他们可以证明他们之间的感情比两个陌生人之间的友谊更深厚，是"兄弟般的友谊"。他们承诺以兄弟的身份对待彼此，并像儿子一样对待对方的父母。但是这种承诺并没有给所谓友子（friend-son）以在法律意义上与真正的儿子同样的家庭地位。[①] 例如，在莫霍里亚，有两个卡贾特的男孩，一个是喇嘛，另一个是孔族人，他们决定成为兄弟。在仪式举行之前，他们互相称呼对方为"诺霍（ňohlō）"，也就是说，我这一代人中可以娶我姐姐的人或者是一个"表兄弟"。仪式结束后，他们互相称为"兄弟"，而友子，曾经称呼真正的儿子的母亲"布偌（bhu-ju）"（祖母），这个词也具有

[①] Cf. F. E. Okada, "Ritual Brotherhood in Nepalese Society", *South-western Journal of Anthropology*, 1957, pp. 212–222.

"老一辈女人"的含义,现在称呼她为"a-ma"(母亲)[91]。在普楚祭司的历史中,人们发现了下面这样的逸事:

一位普楚的祭司遇到了一位女士。他需要这位女士帮助他完成一项仪式。她满腹疑惑地向他打招呼,并打算把他打发走。然后,祭司对她说:"让我们联系在一起吧",并没有表现出希望她嫁给他的意思。我的一位祭司朋友告诉我,这种友谊的协议类似于两个不是亲属但成为兄弟的男人之间的协议。但是,我还没有真正遇到过在男孩和女孩之间有这类协议的例子。

五 士兵向家庭的回归

首先要说一下在服完15年兵役之前就离开军队的士兵。

尽管当兵的生活具有各种优点,但相当多的人在服役6—9年后就会选择离开军队。是什么促使他们做出这样的决定?分析大量案例之后我发现大概有三个主要原因。其一,许多在服役3年或6年后就离开的人似乎对军队严格的纪律和辛苦的军队生活感到不满。当我们知道一个年轻的古隆人在他生命的最初20年的良好的生活条件之后,就会明白他们有这样的想法并不奇怪。通常情况下,士兵在退役后不会立即回到他的村庄,而是选择在印度寻找一份临时工作,因为他希望过国外的生活,只是想逃离军事生活。其二,很多士兵选择提前退役是出于对自己家庭的考虑。比如,当父母已经去世,财产已经分割了,那这个唯一的儿子必须回到家中主持事务。有时,家中的事务对于还需要抚育孩子的妻子来说压力实在是太大,这时妻子会强烈要求丈夫回家协助,而丈夫为了避免婚姻关系的破裂通常会选择妥协。其三,当一名古隆士兵在看到与自己一同入伍的伙伴已经是高级士兵而自己仍然是一名普通士兵时会感到十分不平衡。他感到自己的自尊被伤害,开始对等待迟迟不到的晋升感到厌倦,于是就会选择提前退役回到家中。这种情况主要发生在已经服役了9年或12年的印度兵之中。绝大多数此时退役的士兵不留在印度,而是选择回到他们出生的村庄。但是,若是一个人知道村里的生活和军队的生活,他一定会很好奇为什么退役的士兵会选择重新回到偏远的山中。

以下是五名在莫霍里亚出生的退役士兵的传记。

一位退役的军官。他在军队待了32年,现在已经52岁了。当英国人离开时,他被印度军队晋升为中尉,然后晋升为上尉。他在缅甸战役期间表现得非常出色,多次负伤。他的第二任妻子在印度陪伴了他十多年。他能流利地说印地语,也懂英语。他用自己优厚的俸禄和可观的养老金置办了大量的土地并修造了一栋宽敞的房屋。他只有三个女儿,其中一人与一名士兵结婚后住在马来亚。第二个女儿(10岁)在尼泊尔唯一的欧洲学院学习,这个学院位于加德满都,并由天主教传教士姐妹经营。第三个女儿只有3岁,住在莫霍里亚。这位退役军官的大部分土地都交给佃户种植,他只会留心观察他们是否认真劳作,并在自己果园里做些园艺的工作。他的生活里几乎没有什么活动,很少需要走动。他日常也就保养他的枪支,并给他的战友写信。他十分善于给他人提出建议,因此当有人有分歧时会经常来向他寻求建议。他目前正在与人协商在莫霍里亚村建造一个由印度军队补贴的药房,以照顾生活在莫迪山谷上游的退役士兵。他承认他对"平民"和他们的问题不感兴趣,他最大的乐趣是谈论军队,战争和与他的战友见面。虽然在村庄里,他的这些爱好无法被满足,但他仍然喜欢住在莫霍里亚,因为他说在那里才能够"呼吸纯净的山间空气"。

一位前印度兵(30岁)。他在军队服役3年,喜欢喝酒,在马米亚的时候腿部受伤,退役后领到残疾养老金。他已经结婚了,并有两个孩子(3岁和6岁)。他回到村庄后看起来就像一个从未当过兵的普通村民,整天都在田间辛勤劳作。他穿着十分得体,看得出来是训练有素,对退役这件事也从来没有表示过一丝后悔。

一位前印度兵(29岁)。服役3年后,因为不喜欢军队的死板而退役,之后在加尔各答工作。3年前,他为了结婚而回到了莫霍里亚。他工作勤奋，且十分感性，他不断和人回忆他在加尔各答的生活。他想念城市生活和娱乐，但他的妻子不会允许他再回到城市了。

一位已经退役的中士。他在军中服役了 15 年，现在已经 47 岁。退役时他已经是一名中士。但退役后他没有回到妻子居住的村庄，而是选择在印度当一名铁路干警，并同时保持他中士的军衔。他每一天都很忙碌，他的家人也过着非常富裕的生活，他唯一的儿子（18 岁）在英国军队。在他 15 岁时，他的父亲就已经把他当成了"男孩"**。因为他喜欢军人的生活，所以直至现在他也在主动推迟回到村庄的日期。

一位前印度兵（35 岁）。服役 9 年后，他离开了厌倦的军队，并在加尔各答的一家银行工作。他的父母很穷，有几个儿子但没有多少土地。他的妻子和儿子（11 岁）原先和他一起住在加尔各答，但后来他的妻子离开他与另一个加尔各答的男人在一起了。那之后，他将自己的儿子送回了莫霍里亚，以便他的父母可以抚养他的儿子长大。

在服兵役期间，士兵通常会定期寄信与自己的家人保持联系。因此，士兵休假期间就会变成热心肠的邮递员，在村中到处送信和收信。士兵不在村庄时，他在村中的家人和朋友也仍然十分惦记他。在晚上，他们会讲很多关于他的事情，讨论他们收到的信件，以及他在休假期间讲述的关于村外的事。他们计划着要在他休假期间做点什么：结婚，或者举行祭奠。而一位母亲希望她生病的孩子能在丈夫回来之前痊愈，这样他才会觉得家人都很健康。士兵每 3 年回来一次，每一次休假他能在家中待上五六个月。刚回来时，他会去拜访那些知道他回来而热情欢迎他的家人和朋友。休假期间，士兵会像在接受检阅一般穿着他的欧式剪裁的衣服，每隔一天都去河边洗澡和清洗自己

** 一种军队的制度，即把要当兵的孩子送到军队在驻地办的学校接受教育，接受了教育后达到年龄要求就能直接当兵。——译者注。

第十章　家庭

的内衣。晚上，他会在晚会上给大家讲述在军队的见闻，然后在不知不觉中，被家人拉回到普通的乡村生活。特别是从3月到9月，所有健康的男人都需要在田间工作，正在休假的男人也不能在村中整日闲逛而不帮忙，虽然他的家人不会强迫他。而他会一边抱怨肩膀、颈部和腿部的酸痛，一边重新开始劳作。到那时，他会深刻地觉得相较之下军中生活是多么的轻松惬意。然而，日复一日的村中劳作生活也会渐渐让他淡忘在军中养成的卫生习惯。年轻的士兵在第一次回家休假的时候就会开始期待下一次离开家了，尤其是在他刚刚结婚，他的新婚妻子也会和他一起去军中基地的情况下。而到了第三次或第四次休假时，他就不会再期待回到军中了——在军中的9年或12年时间，他已经充分享受了在印度或马来亚半岛的生活。那时对他来说，离开村庄就意味着离开妻子、孩子和财产，又回到一成不变的极其规律的驻军生活。他们所依恋的家庭氛围促使了士兵选择退役回归到乡村生活中。然而，这还不足以完全解释为什么会有大规模的士兵选择返回他们出生的村庄，我认为还有其他的推动因素。

当一名士兵最终退役回到家中时，他不会感到孤独，因为大家已经习惯了每年都有士兵因为退役或者休假回家。他在村中仍然有感情深厚的老友，也不缺一起谈论军事的人，即使是他的妻子，也曾经跟随他在外面待了3年。在过去的10年或15年里，妻子们与丈夫一起度过了结婚后的前3年。这3年可以说是女人的假期，因为她不必一直在田里工作，不用穿着脏衣服，她可以住在舒适的房子里，平时只需做家务和照顾她的孩子。女人们都生活在一起，很容易就能找到可以一起聊天的古隆或马嘉的朋友。偶尔，妻子会和丈夫结伴出游，去找寻一些娱乐（我是第一次在新加坡的一条街上见到我不认识的古隆妇女）。这些妻子们经常对我说："我们喜欢去印度或马来亚半岛，这样我们就能了解他们口中的国外生活。"因此，妻子间接地参与了他们丈夫的生活，了解了一些外国的文化，而这也是使他们在经历10年甚至15年的分居后仍然能够跨越鸿沟一起生活的原因。因此，男性和女性或多或少地都共同参与了尼泊尔—印度，尼泊尔—马来亚的任务。村庄也会注重保持村民之间的同质性，不会让退役士兵觉得自己处于格格不入的困境之中。

一旦回到村庄,一个退役士兵几乎变成了养老金的囚徒。在冬季,他需要前往博卡拉或新兵募集中心领取养老金。事实上,从经济效益上讲,这一点很不划算,因为有时士兵在往返的路途中就可能花掉了养老金,甚至更多(如果这个退役士兵是一个印度兵的话),但这也是一个能够离开村庄去见战友的机会。如果要到更远的特莱或北印度的招募中心,他就有机会再次看到他待了多年的军事基地。尽管这种旅行花费很高,但如果丈夫一年只有这么一段时间不在村中,妻子也不会反对。如果领取者上了年纪,他就不再需要亲自去博卡拉领取养老金了,每周会有一名专门的官员把钱送来。

除此之外,促使士兵们退役后回乡还有经济上的因素。这些士兵们已经在村中修建了属于自己的舒适的房子,有积蓄购买土地;儿女们已经成婚或者很快就会成年;田间的劳作有儿媳妇和孙子们负责,自己只需要视察工作和在年轻人的协助下照料动物。例如,在莫霍里亚,就有两位已经退役的中士平日只需要照顾山羊和奶牛。可以说,返乡后的生活是十分轻松惬意的。相反,如果他们选择留在印度,他将不会有享受这样轻松生活的机会,这也适用于退役的印度兵。由于古隆人在印度没有土地,因此他们只能到城市中定居,有着大块尼泊尔殖民地的加尔各答通常是首选。但由于大量来自东巴基斯坦的印度人涌入,这个城市的失业率很高,住房难找租金又高。通常,一个退伍士兵没有什么特别的才能,很难在城市中找到报酬丰厚甚至很普通的工作。当然,在加尔各答这座不断走向现代化的城市中,退伍士兵有机会继续他之前在军队中过的舒适的生活,但他也必须面对未来巨大的不确定性。而且一旦村中父亲的财产被出售,他就失去了最后的依靠。此外,从金钱的购买力来说,他在当兵时存的钱在村庄的购买力更强一些,况且,如果他在印度投资的回报无法保证自己晚年的生活,他的孩子还必须接济他。做出是否回村的决定,士兵还必须考虑到自己妻子的情况。他的妻子虽然曾经陪他住过军营,但在印度或者马来亚短短的3年并不足以让她完全接受外国文化,因此,让一个已经三四十岁的妇女带着孩子来到陌生的加尔各答承受原先没有的压力来适应新的生活和环境只会让她感到恐慌，她不懂印地语或孟加拉语，也就不能轻易找到工作。所以即使在村里的生活已经很贫穷，搬到印度后的生活也不会比之前更好。

总而言之，古隆的士兵，特别是已经在军队服役超过 15 年的士兵，在退役时都会面临两个选择：是放弃印度的城市生活，选择亲朋环绕的出生村落，过轻松体面的乡村生活，还是选择远离自己的家人并冒着物质上无法得到保障的风险继续留在一个发达的社会。大多数士兵会选择第一种具有亲情和经济优势的方案，但也有一些士兵选择留在印度。这些士兵通常在服役 3—6 年后，即他们自己在 25—30 岁，他们的妻子在 22—25 岁时选择退役，之后主要定居在戈勒克布尔、加尔各答和大吉岭。根据"印度人口普查"（1901）的数据，有 488 位会讲古隆语的人定居在印度，相信自 20 世纪初以来，这个数字已经大大增加了。

有四位出生在莫霍里亚的退役印度兵与他们的妻子已经在印度生活了 3—8 年。他们都来自贫困家庭，有些人都不再给父母写信，但这并不能证明他们有一天不会再回到莫霍里亚。他们或成为办公室职员，或成为保安等。对古隆来说，这种人口的迁移还很少见，但有增加的趋势。很遗憾的是，由于无法得到能够覆盖古隆大部分地区的人口迁移的统计信息，我们很难对这一趋势做出更加精确的判断［92］。

六　家庭内部的分工

男人和女人各自都有分工，但没有人会去嘲笑那些替异性工作的人。例如，没有人会看不起一个男人去溪边打水供家里使用。

在莫霍里亚村，有一个未婚的 29 岁男子，独自生活，妇女们常说他的房子保养得很好。事实上，在过去的 20—30 年，为了填补丈夫不在家造成的劳动力空缺，女人们不得不承担更多的田间和山中的劳作。

根据图 10 - 1 显示，工作会根据两性的能力进行区分。男人通常会承担犁地的工作和作为一个牧人照顾奶牛。男人会伐木、挪开

第二部分 社会

挡路的石头、运送重物和编织篮子。此外，他会和妻子一起完成所有其他农活。当他犁地时，妻子就跟在身后播种。妻子通常在家里承担所有的家务，纺织和照顾孩子。当孩子长到七八岁时就能帮助父母了，儿子会帮助父亲照顾动物，女儿会帮助母亲打理家事并照顾弟弟妹妹们。

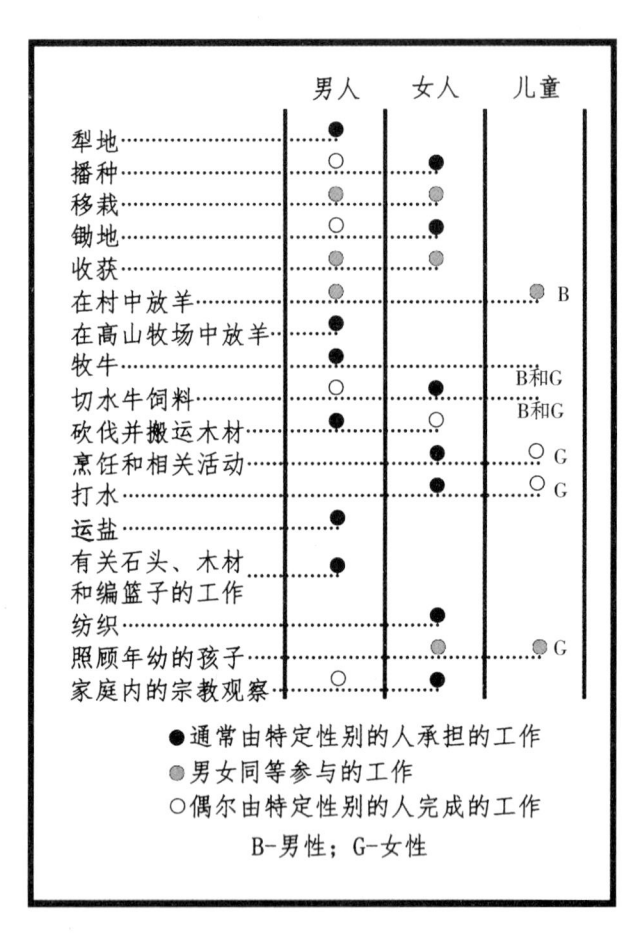

	男人	女人	儿童
犁地	●		
播种	○	●	
移栽	●	●	
锄地	○	●	
收获	●	●	
在村中放羊			● B
在高山牧场中放羊	●		
牧牛	●		B和G
切水牛饲料	○	●	B和G
砍伐并搬运木材	●	○	
烹饪和相关活动		●	○ G
打水		●	○ G
运盐	●		
有关石头、木材和编篮子的工作	●		
纺织		●	
照顾年幼的孩子		●	● G
家庭内的宗教观察	○	●	

● 通常由特定性别的人承担的工作
● 男女同等参与的工作
○ 偶尔由特定性别的人完成的工作
B—男性；G—女性

图 10-1　家庭内部的劳动分工 [93]

— 238 —

七 娱乐和休闲

和父母们一样,古隆的孩子最好的娱乐方式就是聚在一起讲笑话或者玩游戏。

13—14岁的儿童有两种游戏:模仿游戏和从父辈那里学来的有关技巧和耐心的游戏。男孩喜欢在游戏中模仿成年人。他们在帮忙照顾动物时,会用树枝和叶子自己制作一些小型的犁、牛、马厩和房子的模型。他们会在小溪边挖一条小渠当作运河,然后在运河边用木头制成的刀片建造磨坊。他们也会用马鬃制成陷阱来捕鸟。这种陷阱很不容易被发现,鸟一旦撞上就会被缠住脖子。抓到鸟后,孩子们会从家里偷一点吉和香料,然后生火吃掉他们的战利品。有一天,我看到村中的一位妇女大叫着追赶一群7—11岁的孩子,因为她看到这些孩子在用三块石头搭建的祭坛前杀死了一只鸡。其实,这是孩子们在模仿大人们的献祭仪式的游戏。

孩子们也玩杜鹃木的尖陀螺(bhurur, bhuru);也很喜欢用塔姆科(tamke)打苍蝇玩。他们会把挖空的竹管做成一个活塞,在一端放上一个小球,在压力的作用下,这个小球会被发射到管子的另一端。他们还玩一种长曲棍球游戏:用一根弯曲的棍子当作球杆,用比较硬的果实或者小鹅卵石做球。抽陀螺(danda-śī)也是一款非常受欢迎的游戏,孩子们用一根较长的木条去打一根短一些的木条,比谁能打得更远。输的一方要接受惩罚(比如把另外一个男孩背着送回家之类的)。

还有两个考验耐心和能力的游戏在男孩女孩中都很常见。第一个是只有两个孩子就能玩的"老虎和牛"(mhe kliōba)。在一块正方形的空地的对角线上用20颗小鹅卵石代表一个孩子的奶牛,另外4颗代表另一个孩子的老虎。一方必须想方设法困住老虎,而另一方则需要绞尽脑汁思考如何跳出包围杀死奶牛。第二个游戏在女孩之间尤其受欢迎。这个游戏类似于"关节骨"(knuckle-bones)(类似中国的羊拐——译者注),只是游戏规则要复杂很多。因为一个人就需要用

| 第二部分　社会

5—8块的小石头,需要很强的动手能力。

在达萨拉节日或到了村中的礼拜时,村里会组织运动会,有跑步、扔石头、射箭、摔跤等项目。在这些庆祝活动中,会专门设置一个大轮子,这种轮子能够载着4个人在空中围着一根横轴旋转着玩。这种娱乐活动在尼泊尔十分常见。在达萨拉节日期间,儿童、青少年和成年人都会尽情参与各自喜欢的游戏,有时,即使两个人之间有了些矛盾,但听见另外的人开着他们的玩笑,他们也马上就会把矛盾放在一旁,跟着笑起来。

17—21岁的年轻人白天一直都在工作,只有晚上才有时间娱乐。村中有公共的房屋,晚上,年轻人就把这些屋子当作聚会的场地,他们聚在一起,有时也在那里过夜。他们把这种聚会叫作若迪(ro-dhī)(ro一般表示动物居住的隐蔽的地方;而to-ro意为老虎的巢穴。有些人也用ro来形容鼹鼠挖出的土堆,而dhī表示家)。在尼泊尔,似乎只有古隆才有若迪的习俗。② 到了晚上,村里的年轻男女们就会聚在一起,也不讲究相互之间家庭背景的不同。到冬天,女孩们就会带着羊毛和纳尼(nani)的纤维来织,而男孩会带着一两个小鼓(mahdal)助兴。趁着夜色,年轻人随心所欲地聊天、唱歌和大笑。对年轻人来说,这样的夜晚是无比和谐美好的。聚会通常会持续到深夜一两点,男孩们通常就直接在聚会的地方过夜。这种习俗也表明古隆并没有过多受到尼迫尔—印度低地文化的影响,因为男男女女或者富裕家庭的,或者卡贾特的孩子和贫穷家庭的或者索拉贾特的孩子在没有长辈在场的情况下就能见面,而这在信教的印度人看来就是一种绝对的错误。除此之外,若迪还能体现未婚的年轻人在工作之余有大量的自由时间。若迪举办的初衷是为了让年轻人能一起度过愉快时光,因此在若迪上大家也不会高调地谈情说爱,而这也可以说是这个聚会唯一需要遵守的规矩。③ [94]

---

② 根据 Morris (*op. cit.*, p. 200) 所述,这类似于在西藏边境的嘉瓦尔地区发现的围着聚会的习俗。

③ Cf. R. P. Srivastava, "Rang Bang in the Changing Bhotia Life", *Eastern Anthropologist*, Vol. VI, No. 3-4, March-August 1963, pp. 190-203.

每年的 11 月到次年 3 月，这段时间的休闲娱乐活动是最为丰富和精彩的。村庄内会举办帕尔等庆祝典礼，这些具有宗教特色的仪式能让村中的居民们尽情地享受欢乐：他们会享用美味的食物，通宵唱歌跳舞，还会邀请邻村的舞者和歌手前来表演。在过去的 10 年中，舞蹈表演的风格发生了很大的改变。旧的传统舞蹈是这样的：一个或两个人会走到观众所围的圈子中间，即兴唱念几句，并根据这些诗句即兴跳一段舞，而所有的观众会伴随着表演者的舞蹈和鼓声一起重复念诗，这种舞蹈的乐趣在于诗句之间隐藏的文字和鼓声游戏，尤其是体现出一点情色的元素。（在古隆西部地区的）年轻人几乎没跳过这类传统的舞蹈。他们更喜欢模仿，他们的兄弟或他们的父亲在尼泊尔南部，特别是在印度看过的舞蹈。青少年通常会穿上纱丽，有时会穿上古隆传统的女性服饰，伴随着小风琴的演奏，踏着印度的流行舞步，哼着印度的流行音乐（通常是他们所熟知的电影主题曲）。即使演出是在晚上，表演者也会戴着墨镜。通常情况下，这群舞者会由一名正在休假中的穿着欧式服装的士兵领头，与一旁的带有印度教色彩的女性产生鲜明的对比。在当地，给这些业余舞团筹集一些资金已经成为传统，而这些舞团每年也会利用这些资金组织一到两次"野餐"。

第十一章　婚姻关系的终止和继承

一　婚姻关系的终止

婚姻关系可以通过其中一个伴侣的死亡或者离婚来终止。实际上许多人在一生中至少会结婚两次，其中女性再婚的数量通常会多于男性。一项人口统计调查显示，有许多18—30岁的女性死于怀孕或分娩；而寡妇或者离过婚的女性通常会比鳏夫或者离过婚的男性更容易再婚。

1. 统计数据

以下是关于220位莫霍里亚妇女的婚姻状态变化的调查摘要。

第一段婚姻（的结局）：
　　离婚　　　　　　　　　　　　　　　　29人
　　伴侣死亡　　　　　　　　　　　　　　36人
第二段婚姻（的结局）：
　　第一任丈夫去世
　　　　离婚　　　　　　　　　　　　　　4人
　　　　没有离婚　　　　　　　　　　　　20人
　　第一段婚姻以离婚结束
　　　　离婚　　　　　　　　　　　　　　2人
　　　　没有离婚　　　　　　　　　　　　19人

第三段婚姻（的结局）：
  第二任丈夫去世
    离婚   0 人
    没有离婚   3 人
  第二段婚姻以离婚结束
    离婚   1 人
    没有离婚   1 人

但是这些统计数据并不能计算出离婚率，因为有效的离婚必须是针对活着的人。

根据对以上统计数据的分析，我们可以得出三个结论：在结过两次婚的 45 名女性中，有 24 名女性是第一任丈夫去世后再婚的，有 21 名女性是离婚后再婚的；而在失去第一任丈夫的 36 名女性中也只有 24 名女性再婚了。这并不是说女性不容易再婚。实际上在没有选择再婚的 12 名女性中有 9 名女性是因为自身年纪大了而不愿意再婚了。最后，从统计数据中可以看到，在经历了第二次婚姻破裂的 6 名女性中，有 4 名女性已经再婚了。事实上，如果女性足够年轻，而男性也确实想与她结婚，一般情况下男性只在乎女性是否还能生育，女性是否结过婚并不那么重要。

2. 离婚

离婚（par la-ba）最容易发生在结婚的第 6 年到第 8 年。村中的其他人不会对一对夫妇离婚发表任何看法。如果一对夫妻决定离婚，即使他们的父母不赞成，他们还是可以成功离婚。在古隆，男方和女方都能提出离婚。

离婚的过程可以分为两个阶段。首先女方会回到自己父母家，然后离婚的判决才会下达，并且只要是在正式判决下达前，离婚的请求都是可以撤回的。

在某些情况下，离婚的原因会决定子女抚养权的归属和财产的分割。大多数情况下，离婚是由于双方性格不合，比如妻子会觉得丈夫的性格不好，懒惰还爱喝酒；而丈夫也会觉得妻子有很多让他不满的地方。

有人可能会问，丈夫近几年都在海外当兵会导致离婚的概率增加吗？事实上，尽管在过去30年里招募了许多士兵，但离婚率并没有因此而显著增加。但这个很难核实，上述的结论只是基于对一部分老人的问卷调查结果。廓尔喀军队的官员表示，军营里曾经发生过几起因通奸导致离婚的事件，但这些事件中大多都是妻子一方的过错。当一个女性独自住在陌生的村庄中，偶尔会出现她回了娘家之后就再也不回来了的情况：她没有孩子，还必须忍受婆婆的脾气，她的丈夫不在她身边，她只能自己面对一切。久而久之，夫妻之间的鸿沟就会越来越深，最后发展到两人性格的差异越来越大，无法再在一起生活。

事实上，在古隆，因为发现伴侣有了婚外情而要求离婚的案例并不常见。古隆人如果厌倦了自己的伴侣，他们更加倾向于直接离婚而不是去发展婚外情。当出现了婚外情，如果不忠的伴侣愿意与情人永久断绝关系，被欺骗的伴侣通常会选择原谅。如果一个孩子是在一段婚外情中诞生的，根据古隆的传统，只有这个孩子的血缘关系的父亲才能成为他法律意义上的父亲。当我问到如果这位父亲并不想认下他的孩子会怎么样的时候，古隆人都对我的疑惑感到十分惊讶。他们告诉我："一个有过婚外情的男人，一定会承认他的所作所为并且不会试图否认与孩子间的亲子关系……另外，每一个人对村里发生的每一件事都很清楚！"在古隆，可以在未婚的情况下生下孩子，但必须找到孩子的父亲。当然这也并不困难，非婚生的孩子最终都会拥有合法的地位。事实上，如果已经有私生子了，大部分妻子都不会再原谅丈夫的不忠，而是会选择离婚。离婚后，她的前夫会与情妇结婚，以此赋予他私生子合法的地位。

3. 离婚的后果

离婚的决定会被记录下来，然后由夫妇和村长签字。如果迫使一方提出离婚的原因被认定有效，例如，如果丈夫被判通奸却拒绝离婚，村长就不得不强行干预强迫其同意离婚。当然，在大多数情况下，夫妻双方都会配合，村长只需签署提交文件即可。④

还有一个十分重要的问题：如果有孩子，离婚时该怎么办呢？如果不是因为父亲出轨而离婚的话，父亲有权留下孩子。但是如果母亲强烈要求带走孩子，并且孩子们的年龄还小，孩子就会被委托给母亲照顾。如果母亲没有很快再婚，孩子就能在她身边待上好几年。对于男方来说，如果他离婚后要组建新的家庭，那么他也不会被强制抚养孩子，尤其是女儿。有时，他会让自己的一个兄弟把自己的孩子收作养子。但当孩子长到10—12岁时，孩子们就要回到父亲身边。通常情况下，一对夫妇在离婚时最多只会有一个孩子。

总之，如果是女方出轨导致的离婚，丈夫就可以严词拒绝把抚养权交给母亲，反之，如果是男方出轨，母亲也有充分的理由照顾他们的孩子几年。

一般而言，离婚不涉及任何重要的财务决策。妻子为了保证给孩子的抚养费，会收回她在结婚时带来的物件或者珠宝，但离婚时她往往一点经济赔偿也得不到，尤其是她主动提出离婚的时候。如果是因为出轨导致的离婚，出轨的人的情人也会受到离婚的影响。如果妻子出轨，那与她发生性关系的男人必须赔偿被欺骗的丈夫，因为他破坏了他们的婚姻。如果是丈夫出轨，理论上他必须给予妻子相当大的补偿，以弥补他犯的错误。如果他没有孩子，他必须分给妻子一半的财产；如果他有两个儿子，他就必须把自己的财产平分为4份分给妻子和儿子。但事实上，妻子得到的赔偿从来都远远少于她应得的份额。离婚后，妻子就有权领取养老金来抚养她的孩子。

如果离婚的原因不足以引起大如双方家庭之间的敌意，那么这两个家庭之间仍然会保持友好的关系。例如，有时候在葬礼上，死者的前妻会出席仪式并依照传统送上供品。

---

④ Landon（op，cit. Vol. Ⅱ，p. 243）写道："在古隆或者马嘉，离婚其实十分容易。如果要离婚，丈夫需要支付40卢比，妻子支付160卢比。人们会将两块劈开的竹子绑在一起，放在两个泥球上，再把钱放在一旁。如果一方拿走了钱，另一方可以按照他或她的意愿再次合法地结婚。"我在考察过程中还没有见过这样的仪式。

二　财产继承

父亲的财产会平均分给所有的儿子。但在详细介绍继承规则之前，有必要简单谈一类特殊的儿子，即养子。

1. 收养

如果一个家庭没有男性继承人，通常情况下会选择收养一个能够继承财产的男孩，而女孩不会被选为收养的对象因为女性并不能继承财产。虽然没有太大意义，但孤女可以被收养，被抚养长大之后就可以结婚，但这也无法改变她不能继承财产的事实。在选择领养对象时，男人更倾向于从自己的家族中选择，而且最好是和他有着同样血统的孩子。我在莫霍里亚的家谱中发现了 4 个被收养的孩子，其中有 3 个是养父兄弟的儿子，第 4 个是养父祖父兄弟的曾孙。因此，收养的孩子总是年青一代的。实际上，领养的男孩不必和养父同属一个氏族，他可以是养父姐妹的儿子或者女儿的丈夫（女婿）。现在，选择自己的女婿作为养子也十分常见了，因为女婿和岳父之间的这种亲缘关系使得他们之间关系更亲近。如果女婿被收为养子，那他就能继承岳父的财产。而被收为养子后，养子就需要经常住在自己的养父家。

一般来说，养子都是成年人。由于始终抱着自己的妻子能生出儿子的期望，丈夫都会尽量推迟收养的时间。但当他到了 45—50 岁时，他就会选择一名 20—30 岁的男性作为自己的养子。这样的选择是有原因的：一方面，他已经度过了高死亡率的童年阶段，存活率会很高；另一方面，成年的养子能够很快开始给自己的养父帮忙，就算养父突然过世，他也能马上管理养父留下的财产并打理家中事务。

在极少数情况下，丈夫也可以收养一名孤儿作为养子。但如果他有儿子的话，就必须在儿子们同意之后才能收养。因为按理说，父亲的财产都是属于儿子们的，如果父亲收养了另外一个男孩，那么每一个儿子分得的财产就会减少。当一个人选择收养一个自己兄弟的儿子时，没有任何规定要求他必须选择某个兄弟的儿子，他的选择很大程度上根据自己的喜好。而要成功领养，也需要被选中的孩子的亲生父亲的同意。有时，父亲的儿子们都在外服兵役，而且很久没有自己儿子的消息，那他也可以选择把财产都给自己的养子。

例如：

> 在莫霍里亚村，一个男人有两个儿子，而这两个儿子离开了村庄并且之后没有得到任何有关他们的消息。于是，他们的父亲收养了与自己同村兄弟的儿子，该子在他养父死后拥有了养父的所有财产。

一般而言，收养需要制定带有双方和村长签名的书面合同，以避免因为养父的死亡而发生任何冲突。

2. 继承规则

继承规则可以总结为一句话：所有的儿子在父亲死后平等地继承其财产。在这句话中，"所有的儿子"既包括婚生子也包括私生子。如果父亲在一夫多妻的婚姻里先后建立了多次婚姻关系，那么他在这些婚姻里的所有儿子都有权继承同等份额的遗产。私生子和婚生子享有同等的继承权。作为"儿子"，他们的身份是相同的，这是古隆的一条规则。所有的儿子都必须被其父亲承认并被赐予父亲的族名。男孩永远都是继承人［95］。

我们了解到，当所有的儿子都成年之后，父亲会把自己的一部分财产平均分给他们，在没有女儿待嫁的情况下，父亲会继续将剩下的财产以同样的方式分配下去直到他给出去的财产与他留下的一样多，但是通常他保留的土地会多于他给儿子们的部分。在父亲死后，会进行财产的第二次分配。这时，如果他的妻子依然在世，那么她可以得到和每个儿子一样多的财产。想象一下这样的情况：现在有一个寡妇和她的两个儿子，那么他们每个人都可以得到 1/3 的财产。但事实上，该寡妇并不拥有这 1/3 的财产。她只有使用权而没有处置权，除非得到她两个儿子的允许。而在她死后，原本属于她的那部分财产会在两个儿子中进行分配。在现实中，寡妇通常不会真正得到第三部分财产。她会和其中一个儿子住在一起，而这个

第二部分 社会

儿子会得到财产中稍微大一点的份额（通常会得到父亲的房子）以确保能够维持他母亲的生活。该寡妇可以保留她陪嫁的珠宝和其他私人财产。

父亲在立遗嘱时，不能偏爱任何一个儿子，否则其条款依据法律是存疑的甚至是无效的。一个父亲可以在他有生之年偏爱他的某一个儿子，虽然很少有父亲尝试这样做，但即便这样，最终的财产分配也会使得之前的状态达成新的平衡。如果父亲去世时，他还有一个或多个女儿尚未结婚，那么照顾这些姐妹的那个儿子会得到动产上的临时补偿从而使其能为她们提供生活需要，这类似于寡妇的例子。有一点值得注意，女儿结婚的费用很少，不会给儿子带来负担。

一家之主的死亡并不会自动导致财产的分割。事实上，母亲可以作为家庭的负责人接管财产并对其做出处置。例如：

> 在莫霍里亚村，有一位47岁、性格坚韧的女性，她的丈夫在1957年去世了，年仅61岁。她有四个儿子，分别为34岁，27岁，24岁和19岁，都在印度或缅甸当兵，另外还有一个17岁未婚的女儿。她最小的儿子也未婚。在这个家里，尚未进行任何财产划分，也没有任何将要做这件事的迹象。不在家的儿子们更希望由最有能力的母亲继续掌管得自父亲的土地，来提高其生产力。此外，她的两个儿媳妇在国外和丈夫住在一起。

如果当丈夫去世时，他的妻子还年轻，她很可能会再婚。再婚后，她很难继续抚养前一段婚姻中的孩子，尤其是她再嫁到了另一个村庄。在这种情况下，如果孩子们还很小，他们常常会被母亲托付给没有孩子的姐妹，并在足够长的时间以后再被托付给与父亲属于同一家族且没有后代的亲属。例如：

> 莫霍里亚村一位女性有两个儿子。她在丈夫去世之后和同村的人再婚了。孩子们父亲的一个姐妹已经出嫁，成为另一个家庭

的成员并且没有孩子,而这两个小男孩正由她抚养着,同时,属于这两个幼儿的田地也由她的丈夫负责耕种,并拥有使用权,一直到男孩们能够独立。

第十二章 葬礼和亲属称谓

一 葬礼和亲属关系

对于古隆人来说，虽然婚姻仪式非常简单，几乎完全没有宗教仪式，但葬礼却特别地重要。葬礼必须邀请喇嘛、普楚祭司和科里布利祭司。所有死者的亲属，包括血亲和姻亲，以及相当多的村民都会参加葬礼。

宗教仪式非常漫长且复杂。我们不会在这里研究它，因为关于它的详细情况与本章主题无关。我们只需要对它有一个大致的了解来帮我们确定死者亲属在这个仪式中的作用，并且准确地说明古隆人之间的亲属关系。

葬礼的举行分为两个场景。死者死后尸体会被立即埋葬或火化。理论上，在死者死亡之后的49天内，会举行一个名为帕尔（pae）的仪式来结束哀悼，在此期间死者的灵魂被引导走向亡者之地。接下来我将描述一个已婚男人的葬礼。

1. 葬礼（土葬或火化）

死者的尸体经过清洗后被放在了担架上。塔克拉尔（Tah-kral）会制作阿拉（a-lā）——一个长杆，在其末端附有鲜花和衣服以表明死者的性别。这个阿拉会在之后被垂直固定在哀悼屋的屋顶上。塔克拉尔是一个与死者有相同的血统并且失去了父亲或母亲的人。在没有父亲的情况下，他可以成为死者的儿子［96］。尸体会被一块由死者妻子的兄弟提供的白布，名为 a-śyõ-tala ［a-śyõ-koĩ（古隆语），a-śyõ：意为"妻子的兄弟"；tal（a）：意为"布料，一块材料"）］覆盖着。

在做这些准备的时候，祭司会被邀请来主持葬礼仪式。随后尸体会被带到墓地，同行的人有拿着阿拉的塔克拉尔、祭司、死者的女婿、同族亲属及其家人，以及死者的遗孀。根据死者或其家人的意愿，尸体会被土葬或火化（因为花费昂贵，所以很少有人会选择火化）。墓穴由死者的女婿，莫（moh）来挖掘。然后塔克拉尔会取一小块白布，在靠近死者嘴巴的地方把它烧掉，并在同样的地方放一个装有水的海螺壳，接着再将水和烧焦的布放在担架上的死者旁边。到此，所有随行的人都会回到村庄，只有莫同其他几位男性村民会继续留在尸体旁边。在没有莫的情况下，该角色会由一个与死者有亲缘关系但不属于他的家族的人来担任。尸体被下葬或火化时是不穿衣服的。等仪式结束，白布就归莫了。

在丈夫死亡的那一刻，死者的妻子会打碎她的玻璃手镯，将她的衣服从里往外翻过来，并将原本编着辫子的头发散开来。一位已婚妇女去世时，她的丈夫会取下头巾。在死者死后的第二天或第三天，哀悼中的配偶会去洗头。在死者死后的头三个晚上，村民们会来到死者家，坐在走廊上相互交谈和唱歌来"表达对不幸家庭的同情"①，这是当地的风俗习惯。在第三天，死者的族亲和家人会到墓地附近放一些食物。在那之前，死者的灵魂一直在他生前居住的房子里，到此时，它开始在村庄中游荡，等待着在举行帕尔时被引领到亡者之地。

2. 哀悼的结束

原则上，哀悼仪式（pae）会在死者死亡后的49天内举行。但事实上，由于这个仪式开销巨大，所以通常很晚才得以举行。仪式会持续两到三天。许多生活在山谷中其他村庄的死者亲属也都会来参加。

在葬礼上，塔克拉尔会准备固定在屋顶上的阿拉［97］。然后，莫（死者女婿）会搭建一个木架（plah），它由一个覆盖着男性或女性衣服的轻木框架组成。木架用来代表死者。仪式期间，死者的灵魂将进入木架，祭司将带领它从那里走向亡者之地。（在古隆，plah 通

---

① Cf. L. M. Schram, "The Monguors of the Kansu", Trans. Amer. Phil. Soc., New Series, vol. 47, Part 1, 1957, p. 145.

第二部分　社会

常意为"灵魂";在藏语中,bla意为"精神,生活";参见 *Jäschke's Dictionary*, p. 383)。举行葬礼时,白布由死者遗孀的兄弟提供;这时,它会被挂在木架上。食物、饮品和香烟被放在木架周围的大叶子上,作为由死者的族亲、家属和姻亲提供的礼物。

在由普楚祭司或科里布利祭司主持的死者哀悼仪式(pae)中,有一个仪式特别重要,那就是霍卡赫巴(rhil-kahe-ba)。这个仪式只有当死者妻子娘家的族亲(a-śyō 或ṅe kin)提供了少量用来制作粮食酒的发酵小米(a-śyō-pa)和米粉(a-śyō-kaĩ)时才能进行。祭司会用这些谷物和米粉来塑造一些小雕像。每一个小雕像代表一个参与哀悼的家庭(包括父亲、母亲和孩子),这些家庭有:死者妻子的兄弟家,死者舅舅家和死者同族亲属家。这个仪式完全在沉默中进行,不同家庭的负责人作为代表坐在主持仪式的祭司周围。每问一次死者是否对某个家庭为葬礼准备的礼物感到满意之后,祭司都会推倒一个代表该家庭的小雕像。如果某一个小雕像倒得"不好",这表示死者不满意它所代表的家庭给予的东西(根据研究资料提供者的表达),这对那个家庭来说是个坏兆头。

在帕尔即将结束时,死者的儿子(或者是塔克拉尔)会向天空射出两支点燃的箭,以吓跑那些扰乱灵魂进入亡者之地的邪灵。接着死者的亲人,无论男女,都会跟着祭司在房子的露台上围绕着木架边逆时针转动边吟唱。他们一路"陪伴"死者的灵魂通向亡者之地;这时女人们的头发是解开的。然后他们沿相反的方向转动,以此"离开"灵魂,"回到"村庄,这时女人们会将重新辫好辫子。哀悼到此就结束了,木架会被销毁。白布会被送给死者女婿,此外,在印度的仪式中,死者的儿子常常还会剃头。

3. 评价

葬礼上呈献的所有东西是给死者本人的。人们想要直接对其表示尊敬,使其满意。自然而然地,所有亲属给予的礼物往往肯定了他们能够成为一个存在的相互关联的共同体,尽管他们直接面向的是死者。死者的配偶和孩子被认为是最悲伤的人。他们被要求参加祭司主持的仪式中的许多环节。与死者发生联系他们发挥着积极的作用。祭

第十二章　葬礼和亲属称谓

司普楚或科里布利是联系生者和死者的媒介。

塔克拉尔代表着由死者自己建立的家庭、他父亲的家庭和他族亲的家庭，塔（tah）指死者父亲的所有亲属，他的族亲。塔克拉尔是死者儿子的同代人，也可以是死者的儿子自己，在后一种情况下，偏向于选择长子来充当。根据古隆人所说，由他来制作固定在屋顶上的长杆阿拉"以显示家庭遭受的悲痛"，也是由他拿着长杆走在前方，带领队伍走向墓地，并且在最后，他会在死者被埋葬之前将燃尽的一小块白布和一点点水放到死者嘴巴上。

我认为有一个重要的事实是需要强调的，一般来说，塔克拉尔不是死者的儿子。可以说他引领了哀悼，但他并不是死者自己的家庭的特殊代表。他代表的是死者的家族，因此他常常是从死者家族的旁系亲属中选出的。他扮演的角色是一种独立的存在。对于他父亲那一代的长辈，他以属于类别上的或实际的儿子的身份来完成他的职责。他参与葬礼不会得到任何东西。

我们已经说过，有几次作为具有象征性的礼物的食物是由死者亲属（tah family）带来的。这些礼物对于完成仪式不是必需的。捐赠者相信只要他们尊重并能够取悦死者的灵魂，那么他就不会变成游魂（mōh），不会因他们对他缺乏感情而引起不满进而折磨他们。祭司告诉死者的灵魂为他带来食物的家庭的首领的名字，但每个家庭有给或不给的自由。祭祀食物之后由主礼的祭司或参与哀悼的家庭的客人吃掉（这些客人不一定与死者家族有亲属关系）。

相比之下，由母亲的亲属和死者的姻亲供献的礼物在性质上是非常不同的；它们是必要的。如果没有这些献祭品，葬礼就无法进行，而祭司普楚或科里布利也无法行使职责。仪式将毫无意义而灵魂也无法在亡者之地与他祖先的灵魂汇聚。他会在人间徘徊并折磨着他们。在举行帕尔的过程中，祭司会讲述勒姆克（Lemku）的故事，他的灵魂正是因为帕尔是在没有必要的供奉的情况下完成的而必须等待很长一段时间才能找到安息处*。因此，在这里不可能将宗教与社会分离

---

*　勒姆克（Lemku）的故事为葬礼仪式的起源提供了解释。——译者注

开来。

参加葬礼的个人或家庭有哪些呢？这里有一份他们的名单：

死者；

死者妻子的兄弟：a-śyõ；

死者的女婿：moh；

死者的同族血亲：tah（或者更准确地说 tah-mai；复数 tah）；

死者母亲的亲属（舅舅）；和死者妻子的亲属，他们统一被称为 ṅe（或 ṅe-mai）。如果死者的配偶是他舅舅的女儿，那么所有的亲属（ṅe）都属于同一血统。

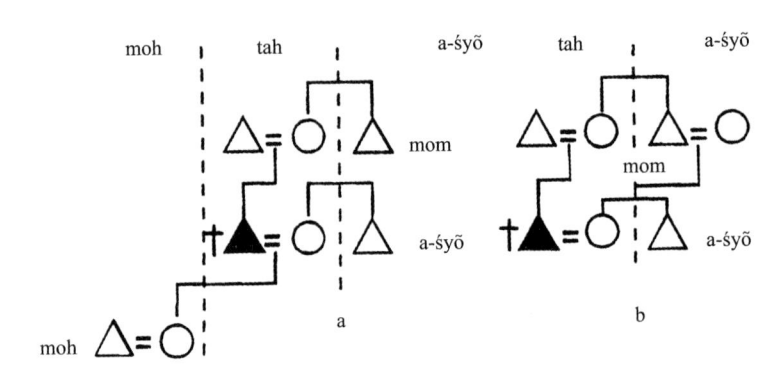

图 12 - 1　参加葬礼的亲属

死者妻子的兄弟提供覆盖尸体的白布以及制作雕塑的谷物和米粉，没有它们就不能举行葬礼。如果在埋葬时，死者妻子的兄弟无法提供白布，那么可以由母亲的另一个亲属（ṅe；通常是母亲那边的舅舅）提供。而死者的妻兄会尽快还给他一块相同的布料。

一般来说，如果死者未婚，葬礼的仪式会减少很多，并且不需要完成帕尔。尽管，帕尔作为哀悼的基本仪式，不仅对死者的福祉不可或缺，而且还将死者的所有亲属联结起来并使他们之间的关系得到体现。然而只有在死者结婚的情况下，这种团聚才能充分发挥其意义。正如我们已经看到的那样，古隆人只有在结婚后其身份地位才得以完整。

然而，在祭司中流传的一个故事描述了没有结婚的勒姆克

（Lemku）的帕尔。在他的葬礼上，他的舅舅扮演了死者妻兄的角色，也因此他的舅舅舅母一起被称为 a-śyõ a-ṅi。但是这里表达舅舅的单词（a-śyõ）也有"妻子的兄弟"的意思，而表达舅母的单词（a-ṅi）指"舅舅的妻子"（"舅舅"被称呼为 mom）。这个例子清楚地向我们展示了舅舅可以成为替代者来扮演死者妻兄的角色。即使妻子的兄弟不是舅舅的儿子，他们也会在连续两代的相同的亲缘关系中与死者的家系联系在一起。他们每个人都把自己的姐妹交给了死者的家族。舅舅把自己的姐妹交给了自己的父亲，死者的妻兄把自己的姐妹交给了自我。死者的这两个亲戚在葬礼仪式上给予而不会有任何回报。此外，捐赠者似乎总是上一代的成员，或者至少是比受赠者年长的亲属。我们已经用案例指出了 a-śyõ 和 a-ṅi 这两个单词的意义，且死者的妻兄会与舅舅相混淆。另外，值得注意的是，前缀 a 会出现在所有比自己年龄大的亲属的称谓前。但妻子的兄弟事实上可能比自己更年轻。然而，他被称为 a-śyõ，因此他同样地被归类为比自己年长的人。

在了解了塔（死者的族亲）以及母亲的亲属（ṅe）和妻子的兄弟（a śyõ）扮演的角色之后，让我们看一下莫所扮演的角色。死者的女婿莫不提供任何东西。从某种意义上说，他是专门帮助祭司主持葬礼的外行人：他会挖掘坟墓（或帮助挖掘）、给死者的尸体脱衣服并埋葬死者、制造死者在帕尔期间的木架，以及在祭司科里布利主持帕尔的时候屠宰两只绵羊或山羊。

如何解释这个非常特殊的角色呢？我认为没有必要把它视为一个地位低一级的角色，这样会使古隆的婚姻变得具有阶级性。当我们讨论婚姻时，我们最多碰触到一点点关于下嫁婚（女方下嫁男方）的内容。对于古隆人来说，挖掘和埋葬尸体不是地位低劣的人专有的任务。任何古隆人都可以自己埋葬他们的死者。如果没有死者的女婿，那么任何家庭成员或村庄成员都可以取代他来做这项工作。我曾两次看到由父亲来挖掘儿子坟墓的情况。葬礼仪式中只有两个简短的环节可能暗示婚礼的性质存在杂质（我不知道表达"纯粹的"和"不纯的"的古隆语是什么）。丈夫去世后，妻子会去有水的地方洗头。从

| 第二部分　社会

墓地回来后，死者的家人在喇嘛或称为哈嗦（tha-sõ）或库瓦巴（the-ku wa-ba）的科里布利祭司主持的仪式中简单地清洗他们的手脚。还有另一种更具可能性的解释，死者的女婿是得到他人女儿的人。积极地参加岳父葬礼，使他得以对给予他妻子的人表达了尊重，并肯定了他与该家庭的联系。他通过这样一个特殊的角色，展现出了本身不作为这个家庭的一部分也存在的将他与死者联系在一起的亲属关系。死者的女婿得到了死者的一个女儿，也得到了死者妻子的兄弟给的覆盖尸体的白布。因此，我们可以从研究中得出一个关于葬礼上礼物供献的总体思路。给予女儿的人给东西，得到女儿的人得到东西，并通过行动参与其中。在研究亲属关系用语时，我们需要将这种在两个姻亲关系中的不对称性具体化。

如果死者没有女儿会怎么样？这意味着他不可能有一个真正的女婿。那么死者的女婿的最佳人选是哥哥女儿的丈夫。他也可以是伯伯的女儿的丈夫或姐妹的丈夫。但总会选择一个比死者更年轻的人。因此，死者的女婿大概是得到来自死者家系的女儿的人，无论是实际的或属于类别上的女儿还是死者的姐妹。[98]

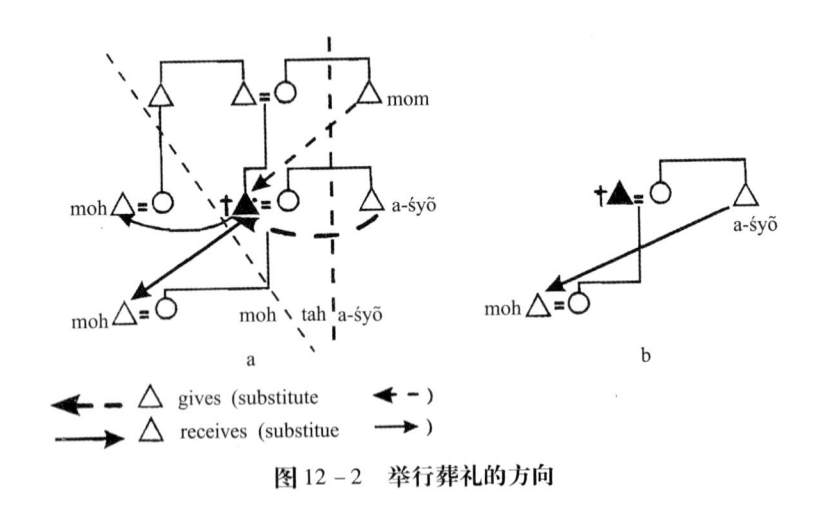

图 12 - 2　举行葬礼的方向

尽管当死者的女婿与死者的姐妹结婚时，他与死者成为同辈人，

第十二章 葬礼和亲属称谓

但我认为死者的女婿,作为得到"女儿"的人,更倾向于是比死者更年轻的一代。如果他是死者的女婿,这点是显而易见的。但必须指出的是,当不得不在死者的同代中选择时,总是从死者同一代中最年轻那些人中选出的。还可以补充的一点是,不同于死者妻子的兄弟,死者的女婿这一单词没有表示比自我更高一辈的前缀 a。

用以覆盖尸体的白布被交给了死者的女婿,这一由死者妻子的兄弟给出的物品是死者女儿的丈夫得到的。

给予者和接受者的辈分是不同的。给予者是上一辈或至少比死者年长的亲属,接受者是死者儿子的同辈,这一现象从世代的角度清楚地表明了亲缘关系在供献方向上的不对称。另外,覆盖尸体的白布作为礼物表明它不是给死者的家庭的,而是给死者本人的,而且是作为死者本人而不是他的家庭的财产给予死者的女婿的。在葬礼的供献中,死者的家庭或宗族不会接受或给予任何东西。从某种意义上说,死者是双方姻亲关系的连接点。

通常,在葬礼上,人们可以邀请死者前妻的亲属或非婚生子女的后代。夫妻双方的离婚或孩子的非婚生并不能废除因为婚姻或出生而形成的亲属关系。例如:

> 一个来自莫霍里亚村的卡贾特女孩在嫁给一个来自莫霍里亚北部、名为克鲁(Kluh)的小村庄的另一名卡贾特人之前,有了一个索拉贾特男人的女儿。这个私生的小女孩是由这个索拉贾特男人的家人抚养的。当居住在克鲁的合法的卡贾特丈夫去世时,他只有儿子,因此他没有女婿,或者说死者的女婿,来参加他的葬礼。但他妻子的私生女已经长大,并已经嫁给了一个索拉贾特人(因为她的父亲是索拉贾特人,所以她也是索拉贾特人),而这个人被死者的遗孀叫来扮演死者的女婿的角色,即便他是索拉贾特人并且是私生女的丈夫(图 12-3)。

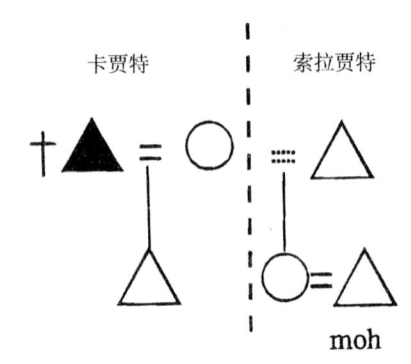

图 12 - 3　卡贾特人和索拉贾特人婚姻的关系

二　亲属术语

首先，我们必须清楚所有表达亲属关系的术语，之后我们将尝试根据其他章节中涉及社会组织的结论来解释他们形成的系统。

1. 用语

a-pa（'apa）：父亲，父亲的兄弟，母亲的姐妹的丈夫。对于后面两种意义（在身份上被归类为父亲），会在 a-pa 中添加一个表示出生顺序的词语；a-pa the-ba（或 a-p'the-ba）：最年长的父亲；a-p'mahila：排第二的父亲；a-p'saila：排第三的父亲；a-p'kaila, a-p'rhaila, a-p'thaila……a-p'cyõ：最年轻的父亲。男孩的出生顺序与女孩的出生顺序不同。在一个家庭中，可能有两个最大的（一个女性和一个男性）和两个最小的（一个男性和一个女性）。其中一个孩子的死亡不会改变死者兄弟姐妹出生顺序的排名。

a-ma：母亲，父亲的兄弟的妻子。对于后一个意义，a-ma 后面跟着一个表示出生顺序的词语；a-ma the-ba（或 a-m'the-ba）：最年长的母亲；a-m'mahile, a-m'saile...a-m'jyõ（或 a-ma kanśi 或 a-ma kaśi {F. H.}②）：最年轻的母亲。

---

② 海门道夫教授（Christoph von Furer-Haimendorf）{缩写为：F. H.}向我传达过某些术语的特定变形。

第十二章 葬礼和亲属称谓

a-the：(a-m'the-ba ｛F. H.｝)：母亲的长姐。我认为有必要知道这个表达是 a-m'the-ba 的缩略形式（与 ｛F. H.｝ 传达的术语一致），可以用一个等式来表示其含义：父亲兄弟的妻子＝母亲的姐妹，对应：母亲姐妹的丈夫＝父亲的兄弟。有时在莫迪山谷中使用的其他一系列表示"母亲的姐妹"的用语是：

a-ju mahile："母亲的第二个妹妹"。……

ćē-ju：母亲最小的妹妹。在这里有一个不同于这一系列表达用语的第一个和其他用语的规律的中断，这可能是受尼泊尔语的影响。

au-mo：（也是 a-mo ｛F. H.｝）父亲的姐妹的丈夫（加上出生顺序）。如果使用者是一个女人，这个词就表示：岳父，丈夫的姐妹的丈夫（如果比自己的丈夫年长）。

mom：妈妈的兄弟，岳母（加上出生顺序）。(maju ｛F. H.｝)。

pha-ne：(pha 或 pa：父亲；†ni-†nei：藏缅语的词根，表示父亲的姐妹）父亲的姐妹，婆婆（使用者是女性）（加上出生顺序）……

pha-jyõ：父亲最小的妹妹。

aṅi：母亲的兄弟的妻子，婆婆（加上出生顺序）。

a-ghē：在类别上属于长兄（自己的长兄；比本人年长的、父亲的兄弟或母亲的姐妹第一个出生的儿子）。（参见 Monguor③，aga：长兄）。

a-jyõ：比本人年长的、父亲的兄弟或母亲的姐妹最后出生的儿子。

a-wa mahila，a-wa saıla……：在类别上，比本人年长的第二个兄弟、第三个兄弟……（自己的第二个哥哥、第三个哥哥……；比本人年长的、父亲的兄弟或母亲的妹妹第二个出生的儿子、第三个出生的儿子……）。

a-wa：在类别上的兄弟，用来称呼上面提到的所有比本人年长的哥哥（参见 Monguor，awa：父亲）。

---

③ L. M. Schram, "The Monguors of the Kansu", *Tr. Am. Phil. Soc.*, Vol. 44, 1954, p. 84.

thu-gu 或 thu（thu-bo，藏语：酋长，有时表达长兄的意思）：

ⅰ．比本人年幼的、父亲的兄弟或母亲的姐妹第一个出生的儿子；

ⅱ．类别上的长子。

cyõ：

ⅰ．类别上最小的兄弟（自己最小的兄弟；比本人年幼的、父亲的兄弟或母亲的姐妹最后出生的儿子）；

ⅱ．类别上最小的儿子。

mahila，saila……：

ⅰ．在类别上，比本人年幼的第二个兄弟、第三个兄弟……（自己的第二个弟弟，第三个弟弟……；比本人年幼的、父亲的兄弟或母亲的姐妹第二个出生的儿子、第三个出生的儿子……）；

ⅱ．类别上的第二个儿子、第三个儿子……

观察：表达"兄弟"这一意义的一系列用语的复杂性在于必须考虑并对应每个人在自己亲生兄弟们中确切出生顺序，以及与自我的相对年龄。例如，比本人年长的、父亲的兄弟的儿子：a-ghē（第一胎），a-wa mahila（第二胎），a-wa saila（第三胎），……，a-jyõ（最后一胎）。这两个标准的组合用简单的前缀（a，a-wa）来表示，除了表达"第一个出生的（儿子）"时所用术语完全不同。

第一个出生的"兄弟"	>	本人	a-ghē
	<	本人	thu-gu（不可能是亲生兄弟）
第二个出生的"兄弟"	>	本人	a-wa mahila
	<	本人	mahila
第三个出生的"兄弟"	>	本人	a-wa saila
	<	本人	saila
最后出生的"兄弟"	>	本人	a-jyõ（不可能是亲生兄弟）
	<	本人	cyõ

"姐妹"这个词形成了一个具有相同特征的群体，排行第一的是

a-gae, a-na mahile, a-na saile, a-na kanśi；排行第二的是 nani〔nan（古隆语）〕，mahile, saile... kanśi〔ṅi-chyõ（古隆语）〕。

a-gaē：类别上的长姐（自己的长姐；比本人年长的、父亲的兄弟或母亲的姐妹第一个出生的女儿）。

a-na kanśi：比本人年长的、父亲的兄弟或母亲的姐妹最后出生的女儿。

a-na mahile, a-na saile……：在类别上，比本人年长的第二个姐姐、第三个……（自己的第二个姐姐、第三个姐姐……；比本人年长的、父亲的兄弟或母亲的姐妹第二个出生的女儿、第三个出生的……）。

a-na：类别上的姐妹，用来称呼上面提到的所有比本人年长的姐姐。

nani：

ⅰ. 比本人年轻的、父亲的兄弟或母亲的姐妹第一个女儿；

ⅱ. 类别上的长女。

-kanśi：

ⅰ. 类别上的最小的女儿（自己最小的妹妹；比本人年幼的、父亲的兄弟或母亲的姐妹最后出生的女儿）；

ⅱ. 类别上的最小的妹妹。

mahile, saile……：

ⅰ. 在类别上，比本人年幼的第二个姐姐、第三个……（自己的第二个或第三个妹妹……；比本人年幼的、父亲的兄弟或母亲的姐妹第二个女儿、第三个出生的……）；

ⅱ. 类别上的第二个女儿、第三个……

nohlõ（男性），nohlo-śyo 或 nohlon-śyo（女性）．同辈中的交叉亲属；所有可以与本人通婚的人。

a-śyõ：妻子的兄弟。

moh（也是 mo｛F. H.｝）：姐妹的丈夫、女儿的丈夫、丈夫的姐妹的丈夫（使用者是女性时，要符合比本人的丈夫年轻）、父亲兄弟的女儿的丈夫。

ćõ：〔年长的〕兄弟的妻子、儿子的妻子。[99]

第二部分　社会

koẽ（或 koĩ）男性，koẽ-mi（或 koe-mi 或 koi-mi）女性：孙子和孙女、姐妹的儿子和女儿（通常是背称语）、曾孙和曾孙女。

ćah（男性），ćah-me（女性）：儿子、女儿（通常是背称语）和儿子同辈的同宗族的亲属。

a-ta a-li：比本人年长和年幼的兄弟们。背称语（α-ta：哥哥们；a-li：弟弟们）。

rĩ：姐妹。一般主要由男性普遍使用的称谓。

mayũ mai：兄弟。姐妹使用的背称语。

kẽ：岳父。背称语。

śyo-me〔śyo-mẽ〕（也是 su-mi｛F. H.｝）：婆婆。

bra-ju（尼泊尔，baje）：祖父、曾祖父、岳父，如果他不同时是舅舅和姑姑的丈夫。通常是对于老人使用的面称语。

bhu-ju：祖母、曾祖母、婆婆，如果她不是姑姑或者舅舅的妻子。通常是对于老人使用的面称语。

hyõ bra-ju 和 hyõ bhu-ju：曾祖父和曾祖母。

a-ji khe，a-ji ma：祖先（男性和女性）。很少使用。（在尼瓦尔语中，人们说：aja－－祖父，aji－－祖母）。[100]

2. 评价

某些列出的用语是转换后的尼泊尔用语（例如 braju，bhuju）。他们用于表示出生顺序的词语是一样的：mahila，saila……（mahila 源自 madhya，梵语）。其他的与藏缅语有关（例如，thu-gu，ćah-me，ćah……）。

所有的称呼语，除了 braju 和 bhuju（尼泊尔语），用于称呼比自己年长的人，都会在前面加上虚词 a（过时的用语，a-ji khe，a-ji ma：男性祖先和女性祖先，也遵循这条规则）。

这一观察使我们能够得出第一个结论。亲属关系最本质的核心是围绕一个最清晰地表达，即年龄。一方面，有比自己年长的亲属；另一方面，有比自己年幼的亲属。我们已经在其他地方印证了这一结论，即对所有比自己年长的人所表现出的尊重的态度。虚词 a 在语言中体现了这一方面，它在一定程度上决定了长辈和他们的后辈之间的关系。

第十二章　葬礼和亲属称谓

　　一个人从来不会当面叫比他自己年长的亲戚的名字，但是当他向第三个人谈论他时，有时会直接称呼名字，以避免使用分析性术语。但可以用名字来称呼比自己年轻的亲戚。古隆人之间没有在尼泊尔—印度社会中常见的明确限制亲属关系的禁令。我们在前一章中已经看到，在古隆的家庭生活关系中，没有因为需要反映家庭成员的等级而不断产生的焦虑，也无须避免他们之间的亲密。

　　需要注意的是，妻子从不叫丈夫的名字并且不使用"丈夫"一词。大多数情况下，她使用"我大儿子的父亲"。如果有人问她丈夫的名字，她会喊邻居来告诉别人她大儿子的父亲的名字。另一方面，丈夫可以自在地叫他妻子的名字。两人以外的其他人可以使用 pha "丈夫"和 mri "妻子"（ri 或 rī：作为词根意为"姐妹"、一般意义上的"女人"）这两个词，mri 可能是 ma-ri 的缩写（ma：母亲，对应于 pa 或 pha：父亲）。

　　所有的世代都会区分年龄的长幼。例如，出生顺序，也就是与兄弟们的相对年龄，将每个"父亲"（a-pa）与其他"父亲"区别开来。此外，这种区分似乎在尼泊尔·印度文化的影响下得到了加强。事实上，mahila，saila 和 kaila 这些词语都是来自这些民族的外来词。只有一些最古老的（ha，thu-gu...）和最年轻的词语（cyõ...）是古隆人自己的。在当地祭司用古代语言讲述的历史故事中，你找不到任何尼泊尔语。他们用 koh-ler-bai 等词语来表示出生的顺序，意思是"排在后一位的人"，而词语 the-ba 或 cyõ 表示排在最末的意思。我们如何来解释这么多往往倾向于体现出自我与他人年龄大小的对比的称呼语呢？对于这个问题，我目前不可能找到一个令人满意的答案。然而，这种多样性可能与丧祭的供献体系有关。要对这个假设进行说明，我们可以对死者的女婿莫，在葬礼中扮演着至关重要的角色的死者的女婿，进行一下思考。死者的女婿必须挑选死者最年轻的女婿，死者姐妹的丈夫有着"女婿"的身份，但是死者的妻子根据他是否比丈夫年长或年轻而称这个男人为死者的女婿莫或欧莫（au-moh）。在举行葬礼时，她必须（在没有女儿或女儿没有丈夫的情况下）指望相对年轻的姐妹的丈夫，从而选出符合规定的人选。在古隆的村庄

| 第二部分　社会

中，每个人都知道彼此的出生顺序以及年龄的相对大小。

相关等式：父亲的兄弟＝父亲＝母亲姐妹的丈夫；母亲的姐妹＝母亲＝父亲兄弟的妻子；父亲兄弟的儿子或女儿＝兄弟或姐妹＝母亲姐妹的儿子或女儿——与自我不得与平行从表通婚的禁令相一致，他们的父母也是自己的父亲和母亲。

虽然并不容易区分母系的和父系的平行亲属，但在交叉亲属上的区分是明显的。

　　au-mo，父亲姐妹的丈夫，区别于 mom：母亲的兄弟。
　　pha-ne，父亲的姐妹，区别于 aṅi：母亲的兄弟的妻子。

不过请注意，前两个词共用词根 mo，mom；后两个词共用词根 ne 或 ni（词根 ni，nei 是藏缅语，意为"父亲的姐妹"）。然而，这些相似之处太模糊，无法给 au-mo ＝ mom 和 pha-ne ＝ aṅi 提供证明。

当地的血亲宗族或自我的世系形成了亲属群体塔。塔的妻子来自的家系统称为 ṅe。相反，妻子来自族群塔的人是死者的女婿莫（moh 或 mo），属于另一家系。父亲的姐妹的丈夫被称为欧莫（au-mo，au 无疑是我们之前所说的前缀 a 的变体）。姐姐的丈夫，父亲的兄弟的女儿的丈夫和女儿的丈夫都是死者的女婿莫，儿媳被称为 õ（兄弟的妻子，儿子的妻子）并且在他们结婚之前和自己的妻子属于同一类亲属群体（ṅe）。

在我看来，有必要通过古隆人会区分有关于族群塔的妻族和莫的这样一个事实，从而认识到父系的和母系的交叉亲属之间的区别。这些区别符合我们在葬礼上研究物品供献时试图理解的亲属关系的一般模式，其中父系的交叉亲属属于接收来自自我的家系的女儿那一方氏族（或当地的血亲宗族），而母系的交叉亲属属于赋予女儿的血统群体。

此外，该术语表明，在某些情况下，主体用相同的术语来称呼两个不同世代的亲属。在结构上，这种同化可以被理解为通过忽视世代的差异从而能清楚地区分因为联姻相联系的宗族中的不同亲属。在崇

— 264 —

第十二章 葬礼和亲属称谓

尚母系婚姻的社会中，这种同化是普遍的，具有以下特征：将女儿送入自我的家系的亲属被同化为更高的一辈，而接受自我的家系的女儿的亲属被同化为下一辈人。在对于古隆葬礼的物品供献的研究中，我们已经为这种模式提供了证明。

相关等式：姐妹的儿子（或女儿）＝女儿的儿子（或女儿）显示出了相同的忽视世代差异的趋向，并将它们与基于姑表兄妹联姻的亲属体系相协调（图12-4）。

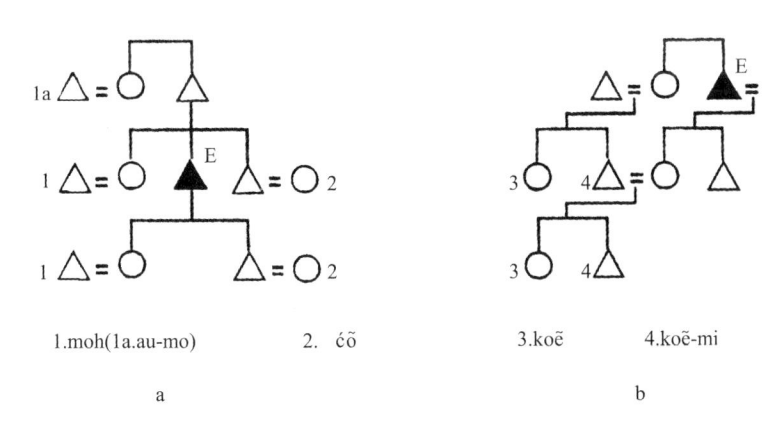

1.moh(1a.au-mo)　　2. ćõ　　3.koē　　4.koē-mi

a　　　　　　　　　　　　b

图12-4　亲属关系方程式

"岳父"和"岳母"的称呼是一个难以解决的问题。如果岳父或岳母在自我结婚前和自我的家系没有与血缘关系有关的联系，岳父母被称为 braju 和 bhuju，意为"祖父和祖母"，或更准确地来说"老人"，因为这两个术语用于称呼所有辈分在自我的父亲之上的亲属。此外，在结婚前，如果某人的家族与其岳父母的家族没有因为婚姻相联系的话，那么他也使用同样的用语。面称语不会因为婚姻的发生而改变。相反，如果他们形成了亲属关系（如果自我与舅舅的女儿结婚），男性依然称他的岳父母为"舅舅"和"舅妈"，女性则是"姑父"和"姑姑"。如果是与姑姑的女儿结婚，那么称呼便调换过来。事实上，后者的使用是非常罕见的，因为与姑姑的女儿结婚的情况并不常见。

| 第二部分　社会

岳父母所使用的面称语验证了我们在前一章中所说的内容，即婚姻是双边的，在某种意义上说，一个人可以与姑表兄妹结婚。但事实上，与姑姑的女儿或儿子结婚的情况非常罕见，并且不与大多数的术语相一致。

"岳父"和"岳母"的背称语分别是 kẽ 和 śyõ-mi（或 śyõ-me）。我认为 kẽ 一定与缅甸语词根 k'u，"母亲的兄弟"，相接近；śyõ-mi 可以分解成 śyõ 和 mi。Me 或 mi 表示 koĩ-mi，"小女孩"和 ćah-mi，"女儿"，这两个词中的女性；śyõ 取自 a-śyõ，"妻子的兄弟"。śyõ-kaĩ 是在帕尔期间由 a-śyõ（以及舅舅和他的妻子）提供的食物。我们还指出过，普楚祭司在葬礼上讲述的历史故事之一将死亡和勒姆克的帕尔联系在了一起，而勒姆克的舅舅被称为阿索亚（a-śyõ）。总而言之，这些例子往往证明 kẽ 和 śyõ-mi 这两个词在过去具有"岳父""岳母"和"舅舅""舅妈"的双重含义，它们在母系婚姻占主导地位的社会被视为是理所当然的。

古隆有关祖父母，曾祖父母，孙子女和曾孙子女这几辈人的术语非常贫乏。女性术语只是男性术语的女性形式，例如：koẽ, koẽ-mi 代表"孙子"和"孙女"。术语的这种简化可以解释为，在这些世代中，父族（tah）、妻族（ṅe）和莫（moh）三者之间不再做区分。

在自我这一代，古隆人会区分直系亲属和旁系亲属。ṅohlõ 这个词不仅表示直系的姑表兄妹，"母亲的兄弟的儿子"或"父亲的姐姐的女儿"，还表示"因为自我的婚姻而成为亲戚的人"。一个来自孔族的年轻卡贾特人称与他同辈的喇嘛族或普隆族男孩为"ṅohlõ"，而这个称呼并不能准确地说明他们是哪一类的堂表兄弟。术语"ṅohlõ"的使用是非常容易理解的，因为四个卡贾特人通过婚姻形成的关系网十分密集。例如，部族 A 的每个成员与部族 B 和 C 的成员都是交叉表亲或通过婚姻成为旁系亲属。在索拉贾特人中也是同样的情况。

在结婚之前，妻子的兄弟和莫，姐妹的丈夫可能被自我称为 ṅohlõ，特别是如果他们是直系姑表兄弟。但这种关系根据具体的婚姻类型有所不同：ṅohlõ 要么成为 moh（女婿），妻子是来自该家系；要么是 a-śyõ（是自我这辈人的妻族ṅe），将女儿交给了该族系。ṅohlõ 的女性形式是 ṅohlon-śyõ。妻子的姐妹，可能是母系的直系表姐妹（ṅohlon-śyõ），被自我称为"姐妹"，这一称呼理论上是不正规的，因为自我可能在妻子去世后或者在重婚的情况下娶他妻子的姐妹。根据古隆人的解释，这样称呼是为了体现亲近的亲属关系。

第三部分
宗　　教

第十三章　宗教框架

一　日常生活与超自然现象

高地古隆人的世界充满了神和善恶灵，其中后者数不胜数，使人困扰。为了了解人类和超自然现象之间的日常联系，让我们跟随一个古隆家庭进行一日活动。

早晨，从日出起，妇女们就到泉水边用大铜壶取水。他们也会向一个银色的小瓶［ankhora］（类似西藏的纯净水瓶）中装水。他们把这个放在屋中火堆后面的一个架子上，并且每天为它换水。这个架子代表了家庭的"祭坛"，或者至少是一个为敬拜保护房屋的神灵而保留的地方。古隆人用 pramesar［k-hhlyesondi（Chon-kyui，神话的语言）］（尼泊尔语 parmesur，parameśvar）或 kul deota［phai-lu（Chon-kyui）］（"家族"之神，尼泊尔语）来指代这个没有具体姓名的 goé。房子的女主人会给房子附近的一丛野生灌木浇水，这样的位置似乎保护着这个家庭和这块土地的蛇能够存活［bh-huri（Tamu-kyui）］。

在春天，人们会讨论前一晚的梦，有些人则会解梦。如果有需要，稍迟一些会有人去当地的普楚祭司那里询问梦的意义。据说，一个人在梦中看到的，就是他的九个灵魂之一在睡眠中暂时离开身体时看到的。如果在梦中，一个人看到一棵树倒下，一场滑坡，一颗被拔掉的牙齿，被剪掉的头发，这对这个家庭来说是一个不好的征兆；有死亡的危险。如果妻子梦见她把手镯摔坏了，这对她的丈夫来说是个坏兆头。如果有人看到动物咬人，那则是疾病的征兆。

第三部分 宗教

相反，如果你梦到有人向你要衣服或鞋子，这是一个好迹象；同样，如果有人看到牛奶、池塘或一个送水的人——钱很快就会流进家庭里。如果有人梦见一个男人在爬树，这意味着家里的一个士兵将被提升到更高的级别。如果有人梦到死人，这就意味着打猎将会有好的收获。

到了该种植水稻或谷子的时间，或是到了收获季节，户主常常会参考一位婆罗门为他画的星象，以知道他在哪一天必须开始农业生产（din la-ba：意为"组成一天"的词语）。等他到了田里，就会用石头做一个小祭坛，上面放一只鸡。然后他献上牛奶和牛粪，以此来纪念南如神（南如）[Namru]。[101]

如果一个农民在去他的田地时走到了有鬼魂居住的两三块大石头中的一块前，他就会向它扔一朵花。如果他正向东走，他会向初升的太阳致敬。如果一位村民在走路时，看到一条蛇正在吃青蛙或者蟾蜍，听到母鸡像公鸡一样啼叫，看到树枝扭曲成结，一只遇见鹿的鸟，一只鹿风干的尸体，或者他只是听到牡鹿的一声吼叫，这些都是不祥的征兆。另外，如果他看到一只叫锡哈尔（siṅar）的鸟在树干上挖洞（像啄木鸟一样啄），这则是一个好迹象。

在萨万月（Sawan），即每年的七八月，村民不会去森林砍伐木材。因为那会带来坏运气。每周有一次，他们什么也不给别人并且买东西也不会付钱，以此来保持家中繁荣。但是，他们会在第二天支付他们的欠款。在白天会有来自远处的旅行者路过村庄，在冬天则会有流浪的西藏僧侣来乞讨。从来没有人拒绝施舍他们，因为那样可以释放邪恶的灵魂。人们害怕他们不耐烦或不满（那时候他们会用脚踢点什么）。在夏天的时候，经常会有来自印度平原的萨杜（sādhu）在村子里停留一个晚上，人们就会给他们一些食物。

如果一家中的某个人病了且主人有熟识的 mantra［ṅo］（一个神奇的配方），他就会试图自己医治疾病。他俯过身，一边背诵咒语一边在疼的地方吹气（ho-ba）。一般在晚上，在夜幕的掩护下，灵魂才会释放。村子里的某些地方掌握在鬼魂手中。在莫霍里亚村的公墓区域，上面是一片竹林，下面是一片树林，里面都住着恶鬼。

例如，我在莫霍里亚村的时候遇到一个梦游者。一天晚上，当我和村民们坐在村庄中间的十字路口。这位梦游者以他能跑得最快速度冲了过来。在恢复了意识后，他用颤抖的声音喊道："我误入竹林时被我自己弄醒了。我听到可怕的声音，这是灵魂的声音。然后我跑着就来到了这里……我很幸运能活着出来。"

在村子里的一两所房子里，一个普楚祭司、一个喇嘛或一个科里布利祭司会与使人生病的鬼魂搏斗。围观的人不会注意祭司，只顾着聊天。人们会对当天发生的事情开玩笑或者做些评论。祭司不时地发布命令，会有一名成员站起来执行。仪式一直持续到深夜一两点钟。一些村民裹着棉披肩睡着了。喝了麦酒之后，人们昏昏欲睡地做着梦，而在寂静的山中，祭司的鼓声不时响起。

二 祭司

在前面的段落中，我们已经开始初步渗透古隆人超自然的世界。在这个被混乱统治的世界里，宗教和巫术混合，印度教、佛教与当地仪式重叠。为了让画面更加清晰，似乎有必要通过描述在古隆这个地区共存的各种宗教组织的祭司来具体说明各种宗教。我用"祭司"这个词是非常笼统的。祭司属于赋予他知识的某个宗教组织。他一生都在履行自己的职责，他的角色被明确界定。四种代表不同信仰的祭司都在古隆聚集：喇嘛、普楚祭司、科里布利祭司和婆罗门。除了这些祭司，从更深刻的信仰出发，也有在某些场合可以被附身并进入恍惚状态的达姆们（dhame）。

1. 喇嘛

喇嘛是藏传佛教的祭司。在古隆村的西部，喇嘛总是属于卡贾特家族。这一事实似乎并不普遍，但也不足以令人惊讶，因为根据藏传佛教的信仰，每个人都可以成为祭司。古隆喇嘛通常被称为"乡村喇嘛"。他不会把所有的时间都花在履行宗教职责上，而是与家人生活在一起，也不恪守僧侣的独身规定。他建立一个家庭，耕种他的土地。如果他足够富有，他会在自己房子旁边建造一些小房子，在那里整理他的圣书，挂一幅宗教画（唐卡），并用鲜花、盛水的盆和一盏黄油灯装饰一个小祭坛。在那里，他可以集中思想，在宁静和孤独中冥想，庆祝某些佛教仪式。

在喇嘛居住的村庄里，他们经常被要求主持仪式。他们的声望很高，宗教影响不容小觑。例如，在甘德兰登有五个喇嘛。在居民中，大约有40名寡妇过着隐居的生活，每天履行相关的宗教职责，努力帮助生病的村民或需要帮助的人。她们中的一些人剃光了头发，但没有人能与居住在西藏的寺庙的尼姑相比（a-ne；藏语，a-ni）。他们的宗教知识很肤浅，不懂藏语。在其他村庄，佛教并不常见。在冬天农闲时，喇嘛会去参观这些村庄，并在每个村庄停留几天。

喇嘛的知识要么来自他的父亲（如果他的父亲是一位祭司），要么来自他与关系亲密的知名喇嘛。当一个喇嘛家族的孩子表现出学习的倾向，或是表达了想成为喇嘛的愿望，他的家人和他家族的祭司们会一起决定这个孩子是否应该成为喇嘛。

下面是一个甘德兰登喇嘛的例子（在莫霍里亚没有）。他9岁时开始跟随一位老喇嘛学习。当后者被叫去主持仪式时，他会跟随一起。白天，会在他的"上师"的领域工作。当他已经对藏文有了更深入地了解后，会被派到山上独自生活，并在那里冥想三个月。有时，他的家人会给他带来食物。他不被允许生火，因此不能煮饭。在唐卡旁边只有一盏小黄油灯烧着。他的"上师"会来见他，给他安排冥想和学习的科目，然后就这些问题询问他。之后，"上师"会让他期末考试，检验他的学生能否独自做好所有必须熟悉的仪式。从那天起，他回到村庄的时候便成为一位喇嘛祭司。甘德兰登有两位喇嘛曾在西藏学习，其中一位甚至去过拉萨。他们使用的书籍是在西藏或木斯塘地区购买的。

喇嘛们似乎对西藏的宗教仪式有相当的了解。大多数的修道院仪式从来没有举行过，然而，有时几个喇嘛会聚在一起举行这些仪式之一。只有那些与葬礼、与恶灵斗争、与房屋繁荣有关的故事才为人所知。祭司们对他们所读的经文的意义并不怎么重视。对他们来说，宗教主要具有的是实用价值。

2. 普楚

普楚（pa-chyu）是当地两大宗教的祭司之一。我们需要对用来形容他们的"扎格里"（zhāgri）一词进行分析。一般来说，古隆人只有在讲尼泊尔语的时候才会用这个词。在古隆人所有的神话历史中，有人找到了在日常对话中也会被使用的"普楚"一词。一些扎格里住在加德满都或是大吉岭，但他们与古隆的祭司十分不同。在加德满都，扎格里是指能够进入恍惚状态并被附身的人。普楚从来没有扮演过这种角色，神话中也没有描述过附身场景。大吉岭或加德满都的扎格里讲述历史都是使用尼泊尔语。我在加德满都看到扎格里的鼓的把手和佛教喇嘛的一样，普楚的鼓没有把手。由于缺乏关于扎格里的确切资料，所以不可能得出扎格里和普楚是拥有两种不同信仰的祭司的结论，本书我将使用古隆语：普楚。

扎格里和普楚通常都是索拉贾特族。他属于克洛泽（kromzē）或者勒那（léhe）族［102］。有四类普楚：属于克洛泽的 śyar and lo（东部和南部的普楚），属于勒那的 nuh and cyō（西部和北部的普楚），普楚的四个类型对应着四个基本方位。事实上，它们没有什么区别。据我最好的普楚信息提供者说，只有伴随着仪式上讲述的历史而来的鼓声的节奏才能区分克洛泽和勒那。

比起喇嘛和科里布利祭司，普楚祭司的数量要更多。在莫霍里亚村，有两个普楚祭司家庭。既没有喇嘛，也没有科里布利祭司［103］。普楚既是祭司，又是农夫。他们通常很穷，也没有很多土地。夜间的工作经常迫使他在白天的大部分时间都在睡觉。在古隆地区的西部，我只认识两个把所有的时间都花在祭司工作和作为当地"医生"的普楚。他们对传统药物有十分广泛的了解，可以诊断更常见的疾病，配制药水、治疗霜，或者至少安慰病人。

从 5 月到 10 月，普楚们和其他祭司们的宗教活动会在很大程度上减少。田野里工作使他们没有闲暇，居民们也远离了自己的村庄。

有一名祭司候选人在跟着一位著名的普楚学习。他在他"上师"

的领域①工作以支付他的住宿费，并跟随他旅行。他至少需要学习6年。因为普楚没有书，学生们就需要熟记祈祷仪式。他们必须知道如何背诵悠久的历史，这些历史讲述了祖先在某些特定的场合是如何与敌视人类的恶灵斗争。这些神话历史讲述了各个场景中必须庆祝的仪式和祭司被要求参与的情况。洛克在他的几部关于 Na-Khi（中国西南部）的著作中，引用了当地祭司所读的历史，他们的总体规划与普楚神话非常相似（见参考书目）。神话是用一种与现在使用的语言明显不同的古代古隆语讲述的。语法有很多变体，未见于现代语言。普楚们自己也不知道某些词的意思。尽管如此，我还是记下了有关普楚的所有神话，并做了一个相当完整的翻译，但并不是完全准确。

当学生觉得自己已经准备好面对期末考试时，他的上师会询问他应该知道的一切，然后决定在这种情况下是否给予他成为普楚并独自主持考试的权利。然后，新的普楚会向他以前的上师支付60或100卢比，以示感谢。如果他没有足够的钱来支付，他就必须在他的上师去世时参加他的上师的葬礼，不过不需要支付任何费用。对于上师来说，他通常会给年轻的普楚一面鼓，这是祭司必备的乐器。在给他鼓的过程中，上师会把他的能力传递给初学者，使他能够被神和灵魂听到。

普楚的传统随身用具：

如果祭司没有穿上特定的赋予他与超自然事物交流能力的东西，他就不能主持仪式。

rhalbu（藏语 ral-bu；长头发）：稍尖的粗栗色羊毛帽，上面垂着长长的辫子（许多这种帽子是在西藏边境制造的）。所有的普楚在主持仪式时都戴着羊毛头巾。它缠绕在帽子上。

lahr-phya：在帽子和头巾之间垂直环绕头部的羽毛。

khogrē 或 khōgrē：夹在腋下的大鸟的鸟喙。

---

① Vansittart, Tribes, *Clans and Caste of Nepal*, J. A. S of Bengal, 1894, p. 234。Vansittart 指出，在马嘉人的塔帕族中，给他起名叫"Jhankri"。参见 A. W. Maceonald 最近的文章，"Notes préliminaires sur quelgues jhākri de Muglān", *Journal of Asiatique*, 1962, pp. 107–139。

第十三章　宗教框架

tũhśi-mluh：宽腰带，通常用贝壳装饰。在传统的故事里，它被描述为被豪猪的刺所覆盖（tũhśĩ：豪猪）[②]。

lahgrẽ-tharbu：挂在腰带上、垂到腿上和系在固定在腰带的带子上的小铃铛。

ńah 或 ńahr-do ńah-śĩ（藏语，ra；ra-gi）：直径50—80厘米的鼓。山羊皮在厚6—9厘米的木制框架上向一侧展开。除此之外是一根穿过直径的棍子，用来固定乐器。祭司通常用左手握住他的 Kiah，右手用一根木棍击打 Kiah。木棍的上端覆盖着一小块布，以保护鼓皮，并发出所需的声音。

sa-phu：干燥、坚硬，卵形体壳的水果，略大于一个石榴。在里面挖一个洞，里面放上野鸡或孔雀的羽毛。

pyom：盛谷物酒的木制或铜制的小杯子。

kaz：藏式小圆筒形瓶子，由木头制成，有盖，饰以藏族风格的银饰。里面盛满了祭司所喝的谷酒。

phrem mala[③]：胸前挂着一条长长的黑色小珠子项链（神话中没有提到）。

chelẽ（藏语，cha-la）：直径30—40厘米的铜钹（神话中没有提到）。

phurap thaca：藏式雕刻的小铜器，上面挂着白色和红色的布带。理论上，祭司们在每一次帕尔之后都会添加一个新的（神话中没有提到）。

dhupiari（尼泊尔语）：用青铜或铜做成的小碟子，用来烧香以纪念祖先和神灵（神话中没有提到）。

主持仪式时，普楚通常会坐着，双腿交叉，他的一些饰品和谷物放在他的面前。他以不同的节奏吟诵他的祷告，根据他所背诵的内容，不论是否有鼓和钹伴奏。普楚经常戴着交叉的项链来纪念 poro

---

② 在尼泊尔，豪猪被称作 dumsi（参见 Turner, p. 315）。
③ 'phreṅ (-ba)，藏语念珠（参见 JÄSCHKE, p. 360）；mālā，尼泊尔语：念珠（Turner, 505 页）。

第三部分　宗教

（或 pro），这是一种女人们在紧身胸衣外面穿的衣服，系在一个肩膀上，"因为曾经有一位女性普楚"，她叫 Ri-ma，秋。她必须继承她父亲的事业，因为她的哥哥拒绝成为一名祭司。普楚雌雄同款的服装的特性似乎符合一些宗教神话中盛行的趋势，在神话中男性和女性元素是相互联系的。当我问一个普楚他的衣服为什么这么奇怪时，他回答说："我必须与邪恶的灵魂做斗争。我的衣服吓着他们了，因为他们不习惯看到一个人穿成这样。"我们稍后会看到另一种解释。[104]

3. 科里布利祭司

科里布利祭司（klihbrĩ）是当地宗教的另一种祭司，在许多方面都与普楚非常接近。他们信仰基本是相同的。在尼泊尔的语境中，古隆人将科里布利称为"ghabri"。霍奇森④在他的古隆族（guaburi）名单中引用了这个名字。科里布利也是索拉贾特氏族的名字。祭司主要是从这个氏族中招募的。科里布利家族被细分为 tu-klihbrĩ 和 ko-klihbrĩ⑤。根据当地人的说法，也可以找到属于 thimzẽ 和 murumze 部落的科里布利祭司。在莫迪山谷的上游，不超过两名科里布利。相比之下，在西克利斯和蓝琼的中部地区，特别是在没有喇嘛的村庄，科里布利的数量更多。迦勒是一处古老的皇家居所，它的首领曾断言，迦勒国王们的祭司就是科里布利祭司。如今，他们总是被要求主持迦勒的葬礼。

像喇嘛和普楚一样，科里布利祭司既是祭司又是农民。此外，他还用当地的草药配制药物，以治愈某些疾病。科里布利祭司也像普楚一样被选择和指导。我的科里布利祭司消息提供者在科塔学习了9年。没有书；一切都必须铭记在心。他们的祈祷和普楚的祈祷很相似，但是所用的语言非常不同。祭司自己也不明白。短语的某些元素接近现代古隆语，但由于它们的数量不多，对理解其余叙述并没有帮助。祭司们说，他们使用的语言是古隆方言。然而，它与普楚们叙述的古代古隆语有很大的不同。为了解释这种差异，我将尝试提出一个

---

④ Hodgson, *J. A. S of Bengal*, Vol. 2, 1833, p. 224.

⑤ Vansittart, *J. A. S of Bengal*, 1894, p. 213.

假设。我们已经说过，科里布利祭司是迦勒的祭司，这些国王似乎已经征服了古隆人以前的统治者。第二波入侵者来自喜马拉雅山脉北坡（也有传说来自 Labrumahrso⑥），与第一批古隆人有着相似的传统，二者逐渐融合在一起，但是科里布利祭司使用的语言保留了下来，并且在今天仍然代表着历史。曾是第一批古隆人的普楚祭司（在非常古老的村庄，如科塔，他们的创始人中有一些有普楚血统）也曾想保留祖先的语言，但这是为大多数人所使用的语言，这就解释了它与现代古隆语的巨大相似之处。虽然我已经把科里布利祭司所讲的神话都写下来了，但是我还不能把它们翻译过来，以核对信息提供者提供的摘要。在将来，要直接理解这些东西的寓意会很难，因为上一代的祭司们并不知道他们的意思，对其理解一定有偏颇。

科里布利祭司的传统随身用具：

科里布利祭司只穿着特殊的服装主持仪式。由于无法翻译科里布利祭司的文本，我不知道我所看到的设施在多大程度上与传统的一致。乍一看，它似乎深受藏族祭司服饰的影响。

phae-koĩ：（pha：胃；e：属格粒子；koĩ：服装）：服装中包含下摆到脚的裙子，腰部有一件大罩衫遮住胸部和手臂（藏式）。

orkhē：五幅神的画像，作为王冠戴在头上。

rhalbu：类似普楚的帽子。

kalāko：木制的鸟，上面系有白色和红色材料的丝带。祭司每次庆祝帕尔时都会加一个。

chelē：直径 30—40 厘米的铜钹。

ṅah：一种类似于普楚鼓的鼓，但直径稍大一些。

saka ⌊sāka⌋：海螺壳。

---

⑥ La：太阳；mahr：金子；sō：国家。la 的意思是模棱两可的。这个词在现代古隆语中已不再使用。我的两个主要消息提供者，一个普楚，一个科里布利祭司，告诉我 la 的意思是太阳，而 ṅih 是月亮。毫无疑问，这两个词与藏语单词 zla－月亮和 ñi－太阳联系在一起。因此，其意义被重新诠释。我们不可能辨别这种颠倒是故意的，还是因为现在的语言中 la 和 ṅih 没有被使用，而祭司们在猜测这两个词的意思时犯了错误。这造成了不幸的结果，因为它使我们无法得出任何明确的结论。

syõ：小钟，最常在西藏制造，其把手是 dorje 的形式。

mālā：黑色小珠子做成的项链。

karme：透明黄油灯。

dhupari：烧香用的盘子。

科里布利祭司和普楚担任同样的职务，但不同的是，他在葬礼上跳舞时，会伴随着鼓和钹。

4. 婆罗门

婆罗门祭司不时地在古隆乡村的山谷中穿行，并造访每一个村庄。需要他服务的家庭会把他请到家里，让他写下新生儿的星象（hovoscope），或者让他通过研究两个订婚人的星象来给出关于婚姻的建议。有时，他会被一个家庭请来专门庆祝遵循婆罗门为高地人民设立的仪式进行的婚礼，这与真正的婆罗门仪式不同。但只有富裕的家庭才使用婆罗门。他们的服务费很昂贵。

5. 达姆

在整个尼泊尔都可以找到达姆。他不属于任何宗教组织，我们不能把他归类为祭司。他是这样一种人：只要他愿意，他就会进入恍惚状态并被死去的达姆祖先附身，那位祖先会向他揭示，如一个人生病的原因和获得补救的方法。大部分达姆都是贱民、裁缝、铁匠等。很少有达姆是古隆人。因此，我们不会详细研究达姆的信仰。例如：

在科塔村有一个达姆也是普楚。（但这是例外。普楚的宗教与达姆的信仰完全不同）。在学习了 5 年成为普楚之后，这位古隆人有一天觉得自己被印度—尼泊尔女神德比（Debi）附身了。当时他在比赫科特（Bhirkot），他突然看见一个女人，头发很长，手里拿着花。他的右肩开始颤抖，然后全身都颤抖起来，他不自觉地说着话，说着女神的名字。（我重复他的话。）人们在他周围点起了火，他停止了颤抖。他决定去见尼泊尔南部（特莱西部）的居民塔鲁（Tharus），去见那瓦尔普尔（Nawalpur），对达姆的科学进行为期一年半的学习。然后他离开了尼泊尔，到廓尔喀以北的尼泊尔—西藏边境的菩提亚村庄中去同其他的达姆一起学习。

古隆人承认达姆拥有附身、进入恍惚状态和揭示疾病来源或者物体丢失方位的力量。他们主要被认为具有"超感官知觉",当喇嘛、普楚和科里布利祭司失败时,有时可以使用这种知觉。以下是在莫霍里亚看到的附身的例子:

一个五岁的小男孩病得很重,已经三个多月了(显然他患有慢性痢疾),他快死了。有几次喇嘛和普楚前来为他主持葬礼以阻止疾病的发展,但他的健康状况并没有得到任何改善。一位金匠,也是达姆,被请来了。他坐在病童家的走廊上,通过简短的几句话,请求他的上师,他的祖先,以及"那些拥有完整知识的人"的帮助,并向他们提供了几粒大米。然后他的腿开始颤抖,他的胸部有节奏地向上抬起,他的头向各个方向弯曲。然后,他用一种不寻常的短促的声音,一种旁观者听不懂的语速说话。突然,他沉默了,剧烈地颤抖着,然后平静下来。几分钟的沉默后,他宣布这个孩子被诅咒了,因为他被一个非常强大、无法控制的恶灵附身了。然后他补充道:"在小男孩和他的母亲在四个月前的一次访问时,那个家庭早些时候有一个婴儿死了。杀死那个婴儿的恶魔进入了这个今天即将死去的孩子的身体。"几天后,男孩死了。

达姆经常被铁匠、裁缝、鞋匠等请来,因为喇嘛、普楚和科里布利祭司从来不在贱民的家里主持仪式。

三 礼拜场所

1. 墓地

莫霍里亚村以南,离最远的房屋大约 400 米,墓地〔tuhrja (chon-kyui; chhogon tamu kyui)〕隐藏在一个非常陡峭的树林里。几堆三四块的小石头表明了坟墓的位置。他们通常根据死者的血统来分组。村民们既不访问也不照料墓地。茂密的植被几乎掩盖了它的存在。上半部分,有一个石炉,是为了火化那些希望火葬的人的尸体的。大多数情况下,尸体赤裸地躺在地上,膝盖弯曲,脚跟抵着臀部。墓地里住着统治这个地方的灵魂和其他邪恶的灵魂。在夜间,人们无如何也不愿穿过它,但在白天,当人们牵着水牛去吃草时,他们

| 第三部分　宗教

会毫不畏惧地走过去。

2. 神龛

在村庄中心的西边,有一条蜿蜒的石阶,通往村庄上方的小树林。村里的神龛矗立在那里。围墙阻止动物们进入。神龛的建造非常简单。它是一个庇护所,它的地基长 2 米,宽 1.5 米。三堵石墙支撑着一个由石板组成的小屋顶,正面朝外敞开。基地的墙壁被一棵大树划开,遮蔽了整个区域,树和石头形成了一个整体。虽然没有资料解释这一事实,但这棵树的存在可能与神龛有关,不过无法说明二者谁才是原因。据我的信息提供者说,这个地方叫作巴阿尔(也叫 Baguẽ),是指保护村庄的神的名字。在当地普楚祭司讲述的一段历史中,我听到了另外两个保护村庄的神的名字。普楚信息提供者为我证实,他们也在同一个神龛里受到尊敬。

这个小神龛里有什么?在一种石架上放着三块笔直的石头,石头的顶部大致是圆形的。左边是一个小石雕像,代表一种四爪动物,保存状况很差。一些村民说它是一头牛,另一些人说它是一头公牛,还有一些人说它是一条狗。我对这个小雕像还没什么看法。[105]屋顶梁上悬挂着红白丝带和两个小铃铛。在印度购买的代表印度教神话场景的图片被贴在底部的墙上。最后,在外部,在神殿开放的正前方,有一个顶端是圆锥形的木桩。神龛的整体效果是印度—尼泊尔元素和当地元素的混合。对于涉及整体意义的问题,村民们的回答非常模糊。有些人坦率地说,他们什么都不知道,这些东西是他们的主人留给他们的。

在这个神社举行的仪式并不复杂,主要是每年祭祀几只动物,最重要的是查特(Chait,4—5月)和卡蒂克(Katik,10—11月)。由村里年长者主持仪式。对巴阿尔(Bhaṅar)的崇拜似乎与生育观念和保护村庄的观念联系在一起。尽管几乎所有的仪式都是由村里组织的,但有时也可能会发生一个家庭用一只山羊或一只鸡来独自祭祀巴阿尔,以吸引神对自己的家进行特别的眷顾。来自莫霍里亚的村民每年要庆祝五次对神祇的崇拜,神祇的神龛位于丹兴村。这种被称为蔲(koe)的神龛只建在起源遥远的村庄里。因此,在莫迪的西岸只有两处，一个在甘德兰登，另一个在丹兴村。[106] 其他较近的村庄会加入这两个地点中的一个来庆祝蔻，它的历史似乎比巴阿尔古老得多。在丹兴村，神龛坐落在村庄东部边缘的一个小海角上。它在结构和装饰上与巴阿尔相似，但它的前面有一扇小格子木门。被崇拜的神被称为希尔多或希尔多-纳尔多（Sildo or Sildo-naldo）。科里布利祭司每年要在那里举行五次仪式，诵经祈祷，并献上一条鱼、一只公鸡和一只野鸟。村长提供了祭司所需要的大部分祭品。在杰斯月（Jeth）举行的仪式上，仪式的目的是祈求希尔多让雨季的第一场雨尽快降临。对希尔多节仪式的研究似乎表明，这个仪式基本上属于古隆传统，并没有受到印度—尼泊尔传统的深刻影响。某些信息提供者也向我保证，这种崇拜（神并不总是被称为希尔多）只存在于统治古隆的王子在拉普特国王入侵之前居住的村庄里。这一事实似乎被蔻的实际分布所证实。因此，在西克利斯山谷，许多村庄每年都会去一次塞克伊斯，一位古迦勒国王的首都，庆祝蔻。这个异教团体可能与古隆社会的古老政治组织有关。

3. 其他地方

在甘德兰登，我注意到莫迪山谷存在着一座独特的建筑。它位于甘德兰登国王居住的地方旁边，这些国王与卡斯基（Kaski）、西克利斯和蓝琼都是古隆王国最有权势的领主。这座位于甘德兰登的宏伟建筑是在离古代王公贵族住宅大约20米的地方建造的。它像一个石砌的小金字塔，共有四层。从底部开始的第三层有一个三角形的洞，里面不时地被放上鲜花。有人告诉我，这座石头金字塔是王宰的礼拜场所。这个家族的后代仍然很好地照顾着它，他们组成了拉姆查恩血统中一个非常多的地方分支，即使在今天，甘德兰登的七位村长中也有六位是从他们当中选出的。这一建筑一直是当地宗族团体崇拜的地方。

最后，需要补充的是，在考塔拉（cautara），旅客们放下行李、坐在路边休息的石头平台上，古隆正悄无声息地被建造着。曼尼（Mane, mani, 藏语）大致是一个上面覆盖着一个每层都非常扁平的金字塔的立方体形。这堆石头高度不一（1.5—2.5米）。通常，它是由一个富裕的家庭为纪念家中的死者而建造的。石板上刻着一个藏文短语，上面写着死者的名字和他的死亡日期，在此之前还有一句咒语唵嘛呢叭咪吽（Om Manipadme Hūm）。[107]

第十四章　官方的宗教节日

首先是日历上的节日。一年中有些日子是假日："这是节日"（pri-ba）。这些日子的日期由村长（kroh）决定，他有时会向普楚和科里布利祭司征求意见。节日前夜，村长助理卡特瓦（katwal）在村庄来呼呼领导者做出决定。在某些情况下，所有的村民在节日期间不得在田间劳动，以确保能够做出一个决定。我将定义两种节日，家族节日和村庄节日。

一　家族节日

家族节日几乎都是借用尼泊尔—印度日历在尼泊尔各地庆祝。当地的普楚和科里布利祭司和他们没有任何关系。每个家庭都在自己家里举行与节日相对应的仪式。有时全村的人聚在一起跳舞和做游戏来庆祝节日。

在描述这些节日之前，有必要说古隆人所做的仪式，在大多数情况下，与尼泊尔印度教地区或印度的传统仪式有非常遥远的联系。古隆人通常不知道这些节日的意义，或多或少会模仿他们在其他地方看到的节日。庆祝仪式因村而异，因户而异。有时，这种仪式纯粹是古隆的节日，只有节日的名称和日期是从印度传统中借用的。我将简要介绍这些借来的节日，但不会与相应的印度教节日[1]作详细的比较：

---

[1] Cf. S. C. Dube, *Indian Village*, London 1956, pp. 99–108.

| 第三部分　宗教

桑拉提（Sangrati）② 发生在萨万的第二天（1958 年 7 月 17 日）。前一晚，邪灵桑拉提携带疾病来到村庄。通常情况下，村民们第二天就会去田里干活，因为 7 月的农活儿已经等不及了。晚上，九捆不同的药草被竹子捆在一起。九种草药分别是：saki，lan-tu pacu，cutara pacu，prola，dyāla，prum pacu，bhayol，phorje，pagū̃ mlagō̃。

在献祭一只公鸡之后，这些草药在每座房子的阳台上焚烧，直到公鸡的血凝固。然后，每个家庭成员的头上都会围上一捆燃烧的稻草，人们喊道，"a-ghẽ 桑拉提，hya-do…"（桑拉提兄弟，滚出去）。

达萨拉（Dasarah）是在卡蒂克举行的大型尼泊尔—印度教节日。庆祝的方式有个人的，也有集体的。农业生产暂停四天。十天前，一些大麦粒会被种在圈子里的一小片土地里。在节日期间，幼苗被戴在耳后和头发上。屋子里里外外都打扫得很干净。一家之主会在额头上抹上一提卡（tika）大米和酸奶。年轻人去看望老年人并表达他们的敬意。后者作为回报，将祝福送给他们。第三日早晨，会用公山羊、绵羊和鸡献祭。血洒在切割、挖掘和杀戮的工具和器具上。晚上，人们在村长家的阳台上载歌载舞。同一天，在这两个村庄的圣坛前，村民（在研究的案例中，是丹兴村和莫霍里亚的村民）会购买一头水牛用于献祭。在达萨拉节这一天，要完成一个非常有独创性角色的长舞③。两个年轻男人穿着女人的衣服，另外两个穿着男性服装的是他们的搭档。人们在他们周围围成一个巨大的圆圈。一名叙述者开始唱一个很长的故事，这个故事讲述了舞蹈的主题，观众们重复着它的每个短语。伴随着歌曲的还有小鼓（mahdal）、小钹（mohjar）和观众的掌声。

故事讲述了国王贾辛格（Jaisingh）和王后比马莱（Bhimalai）在阿米娜（Amina）的生活。他们有个女儿叫索罗提（Soroti）。婆罗门商量着为她占卜，并说这个孩子将拥有辉煌的人生，她会变得非常聪

---

② 这个词让人想起印度人在一些节日里使用的 "samkrānti"（梵文，太阳进入新的黄道十二宫）。

③ 这种舞蹈已经有两代没有在莫霍里亚表演了。在莫迪山谷的上游，人们只能在甘德兰看到它。

明。当他看到公主的知识已经超过了他时,他很吃惊。因此,他告诉父母,孩子将有悲惨的生活,并且将会杀死自己的父母。她的父母吓坏了,把孩子锁在一个金箱子里,让它顺流而下。那天晚上,两个渔夫做了个梦,梦见明天是个钓鱼的好天气。整个上午,他们都在撒网,你可以想象当他们把网拉起来时,发现网里有一个金盒子时的惊讶。他们说:"我们必须分享我们的战利品",名叫加里阿力(Jaliari)的渔夫说:"我要把盒子拿走",名叫库马尔(Kumal)的第二个渔夫回应道:"我将带走盒子里的东西。"他们也这样做了。一个搬走了盒子,另一个带走了盒子里的孩子。当索罗提被带进渔夫的小屋时,它变成了一座宫殿。孩子用牦牛奶喂养。后来,当国王贾辛格打猎时,他看到森林里有一所华丽的房子。他回到那里想要点喝的。一个小女孩给他拿来了水。国王被她的美貌惊呆了,向索罗提的养父求婚。库马尔把她许配给了国王。许多王子来参加婚礼庆典。就是在那时,库马尔公主向贾辛格国王透露,她是他的女儿。婚礼被取消,说谎的婆罗门被驱逐。他走了,定居在坎加拉国(Khangara)。那个国家的国王把他叫到自己的宫殿里,向他询问九位王后,也就是他的妻子们的命运。婆罗门告诉他,这九个人的未来都不会幸福。他补充说:"一位年轻快乐的公主住在一个名叫库马尔的男子附近。你必须娶她。"国王派他的侄子比吉巴拉特(Bijaibharat)去找公主。12年后,侄子找到了索罗提。"我给了你5年时间来完成这趟旅程",国王对比吉巴拉特喊道:"而你已经离开了12年。这么多年来,你一定和那位公主住在一起。我不想再娶她了。"索罗提对国王说,她想回到自己的国家,但国王拒绝了她的请求,为她建造了一座宏伟的宫殿。

Tiwar④:在卡蒂克月举行,为期三天。节日也被单独或集体庆祝。姐妹们在她们的兄弟的额头上放上一提卡大米和酸奶,兄弟们给他们的姐妹们送礼物(钱、手镯等)。所有村民一起享受各种各样的游戏,尤其是纸牌游戏。他们还组织技能比赛和运动比赛(跑步、举重等)。

---

④ Tiwar 或 Tiwā:(在新月期间庆祝)相当于印度的迪瓦力节(Divali)。

Gairu⑤：在 Mangsir（11—12 月）第一个满月的夜晚庆祝。这是动物们的节日，尤其是村外住着奶牛和公牛的临时牛棚。一只公鸡被献祭在小屋旁边的小石坛上，作为动物的精神保护者。

Puspandra：在 Pus 月（12 月—次年 1 月）15 日的晚上，村民们吃得比平时好。

Magh Sangrati：（印度的 Maha Sankranti）：发生在马格月（Magh）（1—2 月）。人们晚餐时吃 cyura（奶酪球）和 tame（在树林里发现的块茎）。

Phagunpurnim：(Holi，印度教的洒红节)：发生在 Phagun 月（2—3 月）满月的那一天。孩子们把红色的粉末撒在人们的脸上，但田里的工作却不会中断。

二　村庄节日（莫霍里亚村）

查特达萨拉：尼泊尔新年第一天的节日，从查特月（3—4 月）的第一天开始。野牛在神龛被献祭。村长在这一天可以休假。

Tote：在查特月（3—4 月）的星期日举行三次。在这三天的假期里，人们努力赶走村里的恶魔，疾病的携带者。夜幕降临时，一群11—16 岁的男孩会献祭一只鸡，然后依次进入古隆人的家里。其中一个男孩拿着一个焚香的碗（当一个人想赶走一个不幸的幽灵时，他就会点燃这个香）。其他的孩子在村子里走来走去，敲着鼓、钹、钟，发出震耳欲聋的声音。在每一间房子里，他们挥舞着一点鸡肉，围着火堆画圆圈，然后向四面八方跳舞，大喊大叫，敲打着他们的乐器，驱赶那些带来疾病的邪恶灵魂。参观结束后，他们会把剩下的鸡扔到很远的地方。

村长利用 Tote 假日来处理紧急的公共事务。同样的节日在萨万月（7—8 月）又会被以同样的方式庆祝三次。那是在雨季。村长命令每

---

⑤ 毫无疑问，Gairu 是 Gauri（Civa 的妻子 Parvati 的名字）的变形。但是婆罗门庆祝的 Gauri 崇拜，与动物的繁殖力只有非常微弱的联系。

第十四章　官方的宗教节日

个家庭派一个人去清理村庄小路上已经开始覆盖着茂密植被的墙壁。如果不这样做，植物的根就会松动墙壁上的石头，使它们倒塌。出于同样的原因，每个家庭每年都要清理两次自家田地梯田的墙壁。

在 Totē，他们在村庄的主要入口处用木头做了轻型的拱门。在上面的横杆上，他们挂了些有凹槽的小片木头。

据我的信息提供者说，做这些门的目的是向那些不幸的鬼魂表明，这是村子的起点，他们不能越过这一点。川崎先生在古隆东部也看到了类似的通道。他们之中有些悬挂着一个里面有一小块圆筒形木头的木制三角形，川崎用它来代表符号性意义。虽然我没有访问过这个地区，但我不认为这些门户像他主张的那样永久地设置在那里。它们一定是为 Totē 而设的临时通道。因为川崎是在 Totē 时期走过古隆的东部，所以他做出这样的观察并不惊讶。

Bohme puthi-ba：（bohme：婆罗门；thi-ba：找到并邀请）。该村每年会在查特月，巴多（Bhado）和卡蒂克举行三次祭祀，每次献祭一只山羊，在离满月最近的周二，在俯瞰该村的 Bhaiiar 小神龛前。对于这个仪式，我无法得到任何确切的解释。

希尔多（sildo）thi-ba：（希尔多或希尔多-纳尔多：神的名字；thi-ba：找到并邀请）。我们已经有机会强调这一节日似乎并没有受到任何印度教的影响。它分别在查特月、杰斯月、巴多、阿索月和卡蒂克，离满月最近的那个星期二举行，每年重复五次。宗教仪式由科里布利祭司在神龛前举行，目的是"让希尔多-纳尔多保护村落"。科里布利祭司制作了 10 个圆筒状的用大米做的米堆，其中最大的象征是希尔多-纳尔多。村长带来了三 pathi 的谷物作为 cuh 的祭品，以及 mana 的谷物作为 cheta（为众神和祖先准备的）祭品。科里布利祭司依次诵读：kleh chue-ba, me-dā, ćōh-dā, phai-dā, si-dā, pra-dā, noh-dā, tōh-dā，这些祷文的含义我稍后给出，然后祭司献祭动物。

这个仪式是为了纪念希尔多-纳尔多而举行的，我的消息提供者认为他是"保护村庄的神"。这个想法必须被澄清。希尔多-纳尔多这个名字可以这样来分析：si：水稻，谷物（科里布利祭司词汇中的单词）；na：雨水；ldo：组成动词 to do（la-ba）。因此，希尔多-纳

| 第三部分　宗教

尔多意为"创造谷物和雨水"的神。虽然希尔多-纳尔多的这个意思并不确定,但它与仪式的意义相符,这在接下来的段落中将变得明显。顺便说一句,古隆人似乎认为希尔多-纳尔多和南如都是"村庄的保护者",但会更详细地区分为羊群、树林、高地、高山牧场的保护者。因此,我初步认为,在某种程度上,希尔多-纳尔多保护农业和低地(相对于高山牧场和森林),南如保护动物繁育、高山牧场和森林的高地。

现在,让我们把 sildo-thi-ba 的不同节日与古隆人的农业日历相对照。

表 14-1　　　　　　　　节日与农业日历对照

月份	农历	祭祀
查特月 3月15日—4月15日	第一场春耕	鱼
杰斯月 5月15日—6月15日	准备好了种植的谷子和水稻的土地,种植将于第一场季雨过后开始	鱼、公鸡(或山羊),pō-ro(野鸡)
巴多 8月15日—9月18日	水稻和粟成熟。收割水稻	鱼
阿索月 9月15日—10月15日	收割粟,播种荞麦和大麦	鱼
卡蒂克 10月15日—11月15日	收割粟、播种荞麦和大麦的工作已经完成。农闲开始	公鸡

在解释 sildo-thi-ba 仪式之前,有必要先简单介绍一下杰斯月的仪式,这无疑是最重要的。它发生在季风到来的前几天。大多数村民都是空闲的。田地已经为小米和水稻的移植做好了准备,但是在移植开始之前必须等待第一场雨。热得令人窒息。村长命令停止所有的农业工作,每个家庭的一名成员都应该加入一个猎人的队伍中。他们将分散在村庄周围的树林里,目的是捕捉一只活野鸡。只有野鸡被捉住时,农业工作才能重新开始。1958 年,搜寻工作进行了 4 天才成功。

第十四章　官方的宗教节日

在仪式上，村长把一个大水罐里的水分配给村里所有的家庭，这样就可以把水洒在每个家庭的田地上。在献祭野鸡和公鸡之前，它们的羽毛会被"替代的焚香"烧掉。仪式结束后，村长会收到一个大米做的雕像和被献祭的野鸡的一只脚。

科里布利祭司带来 cuh 需要的谷物。sildo-thi-ba 似乎是一个仪式，在这个仪式中，一个人召唤，一个人寻找，一个人捕捉一种力量，这种力量一定会带来雨水，通常是为了使土地更加肥沃。让我们在分析五种庆典的整体仪式时，准确地说明这一解释。

在查特、杰斯、巴多和阿索月，一条鱼会被送给希尔多-纳尔多。这里需要说明的是，希尔多-纳尔多是由科里布利祭司（和普楚）庆祝的仪式中，唯一一个用鱼在其中扮演一定角色的。古隆神话中没有鱼，这在一个长期以牧羊为主的民族中是可以理解的，他们生活在高地，那里的水里很少有鱼。因此，不能确定古隆人为 sildo-thi-ba 而献祭鱼的仪式价值。鱼之所以被选中，很可能是因为它生活在水里，而雨水就是以水的形式存在的，这正是古隆人们召唤希尔多-纳尔多所需要的。在查特月，第一次耕作和播种是在春雨的帮助下进行的。从杰斯月到阿索月，玉米、粟和水稻的生长需要大量的水。正是在这段时间，雨季来临。在卡蒂克月，雨季结束。土地不再需要水了。到目前为止，这里的湿度足以让荞麦和大麦在冬天生长。阿索月的祭物不是鱼，而是公鸡的血。古隆人在召唤希尔多-纳尔多[108]的时候，似乎并不只是要求他降雨，他们祈求他恢复土地的肥沃，给他们一个好收成。在杰斯月的仪式上捕捉野鸡与艾伦·麦克法兰[6]研究的仪式狩猎非常相似。然而，野鸡的捕捉与它们的不同之处在于，它并不意味着一种占卜仪式。当古隆人狩猎归来时，他们并不会把他们的短暂成功或失败解读预示着一年是否能够风调雨顺或是能否丰收的好坏征兆。我们稍后会在寻找和捕获灵魂的仪式中看到，它经常以鸟的形式出现，并且在科里布利和普楚祭司举行的仪式中常

---

[6] A. W. Macdonald, "Quelques remarques sur les chasses rituelles de l'Inde du Nord-Est et du Centre", *Journal Asiatique*, Paris, 1955, pp. 101–115.

见。在这些仪式中,仪式通过背诵某些故事(神话)来表达,在 sil-do-thi-ba 中则相反,对灵魂的搜寻和捕捉实际上是在驱动过程中实现的。

最后,拿了野鸡身体的希尔多-纳尔多献祭给了自己,因此野鸡代表希尔多-纳尔多的力量象征性地被团体的不同成员划分开来。他的代表村长,将会得到一只脚。⑦

Nimyo-sā pri-ba(nimyo:老鼠;sā:牙齿):这一天是"鼠牙节"(rat's tooth),在萨万月(7—8 月)的一个星期二被庆祝,水稻和粟的种植已经结束。村长禁止任何人到田里工作。"那些不听话的人很快就会看到他们的庄稼被老鼠和其他啮齿动物攻击和摧毁。"村民们严格遵守村长的命令。

Ghātu:这一节日在马格月(Panchami)被庆祝。它已经不在莫迪山谷庆祝了。上次庆祝是在 13 年前的甘德兰登。如今,年轻一代的古隆人不知道庆祝这个节日必要的舞蹈要怎么跳。在蓝琼,这一传统一直保持着⑧。和马哈达(Mahda)舞蹈一样,ghātu 舞蹈也在村长的阳台上进行。它会持续 4 天。由一个大约 12 岁的女孩来做这件事。叙述者一字一句地讲述一个漫长的故事,这个故事逐渐被伴随着鼓声的合唱所取代,观众们拍着手,围成一个圈。首先进行的是一系列描述性的舞蹈:舞者拿着一盘米,然后是一小瓶水和一个篮子(dih-kya),她从提尔比尼(Tirbeni)乘船到莫迪山谷西部卡利河上的巴格朗(Baglung);她种植水稻、打猎,收集并整理花朵。

然后故事开始了。有一天,帕萨拉姆国王(Pasaram)去了拉瓦村(Lawakot)、萨鲁村(Salunkot)、比尔村(Bhirkot)、格提村(Grũhkot)、杜尔村(Dhurkot)、姆斯村(Musikot)和迦勒村(Ghalekot)旅行。到了南德普尔(Nandpur),在那里他遇到了嘉瓦尔(Garwal)

---

⑦ A. W. Macdonald, "Quelques remarques sur les chasses rituelles de l'lnde du Nord-Est et du Centre", *Journal Asiatique*, 1955, p. 115.

⑧ Von Furer-Haimendorf 教授曾于 1958 年出席该节日。他告诉我,跳舞的人似乎被他们所扮演的角色所附身。他对舞台上角色的描述与我从一位在甘德兰登组织这个节日的老人那里得到的稍有不同。

第十四章 官方的宗教节日

的国王辛格。他被击败而死。一只乌鸦带着这不幸的消息来到了帕萨拉姆国王的国家科考特（Kyakot）。一个可怜人把她死去丈夫的头巾带给了莎蒂娃王后（Satiwati）。看到这两个信使，她很害怕。看到牛奶中有一个特别的标记后，她确信她的丈夫已经死了，于是吩咐人把她和她主人的头巾一同焚烧。

这个故事是用尼泊尔语讲的。它可能来自哪个历史时期？为什么要在 Panchami 节的时候讲呢？就像我在马哈达舞会上所叙述的那个故事，我问了同样的问题，消息提供者也不能告诉我什么。在 ghātu 可以看到一个古隆王子在与外国侵略者的战斗中失败和死亡的纪念日吗？我们没有足够的事实来证实这一点。但这个故事仍然很有趣。它表示古隆人有时会利用尼泊尔—印度的传统，并展示了他们会如何利用。有一个故事说，一位女王因为希望按照印度教的习俗（sati）跟随她的丈夫一同死去。在过去的一百年里，我从来没有听说过在古隆有这样的习俗。这件事甚至有可能从未发生过。[附录 D]

图 14 -1　去工作的年轻诺加

图 14 -2　午饭后举行诺加的休息间隙

图 14 -3　科塔某家族祭祀的场所

第十四章 官方的宗教节日

图 14 -4 莫霍里亚村神殿的内部

图 14 -5 科塔村的神龛

图 14 -6 十字路口的祭品 kaĩdu

第三部分 宗教

图 14-7 kaĩdu 的主要神明

图 14-8 莫霍里亚村 chautara 举行的村民会议

图 14-9 日常生活场景

三 特殊宗教仪式

当一个村庄遭受流行病或自然灾害（干旱或山体滑坡）时，村民认为这是由于某些邪灵行为或对神的不敬造成的不吉利。于是村民们决定举行合适的仪式祈祷来平息。村长（krōh）会召开村民大会，检查可以让这场危机结束的仪式的细节。我们将描述三个与这场危机相关的仪式。

Rahni：当一场大规模流行病侵袭人类时举行。

Pani do（尼泊尔语："水的礼物"）：在干旱时举行。

Village Pūjā；the khedo-e pūjā（khedo：畜生）：当流行病侵袭畜群时举行。

Rahni：当发生如霍乱一样使村庄的人口大批减少的流行病时进行。由普楚祭司主持。仪式必须在星期二举行。提供我信息的普楚祭司告诉我，Rahni 以前在每年印度历的 5 月（7—8 月）会举行一次。这个仪式的缩短版是在印度历的 5 月进行的，在我们之前已经研究过

第三部分 宗教

的尼泊尔每月第一天的节日期间。

普楚祭司留在村庄的主广场上，几乎整天待在那里。在他面前摆放着祭品，是向神提供的食物（cuh），装在一个盘子里的一种稻米（acheta），以及给尼泊尔桑提拉的九棵植物。普楚祭司背诵：ćhõ-dã, me-dã, ṅāhr-dõ, tõh-dã, pundul-pucu, krõlu-pucu 和 daure-mõh，祈祷文我稍后将解释。在仪式开始时，祭司给一个小男孩一束 paĩ。然后，当默背颂词时，他吹了一把米，把它扔在"开始颤抖"的孩子上。这个男孩离开，然后绕着整个村子里徘徊。在这段时间里，普楚祭司背诵上面提到的历史纪事，同时不时在他面前扔小石头。最后，祭司走到村子的四个出口，每个出口都在主要的地方，再把一个犁铧推入他种了九种药草的地里。每个家庭在他们的房子前面烧掉这些相同的药草。他们杀了一只鸡和一只山羊，它们的血洒在了那四块犁铧上。

Pani do（pāni：水，尼泊尔语；do：给，尼泊尔语）：雨季的第一场雨往往会来得晚。例如，在 1958 年，它比正常日期晚了十多天。酷热难耐，干旱损坏了准备栽种的谷子和水稻幼苗。村长决定在某天停止在田里的工作。村民们被分成几组，在村子的不同地方徘徊祷告"pāni do"。在各种社交活动或场合中扮演着演奏各种传统音乐角色的服装制作者和古隆人，一起走并演奏乐器（喇叭、鼓等）；一组村民爬上了莫霍里亚村的最高点。在那里，他们做了一个小的直立石头祭坛，把米饭和油炸面包放在祭坛上。他们按照尼泊尔的习俗，在那里系上红白相间的丝带，所有围观者都对着四个要点喊道："pāni do!…pāni do!"

在季风到来之前，尼泊尔大部分地区都举行了仪式。

Village Pūjā：当古隆人想要描述一个借鉴尼泊尔—印度传统的宗教节日时，他们使用梵语和北印度语。Pūjā，这样的仪式通常会伴随着动物的牺牲。当流行病杀死动物时，通常会举行这个仪式。

1958 年，莫霍里亚村的五头水牛在四天内死亡。这个村庄举行

了整整一天的 *pūjā* 仪式。他们不在田里干活。仪式的第一部分在村长的露台上举行。大米和油炸面包这些祭品是由有水牛的家庭带来的，同时将一个大的象征一棵树的垂直树枝围起来，红丝带和白丝带都附在它上面。村里的祭司来主持，他们通过把水浇在一只鸡、一只山羊和一头水牛的头上去"净化"它们，在仪式结束时，这些动物会被献祭。两三个 12—14 岁的女孩坐在垫子上，衣着考究，主持仪式。然后，围观的人们抬着祭品并用担架抬着有底的树枝，拖着要献祭的动物，排成一列离开了村子，领头的则是那些地位低下的贱民乐师。在村庄南边的一块田地里，他们举行 *pūjā* 仪式的第二部分。一个小石坛被搭建起来。在那里，他们将动物献祭给需要平息的灵魂或者神灵。在这期间，男人们在古隆流行歌曲的伴奏下跳舞，然后欢快地在献祭地点附近平坦的地上表演。年轻人组织起来跑步、投球等。最后，被献祭的动物的肉被煮熟，并被所有参与者在那吃掉。

四　评论

我们对以上的古隆宗教制度做出一些评论。历年的节日，既源于在一定程度上融合了西藏佛教文化与古代古隆文化的影响，同时又受到来自近代印度教的影响。我们尝试将这些节日分为两个主要标题："古隆"节和"尼泊尔—古隆"节。

"古隆"节日主要由一两个普楚祭司和科里布利祭司的宗教仪式组成（我们稍后将详细分析）：捕获仪式（寻找和捕捉善良的神灵或恶灵）和驱逐仪式（驱逐恶灵）。这两个仪式没有出现在其他节日。在"古隆"节中，包括：

Rahni（桑提拉是 Rahni 的一种形式），在仪式上，人们捕获并驱逐一个或多个带来流行病的恶灵。

Totē，这在各方面都类似于 *Rahni* 仪式。

Sildo，人寻找并捕获使土地多产，带来雨水的灵的仪式。

除了 Totē，古隆仪式由古隆祭司主持。Totē 只不过是一个不完整的 Rahni 形式。只有孩子们介入并捕捉、驱逐带来疾病的灵。

| 第三部分　宗教

"古隆"节日是乡村节日。所有家庭聚在一起驱赶一个共同的敌人，带来流行病的灵，或寻找、捕获和祈求善良的灵。祭司得到集体的报酬。因此，莫霍里亚村的科里布利祭司主持Sildo thi-ba期间，因他的服务而获得报酬，他拥有该村落的一块田地的使用权。

请注意，尽管有"古隆"家庭仪式，但它们不发生在一个明确的日期，也不在同一天的所有家庭中举行。一个人的病，坏运气，家庭的贫困，产生了这些仪式。

受印度教影响的"尼泊尔—古隆"节日在尼泊尔各地都举行。虽然"古隆"节日是在只有少部分的旁观者理解的精确仪式之后举行的，但一个村庄pūjā仪式的表现却相当令人惊讶。没有人准确知道到底神灵在哪里，也不知道以这样的方式主持是否会更好。村里的几位老人举行仪式。他们经常一起讨论，以便知道他们需要做什么。由印度教影响而诞生的仪式一般没被古隆人所吸收，他们只是机械地重复他们不理解的手势和文字。古隆人以非正统的方式在pūjā仪式中进行净化仪式，证实了这一结论。

我们选择了"尼泊尔—古隆"一词来描述这些节日，因为古隆族已经融入了仪式，这在尼泊尔其他地方似乎找不到（在这里，我并没有谈及我之前指出的正统的印度教仪式的衰败）。因此，古隆人在达萨拉节上有一个长长的仪式舞蹈，叫作马哈达或赛诺提，尽管它伴随着一个形式和起源受到尼泊尔—印度传统的强烈影响的背诵，但据我所知，只有古隆族才这么做。最后请注意，我称为"尼泊尔—古隆"的仪式通常包括动物献祭，献血在传统的古隆族信仰中起着很大的作用[109]。

第十五章　古隆族宗教的仪式[①]

一　普楚的仪式

首先，我们将看看普楚的占卜术形成的基本制度。

1. 占卜术的体系

普楚的占卜术使用的是左手的手掌（图 15-1）。这有 8 个顺序固定从 1 到 8 的位置。每个点都叫作帕加（parga）[②]，（parga sĩ，parga soĩ）[③]。

[①] 从古隆族的角度看，我区分了两种古隆族的宗教，普楚宗教和克里布利宗教。

[②] "parga"与藏语"par-k'a"或"pu-kwa"相当，引自 Waddell（*The Buddhism of Tlbee or Lamaism*, p.456）。Waddell 指出，根据 Legge 的说法，pù 是中国的符号，用来通过某种程序从乌龟壳后面获得的线条一起预言；kwa 是一个符号，它允许人使用被称为 "eight kwa" 的 Fu-hsi 的八个角来预言。

[③] 下面是古隆和藏传佛教 parga 的比较表（后者的名字在西藏佛教中给出，Schlagintweit, p.307）。

古隆和藏传佛教帕加比较

西藏（parkha）	古隆（porga）
li　北方、火	lih　南方、火
khon　东北方、土地	khoĩ　西南方、土地
da　东、铁	da [ta]　西、铁
khen　东南、天空	khẽ　西北、土
them　南、水	khã　北、水
gin　西南、山	gẽ [k-hhin]　东北、土
zin　西、树	śĩ　东、木
zon　西北、天空	soĩ　东南、土

（转下页）

第三部分 宗教

每年，一个人会改变他的帕加（我们稍后将研究如何造成这种变化）。8个位置中的每一个都放在4个主要位点上：Ⅰ是东向（一个位置始终从此位置开始，因为它对应于最重要的点，即升起的太阳）。Ⅲ是南，Ⅴ是西，Ⅶ是北。

这四个帕加中的每一个都对应着一个神和一种颜色：

Ⅰ. 东方之神是 śyar-tohrje-samba（syar：东）（藏语，car Rdo-iǰe sems-dpa'："向东，Varjasattva"）。东方是白色的。

Ⅲ. 南方之神是 lo-rhinicyoni（lo：南）（藏语，Lho Rin-čhen byriṅ gnas。"在南边，Ratnasambhava"）。南方是红色的。

Ⅴ. 西方之神是 nuh-nawa-thajyõ-tuhba（nuh：西）（藏语，Nub Snan-bá mtha yas："向西，Amitâbah"）。西方是黑色的。

Ⅶ. 北方之神是 cyõ-thajyõ-tuhba（cyõ：北）。北方是蓝绿色。

在手的中心，人们发现神万巴涅（wainabarnaje）是世界的中心支柱，它举起了天空的圆顶。

（接上页）

古隆人不区分 khoĩ，khẽ，gẽ，soĩ＝土地。如果比较地理方向，就会得到如图。

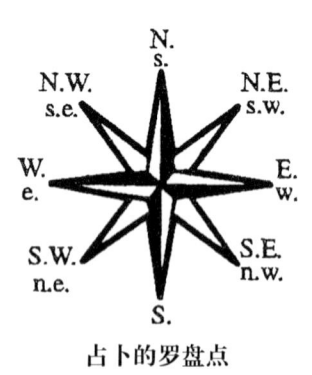

占卜的罗盘点

说明：大写字母代表西藏体系，小写字母代表古隆体系。

古隆的方向相对于西藏方向倒转了180°。

第Ⅱ、Ⅳ、Ⅵ、Ⅷ这四个中间点是黄色的。每个帕加对应一个元素：Ⅰ，śĭ：木；Ⅱ、Ⅳ、Ⅵ和Ⅷ，sa：土；Ⅲ，me：火；Ⅴ，pai：铁；Ⅶ，kyu：水。这五个元素在藏式系统中被发现，④ 但以不同的方式放置。藏族的北边是古隆族南边，反之亦然。东部和西部也是如此。每年由隆（lho）（藏语，lo：年）和它的用动物的名字表示的标志指定。12个隆形成一个12年周期，之后伴着to-lho循环重新开始。因此：

1950	to-lho	的标志是老虎	（和藏语翻译一样）⑤
1951	hut-lho	的标志是猫	（藏语：野兔）
1952	mobru-lho	的标志是秃鹫	（藏语：龙）
1953	sabru-lho	的标志是蛇	（和藏语翻译一样）
1954	ta-lho	的标志是马	（和藏语翻译一样）
1955	lhu-lho	的标志是羊	（和藏语翻译一样）
1956	pre-lho	的标志是猴子	（和藏语翻译一样）
1957	che-lho	的标志是鸟	（和藏语翻译一样）
1958	khi-lho	的标志是狗	（和藏语翻译一样）
1959	pho-lho	的标志是鹿	（藏语：猪）
1960	chui-lho	的标志是鼠	（和藏语翻译一样）
1961	1lo-lho	的标志是牛	（藏语：公牛）

龙不在古隆的神话中，它由秃鹫代替，秃鹫不怕雷和闪电，不知疲倦地翱翔在安纳普尔纳山脉的高海拔。用鹿（或者更确切地说，高地的大勇者，野生喜马拉雅山羊、木鹿等）来替代猪的解释完全不同。在古隆，猪是不纯洁的。在尼泊尔，这似乎是一个独特的事实。

---

④ Waddell, op. cit, p. 451.
⑤ 这12个藏语术语的列表显示了这些术语在传入古隆语时的语音变化：stag、yos、hbrug、sbrul、rta、lug、spre、bya、khyi、phag、byi-ba、glaii。J. Burton Page在一篇文章中给出了下面十二个古隆术语的列表：toʼlo、ywiʼlo、mupruʼlo、saʼprywʼlo、taʼlo、luʼlo、praʼlo、ʼceʼlo、khiʼlo、cuʼlo、lōʼlo。

第三部分　宗教

因此，古隆人利用了 phag（藏语：猪）和 pho（古隆语，泛指大型山地比赛）之间的语音相似性，以避免循环中有一年用猪来代表。

每年的周期从图表的第一天开始，就像尼泊尔和西藏的年份一样。在欧洲历法的影响下，某些古隆会在普什月（Pus）的第 15 天开始新的一年，也就是在我们一月的第一天。

这 12 个隆被分成 8 个帕加。与四个基数点对应的帕加分别与两个隆相连，这 4 个中间点只有一个。

Ⅰ. to-lho 和 hui-lho　　Ⅴ. pre-lho 和 che-lho
Ⅱ. mobru-lho　　　　　Ⅵ. khi-lho
Ⅲ. sabru-lho 和 ta-lho　Ⅶ. pho-lho 和 chui-lho
Ⅳ. lhu-lho　　　　　　Ⅷ. lõ-lho

因此，古隆人从西藏借用了体制的要素，创造了一个新的、明显不同的系统，特别是忽略了把 5 个要素与 12 个动物周期联系起来的木星的 60 年循环周期[6]。

2. 体系的运作方式

古隆人不知道自己出生的确切日期，但他可以告知他的隆——他出生那一年的标志。为了计算他的年龄，他计算了他出生和本年隔了多少隆，包括他出生的隆，这让他的年龄有一个等同于一年和 364 天的最大误差。例如，如果他出生于 1955 年 12 月 31 日，在 1958 年 1 月 1 日他比两岁多一天。但古隆计数 1955 年加 1956 年加 1957 年加 1958 年，因此是 4 年。（为了简化示例，我们使用了罗马日历的日期。如果使用尼泊尔日历，它仍然有效。）我们可以说，平均而言，一个古隆人在报年龄时会大一年。然而，他知道自从他出生以来经历了多少个周期，并据此计算。

即使这样，也没有考虑到这样一个事实，即古隆人在计算年龄时，会区分一个在一年开头出生的人和一年结束时出生的人。（Lho-

---

[6] Waddell, op. cit., p. 452.

kra 字面上是隆的"头"，是隆的开始，用于年初出生的人；lho-mā，或 lho-mei 是隆的"尾巴"，用于在年底出生的人。）

考虑到这一点，现在可以解释如何确定一个人在本年度的帕加。有必要区分两种情况（如图 15-1）：

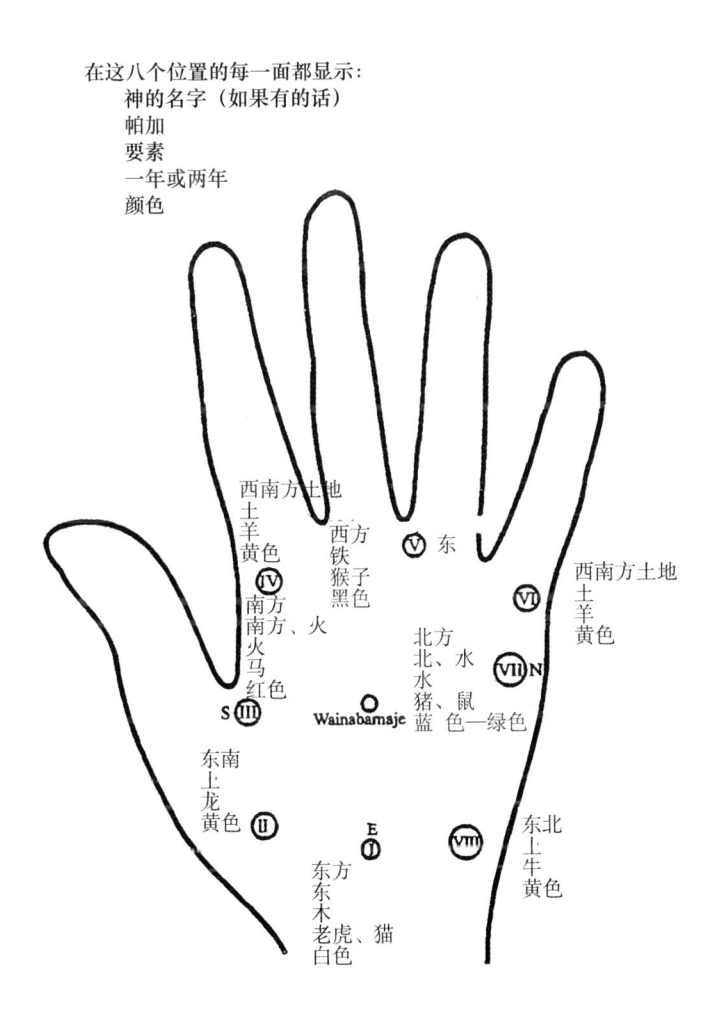

在这八个位置的每一面都显示：
神的名字（如果有的话）
帕加
要素
一年或两年
颜色

图 15-1　普楚祭司的手和占卜体系

如果这个人是男人,人们开始"从第Ⅲ点开始计算,但不包括它",且沿顺时针方向计算。如果他是 10 岁或更少,每个点算作一年。如果他超过 10 岁,Ⅳ算作 10 年。如果他是 20 多岁,Ⅳ和Ⅵ都算作 10 年,但不算Ⅴ。如果他超过 30 岁,Ⅳ、Ⅵ、Ⅷ都算作十年,但不计算Ⅴ和Ⅶ,等等。

举个例子:

在 1958 年一个男人 26 岁。我们计算Ⅳ = 10,Ⅵ = 10,Ⅶ = 1,Ⅷ = 1,Ⅰ = 1,Ⅱ = 1,Ⅲ = 1,Ⅵ = 1,也就是 10 + 10 + 1 + 1 + 1 + 1 + 1 + 1 = 26 岁。这名男子的帕加是在 1958 年,parga khoi 是 Ⅳ。

如果是个女人,也使用相同的规则,但"从Ⅶ开始计算并除去它",且逆时针推理计算。

3. 使用

a)星象的使用

对帕加的了解让祭司能够清楚每个人今年的天宫图,这个天宫图经常被翻译成各种各样的禁忌:

parga šĭ:无论谁在这个帕加,都需在木制符号下生活。这是为了提醒他不要做木制品或砍树。这个帕加对应于东方。因此,朝这个方向旅行是不好的。在这个帕加期间,不能搭建房子。而在这年小孩可以第一次剪头发。人们经常看到 5—6 岁的小男孩(我只谈论男孩,因为女孩从不剪头发)的长发用小辫子固定;在可以第一次剪头发的 parga šĭ 前,他们必须等待。在所有其他的帕加下第一次理头是不好的。

parga soĭ:生活在土地记号下的人。他们不宜购买土地,且需要前往东南部进行长途旅行。

根据这两个例子,很容易想象对应于其余帕加的星象。一般来说,人们发现自己所处帕加的元素,或沿着它所指示的地理方向旅行,都是不好的。同时还得注意,帕加Ⅲ和Ⅶ是危险的。如果一个人处于其中任何一种,就会遭受各种厄运,因为虚弱而不能有效地对抗邪灵的攻击。

第十五章 古隆族宗教的仪式

祭司还必须研究一个人的帕加与家庭其他成员的联系。如果在同一个家庭中，有一个人在 parga śī，另一个人在 parga da，这两个人中会有一个面临死亡的危险，尤其是 śī 的那个人。事实上，śī 和 da（木和铁）这两个元素是冲突的。因此，有人说，铁克木，因为木比铁更脆弱。然而，祭司在这一点上并不是绝对相信的。相反的情况可能发生，śī 对 da 有不吉利的影响。Ⅲ 和 Ⅶ 的情况相同，因为火和水是两个相互冲突的元素。这种情况被称为 lati pre-ba（pre-ba：削减）。祭司通常认为连接 Ⅰ 到 Ⅴ 和 Ⅲ 到 Ⅶ 的线路是一个坏迹象。如果同一家庭的两个人在两个相对的帕加中，他们的基本方位直接相对，其中一人有死亡的危险，因为他生活在另一个人的抑制之下。例如：

在莫霍里亚村逗留期间，我看到两例这类情况。有一次，一所房子的户主去看祭司，希望他能救他几个月大生病的儿子。祭司计算出父亲的帕加是 Ⅶ，其元素是水，而他的儿子是 Ⅲ，元素是火。祭司对父亲说，"我帮不了你，你的帕加压住了你的儿子，他要死了"，两天后孩子死了。

如果在同一个家庭里，两个人是同样的帕加，其中一人可能会得重病，因为两个帕加在同一个家庭里也是不好的。这种情况叫作 sana pre-ba。祭司得出了同样的结论，当同一家庭中不止两个而是三个人的帕加与上文研究的帕加情况相撞，如果其中两个在 Ⅲ，在 Ⅶ 的第三个是极度危险的。有人说 parga pōh-ba 是"帕加"斗争。

祭司根据帕加推断某人是否应该结婚。如果新郎在 Ⅰ，新娘在 Ⅴ，反之亦然，是可以婚配的。如果新郎在 Ⅱ，新娘在 Ⅳ，最好是推迟婚姻。如果新郎在 Ⅵ，新娘在 Ⅷ，最好推迟。如果新郎在 Ⅲ，新娘在 Ⅶ，这场婚姻不能举行。

正如几个提供线索的人告诉我的，这些规则由以下规则组成：一个人可以嫁给和他匹配的处于第二个隆的任何人。例如，一个出生在 to-lho 的人可以嫁给一个出生在 mobru-lho 的人。后面的规则可能是对旧系统的补充。事实上，在迄今为止研究的所有体系中，隆从未扮演过直接角色。它只用于计算单凭祭司预测的帕加。然而，请注意，这种婚姻规则倾向于避免两个同龄人结婚。有很多方面可以解释这种帕加。所有祭司都不乐意为同一个人占卜。帕加制度是所有古隆地区所共有的。

b）在仪式中使用

祭司会根据帮忙主持的人的帕加来决定执行的仪式。如果一个是 parga śī 的男人或女人生病，祭司将举行 cha-gu tēh。如果病人在 II 或 VIII，祭司会举行 tuhr tēh。如果病人在 III 或 VII，祭司将做 ghaesur tēh。如果病人在 IV 或 VI，祭司将做 sinjia tēh。如果病人在 V，祭司则不会主持。病人的家人必须背诵属于自己的祷词或咒语。

对于给家庭带来好运和长寿的 yō-khu-ba tēh，最好的情况是家庭的主人在 parga śī 或 parga da，一般来说，这两个帕加对人是最幸运的，与他们相反的是 parga lih 和 khã。

4. 仪式 [110]

祭司的仪式类型是不同的。每个特定的情况都会有一个非常明确的仪式。然而，有必要指出，除了葬礼，所有这些仪式几乎都是按照相同的情节发展。只有某些手工和口述的仪式不同。仪式一般在晚饭后，在服务的主人家里举行。

在安排好祭司面前所需要的东西后，他盘腿坐下，戴着装饰品，开始主持。通常，仪式从背诵咒语开始，这是一串秘密咒语，祭司用难以理解的声音发音，其目的是"保护他免受邪恶灵魂的攻击"[111]。然后，祭司"净化"所有要参加仪式的物品、人、灵和神灵。"那焚香（在主祭面前的一个小碗里燃烧）净化⑦了这所房子！香净化了神万巴涅……"祭司喊道。在此之后，他向神灵提供谷物（主要是大米），然后向祭司的先祖进献小米谷物、大麦和麦子。

和喇嘛一样，祭司会吃些谷物，当他背诵仪式的第一个祷文时，他把它们一个接一个地扔到面前。从理论上讲，请祭司的家庭向神进

---

⑦ 我不能确认 ćāguri（洁净）的意思是否准确。事实上，ćāguri 这个词现在只被祭司使用。在整个研究过程中，我经常发现自己处于类似的情况下，祭司使用的词汇不再属于当前的词汇。因此，我会把翻译放在引号中。在目前的情况下，ćāguri 的意思很可能是"洁净"，因为在藏语中，发音 ch'an 的 sbyaṅ 意思是"洁净"。

第十五章　古隆族宗教的仪式

献 9 pathi 的谷子，9 mana 的麦子。实际上，提供的谷物量往往低于这些数字。祭司只扔了几粒谷物，他带走其余的祭品作为报酬。谷物酒（pa）则是为祭司的祖先准备的。

总之，祭司为此仪式进献食物和饮料，以纪念他的祖先和他的神灵，当他与恶灵战斗时，让他们来帮助他。在此开场后，正式仪式就可以开始，叫作 tēh。口头和手上的仪式被称为 keh（一个通常意味着"工作"的词）。在仪式上，祭司背诵了几段神话历史。他所知道的大约有 50 个可变长度的神话。对于每个 tēh 仪式，都有对应的一定数量的神话历史；pe 既是古隆语又是藏语（dpe）。在藏语中，它的意思是"历史"。例如，每个祭司的 pe 都以短语"… pe-dā luh-dā se-mu"开头（luh：歌曲，像藏文的 glu；动词 se-ba，在古隆和 bçad-pa，在藏语的意思是：去解释，去知道）。人们可以把这句话翻译成："我们通过唱……解释历史。"这是什么历史？广义地说，可以把一个神话历史翻译如下：

很久以前，一个著名的祭司的先辈成功地制服了各种各样的恶灵。通过今天重复当时所做的，也许同样的好结果会影响所在家庭的一名或多名成员。

神话的目的是确认祖先完整地传递仪式的有效性。如果一个人不描述它，这个仪式就没有价值。有必要知道所有在仪式上使用的、做的或说的事情的由来。人们在中国西南部的纳西语中找到了同样的概念，在 J. F. 洛克的几本书中对此进行了描述。在翻译一个故事时，人们发现了这个短语，例如："如果不告诉你舞蹈的起源，你就不能谈论它，不知道舞蹈的起源，就不能跳舞。"⑧

pe 的第二个含义，即"传统"，"不可动摇的传统"。抵制它是违背自然的行为。例如，人们遇到这样一句话："（一天）大树会倒下是必然的。"同样，在 J. F. 洛克的话中："因此，树木也必然会死亡，

---

⑧　J. F. Rock, The Zhi-ma funeral ceremony of the Na-Khi, p. 87.

这是传统。"⑨

总之，祭司说的神话是一个历史，它验证了仪式，不仅因为它叙述了一个有名的祭司成功地做到了，而且还因为它属于习俗，不能通过任何其他方式来证实。一般来说，pe 被翻译为"神话"，除非古隆人认为必须保存，而"历史"用于讲述实际事件。

渐渐地，随着神话的背诵，祭司会或多或少地做在神话直接描述的某些手上的仪式。通常，会献祭一只鸡的血液，赐给一种灵，以换取他囚禁的灵魂。一般来说，祭司自己不动手，旁观者自己去割断动物的喉咙。

a）仪式

由祭司执行的仪式可以分为以下几部分：

一个人生病时执行的。当一个家庭运气不好、疾病、贫穷、死亡、火灾、不育或希望通过预想保护自己免受这些灾难时执行的。

在葬礼上举行的。在我看到那些由科里布利祭司执行的，作为普楚和科里布利祭司在葬礼上合并的仪式之前，我不会想到后面这些仪式。

b）病例

当祭司答应后者家人的要求来探望病人时，他有两种解决办法：

经检查，他诊断病人患有自然病。然后，他建议使用一种自己经常使用的由各种草药制成的药物（moĩ）。通常，是病情较轻并且是首次出现的。一些祭司说，他们有能力通过号脉来判断疾病是自然的还是由于某种超自然原因（我未能得到任何关于这个问题的确切内容）。

祭司判定病人患有一种超自然的疾病。他病了很长时间。使用占卜，祭司确定可以使用哪种仪式来赶走疾病。

cha-gu tēh。他的仪式是在病人处于 parga śĩ 时举行的。Cha 意为"年龄"或"长寿"。如果 cha 住在房子里，居民就活到较大岁数了。在相反的情况下，一个家庭的人可能会生病，有死亡的危险，因为

---

⑨ J. F. Rock, op. cit., p.75；对于"习俗"，Na-khi 使用了"ndu"这个词，根据 Rock 的说法，这相当于中国男性的"阳"。

cha 已经离开了家。普楚必须执行 cha-gu tēh，使 cha 回到家，从而挽救病人的生命；cha 是一种鸟 cha-name（name 的意思是"鸟"）的象征。当一所房子正在建设中时，祭司用大米来模拟一个雕像，它代表这只鸟⑩，这被保存在新房子里。当一个家庭成员去世时，cha 与死者一起离开家。在葬礼上，普楚的职责是让死者不要带走他。"带走短暂的生命，但把长寿留给活着的人"，他向死人呼喊。稍后我们将看到，cha 总是连接到 pleh（好运的意思），这也是一种鸟（pleh-name）。

cha-gu 这个词中很难准确说明 gu 的意义。也许是 ku 的变体，也就是九（数字九通常跟着"灵魂""精神"等词），或者它可能是 khu 的败落（动词 khu-ba：收集、收获）。祭司背诵连续几个 pe：

-chō-dā（chō：纯化；dā：可能是词 tā 的一种变体，意思是：谈话的主题）：用香净化⑪。

-prah-dā noh-dā：（prah 是制造谷物酒精时使用的酵母，pa；现代古隆族是 pram）。这种酵母和谷物酒精的创造历史以这样一句话结束："pa 被提供给祭司的祖先，它阻止了那些活着的人的罪恶……"

-me-dā（me：火）。这个 pe 讲述了火的产生。"多亏了火，一切皆有可能。"

-nahr-dō（nah 是祭司的鼓的名字，dō 也许是 dā 的变形）。这个神话讲述的是 nah 是用树上的木头做成的。"鼓能治好病人。"

-tōh kor-ba（tōh：村庄周围的区域；kor-ba：转一圈）。祭司在呼唤迷失的灵魂时，一个接一个地列举村里所有地点的名字。

-pundul-pucu（pundul 是一个祭司的名字，他是一位著名的祖

---

⑩ 在大多数的仪式中，祭司会制作米糕（kaĩ-du, of kaĩ：米饭，食物）。其中一些是鸟形的（cha）或神人同形的（不幸的灵魂：Ghaesar-phi and Daure），对于这些，他们的象征功能比祭祀更重要。其他的仅仅是模仿藏族喇嘛使用的 tor-ma（gtor-ma），是圆锥体，在祈祷中被认为是为神准备的食物（通常从藏传佛教万神殿传来的）。事实上，kaĩ-du 的代表性和象征功能占主导地位。一位祭司说："这个 kaĩ-du 是 Ghaesar-phi，这是 Wainabarnaje"，而不是："这个 kaĩ-du 是为了 Ghaesar-phi 和 Wainabarnaje 供给的食物。"

⑪ 为了对所述仪式的连贯性有一个概念，我将对每一种 pe 做一个简要的总结（Cf. above，p. XXViii）。

先)。这里告诉人们,祭司的宗教知识是如何传给自己的儿子,以及为了找回迷失的灵魂而必须做些什么。

-krõlu-pucu 或 krulu-pucu(krõlu 是另一个著名的祭司)。在这个仪式中,人们被告知 krõlu-pucu 某天是如何战胜了在 Cõ 土地上传播疾病的灵的。"今天,它可能和 krõlu-pucu 时代一样。"

-cha-namepleh-name(我们已经解释了上述这些词的含义)是两只鸟的历史,它们是长寿和好运的代表。"他们住在这所房子。"

-dagdawa 是两位老人的历史,他们长寿并好运,"长寿和好运是在这所房子里"。在仪式上,两只用大米制成的小鸟被放在祭司的前面。当所有的 pe 都背诵后,祭司离开房子,朝东方走去。他把两只小鸟放在村子的尽头,带着一点水和白色材料的丝带(白色是东方的颜色)。

一只鸡被献祭了,它的血液被提供来换取病人的灵魂,就像 krõlu-pucu 那样。然后,回到房子,祭司把一小块棉花系在病人脖子上,rupa(ru:线),象征着灵魂回归到病人的身体[12]。

-tuhr tēh(在"tuhr-jõ"或"tuhr-ja"词中人们找到了 tuhr:墓地。稍后我们将看到墓地在当病人是在 parga soĩ 和 parga gẽ 时举办的仪式上所扮演的角色)。据一位信息提供者说,一个部族 A 的男子与一个来自部族 B 的女人结婚。后一个氏族的成员死于"被山吃掉"(死于雪崩、山体滑坡等),成为邪恶精神的 si-st-sa-ba(si:死亡),开始困扰 A 氏族的福祉。总括而言,疾病可能是由氏族(或者更确切地说是联系)将一个女人给了一个病人所造成的不幸精神引起的。

仪式的日期由一种叫作 kra-ć-a-ba 的计算方法确定。例如:

尼泊尔历 2015 年 3 月 29 日,尼泊尔一名男子生病。他出生

---

[12] 这一仪式与亨利在《中国西部的 Lolos 和其他部落》(J. A. I.,Vol. XXIII,1903,pp. 96 – 107)中所描述的非常相似。作者在谈到 Lolos 的时候说(102 页):"在慢性疾病的情况下,灵魂应该离开身体。然后是一种复杂的仪式,灵魂被呼唤名字并被要求从山中返回的一串连祷。仪式结束后,一根红绳子系在病人的手臂上。这条绳子被戴着直到它自己损坏后掉落。"

第十五章 古隆族宗教的仪式

的年份的标志 che-lho。祭司已经确定尼泊尔的 6 月份的满月对应着 mobru-lho 标志，每个满月和新月对应着 12 个周期年的另一个符号。在我们的示例中，从印度历的 3 月 29 日到下一个新月之间有 5 天，其标志被祭司标记为 lõ-lho。人们计算从 lõ-lho 中分离出的隆数量，下一个新月的标志，来自 che-lho，病人出生的那一年的标志。因此是 8。所以，仪式将在发病 8 天后举行。为了缩短长时间的等待，祭司在被传唤的当天晚上表演了一个简短的 tēh 仪式。他前往在村庄的东南和东北部的十字路口（跟随病人的帕加），带着一些用藏红花变黄的米粒，一些以前绕过病人头部的黄丝带（东南和东北的颜色）。一只鸡被献祭了，路上沾满了鲜血。这个仪式被称为所谓的 sõ-kyāh-po-ri ćа-ba（sõ-kyāh-po-ri：在三条通道，在十字路口；ćа-ba：吃饭）。

自然，这个 tuhr 的仪式只在病人在 kra ćа-ba 指示的当天仍受苦的情况下举行。然后祭司依次背诵：ćhõ-dā, prah-dā noh-dā, me-dā, tōh kor-ba, pundul-pucu, krõlu pucu。一只鸡被献祭，并提供给 Sar-phi-ri-ni 换取病人的灵魂，她帮助寻找在 krõlu-pucu 的神话中解释的。但灵魂并不直接回到房子，而是留在墓地的主人手中（kleh）。如果病人是男人是九块小卵石，如果是女人则是七块，被收集在墓地"帮助灵魂找到回家的路"。它们被放置在三脚架（coh）的脚之间（火上放着炊具），上面放着用米做的象征墓地主人的雕像。整个都覆盖着一个袋子，袋子由用 3 根 tipur 木棍做成的三角形拱起来。在仪式开始时，这个三角形被放在病人的头上，"让 Sar-phi-rini 可以在其他游荡的灵魂中认出病人的灵魂"。在麻袋下的石头被祭司摇动去"帮助灵魂重新找到道路"。祭司然后对墓地的主人说："tuhr-jõ kleh，让灵魂去。"然后，在病人的脖子上放了一根线，象征着迷失的灵魂回到身体里。鹅卵石和稻子被抬到墓地。

-ghaesur tēh 或 ghaesar tēh（ghaesar-phi 是一个不幸的灵魂的名字）。根据一些提供信息的人的说法，祭司必须与被烧伤的一个人的灵魂做斗争（请记住，病人，在 Ghaesur tēh 的情况下，在火或水的

| 第三部分 宗教

帕加中）。至于 tuhr tēh，祭司首先执行 so-kyāh-po-rića-ba（也称为 dopate ća-ba，dopate[13]是等效于 so-kyāh-po-ri ća-ba 的尼泊尔语），在根据方位和帕加确定的有大米和红色或蓝色材料布条的北方或南方。然后，ghaesur tēh 取代。祭司背诵：ćhō-dā、prah-dā、me-dā、ṅ ahr-dō、tōh kor-ba、pundul-pucu、krõlu pucu、ghaesar-phi。最后一个 pe 讲的是，祭司祖先如何使村子里传播疾病的不幸灵魂不能再作祟的。"他今天也会这样做。"仪式有两个目的。正如我们已经指出的，必须赶走压迫一个在帕加"火"或"水"中得人的坏运气。也有必要从恶祟中恢复迷失的灵魂，并将后者留在村庄之外。

一个人首先在四个地理方向射出四支燃烧的箭，以驱赶邪恶的符咒。以前，从一只牺牲的鸡身上滴下几滴血，落在箭上，滴到象征厄运的米像上。一个不幸灵魂 Ghaesar-phi 的雕像（由祭司用煮熟的大麦面粉制作）也洒满了鸡的血滴。九种谷物（satbyu patbyu）在病人头上挥了九次后放在小雕像上。然后，在普楚将一根线系在病人脖子上后，一切都被运送到在村庄的南面或北边的十字路口。

sin-ja tēh（sin 来自动词 si-ba：死亡。可以看出，sin-ja 与 tuhr-ja 有着相同的意义：墓地，死者的地方）。病人在帕加的元素是土地的 khoĩ 或 khe。一个祭司向我断言，在这种情况下，这病是由一个年轻时死亡或从树或山上摔下来的人的灵魂引起的。首先，dopate ća-ba 开头的仪式在村庄的西南或西北部举行。然后，在指示的日期，进行 sin-ja 仪式。普楚依次背诵：ćhō-dā、prah-dā noh-dā、me-dā、tōh kor-ba。然后祭司去他背诵 tōh korba 的墓地，命名村区的所有地名，直到一只鸡用爪抓住翅膀。这是迷失的灵魂已经恢复并且在那里的证明。祭司回到家里，把一根线系在病人脖子上。

mōse ho-ba tēh（mō 也许是一种腐败的 mōh：一种邪恶的精神）。当一个家庭受到几个恶灵的骚扰时，普楚决定执行这个 tēh。家里有两三个人生病，以前的仪式没有任何效果。在几个小时中，祭司试图一个接一个地控制所有的灵魂，直到他有能力将迷失的灵魂重新融入

---

[13] "dopate…位于两条路的交会点"，Turner, Dict.。

第十五章　古隆族宗教的仪式

病人的身体中。祭司依次背诵：ćhõ-dā、prah-dā noh-dā、me-dā、nahr-dõ、tõh kor-ba、pundul-pucu，然后：

a-pakahrab kleh（a-pa：父亲；kleh：主人，拥有者）。这个名字是"当土地和天空被创造时的人"的先人。神话告诉灵魂杜瑞（Daure）的源头。"它恢复病人的灵魂，且它可以被控制。"

Sar-phi-rini 的神话讲述了女性精神 Sar-phi-rini 的起源，祭司用母鸡的献祭来换取她帮助祭司找回病人的灵魂。

pa-che-rhõ ma-che-rini（rhõ 表示一个男人的名字；rhini or rini，即一个女人的名字）。这讲述了死在绞刑的 Pa-che-rhõ 的不幸的精神的由来。"它恢复死者的灵魂，它也可能被控制。"

Ume-rhõ ume-rhini（umer：年老）。这讲述了"被山体滑坡吞噬"的灵魂 Ume-rhõ 的起源，"它恢复死者的灵魂，并可能被控制"。

plohbju-rhõ pōhbai-rhõ。这神话讲述了被斧头击中而死亡的 Pōhbai-rhõ 的母亲的灵魂的起源，那些"被洪水吞噬"的人的灵魂，以及被刀刺伤的人的灵魂。"这些灵魂可以被控制，并恢复迷失的灵。"

thu-phe-rhõ thu-phe-rhini（thu：长岁）。这神话讲述了被毒药杀死的 thu-phe-rhõ 灵的起源，以及被"老虎吃掉"的 thu-phe-rhini 的起源。"他们恢复死者的灵魂，并可能被控制。"

rhi-ce myõ-ce（rhi 或 ri：姐妹，通常是女性）。尽管现在这个词可能用不着，但祭司们告诉我 myõ 过去的意思是"兄弟"。请注意前面名称中的 ce 和 che 之间的相似性。也许有必要用 caẽ 把 ce 和 che 联系起来，成为一种灵魂的名字。

这个神话讲述了兄妹精神的由来，他们在有一段时间与人交往后死于"被山吃掉"。"他们可以被控制，并恢复失去的灵魂。"

在仪式上，祭司面前有一尊代表不幸灵魂的米像和一些常见的粮食和酒精，以及一个翻过来的篮子（dāl）。山上的竹子细枝作为串小块肉的烤肉叉子。它们被放在篮子的底部，旁边是一个弓。当他背诵神话时，祭司使弓弦振动。当背诵接近尾声时，母鸡被挂在一个木质结构（mõh-kur-śĩ：mõh：一种不幸的灵魂；kur 可能来自 kor：圆形，这可以通过结构是一个拱门的形状来解释，或者 kur 可能是 ku 的腐败：九；śī 表示木材）。祭司要求灵魂来把病人失去的灵魂带到 mōh-kur-śī 下。如果鸡开始拍打翅膀，这就是灵魂在那里的证明。然后，祭司用小刷子（mra）击打鸡。一个鸡蛋放在它正下方的碗里。如果鸡打碎鸡蛋，祭司确信灵魂是在他的摆布下。他已经"控制"它，并使其无害。然后，祭司直接对灵魂说话。他向它指明了离开村子的方法，并命令它不要回来。如果病人家里的人死了，已经变成灵魂了，他请他离开这所房子，带走所有其他不幸的灵魂。

li wa-ba tēh（对 le 或 li 来说，我认为有必要对比 li 与 lih，对应南方的帕加，这是一个不幸的帕加。这个解释可以证实的事实，ghaesar-phi 的神话只在这个 tēh 和 ghaesar-tēh 对应于 parga lih 的那个被告知；wa-ba：追逐，驱逐）。对于穷人或受压迫的人来说，这个 tēh 是一种"低质量"。无论病人的帕加是什么，在白天或晚上，它都有效。祭司背诵 ćhō-dā、prah-dā noh-dā、me-dā、tōh kor-ba、ghaesar-phi。

谷类的谷粒在病人头上的一个圈内摇动，然后放在恶灵的雕像上，ghaesar-phi。一只鸡被献祭了，鲜血洒在雕像上。然后，一切都被运送到与病人帕加方向相对应的十字路口。

c）不幸的情况

有时房子可能会多灾多难。家里人死得早，收成不好，家畜也大批死亡了。为了改变这种情况，祭司也会来主持。

gra wa-ba tēh（gra：运气不好；wa-ba：追逐，驱逐）。疾病降临到家里，一家人中有一个成员是在 parga kha，正如我们已经说过的，这是不幸的。仪式举行的日子由 kra ćn-ba 的体制来确定。

祭司会做一个方形的篮子牌。在这上面，他把代表 12 个隆（12 年周期）的动物的 12 个米雕摆成一个圆圈。在中间，摆放着一个杜瑞灵魂的雕像和一盏小油灯。广场四角还放了四盏灯。最后，在广场的边缘放置 8 个 naṅ（小木十字架，其末端由彩色线连接，在喇嘛的方式里的 8 个帕加），每边中间放 4 个基点，每个角的一个基点为中间的方向。祭司背诵顺序：

ćhō-dā, prah-dā noh-dā, me-dā, pundul-pucu, krōlu pucu, a-pa

第十五章　古隆族宗教的仪式

kahrab kleh。这最后一个 pe 讲的是灵魂杜瑞的起源，a-pa kahrab kleh 的儿子。这家人在一起，它的每一个成员都拿一根短木棍（of klehbu；尼泊尔语，phaleta）和一小撮谷物。在绕着他们头上的一个圈里摇动它们之后，每个人把谷物放在灵魂的雕像上，把棍子放在他帕加的 naṅ 上。一只公鸡被献祭了，它的血液提供给灵魂杜瑞，同时洒到雕像上，然后血板（plage）被运送到十字路口，到村庄的北部。

yõ khu-batēh［yõ：实质的幸运。⑭ 在现代古隆族，一个人会使用 yõ-sai（sai：东西）；khu-ba：挑选，收集］。这个仪式是房子的主人在 parga śī 或 parga da 时，和好运 pleh 从离开家庭或已经离开它时举行的，经常是一个死去的家庭成员的灵魂在他死后带走的。仪式的目的是给家里带来好运。普楚的背诵顺序：ćhõ-dā，prah-dā noh-dā，me-dā，nahr-dõ，tōh kor-ba，pundul-pucu，krōlu pucu，dagdawa，cha-name，pleh-name，然后：

ćah-mar-śī-dhũ（ćah 可能是 cha 的一种形式：长寿，或 ćah：儿子；mar：黄金；śī-dhũ：成材树）。这个神话讲述 Cah-mar-śī-dhũ 如何拒绝按照传统埋葬他的父亲。疾病和贫穷来到他家，为使死者的好运和长寿回到家中，必须先咨询祭司祖先，因为葬礼没有举行，死者带走了这些好运和长寿。

在象征十个神灵的祭司前，有十个锥形的米雕，他总是在仪式开始时念咒语召唤。最伟大的是万巴涅。在他旁边放置着：tuhr-jyõ（藏语 dur-skyoṅ "停尸房的保护者"）：墓地的神，hoigra 或者 hõigaɪ、kihm jyõ、keda 或 kera、khorlo-merlo、śyar-tohrje samba，是东方的神；lʊ-rhinl-ćyoni，南方的神，nuh-nawa-thajyõ-tuhba，是西方的神，cyõ-thajyõ-tuhba，是北方的神。

除了这十个雕像被放置许多事物。最重要的是：

两个鸟形的雕像，象征着 cha-name 和 pleh-name；

ćhardo：装满水的碗，碗的表面覆盖着一层澄清的黄油。在讲述

---

⑭　祭司对 yõ 和 pleh 不做区分：意为"好运"。

第三部分　宗教

dagdawa 的历史时，一种带有木辐条的小而轻的轮子被放在液体的表面。这个姿态象征着历史上人们覆盖了他们发现的"富水之水"的来源，从人的看法掩盖它。

植物和物体：

mra（制作刷子的）；

ṅata（为牛准备的草）；

cho（拴牛笼头）；

pahre（拐棍）。木材是东方之神的象征；

铜灯，南方神的象征；

铁器，西方神的象征；

有一枝花的装水的花瓶，象征北方的神。

tahrjyõ（tahr，藏语 dar"旗子"）：各种颜色的丝带附在一根插入一碗米饭里的棍子上。

当祭司背诵 tõh kor-ba 时，除了雕像的所有物品都被抬到房子的走廊。ćah-mar-śī-dhū 的神话指示，好运是在池塘附近发现的。正是在那里，祭司"去"寻找它。在露台上，围观者喊道："khoe! khoe!"（来吧! 来!）呼吁好运。然后，祭司在房子主人的脖子上绕了一根线。羊或山羊的蹄子，还有 tahrjyõ 放在他的头上。好运的灵魂已经回来并接近房子的上空。然后，把 ṅata 给牛吃，在接下来的三天里，这个家庭不给别人任何东西。

chop chue-ba tēh（chop：根据我的消息提供者，"交易，贸易"；chue-ba：做祭品，尊重）。当家庭面临严重问题、贷款、购买土地、诉讼、外籍雇佣兵的儿子得到提拔等时，祭司就举行这个仪式。祭司背诵：ćhõ-dā、prah-dā noh-dā、me-dā、tõh kor-ba、chopa。这个神话叙述了有一天，一个婴儿巨人出生了，普度·卡尔达姆（Puhdū-kahr-dam），他的叔叔成功地激起了婴儿的仁慈。最后，婴儿失去了巨人毁灭性的习惯，并许诺帮助不幸（或有经济或法律问题等）的人。

除了传统的物品，祭司面前还有一个小圆锥样的象征普度·卡尔达姆的米雕。在背诵结束时，旁观者来到房子的走廊，向各个方向喊道："khoe! khoe!（来吧! 来!），让普度·卡尔达姆来帮忙。"然后，祭司把头从雕像上切下来放在房子主人的头上。

"普度·卡尔达姆来到了我们中间，他是我们的朋友"，祭司总结道。

caẽ thi-ba tēh（caẽ：一种灵魂）。这个仪式在每家每户每年举行两次，在印度历的一月和六月（尼泊尔的六月份）。祭司在屋顶的脊上做仪式。我找不到确切的原因。此外，祭司还可以在室内主持。在仪式上烧香，祭司背诵：prah-dā noh-dā、tōh kor-ba、caẽ kra-ba，（去寻找灵魂）。祭司问蛇的国王和女王（nāga），使家畜兴旺，并有好收成。

d）火灾案例

me-lẽ sẽ-ba tēh。（me：火；sẽ-ba：恢复）。这个仪式是在村里的一所房子被烧毁后举行的。它不仅关乎被影响家庭的利益，也关乎所有村民。有必要把火王赶出村子。在火灾发生的三天后，祭司主持了仪式。他依次背诵：ćhō-dā、prah-dā noh-dā、tōh kor-ba、pundul-pucu、krōlu-pucu、a-pa kahrab kleh，然后：

me-lẽ kyel-ba（火的王）。火王是 A-pa kahrab kleh 的小儿子。他的职责是控制火去帮助人生活，但如果不加以保护，可能会伤害他们。"火王控制火，一切都再生和繁殖。火可能在这个房子里得到食物和饮料。一旦它得到了它需要的数量，就将离开。"

祭司收集了108把不同的木材并放入了一个陶罐里。村里所有的火都扑灭了。然后，祭司可以点燃新的火焰。他用木头建造一个建筑，如下所示：想象一个H躺在它的一面，这些由两根tipur木的分支制成。中央垂直杆由pala（ausilo，尼泊尔语中的意思）制成，松散地推入两个水平边的每一边，然后，将上侧半固地依靠垂直杆的末端支撑，而垂直杆的末端又位于放置在地面的水平杆上。一根绳子缠绕在垂直杆上，手柄固定在两端。通过交替和快速地拉动这两个末端，垂直杆在两个方向上旋转，并在两端产生摩擦。当木头开始轻微燃烧时，就将香蕉树的木浆放在它的上面，浆突然燃烧起来，增加稻草会使火力增大。当火起时，一只公鸡被献祭，并提供给火。然后，新的火被带入村里的所有房屋。几个标记（brand）被放在陶器罐，然后埋在村庄的南出口。

e）不育病例

riṅe tēh or riṅ-e tēh，riṅe 可以从两个方面分析：

（1）-ri 来自 rĭ 或者 ri 或 rhi，它们具有女人的意思；ṅe 可能是ṅeh 的一种形式：奶；

（2）-riṅ，代表女人的 rĭ 形式；e：属性案例；riṅ-e tēh：是女人的仪式。当一个女人不能生孩子时，祭司执行这个 tēh，通常在星期二，为了"赶走支配她并防止她怀孕的不幸的灵魂"。普楚背诵：ćhõ-dā、prah-dā noh-dā、krõlu-pucu。

从小溪中收集砾石，并带到房子里。米粉是油炸的，然后研磨成非常精细的粉末。祭司背诵一句只有他知道的咒语，同时吹在不孕妇女的背部下面。然后，他把砾石也扔到身体的这一部分，"以驱赶女人体内的不孕灵魂"。随后，点燃六七束干燥的山竹茎。沿着竹子燃尽的火焰方向撒下的炒饭粉末，就像无数火花合成的烟火一样燃烧起来。这一行动的目的是"吓走鬼魂，把它赶出家门"。一只山羊被祭祀，它的血被女人饮下。她还会服用一种用牛乳制成的澄清黄油煎制的 108 种草药，碾碎成粉末状药物。［附录 E］

二 科里布利祭司的仪式

1. 概述

在描述科里布利祭司的仪式时，我必须提醒读者，要获得关于这个主题的可验证信息是很困难的。科里布利祭司的每一段历史，我都会（在引号中）让信息提供者给我提供摘要，因为无法确认准确的文本。相比之下，对身体仪式的描述则是基于直接观察。

科里布利祭司使用的占卜系统与普楚祭司的非常接近。然而，四个基本方位的颜色在普楚和科里布利祭司的系统中是不同的。

表 15-1　　　　　　　科里布利祭司和普楚祭司的占卜系统

方位	科里布利祭司	普楚祭司
东	蓝绿色	蓝绿色
南	红色	白色
西	黑色	红色
北	白色	黑色

整体上来说，科里布利祭司和普楚祭司的仪式计划是相似的：他们先向神和祖先献祭，然后诵读历史，并伴有手工仪式和祭祀。这个仪式的目的是控制那些扰乱人类安宁的恶灵。

2. 仪式

驱赶三恶灵（tha-sõ wa-ba tēh）

（tēh：一种恶灵；sõ：三；wa-ba：追逐、驱赶。tha-sõ wa-ba tēh 意为"驱赶三恶灵"）每年每个家族会举办两次该仪式，分别是在拜萨客（Baisakh）和卡蒂克（Katik）这两个月份里。通过该仪式来赶走三恶灵并且为家人带回好运和健康。科里布利祭司吟诵道：

kleh chue-ba"向主人献上谷物粮食"。

me-dā"一个老妇人（Umi-ne-ma）在 Krō 村遇到了火种，她便将火种带回了家族。火从此温暖、指引并帮助着族人"。

ćōh-dā（ćōh：放在壁炉里的三脚架）。"在关键时刻，壁炉里的三脚架让族人变得富有幸福。"

phai-dā（phai 应该是科塔村的旧名字：一栋房子里有壁炉的房间）。"如果一个老人坐在有壁炉的房间里休息；如果孩子们夜间在 phai ro 这样的房间里玩耍打闹，以上这些都是适宜的。如果违背了那便是不吉利的。正是这样，这里的族人才能够愉悦舒适地生活。"

si-dā（si 可能表示早期古隆语中的大米，现在除去外壳的大米被称为 mlah-si）。在这一时期，大米被献给神明。"病痛离开了 X 的身体、眼睛和头。"

prah-dā（prah：酵母菌）。"酵母菌在一个叫作 Cõ 的村子里被提取，是一个老妇人 Sardam-śyo（śyo 指一个妇人）萌发了提取酵母菌

第三部分　宗教

的想法。她将一些谷物带到四个基本方位并播种……然后收获他们并从其中分离出酵母菌。这些酵母菌被献给了祖先。"

noh-dā（noh 是 pa 的旧名，表示一种用谷物酿成的酒）。"这个神话（pe）讲述了老妇人 Sardam-śyo 如何制作酒酿 pa，这个酒酿被献给祖先。"

klihko-ba（klih 是 klih-bri 的简称）。科里布利祭司吟诵咒语，用来保护自己远离恶灵的侵害。

tōh-dā（tōh：村庄的领地）。科里布利祭司命名了村庄的所有地名，并提供稻谷给居住在这些不同地方的神和灵。

tha kra-ba（kra-ba：携带）。三恶灵在 Krõ 村庄创造，当它们企图靠近 Lobaecahkiracah 的领土时，村民们努力将它们驱逐。一个女人撞在一块石头上摔倒了。当她正在休息康复时，一缕阳光照在她的左边身体上。一个孩子出生了，另外两个孩子也从她鼻孔里出来了。这三个孩子死了变成了三个恶灵。秃鹰吃他们的肉体之躯。（因此，把秃鹰的粪便弄到某个人身上是不祥的征兆）。一匹马被派去杀死三恶灵（从那时起，马就有牙齿了）。其中一个恶灵通过藏在一种叫作 tha-dhū 的草药后面逃走了（这种草药是进行驱赶三恶灵仪式必须携带的物品）。

tha-sõ wa-thē-ba："抓捕三恶灵" 和 gra khe-ba（gra：好坏；khe-ba：读）"九个灾祸全部离开这座房子"。

pruh-dā（pruh 可能是 kyu 的旧名，表示水）。"水净化了这座房子"，这座房子被洒上了水。

在科里布利祭司的面前，九个米雕像被放在一个举起的托盘上。九种谷物根据性别在家里人头的周围摇九下或七下，然后放在羊角里。科里布利祭司一手拿着火热的石头和火钳，一手拿着角，在他面前交叉双臂三次，同时说出这九个灾祸的名字。最后，他把这两个物体放在一个用山竹条做成的方形托盘里，并把九个米雕像加进去，然后把托盘拿到房子的走廊上。所有的家庭成员都会用倒在托盘（cit-ra）里的水，简略地清洗自己的头、臂和腿。最后再将其运送到村庄出口处的十字路口。

第十五章　古隆族宗教的仪式

a）创造灵魂仪式（plah-wi la-ba teh）

（plah：灵魂；la-ba：创造）。当病人不在 parga soī，lih，khā 或 gē 里时，科里布利祭司经常举行这个仪式。"在一个被叫作'王—喇嘛—神'（Kugyal-lamae-la）[15] 的村落，科里布利祭司必须去找到病人丢失的灵魂。他背诵着同样的咒语包括从'驱赶三恶灵（tha-sõ wa-ba）'一直到 tōh-dā。然后，他就去寻觅、捕获丢失的灵魂。"在仪式的开始，他用米饭作出九个锥状模型，代表着山神，最大的一个代表古隆－罗马尔斯 Guru-rhimarce（藏语"gu-ru rin-po-ćhe"：莲花生大师）。

当科里布利祭司去寻找灵魂的时候，一个人要抓住一只鸡。当鸡扇动翅膀时，就表示灵魂已经恢复并存在。早些时候，祭司"已经到达"了王—喇嘛—神（Kugyal-lamae-la）的村落，一只鸡也已牺牲了。灵魂回归，科里布利祭司在病人脖子上系一根线，围观者也哭诵起来：syae（"我们拥有了它"｛灵魂｝）。

b）驱赶仪式（li wa-ba tēh）

病人的灵魂被掌握在神灵加沙尔菲（Ghaesar-phi）手里。这个仪式发生在星期二，当病人在 parga lih 或 khā 时。科里布利祭司吟诵 the pe of tha-sõ wa-ba（驱赶三恶灵神话），直到吟诵到 tōh-dā，然后他讲述了加沙尔菲的神话。科里布利祭司用米饭做了一个神灵的小雕像。他献祭了一只公鸡，把它的血献给了加沙尔菲，以换取灵魂。在病人的头上摇晃食物，再放进病人的口中，然后取出，递给小雕像。一边说："神明啊，我给你我自己的食物！"小雕像和提供的食物随后被带到十字路口。

c）toh thi-ba tēh（tōh：村庄的领土，木质的）

这个仪式是在牛群繁殖不佳的时候举行的，一般在星期二或星期六。科里布利祭司背诵了 tha-sõ wa-ba 直到并包括 tōh-dā。一只公鸡被献祭给森林主人（tõh-kleh）。

so-pla wa-ba teh（so-pla："一种神灵"；so-pla 也可以理解为：so

---

[15] Kugyal 可能是 Pu–gyel 的变形，是古代西藏的国王；参考 D. L. SNELLGROVE, Buddhist Himalaya, p. 129.

意为呼吸，pla 意为来自灵魂）。

如果庄稼不好，房子里的居民生病了，神灵不停地与一户人家作对，人们就会在星期天进行这个仪式。科里布利祭司吟诵了 tha-so wa-ba 的神话，包括 toh-da；然后他又补充了 syab nueh-ba（syab 可能是一个因下山而死去的人的灵魂；ñueh-ba 来源于 nue-ba：去问）。科里布利祭司用他们的名字召唤恶魔，并让他们离开。三个米做的小雕像代表三个神灵 so-pla 放置在他面前。用九种谷物在病人的头上摇动，然后扔在一个每边放了三块木头的三角形的小柴堆上。三个小雕像放在三角形的三个边上。所有都在火中燃烧，灰烬被带到十字路口。

d）kimro tēh

病人如在 parga soí or gē，仪式发展得更像 plah-wi la-ba。但在这里，科里布利祭司在很多地方，特别是在十字路口，"寻找"失落的灵魂。一只公鸡最后被献祭给了十字路口的主人。

lu thi-ba tēh（lu：蛇，我认为有必要把这个词和 klu（藏语）比较一下，klu 是一些蛇的名字[⑯]）。这种疾病是由于那迦蛇（nāga）引起的肿胀和脓包造成。早上科里布利祭司在早餐前主持工作。他背诵了 tha-so wa-ba 的历史，直到并包括 toh-da，然后援引了那迦国王和王后的名字。

科里布利祭司面前有一个小麦糊做的雕像代表着蛇，还有一些蜂蜜、糖、kyuh-mi（形似羊眼的豆子）、narwana（椰子）、金银、面粉、kloprome（豆）、牛奶或羊奶。把蛇的小雕像放在泥盆里，和其他东西一起扔进水里，作为献给那迦（nāga）的礼物。

e）chyop chue-ba tēh

在这个仪式上，一个人向一个慷慨的神灵希律普（chyop）致意，所以神灵帮助家庭解决物质困难，阻止房屋坍塌等。科里布利祭司背诵 tha-so wa-ba 的神话直到 toh-da，然后背诵希律普的神话。最后的历史告诉我们在乌索克萨（Ulsokersa），一对兄妹如何在一个山洞

---

⑯ D. L. Snellgrove, *op. cit.* p. 129.

（agradog）里冥想。一位喇嘛住在另一个洞穴（ugradog）。喇嘛投了一个漂亮的球（形果子），落在姐姐面前。后者吃了它，发现自己怀孕了。附近村子的人以为是兄弟姐妹乱伦，把他们赶走了。拉斐里尼（Lar-phi-rini）姐姐的一个儿子，渐渐像个巨人一样吃很多。当这个兄长进来时，他看到了这个巨人，并成功地控制了它。从那时起，它已经成为一种帮助人类的仁慈的神灵。科里布利祭司在面前放着一个代表巨人的小雕像，它是圆锥形的，重4—5千克。祭司按顺序说出一个人在通往巨人居住的克萨（Kersa）的路上遇到的地名。然后，他会"把他带回来"，并把一只公鸡献给他，说"保护我们！"血洒在小雕像上。科里布利祭司再次背诵了通往克萨的小路上的地名，为了"带回"巨人。

f）lachue ba tēh（la：神灵）

每年，科里布利祭司都要祭祀他的神和祖先。仪式在月圆的一天举行，即普什月（Pus）、查特（Chait）或拜萨客（Baisakh）。祭司背诵的神话和 chyop chue-ba tēh 仪式中的相同。他做了一个巨大的雕像象征一个神灵，重量超过8千克，圆锥形。一只山羊被献祭了。仪式结束时，所有家庭成员的脖子上都绕有线。

三 丧葬礼仪

在研究社会的同时，我们强调了古隆仪式中葬礼的重要性。毫无疑问，从社会和宗教的角度来看，这个仪式在古隆人眼中都是最重要的。事实上，在葬礼上，社会和宗教以一种如此复杂而合理的方式融合在一起，以至于在我看来如果是为了从古隆的视角去系统地描述它们是不必要的甚至是错误的。在葬礼上，发现所有古隆的信仰和习俗都完整地在一起，并被解释。喇嘛、普楚祭司和科里布利祭司肩并肩地主持仪式，这在任何其他仪式中都没有发现。葬礼不仅使家人团聚（在我们选择研究的有限意义上来看），而且还使住在山谷其他村庄的死者家族成员、联盟家族的人，以及最终与死者或其家人有或多或少友谊的任何家族的人团聚。葬礼既确认了死者和与死者有联系的人

第三部分　宗教

之间的亲密关系，也确认了和宗族、村庄之间的密切关系，这些关系在包含许多不同信仰的宗教背景中发挥了深刻的意义。

葬礼在两个地方举行：遗体的埋葬地和死者哀悼仪式（pae）。这个埋葬地被称为 mih wa-bae keh（mih：男人；wa-ba：驱逐、移除；e：属格虚词；keh：工作，完成任务所必需的一切）。他们还使用了 si kra keh 这个表达（si：死亡的；kra 来自 kra-ba：去查找）。祭司向死者的灵魂指明道路去找到祖先灵魂的仪式被称为 pae。据我所知，并没有一个准确的术语可以同时描述两种仪式。

这种仪式的举行由古隆死者的以下因素决定：

死者的家族

死者的年龄

死亡日期

死者的财富

a）死者的家族

我们已经说过，在葬礼上总有两种祭司在场：喇嘛和普楚，或者科里布利祭司和普楚祭司，在这两种情况下，普楚都被招来主持。另外，死者的家人可以在喇嘛和科里布利祭司之间自由选择。如今，喇嘛通常比科里布利祭司更受欢迎。通常，喇嘛为卡贾特族主持。对于喇嘛氏族的死者，总是召唤一位喇嘛来主持。传统上，古迦勒国王的祭司是科里布利，而后者通常在迦勒死亡时被招来主持。索拉贾特家庭选择了喇嘛和科里布利祭司，但越来越多的人表现出对喇嘛的偏好。如果死者属于科里布利氏族，科里布利将主持。最后，如果这个死人是普楚家族的，大多数情况会选择喇嘛，但通常还会邀请科里布利祭司，这三位祭司，普楚、喇嘛和科里布利祭司都参加了仪式。

b）死者的年龄

正如我们已经说过的，儿童和青少年的葬礼大为简化，不举行死者哀悼仪式。埋葬的时候，三个祭司中有一个来祷告。当一个人已经达到已婚年龄时，将进行完整的葬礼。然而，有必要提及的是，普楚的一则神话讲述了一位年轻、未婚、智力超群男子的葬礼，他呼吁协助国王管理公共事务。国王为了表彰死者所提供的服务，宣布要举行完整的葬礼。

c）死亡日期

尸体总是埋得很快。但是在5—9月的农忙时期，死者哀悼仪式从未进行过。村民们在田里忙得没法组织，也没有人有时间去帮忙。

d）死者的财富

穷人和富人的葬礼几乎是一样的。然而，贫穷的家庭只召集一位祭司主持葬礼。相比之下，死者哀悼仪式的日期通常是根据家庭财富确定的。在许多家庭中，尤其是贫困家庭，它永远不会发生。在其他家庭中，他们常常等到两三个人死亡后才举行一次。这是为了能够为仪式筹集必要的资金，花费在250—1500卢比（一天的工作花费1.5卢比加一顿饭）。事实上，仪式持续两天到三天，有时会有数百人参加。其中有一定数量的食物是由死者家属提供的。几个喇嘛、普楚或科里布利主持。因此，尽管理论上死者哀悼仪式应该在死亡后49天内进行，但很少会这样做。[112] 更常见的情况是，死者哀悼仪式在两三年后才发生。古隆人宁愿不去参加死者哀悼仪式，而不是在没有传统仪式的情况下组织。

1. 葬礼

埋葬是在死者死后12小时内完成的。如果一个人在晚上去世，葬礼将在黎明完成。让我顺便说一下，火葬是非常罕见的。因为比较昂贵，一般只有富裕的家庭才能做到（他们经常去河边，在尼泊尔—印度人的仪式之后，把他们死去的亲人火化）。在莫霍里亚村，墓地里有一个石制壁炉用于焚烧。埋葬仪式根据主持人是"普楚—喇嘛"组合还是"普楚—科里布利"组合而不同。我们将按顺序研究这两种类型。

a）由普楚和喇嘛主持的葬礼

死者的亲属带来了供品。家庭中的妇女或女性邻居们开始清洗尸体。这被一张白纸覆盖（tala或tal）。虽然身体还在屋内，但是普楚坐在画廊里开始举行葬礼仪式。他背诵了一段咒语来保护自己

| 第三部分　宗教

不受邪灵的伤害，然后他吟诵 si-ra-ćha-ra，来提醒死者新的状态，并大致描述了将要举行的普楚祖先也经常举行的仪式。就在那时，喇嘛进入了现场。他在房子里的死者旁边祈祷。在尸体的头部附近，他放了一条黑珠子项链，一个海螺壳，一个小铃铛，一个金刚杵，然后他读了一段咒语和其他的祈祷。在外面，一个叫塔克拉尔（tah-kral）的亲戚开始制造一个主要由八臂长的长竹竿组成的抬尸担架 a-lā。在顶部，他绑上一束花，并放上炒饭。在稍低于此的位置，如果死者是一个男人，他用材料包成一个男士头巾，如果死者是一个女人，就包成女士头巾。他还将代表死者头发的树叶固定在柱子上，并根据死者的性别，选择将箭或梭子、烟袋或钱包、称为 rhan 的衣服和刀子或用于覆盖身体下部的一块材料固定起来。最后，再往下一点，分别系上红、蓝、黑、白的丝带，在风中飘动。通常以食物的形式加入一些水果，在叶子上涂上澄清的黄油。准备好后，a-lā 垂直固定在房子的墙壁上，其顶部高于墙壁的高度。然后普楚在他的鼓上敲击不同的节奏（dum-dum-ti）。死者的一些指甲、头发，有时还有一小片舌头，被放在一个小竹筒里（rih-tu-mah-tu；rih：大竹子；mah：山里的竹子；tu 也许是一种形式的 dha，dha 被用于所有木制的和圆柱形的物品），并被祭司秘密埋葬在死者的村庄[17]。在此期间，喇嘛在房子里做了四个米糕（kaf-du；kaf：食物，熟的）献给放在死者头部附近的"四个祖先"。然后喇嘛走到走廊上，读了一长串的祈祷文。[18]

在喇嘛诵读过程中，尸体被带出了房子。它被放在担架上，双手放在身体的一侧，腿垂直弯曲，脚跟抵着臀部。

随后，亲人的队伍跟随着塔克拉尔 tah-kral，抬着 a-lā，喇嘛和两个抬着担架的人，朝着墓地走去。在莫霍里亚村，这是在村庄的

---

[17] 这个小竹筒必须秘密地烧掉，根据古隆人的说法，如果祭司正在处理这个人身体的一部分，将会对这个人产生恶劣的影响。

[18] 我这里不列举他们诵读的祈祷文的书目，我的信息提供者告诉我这些书都不一样。每一位古隆的"村喇嘛"仅仅只有几本藏语书。他们只有在拥有这些藏语书时才诵读，多数情况下也不顾及藏传佛教的正规仪式。

```
                犁梁              竹笋

                                  大竹竿
     长而坚硬的木条
```

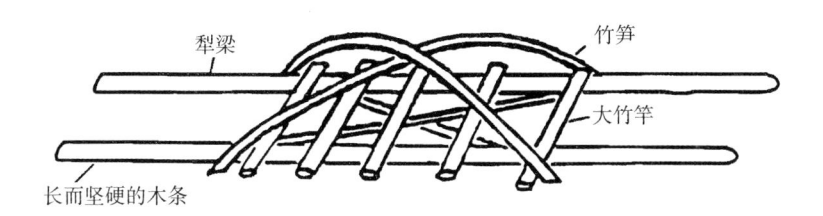

图 15-2　抬尸担架

南部，在陡峭的堆满石头的树木繁茂的地面上。成堆的石头表明墓穴散落在灌木丛中的位置。通常属于同一家族的坟墓被归为一组。尸体被赤身裸体地放进村民挖的洞里，这些村民并不总是死者家属。喇嘛读了几篇祈祷文。死者亲属投掷大米和一些硬币（用于购买土地）。

一旦尸体被泥土覆盖，担架就会留在坟墓上。然后摧毁 a-lā。从公墓返回后，喇嘛从死者的房子里追赶着可能是死者掩护下的九个邪恶灵魂（tha-ku）。他制作了九个 kaĩ-du 象征着九个邪灵，十二个 kaĩ-du 代表了十二个周期年（lho）。全家都洗了脚，然后和喇嘛一起把放在篮子里的米雕像送到村门口。在那里，他们添加了三个用来吓跑邪恶灵魂的物品（弓、拿火石的钳子和荆棘）和一只山羊角，放入角中的谷物曾经在家族成员的头上挥动。在至少九天的时间里，喇嘛每天都来哀悼院祈祷。死者的灵魂在死后三天内仍留在房子附近。第三天，普楚将死者亲属提供的食物带到墓地附近（proh so-ba）。在那一天结束的时候，灵魂开始在村庄、田野和树林中徘徊，直到葬礼的追悼仪式完成。在那之前，它可以落入恶灵手中或本身成为一种有害的灵魂。

b）由普楚和科里布利祭司主持的埋葬

在第二种类型的葬礼中，普楚祭司与前一种情况中的作用相同。科里布利祭司在死者旁边的房子里祈祷。一些食物放在死者的旁边；十个米雕像是仿造的，并被放在祭司面前的谷物供品旁边。科里布利祭司依次背诵：

第三部分 宗教

si-ra ćha-ra，其中的含义与普楚的 si-ra ćha-ra 差别不大
mahne la-ba

nah-śyõ（nah：科里布利祭司的鼓）。这个神话讲述了鼓的起源和它的力量。当神话讲述时，一只山羊被献祭，鼓才可以振动。此外，后者覆盖着山羊皮。在念完神话之后，科里布利祭司跟随着鼓的节奏吟诵。

西罗·托洛（sivlo tohrlo）。这个神话，在另一章中进行了总结，似乎给葬礼带来了一个神话般的先例。第二个历史（故事）经常被添加到第一个历史（故事）中。它讲述了"有一个名叫普莱麦（pleh-mai）的家庭（pleh：富裕的；mai：男人）非常擅长狩猎。他们有一只厉害的猎犬。当它死了，它的主人决定为它举行葬礼。科里布利祭司试图劝阻，但是主人坚称这条狗帮我们打猎，它就像我们的父母一样。因为他们拒绝听从建议，祭司就诅咒他们：诅咒你们全家灭绝！"

chaē phel-ba（chaē：恶灵；phel-ba：分离）。"灵魂被分开，从邪恶的灵魂中移除。"

cha kra-ba pleh kra-ba。"科里布利祭司要求不要把长寿和好运带走，留给他的家人。"

tōh-ba。"死者的亲戚带来食物（面包、炒饭、谷物等）。科里布利祭司对灵魂说：X，给你带来食物，拿着吃吧。"

ćōh zhō-ba（ćōh：三脚架；zhō-ba：躺着）。死者的尸体立即放在覆盖壁炉的三脚架上片刻。

huir-te-ba（huir-ba：去寻找，打电话；te-ba：投入）。死者的尸体被抬到露台上，科里布利祭司绕着它逆时针旋转了三次，一边旋转一边跳舞。鼓的敲打，然后是鼓和钹的敲打，伴随着舞蹈。

pho-dā"由于鼓声和舞蹈，邪恶的灵魂与死者分离"。科里布利祭司背诵 pho-da 四次，一次在死者的头部附近，一次在脚下，一次在左侧，一次在右侧。然后，他绕着身体转七圈，以七种不同的节奏跳

舞。然后游行队伍终于转向墓地[19]。抵达后，科里布利祭司吟诵。

sa kloh-ba（sa：地球；kloh-ha：购买）。科里布利祭司从墓地神灵主人那里购买了将要挖掘坟墓的土地。一些硬币扔在地上。之后，女婿挖掘了墓穴，然后将担架抬起来，科里布利祭司再次围绕墓穴转了三圈。祭祀停在那里，以便亲戚和女婿完成葬礼。准确而言，在墓葬中没有科里布利祭司在场。一旦回到死者家中，他就会执行 tha-sõ wa-ba 仪式，以驱逐由于死者的死亡而吸引到房里的邪灵。

2. 死者哀悼仪式[20]

从理论上讲，死者哀悼仪式必须在死后第30—49天发生。死者的灵魂一直游荡直到死者哀悼仪式进行的那一天，因为它不知道是否能到达他祖先灵魂居住的国家必须经过的路径。只有祭司才能把他带到那里，因为他们知晓道路并且知道如何与想要困住死者灵魂的邪灵搏斗。一些普楚和科里布利祭司认为，如果死者哀悼仪式没有在第49天之前发生，灵魂开始一系列轮回到动物或蔬菜的身上，再在某一天回归到人类状态而结束。我们稍后会论述这些信念带来的问题。为了确定死者哀悼仪式的日期，普楚祭司通常听从喇嘛的意见，并由喇嘛查询藏历决定。然而，习惯上认为死者哀悼仪式不能在满月的那天开始。关于确定死者哀悼仪式日期的方式，普楚和科里布利祭司的解释是比较含糊和矛盾，以至于他们似乎没有严格的制度。和埋葬仪式一样，我将继续研究由普楚—喇嘛完成的死者哀悼仪式，然后是由普楚—科里布利祭司完成的死者哀悼仪式。

a) 由普楚和喇嘛主持

有两种死者哀悼仪式：一种是"只持续一个晚上"的 khewa pae，另一种是发生在"三个晚上"的 rho pae。死者哀悼仪式可以在一天中的任何时间开始。事实上，大部分由普楚和喇嘛主持的死者哀悼仪

---

[19] 有时一块白布，有六到七臂长，固定在 a-la 上，由 zah-kral 走在村子前面，拿着两三块叉状的木头垂直地举起来。据我的消息提供者说："这块布是用死者哀悼会来清除路上会袭击死人的恶灵的。"

[20] 参考 "Au pied de l'Annapurna"，Chant du monde, LD. S. 8245.（普楚、科里布利和喇嘛祭司诵读的祈祷文的录音）。

| 第三部分　宗教

式从早上开始，一直持续到第二天的晚上，之后大家整夜跳舞和唱歌。在 khewa pae 期间，没有任何献祭。

以下是对有献祭环节的 rho pae 的描述，这是表演给死者并从早上开始。喇嘛和普楚各在一个不同的地方（两个地方相邻）主持，没有被彼此干扰。如我之前所说，我将不再谈论喇嘛仪式。不过，我将很快地描述喇嘛所做的三个案例，这将有助于我们的研究，因为它们涉及喇嘛祭司以外的人。在第一个下午，遗孀跪在象征她丈夫的画像的脚下（plah，我将在后面描述）大声哭泣，要求灵魂来吃所供奉的食物。过了一会儿，喇嘛们来到露台上，开始顺时针地绕着广场转，念着祈祷文，在那里他们要求死者的灵魂加入他们。死者的儿子带着弓箭跟在他们后面，他背上背着一个装满箭的箭袋。据我的信息提供者说，目的是威胁那些试图阻止灵魂接近的邪灵。tah-kral 运载着早上预备的"a-la"（与埋葬时制造的相同）。死者的几个女性亲属也会加入进来。

随后，游行队伍穿过村庄，朝着藏有那个装有死者指甲和头发的竹筒的地方走去，竹筒是在葬礼上剪下来的。食物和火留在路上，这样当死者来到村庄时，他的灵魂"会得到款待"，然后参加者会回到房子里。

午夜时分，喇嘛最后一次召唤灵魂。黄油灯熄灭了。将一只装一半水的碗放在 plah（已加入竹筒）的底部并用亚麻布覆盖。所有祭司和他们的助手开始用美妙的节奏和震耳欲聋的声音敲打他们的乐器。他们闭上了眼睛；他们面孔的特征减少了。这是仪式上唯一一个旁观者保持沉默和专注的时刻。在几次高潮和低谷之后，平静又回来了；灯重新点亮。一位喇嘛盖在水碗上的亚麻布，看着它。"是的！灵魂已经到来；灵魂就在那里。看看水面边缘的这一滴。灵魂已经以鸟的形式回归，它已经止渴了"，他说。

在喇嘛主持仪式的同时，普楚也开始主持他们的死者哀悼仪式，通常在一个覆盖着竹席的庇护所进行。一大早，他们就和死者的亲属和联盟亲属一起去墓地附近运送食物，就像他们在完成埋葬后第三天一样。然后，祭司们一起用两个鼓，dum-dum-ti 和 tu-ti 演奏不同的节奏，"以提醒世界的神、灵和灵魂，死者哀悼仪式正在开始"。在这

第十五章 古隆族宗教的仪式

段时间里，死者的家人按照必需的方式向普楚的祖先（3 pathi 谷物和 1 卢比）、死者的男性祖先（9 块蛋糕、keh 和一个装满米制酒的小木瓶）以及死者的女性祖先（7 把米和酒）提供祭品。普楚在进行埋葬时诵读 si-ra cha-ra。

然后，普楚祭司（plah）穿好衣服。它是由 mah 制造的。在高约 70 厘米的普楚祭司的木制框架上[21]（图 15-3），与固定在 a-la 上的物体相似的物体被放置在一个覆盖木框架的位置。普楚祭司穿的衣服与死者穿的衣服相似。最近，一些富裕的家庭使用一个放在椅子上的小石膏像作为一个死者哀悼仪式的形式。当普楚祭司制作的时候，普楚背诵题为"plahe pe"的神话，展示了很重要的一部分即它是如何生活的。在这个神话中，普楚祭司是如此完美，以至于能"说话，吃饭和走路"。

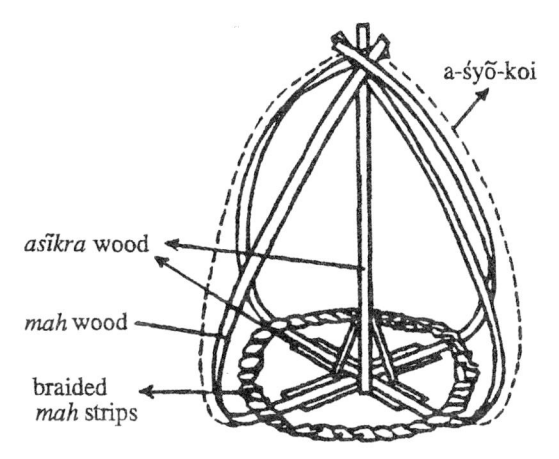

图 15-3 灵魂（plah）示意图

在这些关于普楚和科里布利祭司仪式的描述中，我们经常会碰到普楚祭司这个词是"灵魂"的意义（参见藏语，bla）。例如，我们说过，一个人的疾病是由他九个灵魂中的一个灵魂（plah-ku）的离开引起的。同一个词普楚祭司被用来描述占据活的、有形的死者的灵魂

---

[21] plah 的历史表明必须使用不同种类的木材。每种类型对应死者身体的一部分。

第三部分　宗教

的结构。当祭司找到游荡的死者的灵魂时，它就来到普楚祭司居住。为了使之更相似、更逼真，把装头发和指甲的竹筒放进普楚祭司里。在由普楚和科里布利祭司主持的死者哀悼仪式中，一只鸡被放在普楚祭司内给予它呼吸（参见藏语，srog：生命）。

普楚祭司的召唤力是相当大的。我认为我没有扭曲古隆人的想法，说普楚祭司使死者在旁观者的眼中看起来是活着的。它肯定了死者的生命。死者就在大家中间。寡妇倒在普楚祭司的脚下，忧心忡忡。她抓住了辫子，抽泣道："你为什么离开我们？……和我们在一起……不要离开！"所有观看的人都能感觉到死者的存在。死者哀悼仪式以一种戏剧性的对话形式出现在死者和祭司之间，更广泛地说，是旁观者之间。

除了被带到喇嘛面前的几秒钟之外，普楚祭司一直留在露台上，放在折叠床上，由一个竹席遮蔽。普楚在普楚祭司附近要么坐着不动，要么转身，主持主要的死者哀悼仪式。

由普楚主持的死者哀悼仪式的第二阶段这样开始：

-simru thi-ba（si：已死；thi-ba：寻找并邀请）。普楚祭司邀请灵魂来参加为它表演的死者哀悼仪式。为了帮助它回应这个邀请，普楚努力再次找到它，并从神灵的手中抓住它。在上面提到的谷物供品中，添加了三 pathi 不同的谷物、半 pathi 大米和一些油炸大米，这些都是为普楚使用的各种工具提供的，如他的鼓、他的铜钹等。

祭司吟诵到：

si-ra ćha-ra。

cho-dā。

rhí-mar-kućēh-mar-ku（mar：金；ku：九）。这个神话讲述了叫作 rhí-mar-ku ćēh-mar-ku 的篮子的由来，这个篮子是普楚用来装谷物贡品和他的一些器具的。

śyaku［kh-hun］。该历史讲述了雨棚的"起源"[113]。

me-dā。

prah-dā noh-dā。

phū-dā。这个神话讲述了 pha 或 fū 的起源。

tih-dā（tih：给恶灵的香）。这个神话讲述了 tih（i）这个为恶灵烧的香的起源。（这是一种聚集在高高的牧场上的干燥的植物）。

hyul。kor-ba（hyul：乡村；kor-ba：四处旅行；tib.，yul'khor-ba｛skor-ba｝）。普楚在寻找灵魂的同时命名村庄的所有地名。一只鸡被献祭，并提供给女神 Sar-phi-rhini，以换取其帮助恢复的灵魂。

然后，普楚一个接一个地叫死者祖先的名字，每个名字都用一片涂上谷物酒和牛奶的绿叶击打。然后他一边说："灵魂，去见你的祖先吧，他们会来找你的。"女婿收集剩下的树叶并大声喊："灵魂，愿 Krõ（他祖先灵魂所在的国家）的大门在你面前敞开。"随着这个吟诵，普楚主持的死者哀悼仪式的第一天就结束了。正如我们之前所描述的，直到喇嘛确定灵魂已经到达，死者哀悼仪式才开始，灵魂通常不会在午夜之前到来。

第二天，第三阶段开始，在这期间，普楚吟唱塞尔卡（serka）。这首歌几乎一整天都在唱。在纪念会的这一阶段，普楚"陪伴着"死者的灵魂走向克罗（Krõ）的土地。在普楚祭司之后，普楚吟诵。

pa-dū ma-dū chyā-ba（pa：父亲；ma：母亲；chyā-ba：美丽的）。讲述"美丽"鼓 dum-dum-ti 的起源，这只在葬礼上演奏（在纪念会期间，普楚不使用他的鼓ṅah）。

herga chyā-ba：讲述另一个"美丽"鼓的起源。我的信息提供者已经确认，这个鼓是 ṅah，但这是不太可能的，因为是神话 nahr-dō 讲述了 ṅah 的起源，无论如何，在纪念会期间并不使用 ṅah。我反而认为，herga chyā-ba 神话讲述了 tu-ti 的起源或者另一个已经消失的鼓或被 tu-ti 已经取代的鼓。

sel-jyõ chyā-ba：描述了"美丽"钹的起源。

me-dā。

prah-dā noh-dā。

phū-dā chyā-ba。

lem-ku（lem：聪明）。这句神话讲述了勒姆克（Lemku）如何死亡以及他们如何进行他的纪念会。

hoi-dā chyā-ba（hoi 或 hoí：鲜花）。这个神话包含一系列以同样的方式构建的短语："当花儿 X……消失，（灵魂），消失！"

rimai khagyura prahwai tenia。信息提供者不能确切地告诉我这是什么意思。神话的含义似乎如下：有按习俗的，也有不按习俗的。例如，一个儿子可能比他的父亲活的时间长，即"prahwai tenai pe"；父亲比儿子活的时间长，即"rimai khagyura pe"。同样地，对于死者的灵魂来说，有一条通向祖先之地的路，也有一条不通向祖先之地的路。"

kleh-tuh caē-tuh。除了 tuh 之外，还有人发现了 ku，这允许人们把这个标题翻译成"九个 kleh（大师）和九个 caē（恶灵）"。普楚将灵魂与几个恶灵"分离"，从而帮助它沿着通往 Krõ 的道路前进。

si-lumah-lu（si：死；mah：丢失）。这个神话可以总结如下："一切都有终点，一切都会死亡。不要充满痛苦。把属于活人的留给活人，把属于死者的带走。"

bida danā（尼泊尔语：说再见）。这个神话的意思是："死亡，你的位置不在我们中间；活着的人，离开。愿普楚的祖先护送你进入死者的领土。"

śyõ mai sa-tē-ba（sa-tē-ba：在剩下时被带走）。当离开正在进行纪念会的房子时，普楚精确地指示了他与死者灵魂"走过"的所有阶段，以到达祖先灵魂居住的乡村。然后，当达到这个阶段时，普楚指示了他在回程路上一直到死者的房子"走过"的阶段。当灵魂在为死者的土地而奔走时，在广场周围逆时针唱着颂歌的普楚，伴随着死者的女性直系亲属和女性姻亲，她们头发披散在肩上。当灵魂到达 Krõ 之门时，一支标枪被扔到 timur 的木板上，"打开死亡之地的门"。"在回程路线上"，游行队伍转向相反的方向，女人们在编织头发。哀悼结束了。一旦他们回到死者家的阳台上，那些完成行程的人就会自行摇晃起来，这样他们就不会沾染上在通往 Krõ 路上的任何东西。

当纪念会的最后一个阶段开始时，最受尊敬的普楚，以及参与仪式的祭司中最有知识的人，会主持 rhil kahe-ba 或 kah-ba（要求给予；kah-ba：设陷）。普楚问死者是否对他的亲属为他所做的一切感到满意。如果他回答"是",普楚要求他离开并忘记活人的世界,因为他已经得到了"他的份额"。在死者亲属的眼中,纪念会的这一阶段十分重要,下面是对它的描述。

普楚制作了三种雕像(kaĩ-du),我们称为Ⅰ、Ⅱ和Ⅲ,kaĩ-duⅠ的数量和与死者有亲属关系的家庭以及参加葬礼的家庭一样多。我们已经详细研究了死者不同亲属(tah,ne 和 a-śyō)的重要性。记住,制作"kaĩ-du"所必需的材料是由 a-śyō 提供的,或者在他缺席情况下是由一个 ne 的亲属提供的。所有的"kaĩ-du"都是用牛奶煮熟的饭来制作,揉捏而成。它们的形状是平行六面体,支撑点在末端,上部被分成两个连接部分。kaĩ-du Ⅱ 是圆柱形的;它被称为 kyah kaĩ-du 或 kyah rhil-km-du(kyah:路)。它象征着死者灵魂必须走的道路。两个 kaĩ-du Ⅲ 是圆锥形的。两或三根小树枝以扇形的方式插在顶端,类似于触角。这两个"kaĩ-du"代表了两只名叫"茶"(cha)和"普勒"(pleh)的鸟,分别是老鸟和好运鸟。(有时这两个"kaĩ-du"是鸟的形状)。普楚拿着一个圆形扁平的似簸的托盘,把 kaĩ-du 放在边缘,旁边放着一些发酵的谷物(用来制作谷物酒),混合着蛋黄。在一个单独的地方,他烧了一根香(tihi),香的气味是为了驱赶可能干扰仪式执行的恶魔。以"kaĩ-du"为象征的家族首领们围坐在普楚周围,普楚要求其他观众远离。他揭开了头纱(无疑是为了模仿婆罗门的祭司),然后,用一根部分覆盖着由发酵的谷物和蛋黄制成的黏性混合物的棍子,他举起一个 kaĩ-du Ⅰ,把它放在一个非常光滑的、铺满了米粉的托盘表面上。然后对死者说:"X……你接受了他的提议。你已经得到了你应得的。现在去和家族的祖先们在一起吧。"然后,他用小棍子轻轻地推小雕像的上部。如果它整齐地落在前面,并不向任何一边倾斜一点,这意味着死者对相应的家庭为他所做的事情感到满意,并且他同意"得到了你应得的"。(米粉用来标记小雕像坠落的准确位置)。如果卡尔杜 kaĩ-du 歪倒,这是死者不快乐的迹象。这对其家庭来说是个坏兆头。他们必须设法平息他的愤怒。该普楚用所有的小雕像重复相同的仪式。普楚说:"死者的灵魂,你已经得到了你应得的,不要带走在这房子里的长寿和好运",之后小雕像 Ⅲ 被送

第三部分　宗教

到并保存在死者的房子里。死者家中的女人们用手摇着一条山竹做成的工具，象征财富。她们用这个手势表示死者现在必须离开且不要带走房子的好运，因为他已经得到了属于他的份额。卡尔杜 kaī-du、谷物等被装在一个由大绿叶做成的小篮子里，扔到房子的西边，纪念会中提到的"太阳睡觉的地方"的尽头。rhil-kahe-ba 是纪念会中以最正式的方式完成的一个阶段，是在完全沉默中完成的。我看到的所有坠落的小雕像都"坠落的很好"。

图 15-4　喇嘛主持最后的哀悼仪式

第十五章　古隆族宗教的仪式

图 15 – 5　a-lã

图 15 – 6　灵魂（plah）

图 15 - 7　108 盏油灯

图 15 - 8　plah 底部放置的祭品

图 15-9　围着 plah 的亲属

图 15-10　一位妇女在整理她的头发；哀悼仪式结束

| 第三部分　宗教

第二天就要结束了。喇嘛，有时伴有普楚祭司，围绕普楚祭司顺时针旋转。他们穿着华丽的藏式长袍。其中一个戴着面具，"他的表情一定会吓走恶灵"。喇嘛们读了几篇祈祷文，最后一次与那些试图阻止死者灵魂到达死者土地的恶灵进行斗争。这时，死者的儿子，拉着弓，接连向天空射箭以"吓唬恶鬼"。然后，那些参加了纪念会的人会在死者家的东面找一个地方。喇嘛宣读了最后的祈祷文，普楚祭司的框架被粉碎并被扔到灌木丛中。a-śyõ koi 交给女婿。在这段时间里，死者的儿子已经把头发剃了。

b）由普楚和科里布利祭司主持的死者哀悼仪式

在我们刚刚看到的死者哀悼仪式中，除了在灵魂到来的时候，喇嘛和普楚祭司在主持他们的仪式都无视对方。在接下来的死者哀悼仪式中，普楚和科里布利祭司将其安排好以便遵循一个共同的一般顺序。让我们想象一下这个死者哀悼仪式从晚上开始：

（ⅰ）普楚以击鼓开始仪式，然后他说查拉 si-ra cha-ra 和普楚祭司的哀悼仪式，这个过程中同时制作后者。

（ⅱ）然后科里布利取代了普楚祭司。对普楚和科里布利祭司来说，谷物、酒精等的供品几乎是一样的，但科里布利祭司另外还制作了 18 种大米 kaĩ-du。然后他吟诵：

si-raćha-ra

ćõh-dā

tõh-dā

mahne la-ba（藏语，ma-ni，咒语）

ke-the-ba（开路）。"死者的灵魂可以在六个不同的地方。为了换取灵魂，必须向持有灵魂囚犯的邪灵供奉一只山羊的鲜血。"女婿献祭了一只山羊。

（ⅲ）普楚接着吟诵 simru thi-ba 来邀请灵魂参加哀悼仪式。（献祭了一只鸡）

（ⅳ）在短暂的休息之后，仪式在黎明继续。科里布利祭司去了村庄的泉流处，死者的灵魂必须夜间来到这里。由死者直系亲戚和姻亲提供给他的一部分贡品被烧掉，科里布利祭司回忆起捐献者的名字

(rhi-kaĩ bē-ba, kaĩ：食物；bē-ba：给予）。然后，科里布利祭司回到房子里，背诵 mahne（咒语），并请求"神灵宽恕死者在尘世生活中所犯的罪"，然后他主持 simru thi-ba。科里布利祭司主持的仪式与普楚的仪式在细节上有所不同，祭司制作了一个圆锥形的卡杜 kaĩ-du，象征着死者。他吟诵了 sirlo thorlo。

plah kū-ba 在正午的时候开始（"寻找灵魂"，kū-ba 可能来源于 khu-ba：聚集）。科里布利祭司再次"去"其他地方（特别是墓地）寻找灵魂。他吟诵了 nahr-dõ，即鼓的历史，将在接下来的几段中用到 nah，随着鼓的节奏绕着普楚祭司（plah）跳舞。然后，他第二次去村里的泉水寻找装有死者指甲和头发的竹筒（rhi theh ba，teh ba）。如果我们比较一下 rhi thē-ba 和 rhi kai bē-ba，我们会认为，在早晨，供品在泉水处被烧掉，因为那里有 rhi（装有指甲的竹管）。妇女们带来了食物，科里布利祭司围着竹管跳舞，伴随着鼓的敲击和铜钹的叮当声。然后竹管滑进了房子露台上的普楚祭司里。科里布利祭司吟诵道：

chaēphel-ba；

kihyal-to-ba（去见面）；

a-śyõ tal be-ba（bē-ba：给予）。这个神话解释说有必要提供 a-śyõ tal，以便进行哀悼仪式。随着铜钹的碰撞这一阶段结束了，科里布利祭司出去吃饭。

（Ⅴ）普楚通过表演 cih khol ba（带来）重新开始主持。这一阶段的结束证明了灵魂最终被找到并从恶灵的力量中剥离来到了这里（当普楚与喇嘛一起主持时，并不进行 cih-khol-ba，因为是由喇嘛来确定灵魂的到来。）普楚吟诵：si ra cha ra、klehpa chue-ba、me-da、chō-dā、prah-dā、noh-dā、rhi-mar-ku、cēh-mar-ku、śya-ku、tõh kor-ba、pruh-da、sar-phi-rini（或 śyõmai kra-ba），mahne la-ba、caē phel-ba。

为了确保灵魂已经到达，一个小的木制拱门被做成，根据死者的性别一只公鸡或母鸡的一只脚被悬挂在拱门上。当鸡开始扇动翅膀的时候，是因为灵魂触摸到了它，并且灵魂就在那里，且栖息着普楚祭司。

| 第三部分　宗教

（ⅵ）当科里布利祭司跟着普楚时，已经过了午夜。一个接一个吟诵着下面的内容：

tōh-ba（或 tōh kor-ba）；

纳库库尔 na-ku-kur（nakai：母鸡）。根据死者的性别，一只母鸡或公鸡，被放在 plah 的中心以便给它 so（藏语，srog：生命的呼吸）。这只鸡一直待在那里直到念诵 rhil kahe-ba；

thu-de plah。根据死者的性别，一只公羊或一只母羊，被引到露台上。"这只羊现在是你的 koh 了"，科里布利祭司对死者说。稍后我们将看到 koh 扮演的角色，至少我们将尝试描述它。

祭司们休息了几个小时。

（ⅶ）醒着的时候，科里布利祭司念诵了 rhil kahe-ba，就像普楚和喇嘛一起主持时的一样。

（ⅷ）同时，普楚开始吟唱 serka。

（ⅸ）科里布利祭司再次吟诵：cōh da、toh dā、sirlo tohrlo、cae phel-ba。

然后，他进行了"cha kra-ba pleh kra-ba"的仪式，希望让逝者给活着的人留下好运和长寿。绵羊 koh 被喂养（pae ko ba）死者亲属提供的食物。它被强迫喝一滴谷物酒。再在它的头上抹上一点芥末油或吉，然后等待它自己摇晃。摇晃的动作意味着死者离开了房子，留下了长寿和好运。根据我消息提供者的说法，koh 并不被死者的灵魂所拥有，且这个词与 ko（血、心）没有任何关系。我们稍后将看到，koh 有第二个作用，即允许灵魂通过献祭给阻拦的神灵从而到达死亡之地。koh 的主要作用是什么？我不能准确回答这个问题，因为 thu-dē 的历史到目前为止还没有被破译。我认为 koh 最重要的是"在交换中给予的东西"。为了使死者的灵魂同意将 cha 和 pleh 留给活着的人，有必要向它提供。请注意，几乎所有的古隆仪式都允许这样的交换。死者的亲属向死者提供食物。这些祭品被 koh 吸收了，因此 koh 必须自己成为献给死者的祭品。同时也是交换的媒介，因为当死者给 cha 和 pleh 时，koh 会摇晃自己。koh 再次被用作交换的媒介，被献给神灵，这样他们就不会阻止灵魂进入死亡之地。

（Ⅹ）õ-le kaí bē-ba（õ-ba：来，进入；kaí：食物；bē-ba：给予）。一只公鸡被献祭以打开 Krõ 的大门，在 Krõ，男性和女性祖先生活在 a-ji khe a-ji ma（以两个洒有公鸡血的 kaĩ-du 为代表）。

（ⅩⅠ）kyah cha-ba（Kytih：路径；cha-ba：拆分）。科里布利祭司绕着 plah 跳舞，敲着鼓，以驱走灵魂所走道路上的恶魔。羊，koh，被 moh 杀死"以打开道路"，它的鲜血被抛得远远的。

普楚劈开一块 timur 木板（barcha lih-ba）。

（ⅩⅡ）pae le-ba（le-ba：结束语）。跳舞并敲击科里布利祭司的鼓。

-pae sa-ba（sa-ba：关闭——说到伤口时）。科里布利祭司的铜锣响了。其余的 rhil kahe-ba 被抛向西方。普楚 plah 被摧毁了。

四　对普楚和科里布利祭司主持的仪式的分析

我们已经看到，由普楚和科里布利祭司主持的仪式表现出了很大的多样性。实际上，这是显而易见的。对仪式的分析将显示这一点。

1. **基本仪式**

所有的仪式都是这样开始的：供奉神和祭司的祖先。在哀悼仪式中，还有人向祖先 a-ji k 和 a-ji ma 供奉祭品，这一术语不仅包括死者的直系祖先，也包括死者的所有祖先。随后，在净化祈祷之后，祭司介绍他将在仪式中使用的不同辅助工具，以回忆（背诵一个神话般的先例）每个单独咒语的力量和用法（例如，nahr-do，ṅah 鼓的历史）。

2. **搜捕仪式**

在旨在治愈病人的仪式中，祭司去寻找离开病人身体并导致疾病的灵魂。灵魂是恶灵的囚徒。在哀悼仪式中，祭司去寻找死者的灵魂，这个死者从死亡之日起就一直在徘徊，并且在邪灵的手中。当普楚或科里布利祭司试图恢复长寿和财富，或使财富和好运的神灵到来时，情况也是一样的。

搜索的目的是恢复或带回一个灵魂或一个神灵。然而，有必要加以区分。当病人的灵魂丢失时，祭司不要求灵魂返回，而是寻找它，抓住它（kra-ba），把它带回来，使它重新融入它所属的身体。在这种情况下，祭司的行动在某种程度上是强制性的。但是，当他寻找一个神灵来帮助人时，一个 kleh（大师）或死者的灵魂（在哀悼仪式期间），他邀请它来（thi-ba；虽然这个词在现代古隆中并没有使用，但它似乎意味着"邀请"）。被邀请的死者灵魂是非常重要的。即使死者尚未重新回到死亡之地，即祖先的土地，他已经被同化为后者了。一个邀请他，一个向他献祭食物。他具有死人的地位，对于古隆来说，死人或祖先和神或 kleh（大师）之间的区别似乎不是很清楚。

在搜寻过程中，祭司会外出游历（如 toh kor-ba）。但是这个旅程，伴随着神话的吟诵，不太符合一种恍惚的状态。我们会在谈到文学的影响时回到这个主题，藏语似乎给祭司的旅程带来了我们现在所看到的特征。

搜寻通常伴随着献祭仪式。一个人把这些祭品献给死人的灵魂，或是献给对人有利的 kleh，以使他们能够恢复病人的灵魂。这些供品的性质各不相同，根据主持仪式的祭司是普楚或科里布利祭司而有所不同。科里布利祭司的供品通常是谷物和动物血液。普楚的供品是谷物，或者是动物血液和谷物混合。当普楚只邀请一个主人，一个神，一个帮助人的灵魂，一个长寿和财富的灵魂时，他只提供谷物。相反，如果他要求圣灵 Sar-phi-rini 恢复一个被恶灵控制的病人的灵魂，祭司就会献出祭血以换取灵魂。

3. 搜寻主题到达时的仪式

在第一种情况下，病人的灵魂到达，或者更确切地说，病人的灵魂返回，或者长寿和幸福的灵魂返回，通过在病人的脖子上系一根线（rupa；ru，线）来象征。在第二种情况下，系在家人的头上。在三个仪式中，哀悼仪式（由科里布利祭司主持），mose ho-ba-i teh（由普楚主持）和 plah-w（a）i teh（由科里布利祭司执行），灵魂的到来伴随着一个特殊的仪式，通过悬挂一只鸡（或公鸡）的脚，旨在验证灵魂是否到来。当祭司看到那只鸡在拍打翅膀后，就能够确定灵魂的位置。很自然地，我们会发现这种仪式在哀悼仪式和 mōse ho-ba-itēh 中出现。在祭司眼里，这两个仪式对于他们的声誉来说至关重要。我们已经强调哀悼仪式的适用情况，而 mōse ho-ba-itēh 则适用于更严重的情况。如果祭司之前的仪式没有效果，恶灵依旧疯狂地伤害别人的家庭，祭司就会使用 mōse ho-ba-itēh 这个仪式。在仪式期间，祭司会去攻击所有恶灵，除非他确信他控制住了所有的恶灵，并确保病人的灵魂得以恢复，他才会停止仪式。

4. 驱逐仪式

囚禁病人的灵魂、摧毁牲畜、还带来坏运气（gra）的恶灵（mōh、caē 等）最终会被驱逐出村庄。让我们看看这整个驱逐的流程。首先，祭司会控制住不幸的灵魂。在 mōse ho-ba-i 仪式中，一旦挂住脚的鸡脱离而出，普楚就能确信他们已经控制住了恶灵。因为鸡只有在"感受到恶灵"时才会拍打翅膀。但是为了最终使邪恶或不幸离开房子和村庄，就有必要给它"贡品"。就要牺牲公鸡或鸡肉，并提供谷物给它们。让我们回顾一下献祭粮食的过程。祭司会在生病的男人或女人的头部周围摇晃一些谷物九（七）次。这里似乎有必要对这种仪式进行解释："生病的男人（九代表男性）或女人（七代表女性）会被要求供奉自己的食物给邪灵。"科里布利祭司所进行的 li wa-ba 仪式似乎证实了这种解释：将谷物放入病人口中，经过九次或七次摇动后再取出，然后说："我已经给了你我自己的食物。"

然后，人们会把象征不幸的神灵的雕像或代表厄运的木架子（上面覆盖着谷物和鲜血）抬到村子的出口。在某些情况下，会在这里进行献祭，被杀动物的血也会洒在这条道路上。在驱逐的这个阶段，他们会多次重复"滚出去！"这句话。同时，为了驱除厄运，他们还会准备四支燃烧着的箭。

5. 仪式的类型

我们将简要描述普楚和科里布利祭司使用的主要仪式，但它们并不是全是由这些主要仪式组成。我们必须试着区分不同种类的仪式，它们根据所举行的仪式而有所不同。此外，这使我们注意到仪式中的某些矛盾。我们将把初步仪式放在一边，因为这是所有仪式的共同

第三部分 宗教

之处。

a）在提供祭品、要求保护（chue-ba）和邀请（thi-ba）时举行仪式

lachue-ba（科里布利祭司）[22]，chop chue-ba（普楚/科里布利祭司），tōh thi-ba（科里布利祭司），lu thi-ba（科里布利祭司），caẽ thi-ba（普楚祭司），yõ khu-ba（普楚）。

在所有这些仪式中，均由一个人向神灵，甚至恶灵提供祭品和寻求保护，但寻求的方式会由于普楚/科里布利祭司是否主持，并根据它的性质而不同。这些仪式在很大程度上受到藏传佛教的影响。[23]

lachue-ba 这个名字表明西藏人对科里布利祭司宗教的影响：la 在藏语中的意思是"神"（lha）。这个词从未在古隆使用过，在某种程度上，它在古隆语中的对应词是主人（kleh）。普楚的仪式与 la chue-ba 仪式没有任何相似之处，但是像科里布利祭司的仪式，包括 chop chu-ba，也都受西藏的影响。两个 chop chue-ba 仪式的不同之处在于，普楚的仪式中没有血祭。只有在捕获或驱逐的仪式中会牺牲一只动物。相比之下，科里布利祭司在 la chue-ba、chop chue-ba（以及在捕获和驱逐的仪式期间）等仪式中均存在血祭的环节。

tōh thi-ba 的内容与我们提到的仪式不同，在某种意义上没有明显地受到藏传佛教影响。祭司借助 tōh thi-ba 向树林之主寻求保护，以便增加牛群。这里没有使用 chue-ba 这个词（cuh 或 chuh 是向众神和祖先提供粮食）但是使用了"邀请"这个词。人们通过寻找、献祭公鸡来获得神的帮助。

lu thi-ba（科里布利祭司）和 caẽ thi-ba（普楚）的仪式具有复杂的特征。两者都是向蛇、纳迦（属于印度和西藏宗教的神）致敬。根据我的信息提供者说，lu 具有蛇的意思。当一个人患有肿胀（蛇咬伤导致肿胀）时，就会开展 lu thi-ba 的治疗。许多有价值的用蛇制成

---

[22] 由科里布利祭司主持的仪式。

[23] 我建议在另一项工作中，可以详细研究藏传佛教中在普楚祭司和科里布利祭司的祈祷中提到的词语。

第十五章　古隆族宗教的仪式

的祭品会和代表蛇的小雕像一起被关在一个装有水的罐子里。

邀请仪式与驱逐仪式在逻辑上是不同的，但事实上这里没有矛盾，因为从古隆族的角度来看，蛇既是一种可以咬人的动物，也是土地的保护神。与 lu thi-ba 相当的普楚仪式是 caẽ thi-ba。祭司请求蛇王和蛇后以及 caẽ 之父，让土壤肥沃，并提供良好作物。人们用谷物作为祭品。仪式的名称是 caẽ thi-ba；但是 caẽ 是一种精灵，在普楚的所有历史中，它都是不幸的，会被祭司驱逐。因此这里存在一个矛盾。

在我们正在研究的仪式中，也包括了 yō khu-ba（普楚），在此期间，长寿、财富、cha 和 pleh 会被恢复。这个仪式非常类似于 chop chue-ba tēh（普楚）。但相反，在那里，cha 和 pleh 被当作必须捕获的病人或死者的灵魂对待，但这种仪式并不伴随着血祭。

b）俘房仪式（kra-ba）和驱逐仪式（wa-ba）

这些仪式数不胜数，而且经常举行；不过总体而言，他们似乎没有受到藏传佛教的显著影响。

首先，我们将研究这些仪式，其中主要的仪式是俘获灵魂和驱逐囚禁灵魂的恶灵，然后是那些主要的驱逐仪式。

在第一类仪式中，所有为了获得病人治愈而有必要进行的治疗：mõse ho-ba（普楚），tuhr（普楚），ghaesar（普楚），Ii wa-ba（普楚，科里布利祭司），cha-gu（普楚）。值得提出的是，这些主要是由普楚完成的。在仪式中，两个主要的捕获仪式（术语"捕获"，包括灵魂的搜索、发现和返回）和驱逐仪式之间的联系构成了一个重要问题。

我们可以区分它们并将它们进行逻辑分组吗？为了回答这个问题，我们将主要研究并描述最完整的 mõse ho-ba 仪式。三个仪式表明了对离开病人身体的灵魂的探索，发现和回归：为有助于恢复灵魂向 Sar-phi-rini 献祭了一只鸡，对灵魂的验证则根据鸡（公鸡）是否拍打它的翅膀确定，并且还包括在病人的脖子上系一条线。在恶灵释放灵魂的时候，就表示它已经屈服于主祭司。通过放弃后者（灵魂），它在祭司的权力面前表现出了无能。灵魂的解放和邪灵的服从是同时发

| 第三部分　宗教

生的。mõse ho-ba 中的破蛋仪式允许验证提交。驱逐阶段也是从那时开始的。病人提供自己的食物，进行血祭。这里需要注意的是，很难区分血液是供给 Sar-phi-rini 还是给了恶灵，因为只有一只动物被杀死。而且从来都没有一个雕像代表 Sar-phi-rini，另外只有恶灵中的 kaĩ-du 才能获得血滴。驱逐仪式结束时，人们会将村口的小雕像丢弃。

总而言之，灵魂的捕获和回归与恶灵的臣服和驱逐有着明显的区别，捕获在逻辑上伴随着臣服。

cha-gu 仪式中表现出了一定的混乱：长寿，cha，离开家庭，一个人生病。cha 的回归意味着他能恢复健康。但是，人们不仅见证了 cha 被捕的仪式，而且还有 cha 被驱逐的仪式，两个代表 cha 和 pleh 的小雕像被带到了十字路口。在这个驱逐仪式中，cha 的小雕像，从表面上看，容易与那个囚禁灵魂的恶灵相混淆。

在完成与捕获有关仪式的研究之前，有必要提及科里布利祭司执行的 plah w（a）i 和 kimro 的仪式。这两个仪式仅仅包含捕获仪式而不是驱逐仪式。在第一种情况下，灵魂的回归是由九位神和十字路口的主人（kleh）的介入完成的。

现在让我们研究一下主要以驱逐仪式（wa-ba）为特征的仪式：tha-sõ wa-ba（科里布利祭司），so-pla wa-ba（科里布利祭司），gra wa-ba（普楚）。在这三种仪式中，祭司努力驱逐那些扰乱家庭安宁的倒霉鬼或坏运气（gra），这会破坏家庭的安宁。在 tha-sõ wa-ba 中，三个恶灵（tha）先是会被捕获，然后再被驱逐。我的普楚信息提供者经常告诉我，驱逐九长老是婆罗门祭司的职责（尼泊尔语，graha），这九个坏运气，每个都对应一个行星。事实上，婆罗门在某些古隆房屋中开展了驱逐坏运气的仪式。然而，普楚表演的 gra wa-ba 中的仪式是一个由印度教，藏族和古隆信仰混合而成的仪式。

此外，在我们看到的所有仪式中，有必要提到一种融合了普楚和科里布利祭司所有仪式类型的仪式：哀悼仪式（pae）。哀悼仪式包括两个主要的仪式：捕获仪式和最重要的驱逐仪式。（请记住，仪式包括埋葬，mih wa-bae keh 和哀悼仪式。）但这两个仪式

第十五章　古隆族宗教的仪式

都有特定的形式。Simru thi-ba 是一种捕获仪式，正如我们已经说过的那样，它包含了邀请（thi-ba），因为死者灵魂在某种程度上不同于活人的灵魂。驱逐仪式与捕获仪式具有相同的主题：死者的灵魂。这种驱逐仪式并没有采取我们上面描述的野蛮直接的形式。祭司会分阶段进行。他会向死者解释他不能再和活人生活在一起了，并试图说服他，然后告诉他前往他无法回头的死者之地。最后，他会和他一起走到那个国家的大门口［114］。

第十六章　普楚祭司与科里布利祭司的宗教观念

一　世界和诸神

1. 创造

两个普楚祭司——阿帕·卡哈拉布·克莱（apa kahrab kleh）和乐蒙·库（lem-ku）的神话中均描述了世界的产生。查·理·派马（Cha-li-paima）创造了大地，穆·里·派马（Mu-li-paima）创造了天空（Cha-li-paima：大地的父亲和母亲；Cha-li-paima：天空的父亲和母亲）。"创造"的动词是 ke-ba，它的意思是"无中生有"，而古隆语中还有一个动词 cuo-ba，意思是"创造"，主要指"完成和实现创造"。我认为有必要看看"创造"和"制造"这两个词之间的区别。[①]

大地和天空被创造出来之后，它们逐渐稳定下来，需要放置、固定一段时间。用来表达这个想法的动词是 chyo-ba，现在意味着"阻止一个物体或一个人滚下斜坡"。Tihrjyõ（或 Tuhrjyõ）创造了大地，而 Kohrlomerlo 创造了天空。东部由 Bhadra-khae-ba 建立，南部被 Mahiri-khae-ba（或 Mahi-khae-ba）建立，西部由 Rhalbu-khae-ba 建立，北部由 Kumjo-khae-b（或 Kinjo-khae-ba）和 Wainabamaje 建立。世界中心由 Cyaki-luh-bai-phaile-guru-rhimarche 建立。然后，用蔓生植物

---

① 关于埃文斯·普里查德（Evans-Pritchard）所描述的区别，可以参考"*cak*（*chak*）是依据思考或想象从无到有的创造，而 *tath*（*thath*）是指从存在的其他事物中做出某些新的东西"（*Nuer Religion*, p. 5）。

第十六章　普楚祭司与科里布利祭司的宗教观念

(du-ba)"缝合"大地，用云彩"缝合"天空。《创世记》最后指出了人和主要动物是在哪里被创造出来的。

人类诞生于 kẽhne-kya-po-khaga-sũi-hyule（kya-po，十字路口；khaga 也拼写为 kharga），一个可以和 Kah-rag 相比较的地名，在一个古老的西藏神话中，这个名字是指在西藏第一任国王 Pu-gyel[②] 之前就存在的恶魔之地（sõ or sẽ，地方；i，属格词；hyula，国家）。在同一个地方，a-pa-kahra-kleh 被创造出来（a-pa：父亲；kahrab 也拼写为 kahrabraĩ；kleh：主人）。

在西罗·托洛（sirlo tohrlo）的诗歌中，科里布利祭司给出了另一个版本的世界创造史。不幸的是，可能无法给出一个确切的解释，因为它是由一种古老的古隆语描述的，这使得我几乎无法理解。然而，有趣的是，我的主要信息提供者——一个科里布利祭司总结道："科里布利祭司创造了天空、地球、太阳、月亮和星星。有一天，克莱卡里（Kleh-karuri）抛弃了他生活在天空和大地中间的儿子。他抛下九根竹竿和九根梯子，形成了九扇大门，将他儿子和大地隔开。只留下一个断了腿的守卫——瑟雷洛德（Thurelode），然后就离开了地球。"

这两个故事表达了共同的理念：天空和地球由一根位于世界中心的杆子连接在一起。对于普楚来说，万巴涅（Wainabarnaje）占据了世界的中心。它是撑住天穹的杆子。在西罗·托洛的诗歌中，我们也看到这个连接出现在了大地和天空之间，即克莱卡里为了分隔他儿子在天地之间设下的九级台阶和九个梯子。虽然科里布利祭司的神话比普楚的神话流传更为广泛，但是现在普楚所表达的信仰却依旧可以展示出两个神话在天极合一、地极合一方面的相似性。此外，在几个世纪中，在藏传佛教的影响下，原有的普楚版本已经发生了改变。上师（Guru-rhimarche）并不是古隆的名字［115］。它可能是上师（藏传佛教神）的一种形式。关于巴德拉（Bhadra）的话题也可以进行同样的讨论。此外，我们将看到，普楚所引用的四神基本论也并不是直接

---

② Snellgrove, *op. cit.*, p. 129.

从藏传佛教中借用而来的［116］。

相比之下，科里布利祭司的版本没有表现出这样的借用和讲述，所以看起来，这种信仰更为古老，因为这是在佛教之前的西藏神话中发现的信仰。在西罗·托洛的诗歌中，克莱卡里从天而降，是为了把大地夷为平地。让我们回忆一下，在一个我们已经引用过的古隆传说中，第一位古隆王名叫卡若·可莱（Karu-kleh）。尽管出现了倒装（在古隆语中很常见，但它并没有改变这个意思），但似乎克莱卡里和卡若·可莱（也许还有 Karabrai-kleh）可能是同一个人，即第一位神王。但是，根据佛教前的藏族信仰，据说西藏的第一位国王聂日赞普（gña-khri-btsano-po）是通过一根绳子从空中落下[③]（Mu rope；mu，天空）。我倾向于认为古隆族的科里布利祭司神话与佛教传入前的西藏神话有着密切的联系，这并不奇怪，因为根据传统说法，古隆族来自北方。

参与创造的神灵被称为拉（la）或克莱（kleh）。我们已经表明拉（*la*）是藏语，意思是神（lha）。相反，单词克莱在古隆语中的意思是主人、领主或所有者。如果我们再一起考虑普楚和科里布利祭司万神殿中神灵的名字，我们可以发现似乎那些从藏传佛教借来的神的名字后面都跟着拉（la）这个词，然而我们发现古代古隆信仰的神的名字后面也都有克莱这个词。因此，我们认为上师（Guru-rhimarche-la）与树林之神（Toh-kleh）是相对的。虽然研究普楚和科里布利祭司宗教的历史不是我们的主要目的，但是已经有一些观察结果表明古隆和藏传佛教信仰之间存在着紧密的联系。因此，可以说，印度教与普楚和科里布利祭司的宗教之间没有任何共同点，但是佛教信仰（主要是来自西藏的佛教）似乎在很大程度上影响了这两个古隆族的宗教。

2. 世界

普楚和科里布利祭司以同样的方式构想世界。但是，有必要指出

[③] R. Stein, "Leao-Tche"（*T'oung-Pao*, 35, 1940, pp. 1–154），p. 68, n. 1; Snellgrove, *op. cit.*, p. 127.

第十六章　普楚祭司与科里布利祭司的宗教观念

的是，在这一点上，传说中的描述并不是很精确，并且就消息提供者的解释来看，有相互矛盾之处。大地平坦而圆润。四个地理方向均由同一位神控制。在世界中心，竖立着一根世界支柱，由支撑苍穹并将大地和天空联合起来的万巴涅代表。这一秩序是在极短时间内完成的，它们将超自然世界垂直地划分开来。

月亮　　　或者月亮和太阳
太阳　　　天空
天空　　　地球
地球　　　Si 和 Krõ
Krõ
Si

根据我的信息提供者所说，大地下面（sa）还存在着 krõ 和 Si，它们是两个不同的层次。Si 显然是"死者之地"（si-ba：死亡）。尽管在普楚的传说中，Krõ 经常被引用（与 Cõ 一起），但由于许多相互矛盾的说法，它的地位和意义并不明显。在 pe 中描述的大多数事件发生在 Krõ-e nasa（krõ 村）或 Cõ-e nasa（Cõ 村）。Krõ 和 Cõ 被一扇门隔开，一个人的灵魂必须穿过这扇门才能进入死者的灵魂世界。Krõ 显示为"失落的天堂"，第一批普楚便生活在那里，他们在那里创造工具，但那里不存在恶灵。相反，恶灵在 Cõ 诞生，并扰乱了人类的和平。Cõ 的人们向 Krõ 的普楚求助，希望他们能来帮助他们，帮助他们摆脱厄运。Cõ 是一个位于地球上的村庄，那里的恶灵困扰着人类的和平。但是拥有"渊博知识"的 Krõ 的普楚会来到这里"控制"那些恶灵。总之，Krõ 是祖先躲避不幸的土地。Krõ 与现实世界隔着一扇门以及我们稍后将研究其他。我们必须降到那里才可以继续研究。Krõ 和 Si 有什么区别？两者都位于地下。死者的灵魂并不住在 Krõ，但他们会经过它，到一个他们该待着的小世界。这个世界和 Si 并不是相同的，但如果人们接受 Si 是死者的土地，那么可以假设它们是一样的。因为我们可以认为死者有两个世界，比如地狱和天

— 355 —

第三部分　宗教

堂［117］。属于不同宗教的不同元素可以加入普楚的原始信仰中，而没有任何逻辑基础。关于万巴涅和上师的性质和重要性的疑惑足以证明这一点。万巴涅是世界的支柱，它所表达的信仰很可能早于藏传佛教的上师。当普楚经历了这种佛教影响时，这两个神灵在竞争中被发现而没有一个确切的角色。创世的神话表明上师取代了万巴涅，但其他神话倾向于反驳这一点。［118］

在大地上空是天空（mu）、太阳和月亮④。天空包括了人类头顶上所有的大气层。人的气味，在他死后，会在天空中消失。虽然太阳和月亮是独立的，但是消息提供者们并不是一致认为它们都在天空之上。在这一点上，神话并不一致。

3. 众神

普楚认为的万神殿的主神（la）数量是十个。他们经常在神话的开头被一起列举出。

    *Tuhrjyō*⑤ ［*or Tihrjyō*：墓地之主（Cf. pp. 353, 389.）］
    Hoigar
    Kimjyō
    Keda
    Khorlo-merlo：天空之神（藏语，'khor-lo，cakra"脉轮"）
    Syar-tohrje-samba ［*Sya-tohrje-saība*］：东方之神
    Lo-rhini-cyoni ［*Lõ-rhinje c-hhondu*］：南方之神
    Nuh-nawa-thajyō-tuhba：西方之神
    Cyō-thajyō-tuhba：北方之神
    Wainabarnaje ［*Wuin Nõba K-hhyala*］：世界中心，或者

---

④ 我们已经表明，普楚和科里布利祭司用 la 表示"太阳"而用 nih 表示"月亮"，而在藏语中，ni 表示"太阳"而 zla 表示"月亮"。

⑤ Tuhrjyō-kleh 与 Tuhrjyō-ba 同义。

— 356 —

第十六章　普楚祭司与科里布利祭司的宗教观念

*Guru-rhimarche*⑥

没有什么能够证实其中一个神凌驾于其他神之上。然而，据某些信息提供者和其他人称，万巴涅和上师是众神之主。

在普楚的诸神仪式中，他们如何将众神与其他灵魂区别开来呢？在所有宗教仪式开始时，祭司会向十位主要的神供奉米粒（通常是油炸的），并祈求他们的帮助和保护。

在几个仪式之间，如 yō khu-ba，普楚会堆起十个锥形米堆，并将它们排成一行。这些米堆象征着十个神灵。万巴涅（或上师）的米堆比其他人的更大。这些锥体（kaĩ-du）让人想起佛教喇嘛向众神提供的那些。科里布利祭司也会模仿堆积这些锥体，但我的信息提供者无法告诉我这些被供奉的众神的名字。

这些神没有特定的形式，只有万巴涅和主要基点的四个神在宇宙中占据一个明确的位置。虽然其他神灵和灵魂具有明确的角色和具体的表现，但对于主神来说却是不一样的。古隆的外行人无法感受到他们的存在，他们不知道他们的名字，也不向他们祈祷。相比之下，他们经常谈论像 Sildo-naldo 和 "森林之王" 这样的神，因为他们通过使地球肥沃并增加畜牧群而在人们的生活中占有一席之地。

二　精神

尽管主要的神只在人类的生活中以非常模糊和遥远的方式参与，同时保证了世界的"平衡"，但是大量的灵魂与人类生活在一起，并且与他们不断接触，一些灵魂扰乱人类的和平，而另一些会帮助人们恢复和平。

世界上有三种灵：不是由人类化成的并会伤害人类的灵，由人类

---

⑥ 可以将某些前述名称与藏文名称进行比较：*tchrje samba* 和 *Rdo rje sems-dpa'*（pron. *dorje semba*），*rhini cyoni* 和 *Rin-chen'byun-gnas*（pron. *rin-chen-chun-ba*），*guru-rimarche* 和 *Guru rin-po-che*。

| 第三部分　宗教

化成的并会帮助人类的灵，由人类化成的并会伤害人类的灵。世上有许多非人类所生的倒霉鬼。在普楚的神话中，他们谈论 *caē*、*tha* 和 *rhĩ*。"普楚针对 *caē* 的斗争，科里布利祭司针对 *tha* 的斗争，以及喇嘛针对 *tha* 和 *rhĩ* 的斗争。"我无法得到准确的信息来区分所有这些不幸的幽灵，也无法确定他们的数量。科里布利祭司谈到了 *tha-sõ*，（三个 *tha*），喇嘛和普楚的 *tha-ku*，（九个 *tha*）。我们也可以找到 *rhĩ-ku*，*caē-ku*（九个 *rhĩ* 和九个 *caē*）这些类似的表达，我们稍后会看到，很多名字后面都跟着数字"九"，但是没有任何对应的现实。

让我们看看女巫（*pum*⑦ 或 *pum-syo*）这个词。我所收集到的关于这个问题的资料非常不精确。他们不是人，即使他们可能是人形。古隆人说，在这样或那样一个村庄里，有或者曾经有过一个女巫。有时候在夜间可见的 " 'Willo' the wisps" 是女巫指甲喷出的火焰引起的。在普楚的神话中，并没有进一步提到的七个女巫的相关细节，除了在神话中讲述了 Kayo-rhini（*kayo*：right）有两个孩子，Pumi-soploikhe-soplaime 从右鼻孔出生，Pumi-prahwetewai 从它的左鼻孔出生，并开始像 Daure 精神那样伤害人类。似乎女巫必须被归类为 *caē*、*tha* 和 *rhĩ* 中。[附录 F]

普楚相信有两种神灵，在某些条件下，这两种神灵能帮助人们消除恶灵的邪恶行为。其中一个是 Puhdũ-kahrdam，其神话可能受到藏传佛教传统的影响。

Lar-phi-rhini 与太阳结合（*la*：太阳；*rhini*：女性）在某天生下了一个贪婪的巨人 Puhdũ-kahrdam，他的贪婪破坏了这个国家，上师，也就是 Lar-phi-rhini 的叔叔或母舅通过一个计谋使巨人陷入困境，并使他承诺做对人类有益的事情，并将他的食欲降低到合理的极限。Puhdũ-kahrdam 有能力给人类带来物质上的舒适和财富，但严格来说，他对个人却没有任何影响力。如果这人的灵魂处于危险之中，Lar-phi-rhini 的儿子就无能为力了。这种灵像上帝一样受到尊敬，人们用

---

⑦　海门道夫认为夏尔巴人信仰 pem 或者巫婆（"Prebuddhist Elements in Sherpa Belief and Ritual"，*Man*，No. 61，p. 50）。

第十六章 普楚祭司与科里布利祭司的宗教观念

大米和谷物酒作为祭品，但他并没有被放在和十位主神相同的水平上；chop chue-bat tēh 是献给他的唯一仪式。

相比之下，Sar-phi-rhini 有助于对抗攻击人类灵魂的恶灵。请注意两个女性名字 Lar-phi-rhini 和 Sar-phi-rhini 之间的相似性，一个与太阳和物质财富相关，另一个与地球和人类灵魂的幸福相关。Sar-phi-rhini 这个角色的起源尚不清楚。关于她出生的事也一无所知。只知道她是 Waj-krōh 的妻子（krō：现代古隆村的首领）。有一天，她的丈夫注意到她吃了食物和饮料的"口味"。他要了个花招，成功地把她推到一条小溪里，但是 Sar-phi-rhini 并没有死，而是开始在人们中间传播疾病。普楚的祖先 Tōh-grē-pucu 遇见了她并与她达成协议："Sar-phi-rhini 将帮助人们从恶灵（亡灵）那里夺回被囚禁的灵魂，条件是用鸡血找她换取灵魂。"Sar-phi-rhini 不是一个死人的灵（没有任何东西表明她是由人所生的，或者是已死的人的），而是生活在一个伤害人类灵魂的亡灵的世界里。她是"mōhe kleh"（mōh：亡灵；kleh：主人），游荡的亡灵的女主人。有时，在谈话中，人们使用女巫这个词来表示 Sar-phi-rhini。

我把十主神和 Sar-phi-rhini 以及 Lar-phi-rhini 之子这两种神灵区分开来，因为普楚制造了一个神灵，但所有这些超自然生物都有一个共同的特征，他们或近或远地关注着人类的幸福。如果一个人知道如何祈祷或向他们供奉，他就能得到他们的保护和帮助。而 caẽ、tha、rhĩ 和 mōh 则完全不同。他们把时间花在伤害人类上，只有在先前研究过的神灵的帮助下，才能反抗他们的行为。

亡灵在普楚的神话中占有重要地位，是普楚和普通古隆人最能理解的超自然生物。特别是在晚上，村民们觉得自己被亡灵所包围，因为黑暗有利于亡灵活动。村庄的偏远地区、树林和墓地是他们喜欢且经常去的地方。虽然古隆只是模糊地知道主神的存在，但他清楚地知道与亡灵有关的一切细节，以及它们可能造成的危险。普楚的神话中给出了许多关于亡灵生活的描述。以下是被称为 mōh 的主要亡灵的列表。

一个被山脉"吃掉"产生的亡灵。例如，Rĩ-ce 不小心从山上掉下来。故意从山上摔下来自杀的 Myõ-ce。Rĩ-ce 和 Myõ-ce（或其他姐妹）生活在近亲通婚状态。

一个被山体滑坡"吃掉"产生的亡灵。例如：Umerhõ 被他的妻子诅咒，因为他总是与他的羊群一起生活，不愿意回到她身边。

一个被水"吃掉"产生的亡灵。例如：一名男子在被骗后溺水身亡。

一个被火焰"吃掉"产生的亡灵。

一个被木头杀死产生的亡灵。例如：Pa-che-rhõ 从一棵树上吊死，与他的女儿团聚，他的女儿变成了一只生活在树上的鸟。Pa-che-rhõ 的母亲骗了人，死在树洞里。

一个被豹子（或老虎）"吃掉"产生的亡灵。例如：Thul-phe-rhi-ni 在猎食失去父亲的儿子时，她被一只豹子吃掉了。

一个被熊"吃掉"产生的亡灵。

一个被毒药毒死产生的亡灵。例如：Thul-phe-rhõ 不小心喝了毒药而死。

一个被刀刺伤产生的亡灵。例如：Lem-ta 被他欺骗的男人杀死。

一个女人在分娩时死去产生的亡灵。

来自一个 ne kin 的家庭的亡灵。

Daure 由于试图杀死他的父亲 A-pa-kahrab-kleh 而变成了一个亡灵。

Ghaesar-phi，A-pa-kahrab-kleh 的儿子或女儿，被父亲的第二任妻子施放的咒语杀死。

从上文中，人们可以得出结论，亡灵是在偶然或特殊情况下死亡的人产生的灵。一般来说，人类不是死于土、水、火、木头或铁这五种元素之一，就是被野兽吃掉。成为亡灵的人可以是男性也可以是女性。

观察死前的情况也很有趣：兄弟姐妹生活在乱伦状态，或男人更喜欢他的羊群而不是他的妻子，或一个男人欺骗另一个人，或一个男人试图杀死他的父亲。总之，暴力或意外死亡之前的行为受到社会的谴责，因为这些行为违反了社会的法律和传统。

第十六章 普楚祭司与科里布利祭司的宗教观念

然而，情况并不总是这样。有可能死亡之前并没有受到社会谴责。不过，死亡通常是以离奇的方式：一个寡妇狩猎（普通妇女一般不狩猎）养活饥饿的孩子，父亲希望与女儿团聚，但女儿已经变成了一只鸟，因为她再也无法忍受她的继母恨她、虐待她。因此，事件链可以用以下一般形式表示：

——特殊情况随后是暴力死亡，导致出现了新的亡灵。

亡灵的数量是无法计算的，也不是固定的。人们普遍认为每天都有新事物产生。亡灵在人类中以无形状态存在，但并不拥有他们。然而，我们看到在举行旨在消除妇女不育的仪式时指出，这种仪式可能导致人们认为这是一种占有权。这种情况很特殊，这里没有任何迹象表明它与亡灵有任何关系。在古隆人的心目中亡灵虽然看不见，却具有人类的所有特征：它可以吃东西，可以说话。亡灵不会消失。只有它活动带来不幸时，才可以被抵消。这个活动是专门的。有吃人的亡灵，吃财富的亡灵，吃山羊和绵羊的亡灵，吃马的亡灵，等等。

当一个人问古隆为什么亡灵总是害人时，他经常回答说："它这样是很正常的，因为亡灵是一个死去的人的流浪灵魂，一个无法前往死亡之地的灵魂。"

毫无疑问，暴死被认为是一种不幸，一种不好的迹象和一种特殊的情况。我们还强调，在神话中，许多死亡之前都有在社会上所受谴责或不寻常的行为。在这种死亡之前和之后的情况被认为是不幸福的。一个游荡的灵魂是一个不快乐的灵魂。在 Lemku 的神话中，描述了一个徘徊的灵魂的悲惨情境，它永远无法达到死亡之地。有些人声称，他们在夜里听到这些灵魂的哀鸣，并补充说："某些流浪的灵魂试图吸引活着的灵魂，因为他们不快乐，孤独，被遗弃。至于其他人，因为他们生前就是那些带来不幸的人，依然会在死后继续伤害人。"

如果我们看了亡灵的各种特征，那么很容易提出疑问：亡灵是不是一个没有得到祝福的死人的灵魂？我认为这个定义不能表达古隆对亡灵的理解。在 Lemku 的神话中，它讲述了一个没有庆祝过哀悼仪式的灵魂，但它并没有将它与亡灵相提并论。相反，似乎亡灵可能是死

第三部分　宗教

者的灵魂，由于死亡伴随着的环境，他们无法进入死亡之地，只能停留在生者之间徘徊。

三　灵魂

让我们简单回顾一下，灵魂被称为 plah，一个人有九个灵魂（plah-ku）。如果其中一个离开了男人的身体，他就生病了。如果九个灵魂都从身体中分离出来，那么这个人就会死亡。⑧ 人生来就有一个灵魂。灵魂赋予身体生命和感觉。当一个人的九个灵魂中的一个迷失然后被发现时，它会促使一只鸡拍打翅膀，这被视为是灵魂回归的证据。它是无形的，在人体和空气中移动，但它似乎并没有与呼吸混淆。所以，事实上他们确实使用了 so-plah 这个词（呼吸的灵魂）。

如果一个人的九个灵魂中有一个暂时离开了他，他是不会死的。当一个人在睡觉做梦时，他在梦中所形成的形象会再现九个灵魂之一在睡梦中离开身体时所看到的景象。身体和灵魂结合在一起是强大的，但如果它们只是部分分离，两者都会被削弱。事实上，一个游荡的灵魂是受有害灵魂支配的，这些灵魂会把它囚禁在远离身体的地方。九个灵魂中的一个长时间不回会带来虚弱和疾病。灵魂可以独立于肉体而存在，但它的处境会变得不稳定，并使肉体处于危险之中。它的活动对身体有害。灵魂对赋予生命至关重要，但另一方面，只有在身体里，灵魂才能找到最大的安全感。在身体之外，灵魂的力量是有限的。没有普楚或科里布利祭司的帮助，它自身是无能为力的。如果它落入幽灵手中，只有祭司的介入才能让它回到它应该生活的身体。一个人死后，灵魂无法独自找到通往灵魂国度的道路。祭司必须指明它必须做什么才能到达那个国度。只有普楚、科里布利和喇嘛才能与游荡在 mōh 手中的灵魂沟通；普楚必须"控制"（syo-ba）这些灵魂，让它们照他说的去做，并迫使它们放弃病人飘忽不定的灵魂。

---

⑧　在下面的文字中，当我们使用"灵魂"一词时，是指生活在人体里的九个灵魂，除非我们指定九个灵魂中的一个受到影响。

这可以通过 Sar-phi-rhini 的介入来实现，并以交换的形式出现（*thudē plah*：灵魂交换）。Sar-phi-rhini 从幽灵手中获取灵魂，而普楚为她提供鸡血，用以换取灵魂。

一个人死后会怎么样？在这里，有必要区分由普楚和科里布利的神话和祭司自己给出的信息。葬礼的仪式向我们展示了死后徘徊在尸体所在的房子和村庄里的灵魂。祭司向死者解释他的新状态，让他知道他不再是活着的人，但如果死者自己不决定离开，灵魂就不会离开，虽然这种情况只能是暂时的。灵魂不能继续游荡在生者之间，因为它有变成 *mōh*（一个有害的灵魂）的危险。祭司最终要把它从活人之地移到祖先灵魂居住的地方。如果在祭司开始哀悼仪式的那一刻之前，灵魂就落入恶灵的手中，那么祭司必须首先努力找回灵魂，并且解放它。在接下来的阶段，祭司邀请死去的人，也就是灵魂，离开生活的世界，不带任何属于他的东西，并忘记他们。在通往死者之地的路线上有一个池塘。在那里，灵魂喝杯酒，即刻起忘记它在人们中的存在。

总而言之，灵魂不愿意离开它所依附的活人，但它不能快乐地生活在他们中间，因为它的归宿是祖先的灵魂住地。在某种程度上，它发现自己处于一种错误的平衡状态。

灵魂生活的新世界与生者的世界不同，不仅仅是关于它在那里遇到的众生——死者，而且也与其生活方面有关。这是一个小小的世界。时间被缩短：晚上撒种的，第二天就熟了。蜜蜂在萝卜上筑巢，牛则依附在一片草地上。一个人可以把头枕在羊粪上，一只耳朵趴着睡觉，另一只耳朵盖住身体。

祖先生活的这个国家有两个重要特征。他们生活在那里，没有死亡，免受有害灵魂的攻击。在某种程度上，它类似于一个"失落的天堂"，Krō 是普楚祭司第一批祖先生活的地方。此外，有必要指出，Krō 之门将生者的世界与死者的世界分隔开来。

死后，所有的灵魂都住在同一个世界。没有任何证据表明灵魂之间有任何区别。他们不是通过他们在人体内生活时所过的生活来判断的。如果普楚成功地将它带到那里，每个灵魂都可以进入死亡之地。

| 第三部分　宗教

然而，正如我们之前所看到的，有可能发生的情况是，有些灵魂由于各种原因，无法到达死者的土地并成为 mōh。我们不可能说，这其中的原因是，每一种灵魂都必然代表着一个过着糟糕生活的人。

这些所有关于灵魂的信仰在古隆中都有不同程度的不同。然而，可能是受藏传佛教的影响，一些古隆人的信仰往往会使已经描述过的信仰复杂化。听到古隆人谈论灵魂的轮回是很平常的事。死后，灵魂会进入另一个身体——动物或蔬菜中。人们如何看待这样的信仰，以及它在古隆人的脑海中扎根到了什么程度？

普楚祭司的宗教⑨，在神话和身体仪式中均缺乏灵魂轮回的想法。然而，作为我的信息提供者的普楚在某种程度上相信这个想法。理论上，死亡仪式必须在死后49天内发生（在藏传佛教的"死亡书"中发现）。如果这种仪式得到尊重，灵魂就可以到达死者的土地。如果不是，那么我的信息提供者说，灵魂就会开始一个轮回的循环，这个轮回必须以灵魂回归人体而结束。其他人说，灵魂开始了一个轮回的循环，必须以灵魂返回到一个人的身体而结束。另一些人说，一个周期包括84次轮回，而在回归人类形态之前的轮回是以狗的形式发生的。我听我的信息提供者说，几乎所有的死亡仪式都在49天内很好地举行，这让我很惊讶。几位普楚祭司回答说（显然这是他们第一次设想这样一个问题），其中一位普楚仍然庆祝死亡仪式，但它没有任何影响，因为灵魂已经开始轮回。[119]

虽然这种佛教信仰在古隆人中非常肤浅和不精确，但是似乎并没有影响他们的行为。我们已经就哀悼仪式给出了这样一个例子。此外，古隆人对动物和植物的态度并没有显示出这种信仰的任何证据。即使在几个"乡村喇嘛"居住的定居点，古隆人也几乎没有意识到这一点。因此，我们有可能认为，普楚和科里布利祭司的《论灵魂》中所包含的关于灵魂的信仰，实际上代表了绝大多数古隆人的信仰。

---

⑨　在其对普楚 pe 的（pundul-pucu）描述中，我找到了关于轮回思想的简短参考。这个词不是古隆语，而是尼泊尔语。此外，它与上下文无关，毫无疑问是最近的补充。

四 长寿和幸运

长寿和幸运由两只鸟来代表：cha-name 和 pleh-name（cha：年龄；pleh：财富；name：鸟）。cha 在古隆语里的意思显然是"长寿"。如果 cha-name（长寿鸟）住在一所房子里，那么居住在那里的人会很长寿。相反，如果它不在，就有早死的风险。同样，pleh-name 也会为一个家庭带来财富。没有它就意味着贫穷。我们曾多次使用"长寿之魂"和"幸运之魂"这两个短语。虽然没有必要把这两种灵魂与人体内的灵魂混淆，但是在这里使用"灵魂"这个词似乎是正确的，因为无论在什么方面，cha 和 pleh 都和人的灵魂 plah 有共同的特征。

每个人都有一个 plah（或者更确切地说是 9 个 plah），但他并没有 cha 或 pleh。每个房子都有一个 cha 和 pleh 居住。在一个家庭（父亲、母亲和孩子）建造房屋时，他们会在屋里放上两个代表 cha-name 和 pleh-name 的米制小雕像。但这些鸟也可能会离开屋子。如果这家不想被死亡和贫困所害，那么他们必须叫一名祭司将他们寻找回来。

有关 cha-name 和 pleh-name 的神话讲述的是某天一个男人和他的妻子如何遇到这两只鸟的故事。他们把它们带回家喂养，然后发现它们的排泄物是金银。这两只鸟是好运的源泉。尽管如此，只有当你去寻找它的时候，它才会到来。

有关 dagdawa 的神话讲述了两个可怜的口渴老人的故事。由于他们被村里的泉水拒之门外，所以他们找了很长时间的水。经过许多努力后，他们终于在一些沼泽地里挖到了泉水。这水很美味，简直是"滋养的水，适合国王喝的水"，这变成了他们财富的来源，但当他们离开泉水时，他们说："我们应该隐藏这泉水的位置，让那些发现它的人喝到水，而那些发现不了它的人就一直口渴。"

换句话说，cha-name 和 pleh-name 就住在一所房子里，如果他们吃饱了，如果有人发现了他们，那 cha-name 和 pleh-name 就被喂养并住在一所房子里。这两只鸟在古隆信仰中所占的地位是十分重要的。

某些普楚相信他们代表在房子里存在万巴涅（kul deota：尼泊尔语中房子的神）。在 phũ-da 的神话中，万巴涅与长寿和幸运有关。某些信息提供者向我保证，cha-name 和 pleh-name 是两个主要的神灵。在 cahmarsĩdhũ 的神话中，只说到两只鸟并不普通：它们有一个小喙和一身明亮的羽毛。但是没有提到为什么两只鸟代表长寿和幸运。我们将在另一节中回答这一点。

cha-name 和 pleh-name 是否离开一个家并不会受到与他们接触的邪灵的干扰。长期以来，普楚祭司召唤两只鸟的仪式是 yõ khu-ba tēh（yõ：财富；khu-ba：聚集，收集）。在这个仪式中并没有血祭，观众会哭喊："khoe！"（来！）呼唤 cha-name 和 pleh-name 归来。然后他们会将一根线拴在房子主人的脖子上，象征着它们的回归。当灵魂被带回病人体内时，人们也会举行同样的仪式。

如果有家庭成员死亡，那么 cha-name 和 pleh-name 就很有可能离开这所房子。在哀悼仪式期间，普楚和科里布利会提醒死者，他必须把长寿和财富留给活着的人，并带走短暂的生命。但是，为了使死者同意将它们留给生者，有必要庆祝哀悼仪式，在这期间，人们以祭品的形式给予他"他的部分"。cahmarĩsdhũ 的神话讲述了一个儿子因拒绝为他父亲举行葬礼，导致父亲带走了 cha 和 pleh。结果儿子饱受疾病和贫困打击，不得不回到普楚面前，为他父亲举行葬礼。最后，两只鸟才回到他的房子。

五　血祭

动物献祭（khro）一般都是仪式的基本要素之一。只有佛教仪式缺失，但古隆的信仰并没有受到佛教太多影响。因此，在哀悼仪式期间，喇嘛和普楚祭司会被邀请同时主持，喇嘛不会举行献祭，但离他只有几米的普楚会在相邻的地方举行多次献祭。

普楚和科里布利祭司的所有仪式都旨在与邪恶的超自然生物做斗争，其中包括献祭。"献祭"一词在这里的意思是有限的血祭，而不是谷祭。根据当时的情况，献祭的动物有母鸡、公鸡、山羊或绵羊。

第十六章　普楚祭司与科里布利祭司的宗教观念

由举行仪式的人的性别来决定献祭的动物的性别（例如，在科里布利祭司举行的葬礼中，就是献祭山羊），或者是根据死者的性别决定献祭动物的性别（例如，母鸡会被用于对 Sar-phi-rhini 的献祭）。

绵羊或山羊作为祭品比鸡贵重得多，它们是为那些重要仪式保留的（例如，为使死者的灵魂能够进入死亡之地的仪式）。似乎以前举行的山羊（和绵羊）祭祀比现在频繁得多。在大多数有关宗教仪式的神话中，山羊（或绵羊）和鸡是会被同时献祭的。在过去的百余年中，这种变化的根源可能是由于大量家禽的消失。献祭有三种情况：活人的灵魂被恶灵控制，死人的灵魂被恶灵囚禁，往死人之地去的灵魂必须与超自然的生灵斗争。普楚不会向十大神献祭。虽然谷物和酒都是为他们保留的。但是只有当活人或死人的灵魂与恶灵有所接触时，才会举行献祭。这不是对神的崇拜的表现。

献祭会导致有害的超自然生物对活人或死人的灵魂的行为被抵消。但它也并不总是直接作用于与灵魂作对的恶灵。我们已经指出，Sar-phi-rhini 作为幽灵的女主人，负责找到丢失的灵魂，并把它带回普楚，这是因为她和祭司之间存在有相关协议。在这一点上，我们都确信神话传说中 Sar-phi-rhini 和祭司达成了一项协议：Sar-phi-rhini 承诺，如果普楚将一只鸡作为祭品（khro bẽ-ba：进行血祭）献给她，她将找回失去的灵魂。神话中并没有明确指出为杜瑞（Daure）、Ghaesar-phi 和那些阻止灵魂走向死亡之地的恶灵举行的祭祀的例子。但是，似乎这里流行着相同的契约观念：祭祀是为了换取灵魂的自由。因此，在一般观点上，祭祀与交换是相互联系的。

事实上，在举行祭祀时，被祭祀方能得到什么呢？他们得到的肯定不是动物的灵魂，因为没有什么能让我们认为动物有灵魂。他们得到的就是动物的生命，通过这一点，我认为古隆人认为动物的血液（ko）和呼吸（so）就是被祭祀方的目标。祭品的血液被洒在代表神灵的米雕上（或洒在供品上）。在这种情况下，祭品是永远不会被活着的人吃掉的，因为它是神灵的食物。而相反，如果动物不是因为宗教目的而被杀死，那么它的血液凝固后就会被吃掉。在葬礼中被杀死的羊的血会被扔到很远的地方。动物的肉似乎也是祭品的一部分，但

第三部分 宗教

古隆人的观点在这一点上是混乱的，因此我们没有办法断定具体情况。尽管如此，献祭的肉也会在仪式后的几天里被吃完。还有一种情况是，当古隆人在十字路口祭祀一只鸡时，他们会根据决定仪式的占星术的结果，在道路上将鸡血沿着规划出的一条直线泼洒。这是为了将血洒给那些住在村外（就是他被赶出去的地方）的邪灵喝。这样，血就像一道屏障，能够阻挡灵魂进入人类居住的地方。

只有在收回灵魂和抵消害人的恶灵时，献祭才是必要的。在"li wa-ba"和"dopate ca-ba"中，像这种都不需要背诵经文的小仪式期间，却总是发生献祭。从这个角度看，Krõ-pucu 的传说就特别有趣。它讲述了邪灵如何用疾病对 Cõ 进行有害袭击，杀死了人和动物。因此当 Krõ-pucu 同意将村庄从邪灵手中解救出来时，村民们再也没有山羊可以献祭给他。邪灵不会接受廉价的祭品。普楚要求他们在乡下找一个孤儿来献祭。他们给他带来了一个没有父亲或母亲的孩子，"他有一个摇晃的大脑袋，并且嘴巴还被舌头堵住了"，换句话说就是一个异常的人，但仍然是一个人。他把它带到了山上，然后用管风琴把它变成了一只被牺牲的山羊。这个故事清楚地表明了古代的普楚对牺牲人类的厌恶，但更重要的是，它表明山羊被认为是人类的替代品。在 Krõlu-pucu 的传说中，身体异常的孤儿并没有以人类的形式被牺牲。普楚祭司把它变成一只山羊，这只山羊代替了成为祭品的人。

正如 Evans-Pritchard 所表明的那样[10]，这样的替代仪式意味着这样一个等式：人类＝动物牺牲。如今，古隆人的信仰和仪式并没有把这个等式解释得很清楚。但是这可以用这样一个事实来解释：在古隆人放弃了以饲养绵羊和山羊为基础的田园生活方式，转而选择以耕作为主要基础的农业生活方式时，他们已经忘记了他们当牧羊人时的信仰。然而，我曾说过，一个古隆人在失去一只山羊（或一头牛）时，会比被毁坏一片谷物悲伤。

普楚（a-pa-kahrab kleh）的神话中的一段似乎表明了在古隆牧羊人的信仰中山羊的神话价值。据说，在创造完世界后，普楚打算离开

---

[10] Evans-Pritchard, *Nuer Religion*, p. 248 sq.

去寻找一个可以睡觉的栖身之所。因此马儿小跑着来了,但抬不动他。鹿、牦牛等也是如此。直到公山羊的到来,"我在寻找一个可以睡觉的栖身之所。如果你把我背在背上,那么我就会给你做一个漂亮的螺旋形角"。公山羊同意了,于是普楚就带着它离开了。最后,让我们回想一下,在 nahrdō 的神话中,公山羊在仪式中的作用是被指明了的,它解释了如果鼓没有被山羊皮覆盖并且在制作过程中没有牺牲山羊,那么这个鼓就没有任何生命气息。

六 道德

无论在普楚的神话中,还是在日常的交谈中,我都没有见到过一个古隆词语表达"罪"的意思。有时候,男人会说"a-chya-ba mu"(a-chya-ba:丑,坏;mu:极端的状态)来表达"它很丑,它很坏"。事实上,这种判断总是带有美学色彩。还有人用"a-ta"来表示"这没什么好的,这很糟糕"。

但事实上,这样的判决并不意味着他们违反了神的律法。在普楚和科里布利祭司为死者祈祷的传统中并没有提到他们对超自然存在的判断。即使一个人的行为被判定为坏行为,他死后也不会有任何后果。我们曾经提过,一个神话中,讲述了一些人在他们的一生中犯了严重的错误,在他们死后变成了幽灵,但并不是所有犯了严重错误的人都变成了幽灵。此外,我所进行过的交流也不能使我确定这一点。我们最多只能说,在古隆人的脑海中,存在着一种混乱的想法,认为生活在不幸中的人,死后会继续在人群中不幸地游荡。(附录 G)

这种思维方式是和古隆人们的生活相协调的。[11] 如果犯错的人承认错误并为自己的错误道歉,或者接受了相应的惩罚,并不再犯同样的错误,那么古隆人们会选择忘记他的个人过失或社会不端行为。在

---

[11] 所谓个人过失,是指个人道德准则的失败,它只影响某些人,只与他们有关。相反,社会不端行为是对社会道德准则的违背,是受到社会制裁的。在关于社会组织的一章中,有许多关于个人缺点和社会不端行为的例子。

引起了一场非常短暂的危机并且在后世没有任何后果之后，这个缺点就被遗忘与抹去了。

七　不同的表达

1. 左右

普楚和科里布利祭司的神话通常分为左右。右边代表好的一面，它是不伤害人类的超自然生物的一面，而左边是邪灵。在杜瑞的神话中，它讲述了 Kayo-rhini（kayo：右）是如何生下两个孩子的。他们一个从右鼻孔出生，另一个从左鼻孔出生。而后者（男性或者女性）会与杜瑞一起伤害人类。因此需要记住大众的信仰，他们认为，当胎儿的头在母亲子宫的右边时，孩子就会是男孩（对古隆人来说，生男孩比生女孩更幸福）。

2. 数字

9（ku）是最常用的数字。它与有益和有害的事物都存在着联系。在 pe 中，人们发现了这样的表达："九个魂"（plah-ku）、"九个灵"（mōh-ku）、"九个 Poba 兄弟"（Poba-ku）、"九梯九桥"（将生者与死者分隔开来）。

9 也是时间单位。Krōlu-pucu 在 Cō 居住了九年。Kleh-prayōti 在山上居住了九年（kuli-ku-dī）。在一个表示进展的短语中，9 是该进展的最后一项（他走了一天、二天、三天、五天、九天；他爬了一个、两个、三个、五个、九个梯子；他打了一拳、二拳、三拳、五拳、九拳）。

此外，9 是男性数字，而 7 是女性数字。有九个男性神，但有七个女巫。A-pa-kahrab-kleh 有九个儿子和七个女儿。当祭司在病人头上摇晃米粒时，如果是男人，他就会摇九次；如果是女人，就摇七次。

100 表示数量很大。"Kleh-prayōti 原来有一只羊。后来他很快有了 100 只羊，然后他的羊数达到了 900 只。""Poba 九兄弟去打猎，他们杀了 100 只鹿和 100 只鸟。"

3. 鸟类

鸟类在普楚和科里布利祭司的信仰中占主导地位。在前面几章中，我们已经简要地指出了鸟在祭司服装、仪式和宗教观念中的地位。在此，我建议将相对于鸟类的信念聚集在一起，对它们进行解释，并在何种程度上准确地说明它们与普楚和科里布利祭司宗教的其他信仰相一致。

普楚的随身用具包括一些羽毛和鸟喙。羽毛被放置在头上的皇冠上。这些通常是野鸡羽毛，但据我所知，没有规则来定义应该使用什么样的羽毛。鸟喙是在腋下携带，它不属于古隆地区的任何一种鸟。我的信息提供者告诉我："我们用的鸟喙来自北方（西藏）。"而科里布利祭司的用具既没有羽毛，也没有喙，但他们手里会拿着一只由木头雕成的鸟。

一些相关的神话阐明了这些物体的意义。最有趣的历史是科里布利祭司讲述的西罗·托洛的故事（请记住，我们很遗憾不可能对此进行翻译；因为我们只有科里布利祭司口述给我的神话的梗概）。第一个葬礼是在参与了创造世界的克莱卡里的儿子去世时举行的，有几只鸟担任主礼：这之名为 kalako 的鸟（kalchora，尼泊尔语）扮演科里布利祭司，另一只名为 kyu-name（dhobi charo，尼泊尔语）的鸟扮演普楚祭司。另外，在普楚的神话中，它提到了这位祭司的祖先 Khogrẽ-pucu。我们对这两个实例进行比较。科里布利祭司的木雕鸟被称为 kalako，就像西罗·托洛中描述的科里布利鸟一样。至于普楚祭司鸟的喙，和普楚鸟的祖先一样，被称为 Kho-grẽ 或 Khẽ-grẽ。从所有的证据来看，无论是普楚还是科里布利，祭司都想以鸟的形式出现，并通过穿鸟形服装来实现自己的愿望。我们稍后会看到这个特质对应的信念。

在所有的鸟类中，秃鹰特别引起我们的注意。在神话中，它总是以天空之主的身份出现。秃鹰作为天空之主与作为大地之主的蛇（参见 Siuo tohrlo）相对立。此外，古隆人还把天空和秃鹰、大地和蛇作了比较；mubru（或 mobru）指秃鹰；sabru 指蛇；mu 指天空；这说明秃鹰是天空之主，蛇是大地之主。当然，我们不可能确定这些相似

| 第三部分　宗教

之处是有意为之，还是出于巧合。a-pa kahab-kleh 的神话称秃鹰 ceh kelbo 为鸟王。这样，秃鹰就以空中之王、天空之主的形象出现在神话中，我经常听到古隆人有这种想法。

　　一方面，秃鹰和太阳是否有直接的联系？神话中并没有提到这一点；另一方面，似乎秃鹰、祭司和太阳之间有某种联系。在西罗·托洛，我们被告知："克莱卡里派了一只名叫 lōbor 的鸟（lata khasiuri，尼泊尔语）来执行杀死太阳和月亮的任务，因为九个太阳和九个月亮同时照耀着克莱卡里的儿子。"自太阳和月亮被刺死后，世界便陷入了黑暗。克莱卡里⑫派了另一只鸟——tini-pucu（逐字逐句："sun-pucu"）把生命还给了太阳和月亮。在"tini-pucu"一词中，太阳和普楚之间的联系得到了清晰地表达。另外，在普楚的历史上，秃鹰经常扮演着与普楚有关的角色。因此，Krōlu-pucu 把自己变成了一只秃鹰，因为普楚的祖先有能力以这种鸟的形式出现。因此，我们认为太阳、普楚和秃鹫之间有联系，这种联系被 tini-pucu 是一种鸟类这一事实所证实。

　　如果我们考虑到科里布利祭司的信仰，尤其是普楚的信仰，那么祭司和秃鹫、祭司和鸟之间的这些联系就会充满意义。祭司的一项基本能力是在身体不动的情况下在太空中旅行。他可以把他的精神投射到他的身外。另一个基本能力是祭司对灵魂世界的影响。但似乎这个超自然的灵魂世界可能就是大气的世界，一个鼓励超自然生物在空间中运动的世界。

　　因此，根据普楚们的信仰，cha 和 pleh，长寿和幸运，是两只鸟。lemku 的历史告诉我们，有一天，一位祭司发现了游荡的无法回到祖先灵魂的国度的 lemku 的灵魂。灵魂的形状有牛皮和鸟嘴，因为它在天地之间，没有被人们称赞。在 sildothii-ba 的仪式上，Sildo-naldo 也以一只鸟——野鸡（poro）的形式出现。最后，请记住，一个病人的灵魂的回归伴随着小鸡的振翅。这些例子往往表明灵魂和灵魂的世界就像鸟类的世界。通过鸟的形式，祭司可以通过把自己

---

　　⑫　似乎在藏文 *karuri* = *garudi* = *garuda*（梵语）：秃鹰，毗湿奴的战车。

第十六章　普楚祭司与科里布利祭司的宗教观念

投射到外面，并将他的力量施加给灵魂，从而进入超自然的世界。

祭司的主要助手之一是鸡（ho，在普楚的神话中使用的单词，"母鸡"和"公鸡"都使用），因为它属于两者的土地——天空和地球的土地。据 ho-da 的神话记载，鸡被创造出来后，从大地的十字路口走到了天空的十字路口。那里有金色和银色的翅膀，它的歌声在天空和地球的土地上响起。然后鸡回到了大地的十字路口，开始吃人类播种的谷物。此外，在许多场合，我们很自然会看到普楚祭司使用鸡的双重特性。后者可以通过拍打翅膀来证明丢失的灵魂已经找到了，因为它属于天空的世界，属于鸟类和灵魂的世界，所以它知道灵魂什么时候到了。而且出于同样的原因，它可以用来交换一个失去的灵魂。

4. 其他动物

普楚们的神话中除了鸟类和山羊外，还有更多的动物，但它们的作用是次要的，而且定义不清。尽管如此，我还是会简单地描述一下蜘蛛和牛（kandne）。

蜘蛛（tahnarēp 或 tahnarpēh）是人类的朋友（a-gu）。他们把她当作信使，会一丝不苟地按照它的要求去做。神话也提到了牛。我的消息提供者说不出这头牛是什么意思。有人说这是牦牛，但现在已经找不到这种牛了。这种可以解释为，当古隆人定居在喜马拉雅山脉的南坡时，他们不得不放弃饲养牦牛，因为牦牛必须饲养在海拔 3000 米以上才行。[13] 牛从邪恶的 Ghaesar-phi 手中救出了 Poba 九兄弟，并为 Kundru-khe 带来了财富。总之，她总是扮演一个仁慈的动物角色。

八　火

火是由 Poba 九兄弟在 Krõ 制造的。他们把两块木头放在一起摩擦，摩擦产生了火。"火能在人感到冷的时候给他温暖，在他害怕的

---

[13] 创世传说里描述了创造家养动物（鸡、山羊、绵羊、母牛、水牛、马、牦牛）的故事，但是传说中并没有提到母牛。目前所有这些动物除了牦牛，都正在被古隆人所圈养。

时候给他安慰,在生者出生的时候帮助他,在死者的处理上(通过火葬)帮助他。"火,就像地球上的其他元素一样,有父亲和母亲。但是并不是他们创造了它。它能够通过两性的结合而不断地自我再生。不幸的是,这场帮助人类的大火生下了一个同时有白皮肤和绿皮肤的儿子,他逃了出来,并烧毁了这个国家,杀死并摧毁了一切。这代表毁灭之火。A-pa-kahrab-kleh 最小的儿子是火之王,他的职责是守护破坏性的儿子,所以这样火就永远是对生命世界有益的元素。

九　祭司及他的力量

在本节中,我们主要讨论普楚祭司,偶尔讨论科里布利祭司。普楚祭司的大多数神话都讲述了很久以前世界被创造出来的时候;普楚的祖先第一次举行了这种仪式,至今仍在进行;主要的灵魂出现了。普楚(和科里布利)的行为是有效的,因为他们与祖先的行为是相同的。他所做的每一个手势都在他所背诵的神话中有所描述。

第一个普楚(Krõlu-pucu 和 Pundul-pucu)原来住在没有恶灵的 Krõ。但是后来他们去了 Cõ,因为那里的人们需要他们的帮助来对抗恶灵。没有神话揭示他们是如何获得知识的,不过在 Pundul-pucu 的神话中,有提到祭司将他的知识口头传授给他的女儿,女儿又将知识传给她的哥哥。但记住,现在,一个普楚会通过口头向未来的普楚传递知识。这种传承没有入会仪式,但是会有期末考试来判断一个普楚学徒是否可以被称为祭司。我的信息提供者认为普楚的祖先拥有他们没有的神奇力量。

有个神话讲述了普楚跳过一道彩虹,变成一只秃鹰,然后被风吹起来的故事。因为他们认识那是能使死人复活的植物。

作为对比,祭司所穿的服装和所用的器具均与他的祖先相同,也都具有同样的力量。如果没有服装,特别是没有工具,普楚祭司们就不能主持仪式,因为他的随身用具本身就有一种祭司必须掌握的力量。他对这件随身物品的依赖不亚于它们对他的依赖。当 Cõ 的居民们第一次看到 Krõlu-pucu 穿上他的衣服时,他们都被吓坏了,但

第十六章 普楚祭司与科里布利祭司的宗教观念

Krōlu-pucu 安慰他们说，这些都是他的知识和力量。普楚们认为，他们的服装是这样构思的：当邪恶的灵魂看到它，他们会害怕，而不敢攻击。所以这套服装其实起着盔甲的作用。

神话中并没有详细说明祭司装备的不同部分的起源和意义，但神话中却有很多论述普楚的主要工具的起源和部分力量。每种工具都有自己的神话。普楚和鼓（ṅah）是密不可分的，他们几乎在所有的仪式上都会使用鼓。制造一个鼓要牺牲一只山羊。那霍都（nahrdo）的神话告诉我们，如果不献祭一只山羊，ṅah 就不能振动。不过经文并没有清楚地指出祭祀是为了帮助制作鼓的神，还是为了鼓本身。祭祀也赋予了它"气息"，让它无处不在："如果一个人在东方击打它，它就在南方振动发声；如果一个人在南方击打它，它就在西方振动发声。"它的振动就是它的力量，并且鼓声会携带着它的力量[14]到病人或死者灵魂游荡的地方。听到鼓声的灵魂们会被影响，对他们来说，鼓可以进行灵魂交换、复活死者、找回失物、控制恶灵。鼓能做普楚祭司（或者科里布利）能做的一切。将普楚祭司与他的鼓分开是不可能的；祭司知道如何使用鼓，祭司有使用鼓的权力和力量。

在不同程度上，普楚祭司的其他鼓和乐器也具有与 ṅah 相似的作用。

对神话的研究使我们能够对普楚祭司有个大致了解，这与科里布利祭司非常相似。普楚祭司是唯一能与超自然生物建立关系，并在人类受到伤害时保护人类的人。如果人们怀疑他们的知识，他们就会暴露在愤怒的灵魂面前，然后与之对抗。普楚祭司不能单独行动。他不仅通过复制祖先们一直在做的事情来延续他们的行为，而且他在每一个仪式开始时都会召唤他们，这样他们就会站在他的一边。他的力量来自所有的普楚祭司祖先。但是这些祖先并不拥有他（就像达姆的情况一样）。祭司不会被超自然生物附身。他从不出神。普楚祭司从不

---

[14] Mircia Eeiade（Le Chamanisme，Payot，1951，p.162）写道："萨满的鼓的功能是用于表演音乐，而不是制造噪音，这证明即使鼓被弓所取代，如 Leleb 塔塔尔族和阿尔泰族人一样，它也始终是一种人们需要的乐器，并且弓被用作一种弦乐器。"我们对于在古隆人中用作一种弦乐器的鼓和弓的说法已经证实了这一观点（参考英文原文第345页）。

即兴发挥，也不可能改变祖先传给他的东西。如果他不服从这条规则，他的行为将无效。如果他在葬礼中没有遵循习俗，那么死者的灵魂将永远不会到达死者之地（参见 Lemku 的历史）。[附录 H]

祭司的角色可以分为两部分。当他主持仪式时，即使他的身体仍然坐在观众中间，他也可以离开仪式的地点，离开去寻找灵魂或陪一个人去死亡之地。成为帕尔（serka）的最后一个阶段让人对这个主题毫无疑问。普楚祭司扮演着类似精神指引者的角色，一步一步地陪伴着死者的灵魂，然后他关闭了 Kro 的大门，摧毁了连接这片土地和死者房屋的九座桥和九座梯子，独自回到了村庄。当他回来时，祭司摇摇晃晃地"摆脱在他去死者之地时可能附着在衣服上的任何东西"。

但旅程永远不会是一种欣喜若狂的形式。这被朗诵所取代。祭司背诵的是当他在灵魂和灵魂的世界里生活（或当他的灵魂活着）时他所做的事情。这种形式的旅程似乎源于与藏传佛教文学影响的接触。如今，一位祭司从未肯定他的祖先有权进入恍惚状态。相反，他经常谈到普楚祭司和科里布利祭司有书的时候，就像喇嘛一样，阅读能给他们提供精准的知识[120]。

第十七章　古隆四种宗教并存的地方

古隆人的宗教信仰起源于以普楚、科里布利、喇嘛和婆罗门祭司为代表的综合影响。由普楚、科里布利和喇嘛讲述的传说指定了这些祭司的位置。请注意，这个传说是对佛教喇嘛与苯教上师在西藏前弘期相互竞争故事的幻想基础上进行改编。①

"很久以前，喇嘛、普楚、科里布利和婆罗门决定组织一场比赛，以确定他们中谁的知识最丰富。失败者要刺破他们的鼓，烧掉他们的书。当他们达成协议后，残酷的比赛开始了。为了取得胜利，必须在第二天早晨，也就是旭日初升之前到达玛旁雍错（位于冈仁波齐山下的一个湖泊）。喇嘛和婆罗门祭司整夜坐在那里冥想。普楚和科里布利祭司整夜在鼓边跳舞。黎明使喇嘛和婆罗门祭司从冥想中惊醒过来，为了准时到达，他们乘着初升太阳的光束，同时到达了玛旁雍错湖。另外两位祭司乘着他们的鼓，迟到了几分钟，输掉了比赛。普楚祭司和科里布利祭司烧毁了他们的书，刺穿了他们的鼓。（这就是为什么现在普楚和科里布利祭司的鼓只在一边被皮覆盖，而喇嘛的鼓在两边都被覆盖的原因）。四位祭司随后去了恒河。婆罗门首先到达那里，他从一棵树上取了根，根给了他完整的知识，科里布利祭司人拿走了树干，这样他就可以主持葬礼、哀悼仪式和 tha-sō tēh。喇嘛拿走了花。普楚最后到，他得到了留在树顶上的东西。这就是他为什么充当祭司主持的原因……"这个故事（由一个普楚讲述）让我们得出

---

① Saral Chandra Das, "Dispute between..." *J. A. S of Bengal*, Vol. L, 1881, pp. 206-211.

| 第三部分　宗教

了几个结论。它实际上由两部分组成；首先，喇嘛和婆罗门给了自己最好的地位，而普楚和科里布利祭司却牺牲了他们的书。这一事件确立了佛教和印度教这两种外来宗教相对于普楚和科里布利祭司两种本土宗教更为先进的优越性。第二部分尽管有些晦涩难懂，但是尽管失败了，在婆罗门和喇嘛身边仍然存在着普楚和科里布利祭司。每个祭司都有自己的活动领域，并成为一名专家。这里有一个宗教任务的分工。但是，让我说，这个故事是由那些希望肯定婆罗门主义的优越性及其对古隆族影响的作者构思的。他们让婆罗门所扮演的角色与他现在古隆人中所扮演的角色无关。婆罗门只有在出生和结婚的情况下才会被召入古隆家庭，在庆祝过程中没有其他祭司的介入。婆罗门还被要求在出生后画出星象图，并将坏运气赶出家门。事实上，很少有家庭请婆罗门。喇嘛、普楚祭司、科里布利祭司可以用不同的仪式主持其他所有的仪式（对抗邪灵、葬礼等）。他们是古隆人，经常住在同一个村子里，而婆罗门总是属于一个陌生的社区，并努力区分他的种姓和古隆人的种姓。这种地位上的差异在一定程度上解释了婆罗门教为何没有像佛教那样深入古隆地区。佛教在古隆有自己的祭司，在社会上没有什么能把他们和其他居民区分开来。相比之下，婆罗门仍然是一个自认为地位优越的陌生人。但是古隆人，就像尼泊尔高地上的所有居民一样，甚至是尼瓦尔人，都只是漠然地接受种姓制度。

然而，喇嘛和婆罗门有一些共同的特征。他们具备普楚或科里布利祭司不具备的声望。这种声望是通过他们的书籍，他们主持的辉煌的仪式和优越地位给予的。

古隆人非常尊重所写的内容。我们已经看到了普楚或科里布利祭司将书籍烧毁的重要意义。相比之下，喇嘛和婆罗门阅读他们的祈祷经文，并用插图装饰或印刷的星象。许多古隆人都有由婆罗门制作的占卜术，尽管他们无法理解，但他们常常以展开覆盖着不同颜色的字母、数字和图表的纸卷而自豪。

佛教仪式的辉煌也给村民们留下了深刻的印象：一个有着复杂装饰的米雕像的祭坛，挂在墙上的壁纸，魔鬼面具，108 盏在葬礼上点燃的小油灯，祭司的长袍和头饰，鼓声震耳欲聋，钹、海螺贝壳，以

第十七章 古隆四种宗教并存的地方

及由胫骨制成的喇叭。同样地，婆罗门所庆祝的婚姻也是普通古隆人婚姻所没有的仪式（游行、各种乐器等）。

所有村里的喇嘛都是卡贾特族（至少在古隆的西部地区）。对他们来说，婆罗门属于尼泊尔最高的种姓。富有的家庭，通常是卡贾特，总是在葬礼的时候叫喇嘛。这些家庭也是在出生或结婚时使用昂贵婆罗门的服务的家庭，不仅因为他们往往是印度教化程度最深的，且因为他们希望模仿统治尼泊尔种姓的行为。尽管他们不同意种姓的观念，这些富裕的家庭也希望获得与他们在尼泊尔等级制度中的经济地位和相对应的社会地位。

如果普楚或科里布利祭司没有得到喇嘛的声望，而且还没有婆罗门的声望，那么无可否认，他们的信仰更接近大多数古隆人。神话具有丰富的与祖先传统有关的参考文献，像悼念这样的仪式清楚地表明了古隆社会的某些关系。尽管普楚祭司使用的语言与现代古隆语略有不同，但大多数听众都可以理解这些语言，因此他们可以真正参与宗教仪式。通过这种方式，非专业人士能够帮助祭司们进行他们的仪式。毫无疑问，普楚是祭司，他的信仰以高地人民群众最为人所知，是古隆意识形态中最具代表性的。居住在古隆的普楚祭司总数远远高于喇嘛和科里布利祭司。

我的信息提供者一致认定，在过去 80—100 年，这个数字并没有减少，甚至有点增加（这可以部分解释为人口的增加）。

相反，在某些地区，科里布利祭司的宗教信仰正在衰落。在莫迪山谷只有两个科里布利祭司。② 在东部的其他山谷中，这种下降不那么明显，但仍然可以感觉到。这种下降的原因不是十分清楚。在过去的几十年里，佛教信仰在古隆人中逐渐增加，尼泊尔的许多其他人也是如此。在过去几十年中，佛教在尼泊尔的许多其他人口中确实不断增加。喇嘛的数量有所增加，但以牺牲科里布利祭司为代价。在莫迪山谷，现在很少有葬礼是由科里布利祭司主持的。喇嘛们要求与普楚一起主持。我们已经表明，喇嘛的声望比普楚或科里布利祭司更高，

---

② 上莫迪山谷和 Barudi 山谷：14 名普楚，9 名喇嘛，2 名科里布利祭司。

第三部分 宗教

这可以解释部分喇嘛的成功。但为什么科里布利祭司而不是普楚祭司受到影响？科里布利祭司的信仰与普楚的信仰非常接近，但不如后者那么精细。科里布利祭司的仪式很短，而且数量有限。除了藏传佛教和普楚的宗教之外，科里布利祭司的宗教只能占据一个次要的地位，而藏传佛教的发展使其岌岌可危。还必须记住，科里布利祭司只理解他所用语言中的几个字，这就妨碍了外行人对他的信仰有更加明确地了解。一个年轻祭司的培养是困难的，因为他必须机械地学习他不明白的话。

藏传佛教在古隆的北部村庄中缓慢发展，与喜马拉雅山北坡的佛教地区密切接触。藏传佛教的发展是从北到南，从上谷到下谷。然而，它与普楚的宗教一起发展而不削弱后者。藏传佛教还没有在古隆族中具有区域性的特征，它没有适应他们的传统，仍然代表着一种用藏语传授的外国意识形态，这种语言不为外行人所知，而且喇嘛们自己也不太懂。此时，喇嘛的宗教与普楚的宗教并存且互不影响，在古隆人眼中每一种宗教都有互补的优势。葬礼仪式尤其是哀悼仪式的葬礼仪式很好地说明了这种情况。[121]

补充说明

(在正文中用方括号标出)

1. "雇佣兵"一词带有贬义色彩,意指那些在外国军队服役的人仅仅为了钱而从事有辱人格和不体面的工作。用这个词来形容廓尔喀军队的做法最近受到知识分子、记者和前英国廓尔喀军官的质疑。①

廓尔喀军队的征聘工作既不由他们自己完成,也不由尼泊尔政府完成,而是严格按照政策要求进行,并由尼泊尔、英国和印度政府之间的双边和三方协定执行。

廓尔喀人反对独裁和暴政。他们在两次世界大战中英勇无畏,被授予最高荣誉勋章,并作为正规军获得两代或三代人的退休金。他们与毒品大亨的私人军队大不相同,也不是为了钱而杀人的恐怖分子。此外,它们在全世界享有相当大的威望。[钱德拉·巴哈杜尔·霍坦]

2. 古隆村内部村与村之间的桥梁和道路自皮涅德访问以来只发生了轻微的变化。莫霍里亚村目前的情况与当时差不多,除了从博卡拉到巴格朗(Baglung)正在修建一条大型公路。公路修好后,可能开大约三个小时车到莫霍里亚村。但是,山非常陡峭,这意味着必须步行到达村庄。所有的货物都必须由人背进来,唯一例外的新情况是,盐、大米、煤油和其他商品都由四头骡子送到店。

更宽泛地说,像尼泊尔其他地区一样,由于修建连接城镇的新公路,古隆土地受到相当大的影响。从加德满都到博卡拉的主干道和从

---

① "To Fight or Not to Fight" *Himal*, July/August 1991.

补充说明

博卡拉到特莱（Terai）的新路，都建于20世纪70年代。这些都产生了巨大的影响。

另一个主要变化是航空运输。博卡拉和加德满都之间的空中联系改善了很多。加德满都现在有一个国际机场。不过这只通过吸引更多外国游客而间接影响了古隆人。随着直达欧洲航班的开通，古隆经济商业化的影响可能会增加。目前很少有专家使用航空运输。

3. 川崎先生（Kawakita）似乎去过安纳普尔纳山脉高原上的马南谷地（Manang Valley），那里位于蓝琼最西北的地方。他说这些古隆是喇嘛古隆。事实上，古隆社会中没有喇嘛家族。喇嘛这个名字是给那些几代以前学过藏传佛教的古隆人们取的。[钱德拉·巴哈杜尔·霍坦]

4. 古隆、马嘉（Magar）、塔曼（Tamangs）、塔鲁（Tharus）、桑瓦（Sunwar）和尼泊尔中部的达纳瓦（Danawar）人的起源，似乎与基拉特人（Kirats）的祖先有关。基拉特是一个古老的印第安部落，他们占领了印度河—恒河平原的北部地区和从阿萨姆邦的克什米尔山谷到那加兰邦和曼尼普尔邦的整个喜马拉雅山脉的山麓。

加德满都山谷最早的文明是由基拉特建立的。他们住在尼泊尔的山麓小丘和巨大的内部山谷里。他们似乎已经为了生存安全而在公元1世纪基拉特统治者被推翻后逃到了绿色的山顶上。随着印度雅利安人的入侵，他们进一步北进，并从15世纪以来到穆斯林袭击印度期间大量渗入尼泊尔（参见 *Legend* I，p.159）。[钱德拉·巴哈杜尔·霍坦]

5. 尼泊尔大多数民族的语言都属于藏缅语系，包括尼瓦尔语。一般来说，古隆人和其他群体非常接近，如马嘉、赖斯（Rais）、林布（Limbus）、塔鲁、塔曼和塔卡利（Thakalis）人。他们不像西藏人那样是虔诚的佛教徒。普楚和科里布利不像古代西藏的苯教（Bonism）。我们在古隆没有发现任何前佛教或藏传佛教寺院。古隆人不像西藏人那样懂得佛陀的教导。古隆喇嘛在几代人以前就学习了一些藏传佛教的仪式经文。最流行的文本是在葬礼和哀悼仪式中使用的。哀悼仪式实际上是普楚和科里布利祭司的葬礼仪式。只是在最近，Plih-

gi Gurungs才让喇嘛主持哀悼仪式。

在文化、宗教、风俗习惯（服饰、饮食、歌曲、舞蹈等）上，古隆族与藏族并不相似，莫迪和卡斯基地区古隆族的古老姓氏也与藏族不相似。[钱德拉·巴哈杜尔·霍坦]

6. 纳图·古隆（Nathu Gurung）和普拉德·古隆（Pralad Gurnng）属于卡斯基（Kaski）区楚尔（Chaur）村的普隆（plon/Lamichane）。他们的后代仍然生活在楚尔。纳图和普拉德在征服库马翁（Kumaon）、阿拉马达（Almada）和迦瓦尔（Garwal）的过程中发挥了主导作用。他们以传奇般的勇气领导他们的士兵。最后，在1804年，他们征服了现代印度喜马偕尔邦（Himachal Pradesh）的全部三个邦。据说这两位勇士拥有神力或战无不胜的力量，只要提到他们的名字就会使敌人感到害怕。他们因对国家的杰出贡献而得到土地的奖赏。[钱德拉·巴哈杜尔·霍坦]

7. 到1990年，英国军队的征兵人数已大大减少，到1991年甚至有传言说英国廓尔喀兵团将被解散。同样，由于现在预期的教育需求超出了许多山区村民的承受能力，越来越少的年轻古隆人加入印度军队。退役士兵不再返回他们出生的村庄，而是定居在发展中的城镇，如博卡拉。

8. "Gurkha Parishad"是封建拉纳（Rana）家族的政党，但没有证据表明他们曾经帮助过尼泊尔的非雅利安民族。此外，他们在1951年被赶下权力宝座，从那时起，他们的经济和政治地位都很低，所以即使愿意，他们也无法捍卫非雅利安人的利益。[钱德拉·巴哈杜尔·霍坦]

9. 尽管婆罗门祭司很少来访，但实际上，一些印度教习俗已经被采纳，并在古隆人的社会生活中发挥着重要作用。这些通常是在婆罗门不在场的情况下进行的。影响儿童的一些例子如下：

（1）Sanskara——在孩子出生后的第三天，出生的日子、日期和时间会被记录下来，并交给制作孩子星象的婆罗门。

（2）Chhaitoon——孩子出生后的第六天，人们相信神灵会决定孩子的命运。人们点灯照明、烧香，献水果和鲜花给神和女神。父母和

补充说明

亲戚为孩子祈求好运气和未来。亲戚们彻夜不眠。

（3）Nowaran（给孩子洗礼的仪式）——在男孩出生后的第九天、女孩出生后的第七天，孩子被带到阳光下，在圣水里接受洗礼。这种水由金、银、铜、黄铜和铁五种金属精制而成。男孩耳垂上要开一个洞，女孩则在鼻孔上开一个洞。然后宣布孩子的名字。

（4）Pasani（食物仪式）——生下男孩六个月后、女孩五个月后，孩子就穿上了新衣服。各种各样美味的食物都准备好，放在孩子周围让他尝，也会给他一些金块或银块。近亲前来拜访，给孩子送礼物。

（5）Chhewar（理发仪式）——为8—12岁的男孩举行，挑选孩子的星象中认为是吉祥的一天。他被带到一个牛棚，让当天星象好的人剪掉他除了后面的一簇asnu②外其他所有的头发。剪下来的头发被一个女人收集起来防止掉在地上。然后给这个男孩一个新的topi（古隆语，意为帽子）。女孩子不剪头发，而是买一件新衣服。亲戚和村民们载歌载舞。从这一天起，孩子可以参加家庭的宗教活动。[钱德拉·巴哈杜尔·霍坦]

10. 皮涅德对1960年访问后不久就被废除的旧政府制度做了有益的描述。1962年，这一制度被潘查亚特制度取代，该制度一直持续到1990年，但现在已经失效。像莫霍里亚这样的山区村庄同邻近的村庄一起组成村委会，村委会有3000—5000人。每个村级行政区被分成九个区。每个区将选举一名成员作为代表，然后由他们任命其中一名成员成为村长（Pradan Pancha）。一些村级行政区被分成潘查亚特区。他们选举产生国民议会成员或国家级行政区长官（Rasthriya Panchayat）。尽管有更大的人员调动，许多古隆人觉得中央政府几乎还是和以前一样遥远。只有一两个古隆人被选为国家级行政区长官。在村级，将几个村庄组成一个村委会，往往会有效地剥夺地方权力。例如，莫霍里亚村被纳入一个包括其他九个村庄的村务委员会。因此，只有包括莫霍里亚村代表在内的两个人参加村委会的会议。在另

---

② 古隆语，指头顶留下的一小撮头发。

一个村庄，我们被告知村级行政区只是不定期和不频繁地开会，其权力非常有限。尽管首领（krōh）有独裁的味道，但一些人对该系统的消失感到遗憾。这并不奇怪，他们认为老 krōh 是社区中最有知识和经验的人，而村长通常只是野心勃勃。

现在，在1992年，村委会制度已被村庄发展委员会取代。地方选举仍尚未实行。

11. 虽然皮涅德认为在大多数古隆村落中男性比女性占优势，但是我在塔克的古隆族和1969年再次访问莫霍里亚时发现的比例并不支持他的发现（参见 Macfarlane，1976，Table 15：5）。在这两个村子里，女性的数量都超过了男性。

然而，在1990年，我们在皮涅德人口普查的地理范围内对莫霍里亚进行了人口普查。包括男子和年轻人在内的所有人口都住在远离村庄的地方，但都有家庭定居在那里，人数为328名，包括169名男子和159名妇女。这表明自1958年以来，莫霍里亚总人口减少了33名。此外，与贱民相比，古隆人的数量也有所下降。现在只有677名是古隆人，而皮涅德指出是859名。不同于皮涅德的是，我们将那些最初的马嘉家族包括在古隆族中，因为他们现在称自己为古隆族，并被其他古隆族所接受。

尽管在总数上，男性多于女性，但在贱民中，女性多于男性——女性和男性比例为56：51。而古隆人的数据更加极端——103名女性和118名男性，这证实了皮涅德的最初发现。

12. 1990年，19—45岁的古隆人当兵的比例也下降了。皮涅德发现的比例是53%，而现在只有33%（12名男子）。相反，在国外从事文职工作的人数从9%增加到25%（9名男子）。然而，这个年龄段的36名古隆男性的基数太小，没有多大意义。

古隆人稍微年长一些，年龄在30岁以下的人占总人口的56%，而贱民部落的人要年轻得多，30岁以下人口比例为69%。

13. Macfarlane，1976，pp. 260 - 262，提供了古隆妇女在莫霍里亚和塔克的第一个和最后一个孩子出生时的年龄的比较图表。这些数字是基于皮涅德的实地记录和在塔克的工作。这两个村庄的情况大致

补充说明

相同；在塔克，生第一个孩子的年龄是 20 岁，平均 23 岁，在莫霍里亚是 23 岁。在塔克，最后一个孩子出生的平均年龄是 35.8 岁，而莫霍里亚是 37 岁。

14. 皮涅德说古隆人非常反感堕胎。正如我所写的（参见 Macfarlane，1976，p.245），"我没有注意到与我讨论这个问题的几个男人和女人有这样的感觉。他们的语气没有特别批评这种做法；这要视具体情况而定，看这是不是一项合理的措施。他们都认为，只有当孩子在正常婚姻关系之外怀孕时才会堕胎"。

15. 自从皮涅德写了这篇文章后，古隆族的婴儿死亡率骤降，就像尼泊尔的其他种族一样，至少下降了一半。（参见 C. P. Gurung，1988，Table 6：1，p.190 and passim）。这主要有两个原因：一是许多村庄引进了自来水，在一定程度上消除了许多由水传播的疾病，特别是痢疾和胃肠炎。二是一系列的疫苗接种运动控制了许多流行病，如天花、伤寒和麻疹。这两项改变已经大大弥补了儿童和他们的母亲可能正在恶化的饮食。

16. 文中列出的军衔是不正确的。它们应该是：

军衔	英国陆军	印度陆军
步兵	Rifleman	Sepoy
一等兵/准下士	Lance corporal	Lesnaik（LNK）
下士	Corporal	Naik（NK）
中士	Sergeant	Havildar
军士长	Sergeant Major	Havildar Major
中尉	Lieutenant（QGO③）	Jemadar orNaik Subedar
上尉	Captain（QGO）	Subedar
少校	Major（QGO）	Subedar Major

注：尼泊尔军队也使用印度军队的军衔。[钱德拉·巴哈杜尔·霍坦]

---

③ Queen's Gurkha Officer 的缩写，女王的廓尔喀军官。

17. 在莫迪河谷的上游，丹兴是最古老的定居点之一。遗址中有两座炮台（koe），一座在村庄顶部的一座山上，从那里可以看到整个地区，以防敌人的袭击；另一座在村庄的中央。丹兴是一个小王国的首都，这个王国包括撒比（Sabit/Sabet/Sabi）、葛尔波（Gerbo）、萨尔科（Sarky）、科域（Khyu）、提可亚（Tikhya）和比勒塔提（Birethati）等村庄。在普利特维·纳拉扬（Prithvi Narayan）巩固了大尼泊尔之后，这个小王国在6名krōh的控制下分裂了，其中5人来自孔（Kon）族。莫霍里亚村由丹兴孔族的Saawai-Ron成立于1780年。

科塔（Kōta）是整个古隆族最大的定居点。它曾一度由国王统治。后来，它被分成7个krōh。和丹兴一样，它在战略要地也有两个堡垒。［钱德拉·巴哈杜尔·霍坦］

18. "jat"这个词在古隆族中引起了许多不满。古隆的宗谱（古隆语：vamsavali）是由布霍吉·拉吉·帕迪亚尔（Bhoj Raj Paudyal）在15世纪，并再次由舍卡尔·那提·苏博蒂（Shekar Nath Subedi）在20世纪（参见Legend II, p.160）重建的，他们都是婆罗门。事实上，他们中间没有种姓的概念，这不是他们社会制度的一部分。术语"卡贾特"和"索拉贾特"不是古隆语。他们把自己描述为Plih-gi和Ku-gi（古隆语，分别指"四族"和"九族"）。此外，喇嘛家族是婆罗门的产物。几代人以前，一些Plih-gi学习了藏传佛教。这些古隆喇嘛不像藏族或夏尔巴（Sherpa）人喇嘛。他们只学习了一到两年的藏文字母，而且只学会读一些书，尤其是那些关于葬礼仪式的书。大多数喇嘛不知道他们读的句子的意思。他们对佛教知之甚少。三代人以前，Plih-gi就开始让这些喇嘛主持葬礼。在此之前，喇嘛或佛教仪式从未举行讨。Plih-gi的古代祭司是一个Plih-gi或Ku-gi普楚或利里布利祭司。

古隆社会没有高低等级之分。如果问他的jat，一个古隆不会说Plih-gi或Ku-gi，他会回答"我是古隆人"。［钱德拉·巴哈杜尔·霍坦］

19. 到1990年，住房格局发生了很大变化。特别是皮涅德绘制的地图所覆盖地区的房屋数量有所下降。1958年绘制的地图上有39处

补充说明

住宅已经消失，其中 3 处空置。新建了 16 所新住宅，但其中有一些是在铁匠的地盘上，而不是在主要的聚落里。在通往河边和稻田的小路上建造的房屋数量有了显著的增加。这些新房子主要由非古隆人居住。

20. 皮涅德说古隆人都会说两种语言，但在 1958 年并不是这样，现在也不是，只不过方式不同了。撇开几千名几个世纪没有说古隆语的东部古隆人不谈，情况似乎是这样的：在 1958 年和 1970 年，有一小部分老年人只会说古隆语。例如，1969 年有人告诉我，许多老年人（特别是妇女）不懂或不会说尼泊尔语。由于尼泊尔的语言革命、城镇日益占主导地位的影响、广播和普遍教育，这种情况现在已经扭转。居住在偏远村庄的老年人中，可能只有极少数人仍然不懂尼泊尔语。另外，越来越多的古隆人不会说自己的语言，尤其是那些搬到博卡拉和其他城镇的后代，他们不再主要居住在古隆社区。随着语言的丧失，人们对这个村庄的宗教和经济方式也失去了了解。在村庄内部，非正式对话的正常语言仍然是古隆语，但所有正式会议和成年男子之间的对话都是尼泊尔语。

21. 在女性月经结束时，她们通常会洗头和洗衣服。随着水龙头的出现，女性在公共场合洗澡的次数可能比在皮涅德的时代要多。就像他说的，他们很少脱光衣服，但是他们穿着 lungi④ 洗澡。〔朱迪思·佩蒂格鲁〕

22. 古隆村的卫生状况几乎没有改变。田野和街道仍然被用来排便，不过有了自来水，对健康的影响就没那么严重了。在安纳普尔纳地区自然保护区项目的刺激下，一些村庄，尤其是甘德隆，在房屋之外的许多花园中引入了坑式厕所。在西克利斯这样拥挤的村庄，这种方案的实行更加困难，尽管该方案已经在那里得到推广，并取得了一些成功。

23. 古隆村的吸烟率已经下降。尽管直到 20 世纪 70 年代中期，几乎所有的成年人都吸烟，但现在吸烟的人要少得多，女性似乎不像

---

④ 古隆语，女性穿的长半身裙。

男性那么倾向于戒烟。裁缝种姓（Tailors）和铁匠种姓（Blacksmiths）是现在主要的吸烟群体。

24. 皮涅德指出，西式服装在20世纪60年代开始流行，而且这个过程已经加快。现在很少能看到皮涅德所描述的成套的传统服装，尽管一些年长的女性仍然穿着天鹅绒衬衫、tiki⑤和phogi⑥。几乎所有的衣服都是在城里或国外买的，或者是用从集市上买来的布料在村子里缝制的。女生通常穿裙子和衬衫，男生穿裤子和衬衫。腕表和鞋子现在很常见，尽管大多数村民仍然不穿鞋做大部分工作，所以很容易被割伤、刺痛和脚后跟开裂。皮涅德只描述了1969年在塔克中提到的32种服装中的12种⑦。

25. 皮涅德描述了古隆珠宝的一些主要形式（其他形式及其价格，见Macfarlane，1976，p.107）。在过去的30年里，古隆村民佩戴的黄金数量急剧减少。在塔克或莫霍里亚，几乎没有人戴着除了鼻环或耳环以外的东西。我们一开始问及这个问题时，人们认为是盗窃和攻击导致女性害怕公开佩戴黄金。但在对财产进行了对比盘点后，很明显，此类黄金首饰的拥有量已大幅下降。人们承认，大部分黄金被卖掉，用于支付孩子们的教育、葬礼和其他必需品。因此，在农村使用珠宝的减少反映了留在农村的人的迅速贫困化。黄金随着富人迁移到博卡拉和其他城镇，在那里，穿着优雅、装饰华丽的古隆女性更为常见。

26. 在莫霍里亚以及其他村庄，有一些非常古老的圆形房屋（参见Macfarlane，1976，diagram p.98）。这可能受婆罗门和彻特里（古隆语：Chetris）建造圆房子风格的影响。古隆最早的房屋可能是长方形的。中尉因陀罗·巴哈杜尔·古隆告诉我们，科拉的房屋废墟是长方形的。⑧

27. 皮涅德说，一天的工资从1卢比到3卢比不等（含饮食）。

---

⑤ 古隆语，女性穿的三角裙。
⑥ 古隆语，长腰带。
⑦ 参见Macfarlane，1976，pp.100-101。
⑧ 参见1983年布莱尔（Blair）对古隆建筑的最新描述。

补充说明

10年后，塔克的物价略有上涨：每天3.5卢比（含饮食）。那时一只鸡大约8卢比。考虑到食物的价值作为工资的一部分（价值约3.5卢比），工资略低于1只鸡或14个鸡蛋的价值。

从那时起，山区的实际工资大幅下降。例如，瑟顿（Seddon）（Poverty, p.115）估计，在1968—1969年至1976—1977年，三个山区的大米等价工资率下降了23%—57%。这一趋势似乎还在继续，实际工资也在稳步下降。

1990年，塔克非技术工人的平均工资是每天15卢比外加两顿饭。这相当于35卢比。一只鸡的价格在80—100卢比。因此，需要两到三天的时间才能挣到相当于一只鸡的钱。根据我们的计算，1990年，每天在田里干活的实际回报只有15—20卢比，甚至比一个临时工还要低。

在过去的短短几年中，劳动力回报率大约下降了一半，这是高水平的外来移民和山地古隆人日益贫困的根本原因之一。

28. 到1990年，莫霍里亚村一棵树的价格（给政府的税收）已经从1958年的5卢比涨到了50—60卢比，一棵小树涨到了200—300卢比。从一个中等的数字来看，工资增长5倍的同时，树价增长了30倍。

29. 自皮涅德以来，住宅的主要变化是瓦楞铁的引入。在古隆的一些村庄，如西克利斯，人们以前使用茅草，因为那里没有石板，现在几乎所有人都有波纹铁皮屋顶的房子。在其他地方，如塔克、甘德隆或莫霍里亚，石板不丰富，只有少数有铁屋顶。

30. 古隆人不再总是一直烧火。木柴短缺使这成了一种奢侈。

31. 也许因为他只是在夏天才在场，那时还没有柴火，皮涅德没有描述这个非常重要的活动。其重要性部分来自花在它上面的大量时间和精力，部分原因是人口对资源的压力之一是通过砍伐木材来调节的。这些方法见麦克法兰（1976年，第134页的总结："收集柴火有两种主要方法"）。从11月到次年6月的几个月里，人们每天都到森林里去砍小树枝，很少有直径超过6英寸的。不分大小男女都会去砍柴。然而，在季风季节，森林里到处都是水蛭，那里的木头也是湿的，会有更多的砍伐工作要做。因此，砍下的柴火放在一个很大的木材仓库里，通常在40—70捆。这是由一队人砍下的，他们砍倒了大树，然后用斧头劈开木头，让它晾干一两个月；最后在女性的帮助下，他们结对把木材搬运下来。

在其他地方，据说："古隆人（年次）搬运的木材的平均重量约为30千克。这个包裹长约3英尺，直径1.5英尺，由绑在一起的木头或木棍组成。"（Macfarlane，1976，p. 42）。大约每人每年需要37立方英尺，或每户每年120捆木材。通常需要1—3个小时才能走到伐木的地方，3—4个小时才能砍完。这样，搬一车木头要花半天的时间，而且还费不少力气。一般来说，人们很清楚保护树木和收集枯木的必要性。在部分村庄已经开始了一些重新造林计划，但是由于保护幼树不受动物伤害十分困难，这些保护计划的成功率还不能确定。

32. 如今，糖的消费量比皮涅德时代要高得多。例如，1987年，塔克一个中等富裕的家庭估计，一个月内他们将购买大约3千克糖，食糖价格为每千克16卢比。大多数家庭购买量大大低于此数，但都还是会买一些。

33. 皮涅德没有详细描述家庭家具和用具，只是提到了在路过时看到的一些物品。Macfarlane，1976，pp. 103 - 106 列出了7件卧室/起居用品，14件烹饪/饮食用具，9件马车/储藏物品，8件杂物和11件奢侈品。

34. 除了旧的有机材料，一种新的有机材料——塑料——在山村里也得到了迅速地普及。甚至在最偏远的村庄也能找到塑料袋、水桶和管道，它们已普遍取代了由木头和金属制成的旧容器。

35. 在1990年的莫霍里亚，据说村里几乎没有任何木制和银制的水壶。早在1969年，它们已经基本在塔克消失。

36. 随着山里人越来越穷，他们的饮食质量也下降了。在1969年以前，我已经写道："有相当多的理由相信，人均肉类消费量正逐年快速下降，牛奶也是如此。"（Macfarlane，1976，pp. 168 - 169）那时，一个普通的家庭每月要吃8—10次肉。到1990年，塔克村的肉类消费量下降了75%，一个月只吃2—3次肉——从平均每天1盎司

补充说明

下降到 1/4 盎司。在 1990 年的莫霍里亚，我们被告知一个月只能吃一两次肉。

1969 年，我估计在一个普通的家庭中，每一个成年人相当于每天消耗一品脱的牛奶。在过去的 20 年里，这种情况再次严重下降。如今，牛奶是一种奢侈品，可能只有不到 1/4 的人喝牛奶。因此，随着牧群数量的减少，以及肉类和牛奶价格的上涨，这些蛋白质含量高的食物对古隆人来说贵得令人望而却步，这或许是他们放牧史上第一次出现蛋白质缺乏的情况。

37. 在过去的几年里，由于引进了柴油磨机、老式的水磨机和碾米机，谷物的粉碎和研磨难度大大减轻了。在莫霍里亚有一个这样的地方，从塔克的主要村庄步行大约半小时就能到达。通常所需费用大约是碾磨谷物价值的 1/30，但所需的时间和精力大大减少，大多数家庭都把谷物拿到"机器"上剥壳或碾磨。在莫霍里亚村，我们被告知传统的碾米机（kuni）和手推磨只在紧急情况下使用，当人们用完或者机器缺少燃料的时候。

38. 尽管 1990 年的资料提供人声称，在莫霍里亚的大多数家庭仍从事编织工作，但他们承认编织的范围已经大大缩小。只有一两户还在织地毯和披风，这些地毯和披风以前都是大批量生产并出售给外村。只有 rhari⑨ 还在用一般的方法制作。然而，在塔克，1970 年至少有 1/3 的家庭仍在织布，而到了 1990 年，据说只有两三个妇女还在织布。

39. 皮涅德的作品中遗漏了一个重点：除了弓箭之外，没有提到任何旧式武器。由于这些武器现在不再使用，人们很容易忽视它们的存在，但是在塔克和莫霍里亚的一些房子里都有各种各样的古老武器，它们被认为是传家宝。还有许多被卖给了古玩猎人。过去的武器包括长而弯曲的剑（tarawa）、盾牌（dala）、长矛（bala）、护腕（togura）和弓箭。人们从早期历史和较年长的资料提供人那里得到的普遍印象是，直到 17 世纪 70 年代，普利特维·那拉扬·萨哈

---

⑨ 古隆语，一种雨披。

(Prithvi Narayan Shah）统一尼泊尔之前，古隆人和其他山地部落一样，被划分为交战的诸侯，每个诸侯都有自己的小拉贾（Rajah⑩）或国王、堡垒和军队。战争不断，纷争不休。在短短 200 多年的时间里，古隆人就能转向一个几乎完全和平、没有武器的社会，这是令人瞩目的。只有在外国军队中表现出的高超的军事能力，才能使古隆人保持这种类似战争的传统。

40. 村里使用皮涅德描述的那种草药的人越来越少。这一部分是由于西药使用的增加。虽然有大规模的农村卫生规划和大量的外国援助资金，其效果并不像人们预期得那样显著。

例如，在莫霍里亚村，1958 年有一个小药房。到 1969 年，这个地方已经被尼泊尔政府接管，有一个健康助理，但几乎没有药物。1990 年的情况似乎没有什么变化，只是现在有 3 名工人，其中两名是农村卫生工作者，一名是普通仆人（peon）。

我们被告知曾经某段时间招有一位护士，但是钱已经用完了。过去 40 年来，妇女在难产或其他危急情况下，仍然需要搬运工用两天时间把她们抬去医院，可用的药物很少。

这些印象与塔克类似，在那里，到邻近村庄的卫生所就诊的村民通常会发现要么没有人在场（尽管最近增加了 10 多人），要么没有药物。大多数患有严重疾病的人都去了博卡拉。不幸的是，他们总是得不到充分的治疗，他们往往更偏好在医疗商店里得到私人帮助（由医院顾问在他们的"空闲"时间提供），而不是由一家政府医院提供。

虽然婴儿和儿童死亡率已大大降低，但不可避免的轻微疾病数量仍然很多。对这类疾病的描述和使用的治疗方法，麦克法兰于 1969 年进行了研究，并于 1981 年出版，他的描述现在仍然广泛适用。

41. Macfarlane，1976，pp. 131 – 133 中描述了其他作物，"因为皮涅德对小作物的关注比他对水稻、玉米和小米的关注要少"。

他说："在塔克，古隆人在水稻中间或水稻梯田的田埂上种植许多作物。其中最主要的品种是 masa 和 masyan，它们是小扁豆的不同

---

⑩ 古隆语，王侯，国王。

品种……种植在其他作物中，通常种植在玉米中，也种植在大米中；kwoia 或 soya 大豆也是如此，并且同 masa 一样有着重要的营养价值。在小米中种植一种被称为 toro 的谷物……在陡峭的斜坡或高森林中的空地种植土豆（alu）和甘薯（toyo）……大多数家庭在房子附近用栅栏围住的小菜园里种植一些蔬菜，包括番茄、菜豆、甜土豆、辣椒、菠菜、豌豆、萝卜，等等。"

42. 诺加（Nogar）[11] 组织仍然活跃在古隆的大多数村庄，如从事土地整理、除草和收割等社区工作。在塔克，nogar 和 gola 是有区别的。Nogar 是一个公共工作小组，为获得报酬而在人们的田地上工作，他们用这笔钱举办一场大型野餐，在野餐快要结束时会宰杀一头水牛。到 1987 年，gola 已经消失，与它赖以存在的有组织的青年团体一起消失了。

43. 包括莫霍里亚在内的古隆村仍然大量种植土豆，我们被告知所有的家庭都种植土豆。这个村子仍然出售一些农作物。一名资料提供者估计，每年有 50—60 muri[12] 土豆被售出。土豆的价格已经从皮涅德时代的 1 卢比/pathi[13] 上涨到 1990 年的 25 卢比/pathi。然而，在其他村庄，如塔克，现在种植的土豆比 20 年前少。当时有不到一半的家庭种植土豆，而现在只有少数家庭种，因为可以在博卡拉或村里的流动小贩那里买到便宜的土豆。

44. 现在的情况仍然是，大多数古隆人既不养猪也不吃猪肉。但是军队里的古隆人很喜欢吃猪肉，而博卡拉的一些古隆人不仅吃猪肉，而且还养猪。古隆人们最不喜欢的是铁匠种姓和裁缝种姓养的黑猪。

45. 皮涅德对水牛的描述往往低估了水牛在古隆许多村庄经济中的重要性。此外，他关于让水牛在村庄附近自由漫步的描述只适用于某些村庄。在我们参观过的许多地方，水牛被关在房子旁边，睡在从

---

[11] 古隆语，村落中实行的一种分组劳作方式。
[12] 古隆语，体积单位。
[13] 古隆语，体积单位。20 pathi 相当于 1 muri。

森林里带回来的树叶和草上。正如 Macfarlane，1976，p.134 所描述的：“为被围着的动物收集饲料是所有养畜任务中最耗时的。”大多数家庭在村里养一头母水牛和一头小牛，以提供牛奶和肥料。一个14岁左右的女孩一天所能割下并带回的东西，似乎就相当于一个成年人正常工作半天能割下并带回的东西。

据对塔克100户样本家庭的计算，水牛每年要吃731460千克左右的饲料。再算上其他牲畜，这给森林带来的压力比伐木还要大。在1970—1990年，塔克的水牛数量减少了一半以上；因此，水牛饲料收集的压力和需要投入的大量劳动力已经减少。但他们从前大量供给的肉、奶、粪，也因之而减少了。

46. 如果一个村庄有一群羊，需要使用属于另一个村庄的高地牧场，它必须支付一笔费用，要么是现金，要么是提供用于祭祀当地神灵的动物。出于祭祀的目的，动物必须处于接近完美的状态。因此，饲养动物不只是为了牛奶、肥料、肉和羊毛，也是为了敬拜。羊、山羊和鸡是最常用的动物，如在葬礼仪式上，或在建成新房子准备乔迁的时候。［因陀罗·巴哈杜尔·古隆］

47. 皮涅德在1958年使用"封闭的经济单位"一词是有误导性的，因为正如他所指出的，古隆村一个世纪以来一直严重依赖移民劳工的收入，尤其是军队的收入。他的意思大概是说，村里卖不出多少剩余的粮食，从外面买的生活必需品也很少。

自皮涅德写作以来，村庄对外部世界的依赖大大增加。首先，被迫到远离村庄的地方找工作的人数增加了。其次，必须用现金从村外购买的必需品数量增加了。例如，在1969年的塔克，家家户户每年在村外的现金购买上花费超过1000卢比（具体数字见于 Macfarlane，1976，p.178）。20年后，同等级房屋在同一项目上的平均支出大约是这个数字的5倍，考虑到期间房价的上涨，这一数字略有上升。

然而，有两个方面在1969年对大多数人来说是微不足道的，但现在却需要大幅度增加开支。一是教育（见附录A），二是大米。在其他地方，我们描述了过去20年古隆村是如何从水稻过剩变成水稻短缺的社区。现在大米严重短缺，大多数家庭每年仅买大米就要花费

1000卢比以上。（参见 Macfarlane，1990，pp. 34 - 35）

48. 关于皮涅德之后10年的古隆预算的扩展分析。（参见 Macfarlane，1976，chapter 8）

49. 关于廓尔喀士兵的薪资表，他们的薪金是否高是有争议的。英国廓尔喀士兵的工资水平与印度军队相似。这比一个英国士兵挣的钱少得多。[钱德拉·巴哈杜尔·霍坦]

50. 做抵押的不只是土地、珠宝、财物，连儿女和本人也要抵押。利息不止10—15便士，而且借款人还要在借款时应支付总额的1/10，还必须每年工作3天。[因陀罗·巴哈杜尔·古隆]

51. 皮涅德怀疑英国廓尔喀士兵从新加坡和香港的中国人那里借用了达孔里（dukuri）系统。然而，在此之前很久，古隆人就使用了达孔里来种植谷物。渐渐地，钱取代了粮食的地位。从20世纪30年代起，钱在农村变得越来越重要。达孔里体系从中古时期就开始向博卡拉这样的城镇蔓延。[钱德拉·巴哈杜尔·霍坦]

皮涅德的描述可以在梅瑟施密特1978年的描述和分析中得到补充。正如梅瑟施密特所表明的那样，它现在已经在尼泊尔和印度北部广泛传播。在古隆的村庄里，不论作物多少，达孔里仍然被广泛实行。

52. 在莫霍里亚村的调查显示，借贷仍然很普遍，人们仍然借钱给比勒塔提和其他城镇的人。一个主要的变化是，尽管在1958年，以及之后长达15年的时间里，富有的退休古隆人会回到农村，把他们积累的现金借给较贫穷的村民或集市城镇的居民，但这种相对容易获得的信贷来源基本上已经枯竭。大多数富有的古隆人搬到印度或尼泊尔的城镇居住或退休，在那里他们把钱投资在大房子上，用于孩子昂贵的教育，或者创业。剩下的钱都倾向于存入银行。

因此，村民们因为许多紧急情况筹集贷款越来越难：女儿结婚、安置动物、修缮房屋、举行哀悼仪式。村子里似乎没有专业的放债人，而且按照南亚的标准，利率也很低（大约为每年10%）。可用的钱越来越少了。

53. 一方面，随着他们作为铁匠和裁缝的专业服务的使用减少，人们希望服务种姓的各自地位会削弱，付给他们的传统报酬会减少甚至消失（如 Macfarlane，1976，p. 155 所预测的那样）。另一方面，随着古隆人的外流，一些古隆村庄和农村的劳动力持续短缺，越来越多服务种姓被雇用为劳动者和佃农。因此，了解一下经历了什么将会是很有意思的——在1958年的莫霍里亚村，一个古隆家庭每年能得到1—6pathi 的谷物，在1969年的塔克（Macfarlane，1976，p. 154）是3—7pathi 谷物。

从表面上看，这个数字似乎没有太大的变化。在1990年的莫霍里亚，我们被告知铁匠会得到大约 4 pathi 小米，2 pathi 大米，6 到 7 pathi 玉米。铁匠仍然制造农具，因此很有用。裁缝只会因特殊的服务而得到报酬，而这些服务的需求量并不大。塔克的铁匠得到的是同样数量的钱。

54. 在1958—1969年，现金的使用和纸币的接受程度也有了很大的提高。到1990年，金属硬币几乎消失了，大多数情况下都使用纸币。我们面对的是高度货币化的乡村经济，当然，博卡拉的古隆人们完全融入了货币经济。

55. 皮涅德描述的盐矿探险在1959年西藏边境贸易关闭后戛然而止。在那之后，盐从印度通过像博卡拉这样的集市城镇运来。印度盐更便宜，它的其他作用之一是，它减少了古隆人普遍遭受的甲状腺肿，因为西藏盐缺碘。

56. 有关土地注册的进一步澄清：

①Hal——一块很久以前就在政府办公室注册的土地。

②Halkodale——后期注册的可耕种土地。

③Pate——后期为无地村民提供的土地。

④Phhatke kodale——村民在没有首领授权的情况下首先耕种的土地，之后在政府办公室注册并纳税。

⑤Kodale——提供给无地村民的土地，并以土地税的名义在后期征税。

这些名字在拉纳统治期间用于土地分类。此后，它们被分类如下：

补充说明

①Abal——最好的土地。
②Sim——非常好、肥沃的土地。
③Doyem——好、中等肥沃的土地。
④Char——比较好、不那么肥沃的土地。

［钱德拉·巴哈杜尔·霍坦］

57. 正如我所评论的（Macfarlane，1976，p.86），在（皮涅德）访问莫霍里亚村时，几乎没有什么未被利用的土地，但仍有可耕种土地。我被告知，在皮涅德访问后的11年里，大约有12洛帕尼（ropani）[14]的稻田被开垦出来……我被告知，可能还有另外5洛帕尼左右的土地可以被改造成稻田。

当我们在1990年访问莫霍里亚时，人们告诉我们，在过去的10年里他们没有开发新的土地。耕地面积非但没有扩大，反而大幅度收缩。现在，当你游历古隆的许多村庄时，你会注意到许多梯田已经被废弃，变成了灌木丛（banja），在莫霍里亚村尤其如此。如果我们考虑1958年皮涅德的土地利用图，以下土地现在已经废弃。

土地名（古隆语）	废弃时间
selece	1973年
cahpo	1975年
ukhrani	1965年
poloce	1960年
darolokyo	1960年
khore（3 pieces）	1975年

皮涅德来访后不久，田野就开始荒芜了。在塔克，离村子较远的几个地区被遗弃了。我们被告知，基本原因是退役军人搬到博卡拉后，无法为土地找到佃农来种植。就农作物的现金价值而言，劳动力的回报如此之低，以至于耕种土地几乎不值得，尤其是贫瘠的土地。靠近博卡拉和其他城镇的村庄受到的影响尤其严重。

58. 1990年莫霍里亚的资料提供人说，仍然没有大量的土地出

---

[14] 古隆语，土地面积单位，1 ropani约500平方米。

售，但是如果人们去博卡拉，则可能会卖掉他们的土地。我们的印象是，在过去的四五十年里，许多古隆地区的土地市场非常活跃，因为归国士兵把他们的收入投资在土地上。由于返回村庄的士兵越来越少，这一进程最近可能并没有加速多少。

59. 由于丘陵主要是农业用地，土地价格是一个关键变量。32 年之后，我们得到了莫霍里亚土地的如下价格：

能生产 1 muri 大米的贫瘠土地：3000—4000 卢比；

沼泽贫瘠土地：2000—3000 卢比；

用于生产 1 muri 玉米的土地：1750—2000 卢比。

这表明土地价格上涨了 10 倍，这与工资上涨幅度大致相符，但远低于其他价格的上涨，例如，木材或消费品。这与塔克二十多年来的数据大致相符。

这表明，尽管直到 20 世纪 70 年代初，土地价格的上涨水平一直与一般价格保持一致，甚至更快，但自那以来，土地价格一直落后于一般价格。由于外国收入不再投资于农村，土地价格停滞不前。资金迅速流入物价飞涨的城镇。例如，在保原，1972 年购买的一块土地上面盖了一栋房子，在过去 18 年里，这块土地的价值增加了 100 多倍。对于那些有闲钱的人来说，在博卡拉的投资带来的回报是在村里投资的 10 倍。有了这样的差异，有钱人投资城镇就不足为奇了。

60. 尽管在古隆村，佃农（古隆语称 ade lava，"一半干"的意思）可能一直存在，但在过去 15 年里，佃农的数量无疑增加了很多。1969 年，我并没有注意到有很多佃农，但在 1990 年，很多家庭把他们的土地租给佃农或充当佃农。按照惯例，每一方只能分到一半。村外更富有的古隆人的移居是造成这 现象的主要原因。他们通常不愿意出售土地，而宁愿获得一半的收成。

人们常说，佃农不如农场主谨慎，这很可能是真的。考虑到每天农业工作的回报很低，平均 15—20 卢比的谷物，一个佃农的回报，即使只有一半，也很难让他付出努力，除了那些最绝望的人。许多佃农工作是由裁缝种姓、铁匠种姓和非常贫穷的古隆人完成的，而古隆人的缺乏使得越来越难找到愿意耕种土地作为土地佃农的人。（参见

> 补充说明

Strickland，1984，p. 232）

61. 皮涅德将喇嘛描述为一个 Plih-gi 氏族。事实上，古隆社群没有喇嘛家族。任何一个宗族的人，只要学习了喇嘛的知识体系，学习了仪式文本，并以喇嘛的身份表演，都可以称为"喇嘛"，即便是婆罗门。

甘德隆的拉米赤汗（Lamichhane）家族三代人以前就开始学习藏传佛教了。第一次使用 Lama 这个词是在布霍吉·拉吉写的宗谱中。（参见 Legend II，pp. 160 - 162）

就 Plih-gi 族而言，以下是古隆和尼泊尔文本中的主要部族：

古隆语	尼泊尔语
Ghale	Ghale
Kon	Ghotane
Plon	Lamichhane
Puinmai	Pnki Lama

［钱德拉·巴哈杜尔·霍坦］

62. 我既没有听说过 tu-gi 也没有听说过 pu-gi。事实上，有三种类型的孔族[15]（更准确地说是 kon-mai[16]）：

①migi konmai——皮涅德研究过的莫霍里亚的孔族。

②kamche konma——丹兴南部的一个村庄，发现于甘德隆和撒比。

③konmai。

他们都属于一个氏族，孔族。人们相信，无论来自哪里，他们都是同一个祖先的后裔。他们称彼此为"堂兄弟"，不与同族通婚。
［钱德拉·巴哈杜尔·霍坦］

63. 如前所述，没有所谓的喇嘛家族，因此皮涅德的结论是错误

---

[15] 古隆语为 kon，即 Ghotane。
[16] mai 表示"……人"。

— 400 —

的。[钱德拉·巴哈杜尔·霍坦]

64. 皮涅德试图将古隆语与藏语联系在一起。尼泊尔一些少数民族的语言,如尼瓦尔语(Newar)、塔曼语、马嘉语、瑞语和林布语,都是藏缅语,所以很可能所有这些语言中都有类似的词,而不仅仅是古隆语。[钱德拉·巴哈杜尔·霍坦]

65. 皮涅德的表格应该进行修改,不是作为"领主"和"祭司",而是作为"主要宗族"。

ghale paen(panki lama)(班吉喇嘛)

ghotane lamichhane

上述注62中给出了 ghotane(或 kon-mai)的亚谱系。lamichanne(或 plon)的亚谱系是:

rhan-mai

lem-mai

tud-mai

[钱德拉·巴哈杜尔·霍坦]

66. 皮涅德注意到一个叫 pai 的部落的存在。这一定是对 paen(见前面的注释)的引用,而 lem[17] 则是对 plon 亚谱系的引用。[钱德拉·巴哈杜尔·霍坦]

67. 在皮涅德指出的婚姻规则中,喇嘛应该 read paen。[钱德拉·巴哈杜尔·霍坦]

正如皮涅德、麦克法兰(1976,p. 17)和梅瑟施密特(1976,p. 54)所指出的,规则没有得到严格遵守。例如,任何一个氏族都可以互相通婚。

68. 皮涅德认为索拉贾特人曾经是卡贾特人的搬运工。没有任何证据表明,有任何严格的规则或具有社会约束力的习俗意味着 Ku-gi 应该为 plih-gi 搬运。仅仅经济因素就会促使他们这么做。例如,莫霍里亚村的 Kon 家族经常到博卡拉、加德满都和布哈鲁瓦(Bhairuwa/Bhairahawa)旅行。他们聘请了一个加尔蒂(Gharti)和一些婆罗门

---

[17] 古隆语,即 Lamichhane。

来当搬运工。作为部分补偿，他们向两个婆罗门家庭免费提供土地。Gharti 是职业搬运工。孔族的任何成员旅行时，都会有一个来自这三个家族之一的男人替他扛行李。他们能领工资，偶尔也会领到衣服、鞋子、毛衣等。[钱德拉·巴哈杜尔·霍坦]

69. 正如皮涅德所描述的那样，1958 年出现了一种议会君主制。1960 年，马亨德拉（Mahendra）国王认为尼泊尔的政党制度行不通，决定"宣布所有政党都是非法的，关闭议会，逮捕和监禁当时在加德满都的所有内阁成员，并将政府掌握在自己手中"（Bista，1991）。1962 年，宪法被修订，第一个全国村委会成立。1980 年举行了全民公投，决定该国是否应该继续实行无党派的村务委员会制度，这得到了小部分人的支持。国王保留最高权力，可任命和解聘大臣。1990 年发生了一场人民起义，一部新的宪法出台，各政党在 1991 年竞争民主选举。

70. 皮涅德写道，孔族是迦勒人国王的行政官。由于他们之间似乎一直有一场持续的争斗（Cf. Legend Ⅱ and Ⅲ, pp. 160 - 164），很难看出迦勒国王能在多大程度上信任孔族作为他们的行政官。

虽然迦勒王朝在蓝琼地区是统治者，但我在古隆的其他地方没有发现迦勒国王的影子。[18] 有证据表明孔族和普隆曾是除了蓝琼外部分地区的统治者。[钱德拉·巴哈杜尔·霍坦]

71. 到 1990 年，这个集团的资产在减少。虽然有 16 个独立的住所由这群人居住，但其中只有四个是由第六代人领导的，其余的仍然由皮涅德提到的人或他们的遗孀居住。他们的儿子大部分要么是海外的士兵，要么是文职人员，值得注意的是，这些人的妻子已经在博卡拉或其他地方定居下来，不太可能回到莫霍里亚生活。由于这一群人代表着最富有的家庭，也就是离开后损失最大的地主，这种离开村庄的趋势显示出一种普遍趋势，可能预示着莫霍里亚村的人口逐渐减少。

72. 现在情况并非如此。少数人确实十分了解他们的祖先，但在

---

[18] 据波瓦·塔穆说，在卡斯基地区的科拉、卡斯基科特和阿尔古等地有迦勒国王。

塔克是个例外。人们大都了解三代人，即他们对曾祖父母的时代也很了解，即使是这样久远的知识常常是未知的。

73. 皮涅德对村长的描述有点混乱。这是一个世袭的角色，在近亲之间传递，是一个荣誉职位，政府没有支付任何报酬。因此，Bara-Hakim[19]没有资格解雇一名村长。我没听说发生过任何这样的事。

皮涅德讲的关于丹兴的村长和莫霍里亚之间争端的故事是虚构的。这不是恶意或无能的问题。Bara-Hakim 没有解雇任何人。莫霍里亚的村长未经孔族允许，把这个职位转给了他的堂兄。这被莫霍里亚村的孔族认为是一种耻辱，并向 Bara-Hakim 提出了投诉。与此同时，老村长死了，他们就把世袭权还给了莫奥里亚的 kon 族。［钱德拉·巴哈杜尔·霍坦］

74. 皮涅德关于 katwal（信使）通常是从 damai（职业裁缝种姓）中选出来的说法是不正确的。村长可以任命任何拥有良好嗓音和智慧的人来正确传达信息。1958 年，甘德隆的 Katwal 是古隆人。［钱德拉·巴哈杜尔·霍坦］

75. 与政府的接触在各个方面都有明显的增加。在次要的职位上，政府雇用更多的村民；学校和之前的潘查亚特组织是二者的纽带。收音机间接地提供有关国家大事的信息。然而，在中部和农村之间仍然有较大的政治差距。

76. 盗窃和其他严重犯罪仍然很少见。例如，我们向西克利斯大村庄（1990 年总人口为 2048 人）的村长询问了犯罪的问题。他说，在过去的十年里，只有两三个人被警察带走审问。村里非正式地审理了几起很小的案件。他从来没有听说过西克利斯地区发生任何谋杀或强奸案件。在过去的一年里，发生了两起因饮酒引起的斗殴事件。他也没听说过有殴打妻子的案件。同样，在塔克，几乎任何形式的犯罪都是不存在的。两个村子里都没有警察。居民们普遍认为，在甘德隆这个大村庄里部署警察是没有必要的，甚至是带着些挑衅和煽动性。村庄自行维持治安。

---

[19] 最高长官。Bara 表示"大的、主要的、最高级的"；hakim 表示"官员"。

补充说明

77. 这个特殊的案件很好地说明了谋杀的罕见性。1987年,当我们在蓝琼的古隆村旅行时,我们提到了之后去莫霍里亚村旅行。有几个人警告我们不要去那里,因为那里非常危险。莫霍里亚是政治事件的温床,在那里经常发生谋杀。直到后来,我们才发现他们指的是近40年前发生的一件事,但至今仍让人感到恐惧。

78. 皮涅德对这一争端的解释是错误的。有一个案例是莫霍里亚的 krōh 赢了,但他没有被解雇。[钱德拉·巴哈杜尔·霍坦]

79. 女人工作,甚至搬运重物,直到生孩子的那一刻。

80. 皮涅德认为,若婚前发生性关系,男孩不会受到谴责,而女孩会受到父母的谴责。正如麦克法兰(Macfarkne)(第117页)1976年所说:"这种严格的双重标准,至少在理论上,在性行为导致怀孕的情况下,似乎没有在塔克实行过。几名资料提供人说,男孩应该和女孩一样受到谴责。"

81. 现在,在尼泊尔—印度风格的舞蹈中,男孩和女孩单独或一起跳舞,已成为一种规范。

82. 关于1970年以前古隆人对资源的人口压力的扩大分析,见麦克法兰1976年思特里克兰德1984年和麦克法兰1990年出版的书。毫无疑问,不断增加的压力已经迫使人们离开村子,但同样重要的是,人们可以通过打短工赚取相对较多的收入。例如,在山地婆罗门村,由于较低的生活水平和非常密集的农业(两熟制)相结合,人口密度要高得多。这是古隆人的另一种策略。

83. 正如皮涅德所说,古隆人远非内婚。在塔克,古隆人、塔曼人和马嘉人之间缔结了许多婚姻。然而,那里没有古隆人与铁匠种姓或裁缝种姓结婚的记录。

84. 皮涅德说古隆人不喜欢交换姐妹可能是不准确的。虽然我们听说过一些案例,但确实很少见。1990年,当我们在莫霍里亚问及这个问题时,我们被告知这是一种很好的婚姻形式,人们对此表示赞同。

85. 皮涅德将这种体系描述为一种不对称的体系,有着与母亲兄弟的女儿结婚(母系外系表亲婚姻)的明显倾向。这把它与印度北部、阿萨姆邦和其他地方的大社群联系起来，这些社会优先这种婚姻模式。

正如 Macfarlane，1976，p.19 所说："然而，有相当多的证据表明，无论在理论上还是在实践中，这一体系都比他所建议的更为对称，因为与父亲的姐妹的孩子结婚的频率一样高，而且亲属关系术语中的对称和不对称混合在一起。例如，在1969年的一次人口普查中，有8对与父亲的姐妹的女儿结婚，只有3对与母亲的兄弟的女儿结婚的记录。资料提供人坚持认为两种类型的婚姻都是平等的。"

格洛弗夫妇（Glovers）（参见 Glover and Gurung，1977，p.303）也报告说："表亲通婚是首选，至少在迦楚克（Ghachok）地区，没有明确的偏好是通过母亲还是父亲的联系来选择配偶。"

1990年，当我们在莫霍里亚问及这个问题时，人们说这两种婚姻都是同样令人满意的，而且他们认为是同样频繁的。此外，亲属关系术语似乎与这种平等的偏好相一致。平行表亲（用兄弟姐妹的术语称呼和引用）和异表亲（用特殊术语引用）的术语之间有很大的区别。这些术语同样适用于父系和母系的表亲。

86. 正如 Macfarlane，1976，p.226 分析的那样，皮涅德的发现并非普遍适用。例如，在塔克，许多女性还没有结婚，对此也并不感到特别惊讶或恐惧；"无论是在经济上、仪式上还是在社会上，婚姻似乎都不是一个重要的转折点。如果一个人没有配偶或孩子，他（她）不会被认为是不完整的。在塔克，未婚女孩和已婚女孩一样自信和受人尊敬"。1970年，年龄在26—40岁的女孩中，几乎有1/3是未婚的。

87 Macfarlane，1976，pp.219 220 对首婚年龄进行了详细的讨论。这与皮涅德的总体印象是一致的：古隆人结婚年龄在17岁以上，尽管有人称在更年轻的时候结婚的人比皮涅德所说的多得多。

88. 皮涅德对婚姻仪式的描述只涵盖了仪式的一部分。更详细的叙述载于 Messerschmidt，1976，pp.57-61。

89. 现在婚姻、生育和死亡都要正式登记。

90. 自皮涅德写作以来，最重要的变化之一是退役士兵的行为。

补充说明

直到 1975 年，几乎所有的士兵退休后，他们的储蓄和养老金能促进村庄经济生活。从那以后，越来越多的退役军人到博卡拉或其他城镇，这在 20 世纪 80 年代几乎是普遍现象。正如一位资料提供人所说，其特点是：士兵在第一次休假时返回村庄，并在那里消费；在第二次假期结婚；第三次在城里买一小块地；第四次买更多的土地；在第五次及之后的假期建立自己的镇屋。从第四次休假开始，士兵开始把孩子送到昂贵的城镇学校接受教育。他们只偶尔去自己出生的村庄，在那里几乎不怎么花钱。1969 年，博卡拉没有来自塔克中心家庭的退役军人家庭；到 1987 年，这个村子里已经有了 20 多个家庭，还有同样数量从村子里搬来的其他家庭。

91. 更详细的仪式介绍在 Messerschmidt，1976，pp. 46 - 49。皮涅德的描述相当奇怪，因为所有我们交谈过的人都确信，仪式上的兄弟情谊（古隆语：nyela lava）只存在于不通婚的群体之间。例如，古隆人可以与马嘉人、塔曼人、裁缝种姓、铁匠种姓和其他人建立这样的关系。卡贾特和索拉贾特的成员可以彼此形成这样的关系。但他们坚持认为这样的关系是不可能存在于卡贾特或索拉贾特内部。莫霍里亚村很可能不同，但更有可能是皮涅德在谈论的其实是别的事情。

92. 皮涅德离开后不久，尼泊尔南部的特莱由于疟疾的根除而开放给人们居住。因此，许多家庭离开莫霍里亚村前往池特皖（Chitwan）。到 1990 年，许多来自塔克的年轻人在印度工作，主要是在孟买和德里，或沙特阿拉伯（参考 Macfarlane，1990，pp. 36 - 37）。值得注意的是，其中大部分是卡贾特人。

93. 皮涅德的图表在麦克法兰（第 113 页）1976 年的书中稍微修改了一下，因为有人提示，在塔克，即使是他的"灵活的情况也太死板了……即使是被认为是女性的活动，如做饭、挑水，也可能是由男性来做的，尽管只是在少数情况下"。在塔克，女性从未从事过男性活动唯有犁地和打篮球，而男性除了编织和纺纱外，也干女性的活。就连这一点也太绝对了，就像我们最近看到的一位老妇人练习竹剑术一样，竹剑术近乎篮球。资料提供人认为在犁地和织布的时候会不被允许，因此"不会做"（古隆语：a-t），而不是缺乏技巧。

94. Ro 也表示"睡觉"，所以 ro-dhi 可以简单地表示"睡觉的房子"。然而，它不仅仅是用来睡觉、唱歌或闲聊的。女孩们可以组织劳动、舞蹈表演，或者去一些类似的宗教圣地，比如 Dudh Pokhari[20]，它就在 1.8 万英尺高的蓝琼喜马拉雅峰（Lamjung Himal）附近。这条路可能会带他们穿过许多村庄，包括安纳普尔喜马拉雅山脉（Annapurna Himal）、马南、穆克提那（Muktinath），然后再穿过博卡拉。在路上，他们会跳着舞进村为旅行筹集资金。他们会随身携带所有的食物和炊具。[因陀罗·巴哈杜尔·古隆]

自从皮涅德写了这篇文章以来，ro-dhi 一直在快速下降，现在只在蓝琼一些较偏远的村庄发现了完整的 ro-dhi。关于南亚和东南亚共同宿舍制度的这种变化的详细分析，如在安德哈普拉德什（Andhra Pradesh）的那迦人（Nagas）和穆里亚人（Muria）之间发现的变化，安道尔（Andors）在 1971 年和 1976 年已经给出。

95. 皮涅德非常明确地指出，男性私生子从他们的父亲那里继承了全部（应得）的财产和土地。当然，并非所有的古隆村都是如此。例如，在 1969 年的西克利斯和塔克，资料提供人坚持私生子不能得到全部份额。给出的数量取决于很多因素，比如村里的压力，或者父亲和一群长辈的决定。然而，如果没有合法的儿子，他们会优先考虑让父亲的兄弟继承。

96. tah 不是死者的儿子，其意为"朋友"。他可能来自同一谱系，但亲属群体往往是成对的，因此以 Song-gi[21] 为例，可普查（Kopohai[22]）的 tah 是 Lemme[23]。

tah-kral la-ba[24] 的目的是摧毁 mōh（游荡的灵魂），为死者的灵魂

---

[20] 湖名。Dudh 表示"牛奶"，Pokhari 表示"湖泊或池塘"。
[21] 古隆语，分为三个氏族的古隆。Song 表示"三"，gi 表示"组，族"。
[22] 古隆语，氏族名。
[23] 古隆语，氏族名。
[24] la-ba 意为"去做"。

补充说明

扫清通往死亡之地的道路。这一过程分三个阶段进行。首先是 tah-kral，然后是由最亲密的亲属——儿子，兄弟，父亲（真正意义上的父亲或父系男性长辈），最后是 a-śyõ[25]。这个仪式在古隆各地略有不同。[因陀罗·巴哈杜尔·古隆]

97. 制造和装饰的 a-la[26] 在葬礼和 pae 上有所区别。例如，在葬礼上，chhyuta（一种植物）构成主要的装饰，而对于 pae，水果、鲜花、一瓶瓶的 pa[27] 等也作为补充。[因陀罗·巴哈杜尔·古隆]

98. moh[28] 的选择不是由任何人完成的，而是由 moh 自己完成的。首席 moh 是死者关系最近的女婿。如果他有不止一个女儿，则由大女儿的丈夫担任；如果他没有女儿或未婚，则由他的大姐的丈夫担任；如果他没有姐妹，那么 moh 就从他父亲的兄弟或更近的亲属中选择。也可以雇用对流程很熟悉的非近亲主持仪式。[因陀罗·巴哈杜尔·古隆]

99. buwari：哥哥给弟弟的妻子打电话。

100. 不同的山谷，甚至同一山谷的村庄，亲属称谓也有相当大的差异。例如，在莫霍里亚，妈妈的哥哥是 mom，而在塔克是 mama。在塔克，父亲是 aba，大哥是 agi，但往山谷更上面走，父亲被称作 pabu 而大哥被称为 ali。皮涅德的清单还不完整，如他没有丈夫的兄弟（dewar）这一术语。他也没有区分呼语和指称；他的大部分术语似乎都是指称。另一份来自 博卡拉北部迦楚克村的词汇列表已被收集（Glover et al., 1977, pp. 303 - 306），这大大扩充了皮涅德的列表。

101. 牛奶是提供给 Namru[29] 的，但牛粪只用于清洁和净化祭坛。[钱德拉·巴哈杜尔·霍坦]

102. 虽然皮涅德说普楚通常属于 kromzẽ 和 lehṅai 部落这一点是对的，但情况并非一直如此。1969 年的塔克普楚祭司属于 bucha 族，

---

[25] 指舅舅家系的男性。
[26] 一种特殊的白旗，用来表示家中有葬礼或祭祀仪式举行。
[27] 古隆语，白酒。
[28] 死者姐妹或女儿的丈夫。他（们）有义务协助祭司举行葬礼或祭祀仪式。
[29] 一种神的名字。

ngobje 等其他氏族也可能是普楚。普楚几乎都来自索拉贾特（Ku-gi）。鼓点的节奏是否能区分 kromzē 和 lehṅai 是有争议的。普楚既是祭司（khegi），也是治疗者（paindi）。

表述为有四种类型的普楚更为正确：

karkola——来自东方的普楚祭司

pron——来自西方的普楚祭司

namatithu namth-haya——来自北方的普楚祭司

chalden——来自南方的普楚祭司

Kromzē 和 lehṅaipucu 属于 namatithu namth-haya 的传统（这个群体现在包括其他氏族的普楚祭司）。他们的传统承认 Chyon（女性普楚，皮涅德称为 Rhi-mai-cyo），作为习俗，她们穿着女性的 pro[30]，并呼呼她们的"姐妹们"（chomi rhimae）在她们最危险的 teh[31] 时保护她们。

东、西、南等地的普楚都有着使用男性普楚（mhyuonbyun）的传统。他们的服装不同，在 teh 时也不会算上 chomi rhimae[32]。［雅容·塔穆］

103. 与古隆地区的大多数地区一样，莫迪山谷（Modi valley）中活跃的普楚正在减少。我们被告知，到1990年，莫霍里亚的两个普楚家庭已经消失，村里大约二十年来也没有进行过普楚宗教活动。这时候，其他村庄的普楚也垮台了，但越来越多的人使用卫生站或低种姓的 dhame[33]。同样地，在塔克，历史上没有任何关于普楚的记载；普楚家族的最后一名执业成员于1990年年初在博卡拉与他的父亲团聚。普楚数量下降的主要原因似乎是经济因素。他们一般以谷物而不是现金支付，与其他成本相比，这并不能保持其价值。

104. 虽然几乎所有的普楚和科里布利祭司都是男性，但偶尔也有女性。布容（Bhujung）已故首席科里布利就是一名女性。目前在西亚尼亚（Syanja）区执业的首席普楚也是一名妇女。普楚教有着强

---

[30] 迎宾用的斜戴的佩带。
[31] 即 tēh，为祛除疾病而举行的仪式。
[32] 宗谱中女性的姐妹。
[33] 古隆语，萨满族的治疗术士。

补充说明

烈的女性原则（参见 Ri-mai-cyo 的故事）。在一些最危险的 teh 时，女性继续扮演着重要的角色，像 chomi rhimai 一样，"保护"她们的兄弟（站在他们身后，拿着某些物品越过普楚）。［朱迪思·佩蒂格鲁］

105. 这座小雕像绝对是一头牛，因为古隆人不会在神龛里敬拜狗。［钱德拉·巴哈杜尔·霍坦］

106. 皮涅德将 koe 仪式解释为一种宗教仪式。事实上 koe（尼泊尔语：kot）只是"堡垒"的意思。它被认为是权力的所在地，所以仪式是为了纪念祖先国家的存在。仪式上要献祭一只公山羊，一头公水牛和一只公鸡。人们相信，红色的血液能激励和加强士兵为保卫国家而战。印度人也会献上大量动物给巴迦巴提（Bhagabati）女神来庆祝这一节日。［钱德拉·巴哈杜尔·霍坦］

107. 在古隆喇嘛的建议下，mane㉞ 的建造大约在上一代人以前就开始了。1949 年，在一位甘德隆喇嘛的建议下，人们在莫霍里亚以北通往甘德隆的路上竖立了一座 mane。［钱德拉·巴哈杜尔·霍坦］

108. 皮涅德对鱼的推断得到了塔克资料提供人直接陈述的印证。我们被告知，他们用的鱼是"湿的"，因为这将给农田带来雨水。在 Asuj㉟ 月，他们会用一条干的鱼来请求停止降雨。

109. 1990 年，几乎所有的乡村仪式仍然在拉尼（Rahni）和莫霍里亚举行。

格洛弗（参见 Glover et al., 1977, pp. 311 - 313）列出了喇嘛、科里布利和普楚所实行的 13 种"治疗仪式"和 14 种"乡村和家庭仪式"。很可能还有其他仪式未被列出，其中一个就是 Panca bholi puja。这是塔克的一种不定期的仪式，有动物传染病流行时才举行。另一种是 Tusyu priba，它是在夏天第一次下冰雹时或冬天举行的。村民们在暴风雨过后的三天里不去田里，他们相信这样一来，就不会再有冰雹了。一些村庄甚至还请了一位喇嘛来防止冰雹，给予谷物作为报酬。

㉞ 转经筒。
㉟ 尼泊尔日历中的六月，又写作 Asoj。

110. 对普楚和科里布利及其仪式的描述是皮涅德作品中最重要的部分之一。它不仅是对这个非常丰富的系统的第一个完整地描述，而且仍然是最完整的，尽管姆佛（Mumford）（1989）最新的描述非常有趣。正如思特里克兰德（1987）所写，皮涅德的表述是"杰出的"，这是在他拜访古隆领土的五个月里一个非凡的成就。就其本身而言，这是一份非常准确和清楚的报告。然而，它远远还未完成。皮涅德描述的普楚神话和仪式系统可能不到全部的1/3。皮涅德之后有许多文献出版（Strickland 1987；Messerschmidt 1976；Macfarlane 1981；Mumford 1989），但是，无论是在论文形式上（Strickland，1982），还是在皮涅德本人的笔记中，还有更多未发表的部分。

111. 皮涅德提到了保护咒语（古隆语：ṅo），这是少数几个提到普楚力量的文献之一——这一方面往往被忽视。每一个普楚都有ṅo的储存，用来保护自己和攻击邪恶的灵魂、女巫，有时是他的敌人。由普楚的父亲或老师口头传授，不过也有一些关于ṅo的书籍是保密的。这些神奇的词汇混合了印地语、尼泊尔语、藏语和古隆语。有些咒语十分强大，所以不会传授给年轻的普楚，以防他出于愤怒用咒语来对付敌人。在使用这些咒语时，普楚用了大量的魔法咒语，其他所有的祭司、喇嘛、婆罗门和科里布利也都使用这些咒语。

咒语对普楚的保护也引起了人们对另一个方面的关注，这是皮涅德所低估的方面，体现了普楚活动的危险性。一位普楚朋友告诉我们，他对主持像 pihngeh-sheba㊱（见附录 F）这类更危险的仪式表示很担忧，因为在那时他必须与女巫战斗。在诸如 mose ho-ba㊲ 的许多仪式中，有一部分就是与邪灵战斗。在这方面，普楚很可能会输，如果输了，他将立即生病，这是真真切切的危险。

112. Pae 由普楚和科里布利祭司主持，可以在任何时间举行，不过最理想的是在 9 天内。如果资金允许，喇嘛经常在 49 天内进行 pae。［雅容·塔穆］

㊱ 对抗女巫的治疗仪式。
㊲ 对抗邪灵的治疗仪式。

补充说明

113. kh-hun 有特殊的精神力量。就像它保护人们免受自然因素的侵害一样，它也保护普楚免受邪恶势力的侵害。在开始 tēh㊳ 之前，普楚先对 kh-hun 念咒语，接着有灵力的咒语就会保护普楚不受邪灵侵害。当邪灵看着 kh-hun 时，它们只能看到它的许多眼睛，却看不到普楚。［雅容·塔穆］

114. Messerschmidt, 1976, p. 84 中，对于皮涅德漏掉的一些信息有所补充。两位作者都没有描述我们已经见过几次的普楚和科里布利 pae 的核心：科里布利祭司与死者的亲属（moh）在"决斗"中跳舞，死者的亲属拿着装有死者遗物（头发、骨头、指甲）的竹筒，科里布利祭司必须"捕获"这个竹筒。不过，这个仪式可能是皮涅德描述的 rhi theb-ba 的变体。

115. 应该是 Aapthe-rhimarchhe。［雅容·塔穆］

116. 神不是从藏传佛教借来的。苯教起源早于佛教。［雅容·塔穆］

117. 所有的人类生命周期和物质都是在 Krõ-nasa 被创造的。在创造的第一阶段，生命以种子状的形式在 Krõ-nasa 开始，并在 Si-nasa 和 T-hho-nasa 时期，然后诞生于 Sa-nasa㊴（地球）。

Si-nasa 不是死者之地。死后，灵魂（plah）去了喜马拉雅山的 K-hhukli Mliarson㊵，它的确切位置无人知晓。在 pae lava㊶ 时，灵魂被普楚和科里布利祭司送去天堂（Injit-hhewa Chainiye Singa）。从 Krõ-nasa 来到 Cõ 的普楚成为 Krõ-lu 神。［雅容·塔穆］

118. Wainabarnaje（更准确地说是 Wuin Nõba K-hhyala）是世界的中心之神。Guru-rhimarche（Aapthe-rhimarcche）是用于描述祖先的术语。它们之间没有任何关系。［雅容·塔穆］

119. 在 pae 之后，一个人就会重生。重生的方式将取决于他的生活质量。一个坏人会变成动物回来，或生下来就是瘸子，或出生在一

㊳ 古隆语，为祛除疾病而举行的仪式。
㊴ Krõ-nasa、Si-nasa、T-hho-nasa 和 Sa-nasa 均为古隆神话中的村庄。Nasa 意为"村"。
㊵ 神话中的湖泊。
㊶ 一种举行三天三夜的祭祀仪式。

个非常贫穷的家庭。人们不能重新成为特定的个体；古隆人来生不一定以古隆的身份回来。[雅容·塔穆]

120. 皮涅德几次说，普楚没有书。的确，有一个传说描述了一位普楚族的祖先是如何被喇嘛击败的，他烧毁了普楚的所有书籍，导致普楚对书的依赖程度比起婆罗门或喇嘛相对较低。他们主要是口头传授。但如果从他们口头神话的事实来推断他们没有书，那就错了。我们所熟知的普楚都有许多数千页的"书"，以卷、羊皮纸卷、印刷和未印刷的作品的形式出现，其中包括 pe（神话）、占卜术信息、ṅo（咒语）、jantras（符咒）、祖先的名字和其他著作。破译这些作品将是一项漫长而有意义的工作，因为它们可能揭露许多已不再存在的仪式和神话。

就拿其中一本塔克普楚的书为例，它有 136 页，涵盖了以下主题：寻找丢失的物品；调查（gra）；调查（parga）；发现一个人什么时候会从国外回来；合适的婚姻；生肖年（lho）；一个人什么时候会变得更好；什么时候吃粮食好；pae 的含义；何时举行 pae；一个人什么时候可以朝不同的方向旅行；何时制作房屋的窗户；何时为建造房屋砍伐木材；在哪里盖房子；举行婚礼的合适日子；什么时候给孩子剪头发；怎样解读噩兆；分娩仪式；不同时代的意义；不幸的月份；如何预测孩子的未来；如何诊断疾病的原因。

121. 在古隆，实际上有两种喇嘛。通常莫迪和卡利甘达基山谷（Modi and Kali Gandhaki）的人受到木斯堂（Mustang）的影响，他们的宗教是带有一点苯教色彩的佛教。蓝琼地区和西克利斯山谷的人受马南（Nar）的影响，他们的宗教是带有一点佛教色彩的苯教。塔普朗（Taprang）、西克利斯、堂亭（Tangting）和扬加哥特等地的喇嘛在古隆语中确实存在着一些穆斯坦喇嘛所没有的神话。Nar 喇嘛、科里布利和普楚的仪式是相似的。

古隆人对婆罗门祭司的使用正在减少，因为他们更喜欢用普楚或喇嘛。科里布利的使用也在下降，可能是因为它们只用于葬礼。普楚更有能力，因为他们也擅长于治疗和预防仪式。此外，古隆人也同时使用藏传佛教和塔曼喇嘛。20 年前还没有这样做。这反映了佛教在山区人民中的广泛影响。[因陀罗·巴哈杜尔·古隆]

对皮涅德工作的进一步评论以及古隆人今天的情况

附录 A. 教育

皮涅德描述了过去 35 年席卷尼泊尔教育革命的早期（总结见 D. B. Bista，1991，第六章），皮涅德所写的莫霍里亚学校仍然在那里，但是扩大了很多。这所学校有 7 个班级，8 名教师和 180 名学生，其中约 100 名来自本地。七年级（class seven）之后，孩子们走大约三个小时的路上学，在那里他们可以读到十年级。这实际上意味着，希望完成学业的孩子必须寄宿。教育是非常昂贵的，不论是直接费用里的寄宿费、学费还是制服费，而且还因为家里没有年轻的劳动力。光是一所好乡村学校的校服一年就要花费 1000 卢比，相当于在田里劳作 30 天。然而，另一种选择还要昂贵得多，那就是把孩子送到博卡拉或加德满都接受教育。

在几乎所有村庄普及了小学教育的同时，尼泊尔社会几乎所有部门对教育的需求似乎都无法满足。私立和公立教育呈爆炸式增长，数百所学校收取的学费从每月几卢比到数千卢比不等。将一个较大的孩子送到城镇学校学习一年，算上伙食费和学费，每月至少需要 1000 卢比。如果我们意识到在村里做一天工的工人只能挣大约 30 卢比，我们就会知道这样的教育费用远远超出了普通村民的承受能力。即使是一个月挣 2000—3000 卢比的教师或店主，也很难负担得起这样的教育费用。然而学校里到处都是学生。许多归国士兵在孩子教育上的投资超过了在他们的房子和生意。有些人在城镇上了昂贵的英语中学，有些人则是乡下人的亲戚，他们中的许多人上完六、七年级就得辍学。

其他的后果来自所教授的东西。教学内容非常强调传统的文学主题，尤其是英语。学校致力于培养职员和办公室职员。大部分的学习都是死记硬背。也象征性地教一些国内科学或农业等更实用的学科，但都是微不足道的。这就再一次加强了城镇生活的其他压力，导致接受这种教育的孩子永远不会回到农村。他们不仅没有力量或技能，而且最重要的是，没有任何爱好。失业规模已经很大了，特别是那些获得学校毕业证书的人也很难就业。他们渐渐发现，在尼泊尔的小城镇里，小型官僚机构和商业部门没有工作。因此，他们蜂拥而至来到印度、阿拉伯半岛以及任何需要他们的地方，又鱼贯而出。"教育"是改变古隆社会最强大的力量之一，它比起古隆语更重视尼泊尔语，强调西方资本主义的国际消费价值观。很难知道它是否能让人们按照教育家们希望的方式思考、提问、分析。

为儿童提供的设施无助于教育制度所造成的异化。许多乡村学校的师生比例都很好（尽管老师们通常是患了相思病的婆罗门，他们不会说古隆语，对当地文化一无所知，是被安排就职的）。但除此之外，实际上学校什么也没有：黑板或其他教具很少见，教室很暗，几乎没有家具，一片混沌。所有这一切都与昂贵的私立学校形成了鲜明的对比：在那里有外国教师，有优良的设施，学生们穿着漂亮的制服，而这些只有在大城市才能找到。

教育制度倾向于创造一个分裂和异化的社会。然而，没有人能看到任何替代方案。人们正确地认识到，如果尼泊尔要加入世界消费社会，要融入国际通信、商业和官僚主义的世界，它就不能离开教育。由于每个人都意识到了这一点，大量的古隆和其他资源被汇集到竞争的螺旋中。有学校毕业证书是不够的。现在，即使是文学学士学位也不能保证能找到一份好工作。富人必须让他们的孩子获得硕士甚至博士学位。

附录 B. 滑坡和土壤侵蚀

滑坡和土壤侵蚀造成的土壤流失已引起广泛关注。因此，有必要关注两个古隆村庄的近况。

1990 年，我们在莫霍里亚村问及过去 10 年里有多少土地因为土地滑坡而流失，结果被告知只有一次严重的滑坡，把一个地区一半的水稻都卷走了。据一名资料提供人估计，在过去的 10 年里，水稻地损失了 80 muri，玉米地损失了 100 muri。另一名资料提供人也证实了这一点，他自己也损失了 20 muri 水稻的土地。但这并不意味着损失率增加了。

1987 年，我们在塔克询问了滑坡损失，被告知大约在 1960 年，河水已经冲走了 620 英里的稻田。除此之外，1979 年和 1980 年发生了严重滑坡，导致损失稻田价值达 27 mla muri[①]。此外没有其他重大山崩造成水稻田的大量损失。事实上，即使是 27 mla muri 这样重大的损失也不是由于山体滑坡，而是由于不寻常的降雨使河水上涨，冲走大片土地。

这些发现使人们对思特里克兰德的结论产生了一些怀疑。他的结论是："虽然不能断言侵蚀是产量急剧下降的唯一原因，但几乎可以肯定，这是主要原因；它具有相当大的社会影响。"（Strickland，1984，p.218）

1980 年，思特里克兰德在塔克和莫霍里亚进行了调查。他收集了"村民们对每一块遭受滑坡破坏的土地损失的粮食收入的估计"。他假定这种损失发生在 1980 年，也认识到它们也可能发生在一两年前。从这一数据中，他发现了一个惊人的数字："在莫霍里亚，每个家庭平均预计每年将失去约 10 千克的去壳大米，而在塔克，这个数字上升到每年每户大约 116 千克。"这种差异本身就很奇怪，可能会让他警觉到一些可疑的东西，特别是因为莫霍里亚的田地明显比塔克

[①] 古隆语，体积单位。mla 指（碾过的）大米。

的更陡，情况也更糟。但他仍继续辩称，"假设自上次调查以来的前几年，这种损失率保持不变，这些平均水平超过了收益率下降的记录"。不幸的是，现在来看，1980年的数据完全不具有代表性，整个统计结果值得怀疑。

也许同样重要的是，农村农业的下降是简单的市场力量。许多山村日益贫困的一个最重要的原因是公路建设和特莱的开放。人们常常注意到，印度大量生产的廉价商品在很大程度上摧毁了尼泊尔曾经繁荣的小型工业。同样的情况可能也发生在农业领域。基本上，目前从特莱和印度购买粮食更便宜、更有效。这种影响可以从一个简单的方程中看出。考虑到在极险的陡坡生产一定数量的粮食所需的劳动力，和集市里低价的大米，1990年生产这项艰苦工作的收益是——大米生产约20卢比/天，玉米生产约12卢比/天。然而，村里的搬运工或房屋建造商一天能挣30—50卢比，博卡拉的体力劳动者一天能挣80—100卢比，更不用说在文莱每天能挣500—600卢比的士兵了。若将农业劳动者的收益与他们相比，我们大概能明白为什么许多人会灰心丧气了。按照这个速度，买一双皮鞋需要25—40天的艰苦劳动，而皮鞋是高中制服的必要组成部分；买一只鸡需要两三天的时间。每天15—20卢比还不够一个家庭吃最基本的食物，更不用说衣服、房子、结婚、葬礼、护理和教育了。

饲养动物的收益可能更低。例如，据估计，每天在高森林里为水牛收割饲料、把牛奶变成油所付出的巨大劳动的回报往往只有1卢比，甚至更少（Blaikie et al., 1980, p. 269）。许多动物甚至需要补允脱脂牛奶、有机肥和肉，这样一来，饲养成本其实比它们能卖的价钱更高。富裕的古隆人开始意识到这一点，于是他们不再像以前那样在森林里大量饲养动物。此外，他们甚至不养牛犁地，而是从贫困家庭雇牛，这些贫困家庭在绝望中被迫不辞辛苦地养牛，以挣点外快。

附录C. 氏族的等级制度

皮涅德对古隆氏族制度的描述是他作品中最著名和最有影响力的

对皮涅德工作的进一步评论以及古隆人今天的情况

部分之一。他报告的主要部分已用英文出版（1962年）。分析是基于假定的二分法，这些二分法隐含在四倍结构的卡贾特（尼泊尔语，字面意思为"four-jat"，四族）里，也隐约地表现在索拉贾特（"sixteen-jat"，十六族）的结构中。简洁地说，这样的等级制度是基于两个祭司氏族（喇嘛和喇嘛禅[②]）和两个主要氏族（迦勒和霍坦）的对立。

然而，皮涅德意识到，较晚的严格分类可能是强加于较早的灵活系统上的。例如，他指出，在中部和东部地区，婚姻规则不符合他所阐述的制度，paī族的存在表明，"实际上有四个以上的氏族"。这种矛盾已得到其他方面的证实；例如，梅瑟施密特在他的研究领域发现"没有证据表明当代婚姻实践中存在这种二元性"（1976，54）。

我们首先来看看皮涅德所说的卡贾特深入什么程度，事实上，它们是一个四重社群。我们已经审查了古隆人和万萨瓦利的一些早期历史证据，但这些证据从未涉及卡贾特。来自印度的"jat"一词没有被使用，而是在"gi"（古隆语，意为群体或民族）之前加上古隆语中代表"三"的"song"。因此，某些vamsavali知道"song-gi"一词，或者"minha song-gi"（song-gi民族）。这三个社群被具体指定为lama、lema和kona或kone。他们可以通婚。klye（迦勒族）被视为一个完全独立的群体，它本身被分为三个通婚群体，samri klye、relde klbe和khhyaldi klye。在这些早期历史中，有一种说法是，在很长一段时间里，这"三个民族"是独立的，只是最近才与其他民族和迦勒族联合起来。因此，这些早期的历史证实了皮涅德对分类的四方面性质的不确定是正确的。

我们和一名阿富汗人讨论这些问题的时候，他说，事实上卡贾特和古隆家族并没有什么特别的关系。它实际上指的是印度教的四种瓦尔纳（varna），即婆罗门（Brahmin）、沙特利亚（Kshatryia）、毗奢（Vaisya）、苏陀罗（Sudra），他后来说，这四种瓦尔纳繁衍成36个jats。这似乎是承认一种外部的、印度教的、四重种姓的划分后来被

[②] 氏族名，古隆语lamechane的音译。

强加于古隆体系，或被吸收进了古隆体系。

钱德拉·巴哈杜尔·霍坦同意 jat 这个词是不合适的，因为不同的群体实际上是不同的 thar（氏族），但是他把迦勒族也包括在这个群体中，从而证实了皮涅德使用 plih-gi 作为卡贾特（参见补充说明 18）的另一种说法。他还对喇嘛家族的存在提出异议（参见补充说明 61）。

谈到索拉贾特，皮涅德本人指出，他也被称为 ku-gi（九族），并称只存在 9 个氏族而没有 16 个。他说："没有任何古隆人能给我一份 16 个索拉贾特族的名单。"在传说中给出的这样一份名单在皮涅德看来"过于虚幻"了，几乎不符合任何其他列表。

这样一来，"16 个民族"再一次看起来可能是完全不同的。在我们所见的 vamsavali 中，索拉贾特中可辨认的群体包括 Daria、Danuwar、Bramu、Murmi、Hanjhi、Kumal、Hayu、Chepang、Khapang、Pahari、Neware、Panchhari、Kusalya、Palahari、Musahari 和 Hurkya，共有 16 个有名字的社群。他们和古隆族没有直接关系。

与之形成对比的是，早期的 vamsavali 和普楚（更准确地说是 pa-chyu）的仪式歌曲（peda luda）提到了 ku-gi（又写作 kwo-gi），有时被翻译成尼泊尔语的 nau-jat。这 9 个不同的 vamsavali 原始部落的名单匹配得很好，如下（方括号中是皮涅德的拼写）：krommchhain〔kromcae〕、yobachhain、nhansin、phijon、chormi〔tohrcae〕、rhilla、yoja、p-hhachyu〔paice〕、kepchhain〔kupcae〕。皮涅德给出的列表中有四个名字与上述重叠，而皮涅德的资料提供人给了 mahycae、kercae、Klihbrı、lehne 和 thimce 另外 5 个名字。

特别有趣的是，在比较各种名单的基础上，皮涅德列出了 27 个部落的名单。可能有人认为，九族的三重结构是基于数字三的倍数的若干制度的一个版本。在我们所研究的较早的历史中，ku-gi 族通常被称为"12—27"民族。12 显然是 3 乘以 4，而 27 这个奇怪的数字是 3 的 3 次幂，对于一个三倍系统来说是一个完美的数。

看来，这些原则可能是一种不同的、三倍的结构，而不是具有印度式一半结构系统的相对二元对立。只有进一步研究早期历史和普楚的神话故事才能阐明这一点。

这种进一步的工作也可能导致对卡贾特和索拉贾特关系的修订讨论。"三民族"和"九民族"这两个阶层可能有着不同的历史，只是在几百年前才走到一起。当他们融合时，就像皮涅德解释的那样，卡贾特往往更富有，并有着仪式和社会优势。尽管这一直受到索拉贾特的抗拒，也成为各种法律纠纷的主题，但到1969年，塔克的紧张气氛已远不如皮涅德10年前所描述的那么严重，尽管存在一些痛苦地回忆。

梅瑟施密特（Messerschmidt）的书（1976）主要是通过案例研究来探索这种冲突。然而，在过去的15年里，无论是在梅瑟施密特（描述中）的村庄（个人交流）还是在莫霍里亚村，这种紧张气氛已经基本消失。在后者中，虽然皮涅德的资料提供人因为害怕被认为侮辱了索拉贾特而拒绝告知人们的族名，但我们在1990年重新进行的人口普查中没有遭遇这样的困难。我们直接询问了莫霍里亚村的居民，他们说可以公开谈论部落而不会被误解。③

附录 D. GHATU 舞会

随着纪念仪式（pae）的兴起，Ghatu 成为最纯粹的古隆制度，因此值得更全面地描述。皮涅德的叙述必然是简短的，因为他从未见过舞会表演。

舞会是在 Magh Sirpanhimi④（在 Magh 出现新月时，即接近1月底时）举行的。在舞会上，人们会不时地跳舞，直到 Baisak（出现满月时，即4月底）。最后一场演出从早到晚持续三天。任何一件事都不能遗漏；如果出了错，人们认为跳舞的女孩会生病甚至死亡。舞会通常在赞助者的露天院子里举行，不过第一次是在房子里举行，最后一

---

③ 对这些问题更多的最新讨论，参见 Mumford（1987）pp. 40-48。
④ Magh 指尼泊尔日历上的1—2月，Sirpanchami 指农历初五。Magh Sirpanhimi 是春季，学习的重要时候。

次是在村里的一个传统聚会地点。

通常有2—4个女孩跳舞。尽管没有关于这方面的规则，但她们通常从索拉贾特（或 Ku-gi）中选出，由舞蹈大师（guru aba）来指导。guru aba 会召集许多可能表演的女孩，她们年龄在12—14岁。她们必须没有经历过青春期，通常跳三年舞。guru aba 将开始一段特别的吟唱，召唤众神冈迦迦利（Gangachali）、巴拉迦利（Bharachalli）和多查利（Deochali），"贡加（Gunga）、呼萨里（Huwe-sam）和露萨里（Dew salle）"。米饭撒在女孩们身上。其中一两个女孩将被其中一位神灵附体（gard nyeva 或 gard khaba），她们闭着眼睛，上半身左右摇摆画着圈。这样的女孩被选为舞蹈演员。如果找不到足够数量的易感女童，可以增加一名至两名待选人员。

Guru aba 然后教导他们各种舞蹈动作。舞蹈被分成许多 dada（节）或序列，每一段都有一个稍微不同的舞蹈动作，伴随着皮涅德简要概述的故事。有时女孩们会在一种被附身的状态下跳舞，每跳完一支舞，往鼻子里喷点水，就会从恍惚中清醒过来，有时女孩们会在一种正常的状态下跳舞。他们穿着特别的衣服，包括古隆的旧衣服以及黄金和其他珠宝。在某些关键时刻，她们会得到与她们年龄相仿的特殊助手的帮助和支持，这些助手被称为 adil rimeh（或 susari rimeh），即"带来的女孩"，她们可能是卡贾特或索拉贾特。

在最初的舞蹈中，女孩们坐在一张小木凳上，小木凳放在垫子上，垫子放在特别清洁过的地板上。随后，她们将坐在席子上，面对着一排大约12个人，和着双头鼓的节奏缓慢地吟唱。舞蹈非常优美，旋转、上升、下降，然后以蹲的姿势转身，双手刚好触地。不那么重要的是手的动作，尤其是第二根和第三根手指的轻弹，它们互相摩擦。

这个故事就像皮涅德说的那样已经写下来了，但是要长得多。在塔克，女王的名字不是 Satiwati 而是 Yampawoti。皮涅德没有关于它起源的信息。资料提供人说，这起源于古隆。在尼泊尔或印度，只有古隆人和马嘉人跳这种舞。人们告诉我们诸神的名字来自特莱，但舞蹈的源头在廊尔喀的中心地区。现在只在蓝琼和廊尔喀中跳舞，从马尔

对皮涅德工作的进一步评论以及古隆人今天的情况

尚第河的上游一直到廓尔喀以南的马嘉人。人们认为 Paseram 是廓尔喀的国王。故事中没有婆罗门。

故事以廓尔喀为背景，尸体被冲走的那条河被称为贾穆纳克拉河（Jamuna Kola）。我们被告知这种舞蹈起源于古代，自从古隆人来到这个地区就开始表演了。虽然这种语言是尼泊尔语的一种古老形式，而且就像皮涅德所指出的，故事中有印地语的元素，但这确实是一个非常独特的古隆制度。和其他类似的机构一样，它正在消失，因为知道这些歌曲的老人去世了，年轻的女孩忙于学校和工作以致富余时间更少了，而那些为表演买单的富有的士兵也不再来到这个村庄。

尽管 Ghatu 是非常重要的，但我们被告知一个伴随的仪式——Kusun（kusun teba，意为"举行一个 Kusun"），是更重要的。同样，这可能是一场舞会，但现在只有一两个村庄仍然这样做，如 Bhujung 和 Yangjakot。鉴于它的重要性，而且据我们所知，它从来没有被描述过，我们有必要对我们在 Yangjakot 看到的表演进行全面地描述，那是在 Ghatu 之后的晚上。Kusun 是 Baisak purne 最后三天舞会的一部分。

舞会总是在晚上、在室外举行，在灯光下，姑娘们和唱着类似旋律的老头儿们一起列队进去。一开始，女孩们会得到代表狩猎弓的木棍。三个女孩开始跳舞，就像在 Ghatu 一样。这个场景至少重复十遍。故事讲的是一只鹿被杀的经过。

这时女孩们离开了，两个鼓手上前演奏起了特殊的 kusun 节奏。他们必须演奏完整的节奏，然后是完整的相反的节奏（Counter-rhythm），否则据说女孩会病得很重，甚至可能会死。女孩们回来了，她们的项链和珠宝被拿走了，以防止破损。她们放下长发，其他女孩，她们的 adil rimeh 坐在她们后面的一排。guru aba 在他们的喉咙和歌手的喉咙上摩擦着灰烬，念着咒语（nò）。这样做是为了保护身体（jui bar lava）和保护女孩不受邪恶之眼的伤害。他与女孩们轻声交谈着。

接着，鼓声开始了一种新的节奏，男人们唱着歌，女孩们坐着，开始疯狂地摇着头，一圈又一圈地摇动着。节奏越来越快，摇摆不定，似乎就要折断脖子了，因为它们会用头和身体乱撞，把头发扫到

对皮涅德工作的进一步评论以及古隆人今天的情况

地上，只是撞不到对方的头。这种情况持续大约十分钟，然后一个女孩倒在地上一动不动。她躺在她朋友的膝上，头上盖着一块布。几分钟后，其他女孩都倒下了。鼓点停止。老人点一支烟，喝一点酒，然后不打鼓就开始唱歌。

女孩们慢慢地站了起来，脸像梦游者一样，眼睛盯着看，步子微微有些不稳，显然是在深度恍惚中。他们到处乱抓自己，抓胳膊，抓腿，抓脸。然后人们递给她们一根奇怪的管子，她们就把它递回去。管子上有个小碗，里面有东西在燃烧。他们在 guru aba 的头上擦一点这种物质。

Guru aba 问第一个女孩她是谁，她说她是国王，第二个女孩说她是王后。他们被问及来自哪里。她们回答说，从喜马拉雅山脉，从靠近冈仁波齐山（Kailash）的圣库里（Sunkuri），她们在打猎。大师又询问他们是否有旅费；国王说"有"，王后说"没有"。

然后鼓声再次响起，他们准备再次狩猎。姑娘们又开始了那令人难忘的缓慢脚步，但没有那么镇定，而且眼神空洞，昏昏欲睡。他们被要求再握一根棍子。突然，一个女孩停下来，生气地转向阳台。小男孩们在那里挤作一团。有人提到过"水牛"这个词。一提到这一点，或任何与水牛有关的事情，女孩们就会勃然大怒。一个女孩生气地朝他们扔棍子。一个人试图解开她的衣服，却被擒住了。在向人群发出进一步的威胁并挥舞棍棒之后，她们把腰带的末端（phogi）像围裙一样拿在手里，在里面收集硬币和钞票，然后就迷迷糊糊地睡去。拒绝给予将再次激怒她们。最后她们醒来，把钱倒在 guru aba 的脚下。

女孩们坐下来，鼓声又开始了。人们递给她们棍子，她们一遍又一遍地在恍惚中跳舞。然后鼓声开始反节奏，女孩们开始像第一次一样翻动头和上半身。国王这样做四分钟，王后这样做六分钟，第三个女孩这样做十分钟。他们依旧地向后倒去，失去了知觉。最后一个女孩直到脸上被喷上水，才最终从恍惚状态中解脱出来。她立刻恢复了常态，机械地绾起头发，扎成马尾。整个表演于 12 时 30 分结束，持续约四个小时。

对皮涅德工作的进一步评论以及古隆人今天的情况

Guru aba 没有解释鬼魂附体的原因，也没有解释为什么女孩们一听到"水牛"这个词就会做出如此强烈的反应。听说仪式舞蹈与 Kusunta⑤ 诸神有关。一位资料提供人说，如果问她从哪里来，恍惚中的女孩会说帕尔帕（Palpa），尽管我们在上面的描述中看到了不同的答案。Kusunta 诸神生活在森林的高处，不喜欢人类。他们靠野生森林产品度日，如芋（taro）和山药（teme）。有一次，众神在河里洗菜，一些人来到河的上游，把水弄得满是牛粪。这激怒了 Kusunta。他们用弓箭杀死了冒犯者，Kusunta 也被水牛污染了。这可能与一种对水牛污染的强烈信念有关，这种信念表现在乡村祭司 pujari 绝不能吃水牛，普楚也不能吃水牛。

Kusun 显然是一种危险而强大的仪式。如果不小心弹出节奏，易受影响的女孩就会进入恍惚状态，如果没有正确的反节奏，她们最终就会死亡。我们听说过这样一个例子，一个女孩仅仅通过听一段节奏的录音就变得如此疯狂。幸运的是，反节奏也被录制下来，释放了女孩。20 年前，我还见过另一个例子，一个女孩被附身了，并且一直保持了 10 个多小时，直到人们带来附近村庄的一个知道正确反节奏的男人。

附录 E. 普楚的仪式和神话

在适当的时候，皮涅德的叙述需要在三个方面得到补充。首先，他对持续几个小时的仪式的描述通常很短，也不完整，只是用几行详细的事件来概括，其次，他所描述的仪式只是一个好的普楚所有才能的一小部分。皮涅德描述了大约 14 个 tēh；1969 年，我在塔克遇到了 12 个这样的村庄，而这些村庄的邻居普楚仍在做这些工作。在那里唯一没有让普楚完成的是 cha-gu tēh。

相反，1969 年向我描述的 43 个 tēh 中，有 31 个从皮涅德的叙述中消失了。因此，有一个很好的重叠，再加上在其他村庄的问询，足

---

⑤ 部落名。

以表明，古隆村现有的 tēh 的数量可能至少有 60 个，甚至更多。

以下是我找到的其他 tēh 的名称，用皮涅德的分类法可以划分为：

——祛除疾病的 tēh：nonė-sheba、pihṅeh-sheba、prabron lava、banaskunti lava、putli teba、rupa kweva、tan theba teh、patlu waba、do-bode waba、tsagale teh、naga dsidsa piba、joalla piba、jantra keh、pwelu lava、nawmu lava、di bar lava、plogu laba（la plogu、di plogu、mula plogu）、ma bideh teh、bhuta teh、sigra moshi tiba、ru toba lagyan kree-va、japa plogu、gyan seba teh、tunar lava。

——避免厄运的 tēh：nabri-sheba、la-theba、kemma tiba。

最后，皮涅德对每一个 tēh 所对应的 pe 的描述非常不完整。例如，皮涅德在 riṅe tēh 中指出，普楚诵读 ćhõ-dā、prah-dā、noh-dā、krõlu-pucu。在塔克，对相同 tēh 的描述中，列出了 42 种不同的 pe。皮涅德的描述给人的印象是一个相当短的仪式，可能会持续几个小时，并伴随着他列出的三个 pe。事实上，仪式持续了大约 12 个小时，在这 12 个小时里，人们诵读这 42 首诗，并举行一个非常复杂的仪式。

仪式和神话是紧密相连的，仪式必须按照确切的顺序进行，在仪式之前或之后，伴随着一些神话，这些神话实际上是仪式的一部分，它们本身具有力量，是一种语言仪式，而不是行为仪式。因此，对普楚仪式的完整描述应该包括每个仪式的完整的 pe 列表，并按照正确的顺序排列。

与 tēh 一样，皮涅德只记录了一部分 pe。他提到了大约 50 个名字，但他的野外笔记只给出了其中 41 个文本。我在塔克收集了 74 个 pe 的文本。有趣的是，两份文本没有太多的重叠，只有 12—15 个 pe 重复出现。

这意味着我们每个人都从一个更大的神话库中取样。这一点通过第三个样本得到了证实，这次是来自扬加哥特村的一个普楚。他知道 100 多种 pe，其中 54 件既不在皮涅德的整理中，也不在我的整理中，我们收集的那些东西，有一半他不知道。此外，很明显，我只得到了一个只有塔克普楚知道的 pe 样本；而扬加哥特村的普楚列出的伴随

对皮涅德工作的进一步评论以及古隆人今天的情况

仪式的 pe 清单上有许多我不知道的 pe 名字。

预期伴随着仪式的 pe 是一个覆盖面不够广泛且体量不够大的语料库，这些 pe 伴随着 12 小时的 mōse ho-ba tēh。在有人受长期疾病困扰不幸去世后，或多年前有人去世但没有举行任何死者哀悼仪式（pae）的情况下，这些 pe 被用来净化房子里的恶灵。按照塔克普楚的说法，这些 pe 按顺序列出是：

——sane-mu, laneṅime pe, ke aba kegu pe, rimarku tsemarku, tedah, tidah, kardah, chudah, marekaja, kuse-iame, horgion bah、horgion mah, tsadsa lewrutih, powla powdure modi yogara, podan rinalyah poh、myonalah poh、taleme pie, nimyu puja kleh、kwugu tsai kleh, posontie keh、kweba roye pyoh, shemeraku rumeraku, prada nohda, moi pe, tsodah, tohda, prohda, paeda, meeda, tsondah, aba kargore, maresonbi mwie soṅbi pe, kargoro tsadsa tidru pe, plaba tse bwomba tse, martarve khe Sirgion kleh, abi kallow we kallow anna nulla labrishaw, hora mrurah pasti sheva, shyajaku ronjaku, prayoti kyalbho pyodi kyalephi, pallauri kyallbo pyoti kyalle pih, ama toduma peebade kamon, ribuchon myabuchon, dwedu nobbi kyara tishi, aba krolu pwemae pe, whonsa krõh pucu, die marli tulva, chu cheshi, lih kyoshi, sirbi mo kibari yah, moh tuh lashi。

虽然有一两个可能是重叠的，但这个仪式大约有 46 种 pe。皮涅德列出了 14 种，并不是所有的 pe 都出现在上面的列表中。在这位塔克普楚列出的 46 个例子中，大约有 25 个（略多于一半），是他后来为我总结的例子。如果这大概是所有 pe 的比例，那么我在塔克整理的 74 种 pe 大概是他作品收集的一半。

他还有一本关于 pe 的老书，但已不再使用。因此，至少可能有三四百种 pe。其中许多包含了古隆历史的重要细节。整个语料库肯定是喜马拉雅地区最丰富的口头传统之一。

pe 可以分为七大类，用来看这三个村庄有多少物品在总名单上。数量最多的是关于普楚乐器的起源，包括鼓、钹、腰带、羽毛，以及许多其他有用的动植物等的起源，如鱼、谷物、鸡、鹿、火和酵母。

这类 pe 有 41 种，皮涅德收集了 13 种。

另一组是关于特定的个人、神、灵、祖先和死去的普楚的故事。名单上大约有 34 个，皮涅德收集了 16 个。与普楚在各个方向的旅行有关的 pe 有六种，其中只有一个皮涅德给出了。与普楚神龛和祖先有关的、与疾病有关的，也都有六种，这些皮涅德都没有收集。与邪恶的灵魂、女巫、星星、运气有关的共九种，皮涅德同样一个也没有收集到。

按功能而不是按主题分类，与死亡、葬礼和纪念仪式（pae）有关的是另一个类别，共 32 种，皮涅德收集了 11 种。这些都是最有趣的，我相信更多这类物品会浮出水面。例如，Lemku[6] 说的是 pae 的起源；sida leva 说的是人的生命是如何开始的，以及死后会发生什么；shirga teba 说的是古隆人的起源。其中一些 pe 已融入舞蹈中，一些以两个普楚之间押韵二重唱的形式出现。最后还有一组混杂的十二种 pe，它们不好归入任何类别，皮涅德没有收集到任何一种。一些 pe 有几个部分，另一些包含其他 pe。

Strickland（1982，1987）和 Mumford（1989）的著作可以补充他的陈述。

附录 F. 巫术信仰

皮涅德关于女巫的短文非常有趣，需要详细阐述。它给人的印象是，巫术是古隆人的次要信仰，涉及的是非人类的灵魂，它们以人类的形式出现，但本质上是灵魂，就像森林或岩石的灵魂一样。但是关于这个问题，他只得到了很少的信息。

不难看出为什么皮涅德被误导了。古隆人对巫术信仰有两方面的敏感。首先，受教育程度更高的人认为，不相信女巫的西方人会认为这是一种落后的迷信信仰。他们羞于承认这种信仰。其次，讨论巫术是危险的，特别是提到女巫的名字。危险来自两个女巫，他们可能会

---

[6] 对葬礼仪式起源的解释。

对皮涅德工作的进一步评论以及古隆人今天的情况

无意中听到对话并感到愤怒,因为不能相信调查员不会将信息传递给另一个村民。称邻居为女巫是一种非常严重的指控,可能会导致反感。因此,我发现巫术信仰完全是出于偶然的。

我很快就发现巫术信仰和恐惧在古隆的思想和生活中扮演着非常重要的角色。女巫是天生邪恶、拥有超自然力量的普通人。普楚的主要活动就是反对他们的权力。如果你不了解普楚的本性,就不可能理解他们的占卜和仪式。在古隆,他们被称为 pumśyō(女性)或 pumimhargya(男性)。

以下关于巫术的描述是1969年一位普楚告诉我的,他的知识来自于与女巫打交道,这是他仪式活动的一部分。"有时候,当一个人在离村子很远的地方遇到一条狗或猫,他就知道那是一个乔装打扮的女巫……女巫们在三到七条路的交叉点和墓地里相遇(chogon)。四五十年前,很多人晚上会看到一个拳头大小的女巫在他们面前的小路上跳来跳去。追上或杀死它们是不可能的。这些 pamri[⑦] 并不会使人生病,但它们是由女巫或恶灵造成的。女巫们在午夜时分聚集在墓地里。他们过去常吃死人的肉。另一个最受欢迎的活动是在门楣(mra kudi mweba)上荡秋千。他们不跳舞,也不发生性关系,尽管他们有时会发出粗犷的喉音或噪声。他们可能互相认识。他们不会飞,但能跑得很快。"

书中继续写道:"女巫经常没来由地对人施魔法,而且没有任何挑衅。他们也伤害那些拒绝他们的小要求或与她们争论的人。他们经常把有害物质放在他们看到的食物中,尤其是美味的食物,这使受害者生病。他们可以从远处做到这一点。女巫可以对自己家族或宗族的任何成员施魔法,包括自己的配偶和孩子。他们也可能导致各种疾病。尽管许多人相信他们能杀死成年人,但他们可能只会杀死小孩子,让成年人变得非常瘦或非常胖。"

"如果发生了小事故,比如轻微的摔倒,人们认为这可能是一个人自己的错,但如果一个人摔得很重,人们可能会想这是神灵、魔鬼

[⑦] 一种女性神灵。

或邪灵造成的。夜里我看见远处有两个女巫，他们似乎是光或影，也不回答问题。有时候人们喝醉了酒，碰到女巫就会打她们。"

"人们可能通过向父母或朋友学习，从十七八岁就变成女巫。女巫的孩子并不总是女巫。没有特别的仪式。女巫只有几种咒语和很少的药物。他们也有一个铁衬裙一直穿着，这东西在晚上有时会发出叮当声。它对普楚的咒语有很强的保护作用。他们从不裸体旅行，还戴着一条小腰带（koni），这只是村里所有男人过去都戴的腰带的一部分。"

"这与财富无关；女巫可以是穷人也可以是富人。孩子们经常用bokshi这个词来指代女巫，但并不是有意冒犯。如果普楚不小心娶了另一个村庄的女巫，女巫可以被纳入他的家庭。但女巫的身份让她永远都是女巫。她们虽有点贪婪，但并不特别过分。"

一个受过教育的乡村校长进一步给出了一些细节："村子里有很多女巫。人们知道她们的名字，但不会告诉任何人。男人和女人都可以成为巫师，但女人更强大。老女人和年轻女人也都可以是女巫。女巫是现在还活着的人，而不是死者的灵魂。每天晚上，他们去坟墓，把尸体带回他们的房子里吃。在晚上，他们的手中可能会着火。他们两手紧握在胸前走来走去，双手火辣辣的。说女巫的坏话万一被她们听到是很危险的。当一种疾病的病因无法诊断时，人们就认为是巫术在起作用。只有一些死亡被认为是巫术造成的。巫术正在减少。普楚和女巫是敌人；据说多年前他们就约定了，普楚疗伤，女巫害人。人们可以向任何一个女巫学习巫术，但通常是向亲戚学习。如果母亲是女巫，大多数孩子都会学习巫术。村子里有七八个女巫，大多数是妇女。整个事情是秘密的，我们应该保持沉默，尽管可以出版关于她们的著作。如果女巫不停捣乱，村子里的长老就会驱逐她——这发生在八年前的另一个村庄。女巫食用受害者的心脏和血液，长者说：'我们必须和女巫好好谈谈。'"

普楚的以下仪式据说主要涉及与女巫的战斗，包括：mose tiba、pihne sheba、noh ne sheba、putli teba、rupa kweva、tan teba、patlu waba、dobode waba、joalla pigba、di bar lava、sigra moshi tiba、gyan seba teh、tunar lava。最后一种仪式因为涉及直接攻击，是法律禁止的。它只有在作为其他仪式（如 nohṅeh sheba）的一部分时才会发生。女巫攻击普楚，普楚很生气，并通过扔大米等其他食物、说强大的咒语，把邪恶的力量和疾病"送"回去。几天或几个月后，一个女巫病了，这被认为是普楚干的。早期提到的强大的普楚杀死七个女巫可能指的就是这个仪式。普楚经常在这些仪式上看到女巫，有时会私下告诉病人的家属，是某个女巫让他们生病的。

1969 年，我和一位经验丰富的资料提供人在古隆村时对可能是女巫的群体进行了"人口普查"。在这 100 个样本家庭中，有 23 个疑似女巫。7 个不是古隆人（3 个铁匠种姓，2 个裁缝种姓和 2 个马嘉人），16 个古隆人中有 5 个来自卡贾特，其余的来自索拉贾特。除了一个男铁匠和一个男性马嘉人娶了女巫，所有人都是女性。最小的女巫是一名 20 岁的女裁缝，最大的是一位 87 岁的女裁缝。女巫年龄分布如下：20—29 岁（1）、30—39 岁（4）、40—49 岁（6）、50—59 岁（2）、60—69 岁（7）、70—79 岁（2）、80—89 岁（1）。大多数在 40—70 岁。所有人都结婚了，只有四名妇女不是来自其他村庄的。值得注意的是，一些年长的女性有很强的个性，尽管其他大部分人显得愉快而安详。

这个初步的叙述，加上无数的争论，显示出巫术信仰在乡村生活中仍然很重要。这些信念也不会随着教育和城镇生活而逝去。我们询问了一群七年级的孩子（大约 13 岁），问他们是否相信巫术，他们一致表示相信。我们又采访了一些住在博卡拉的古隆人，其中一些是退休的英国军官，他们也都相信巫术。最后，我们采访了一些 20 多岁的年轻男女，他们一直在博卡拉接受教育，正在上大学。他们说他们不再相信鬼神了，但仍然相信巫术。

附录 G. 罪的概念

虽然古隆人使用尼泊尔语 pab 来表示罪（sin），但似乎 sin（原罪）这个词并没有一个古隆语的对应词，这支持了皮涅德关于这个概念缺失的论点。但也有相反的证据表明，类似于"罪"和超自然判断的东西是古隆思想的一个组成部分。

普楚在一个人死后不久举办的 pol bionba gyan toba 仪式就是例证。它的一部分被称为 mani toba，特别关注于净化死者的所有"罪"，这样灵魂就可以走上通往死者之地的道路。要诵读 pab kondi pe 来召唤死者的灵魂，并描述每一个动作、身体的每一个器官等是如何变得罪恶的（pab）；杀害动物，不公平对待穷人，思想邪恶。每一种可能的罪都被列举出来，就像神在谴责圣灵一样。"人从生下来就在以这样或那样的方式犯罪。"然后普楚把他的魔法项链浸在纯净水里，把稻壳撒在尸体上，吹响海螺，把纯净水撒在尸体上。然后他说 mani toba pe，持续半个小时。"我们要洗净你们、脱去上面所列的一切罪、使你们可以去往死者之境。无论你做错了什么，现在都已洗清了。你所有的罪都被赦免了，即使你想杀你的父母。现在这条路是敞开的。"

皮涅德描述了 mahne la-ba。但没有提到 tasu waba，一个科里布利祭司在 pae 结束时所做的活动，以消除所有的邪恶和罪恶。

在谈话中，人们经常会说做某事是"罪恶的"。例如，有人告诉我，继续用一头没有牙齿的老牛犁地是有罪的，因为它已经没有力气犁地了。又如，当一个小孩要把牛肉倒在她的米饭上时，她被告知，pab kaba，因为米饭里混合了肉和肉汁，加入两者是有罪的。

1969 年，我做了一项调查，问了几个问题来引出关于罪的概念。我问了 12 个不同年龄和性别的人，"好人"和"坏人"死后是否去了不同的地方（sorga：天堂，norga：地狱）。只有三个人认为他们去了不同的地方。我问他们什么是邪恶的思想或行为。杀害人和动物位居榜首，其次是谎言、欺骗、贪婪、盗窃、嫉妒等。我问他们如果一个人做了什么坏事，他这辈子会不会受到惩罚，如果会，受到谁的惩罚。所有的资料提供人都坚信今生不会有任何惩罚；四个人认为只有死后，这个人才会受到惩罚。我询问了各种疾病和不幸的原因。在任何情况下，"罪"都不构成原因。最后，我问，如果一个人做了坏事而没有人发现，他们是否会感到担心或焦虑。只有一位资料提供人提到"罪"极其危险；另一个说他感到内疚（aparadi）。其他人则坚决表示不会担心。

总而言之，虽然"罪"的概念很明显，需要被洗涤，但比起基督教包括报应和罪恶的复杂的概念，它似乎是一个更加机械和概括的概念。它不会影响今生，但可能会导致来世的问题。⑧

附录 H. 恍惚与附身

皮涅德说，在普楚的作品中没有恍惚、附身或狂喜。我也有同样的想法，因为我和塔克普楚一起工作时，他从来没有提到过附身，也没有表现出被鬼魂附体的样子。如果这是普遍正确的，它将区分古隆普楚和亚洲内陆典型的心醉神迷的萨满教。

因此 1990 年参加 mose tiba 仪式时，我十分惊喜。那时恶灵附上了死者的灵魂，面对普楚，我们看到他们进入了疯狂状态，疯狂击鼓，来回摇晃。

后来我们问其中一个普楚发生了什么事，他说"deota kaba"［kh-hlya kh-haba］。现在"kaba"这个词的发音略有不同，可以有"将来"（神灵已经来了）或"抓住"的意思。我们和普楚的资料提供人确认他用的是第二个意思。他很明确地说他被附身了，用的是同一个词——tarava（摇动），用来描述在 Ghatu 和 Sorati⑨ 舞蹈中非常明显的附身。他说，在被附身时他看到了神灵，并希望他能画出他所看到的。他很惊讶地听到一个在塔克北部工作的普楚说他从来没有被附身过。

问及鬼魂附体是否发生在其他仪式中，我们被告知它发生在 pwe-lu 中，这是一个特殊的仪式，由普楚在自己的房子里对他自己信仰的神进行。我们在一名男子的家中目睹了这种仪式，他虽然不是一名执业普楚，但他有普楚血统，因此将 pwelu 神龛保留在他的家中。在这

---

⑧ 雅容·塔穆描述了古代对 chhaiph-harje（chon-kwi. Sarab 尼泊尔语）的信仰。很少有人理解或知道这个概念。小罪，如杀害动物或小谎言，死后可以由普楚洗掉。重大罪行，如谋杀或严重盗窃，不能洗去，并将导致罪犯悲惨的来世或让他的后代遭受 chhaiph-harje。

⑨ 和 Paseram（或 Parsuram）国王有关的纪念性舞蹈。

种情况下，不是普楚被附身，而是在举行仪式的屋子里的人被附身，他们还抽搐地摇晃两三分钟。这显然是鬼魂附体。我们说只有少数人有这种天赋（它被认为是一种天赋）。被附身的能力从十岁或更小的时候就开始了。

有人可能会说，这种拥有是一种相对较新的特征，可能是从印度流传下来的 dhame⑩ 传统复制而来。事实上，皮涅德描述了一个普楚将要研究 dhame 的科学。然而，我们的普楚资料提供人否认了这一点。他说，他的父亲现在已经80多岁了，是最受尊敬的在世普楚之一，自从成为普楚以来，他一直处于附身和动摇（tarava）的状态。他在十几岁的时候就学会了普楚技能，从那时起他就一直担任普楚。他还说 tarava 这个词在 pe 中被提到，如 pundul-pucu。

这改变了我们对普楚的印象，使他们更接近蒙古和中亚的萨满教祭司，据说古隆人就是从那里起源的。与中亚萨满教的进一步相似之处可以在 Mumford, passim 中找到。

附录 I. 塔穆部落简史⑪

作者：波瓦·帕列·塔穆（Bhovar Palje Tamu）和雅容·克罗姆奇（Yarjung Kromchhe Tamu）

塔穆保存的历史神话和 Tamu Pye（苯教）的传说，如 Pye-ta Lhu-ta，由苯教祭司、Pa-chyu（主要来自 Lhyege 和 Kromchhe 氏族）和 Kya-bri（主要来自土家族和 Mhobchhe 氏族）夹杂着 Chõ-kwyi 和 Tamu-kwyi（藏缅语方言）进行诵读。

Tamu Pye 指的是 8000—9000 年前的文明起源。它们讲述了人类的起源和他们使用的材料。塔穆祭司仍然在他们的仪式中使用这些原始的器具。长期以来，Pye 似乎没有发生多大变化。他们是塔穆的祖先，他们的 Aji-khe（Khe-ku，九名男祖先），Aji-ma（Ma-i，七名女

---

⑩ 当地萨满族治疗术士。
⑪ 由于这是两位作者的原创作品，所以修改他们的拼写以匹配皮涅德的拼写。

对皮涅德工作的进一步评论以及古隆人今天的情况

祖先），Aba Kara Klye，精神上师，领主，幽灵等。

Tamu Pye 讲述了第一批人如何在 Chõ（Tso）Nasa 生活。这是一个坐落在湖边的村庄，在那里他们种植了第一棵谷物——大麦，然后他们分散到其他地方，如 Sa Nasa、Dwo Nasa、Si Nasa 和 Krõ Nasa，后者在南方，炎热而肥沃。后来，北方的 Chõ Nasa 有了丰富的宗教活动，他们说 Chõ-kwyi，而南方的 Kro Nasa 有丰富的农业活动，说 Tamu-kwyi。其他塔穆村落是根据它们距北端和南端邻近的程度而发展起来的。也有关于火的发现、鼓的制作之类许多其他事情的故事。

塔穆（古隆）、马伊（Ma-i）和克库（Khe-ku）的祖先似乎被描绘成七个湖泊（前者）和九个山峰（后者）。虽然没有真正的证据，但有一个传统的假设，即如 Pye-ta Lhu-ta 所述，Chõ Nasa 位于蒙古西部，被七个湖泊和三座山脉环绕。南面，在中国西部的新疆、西藏北部，在吐鲁番盆地，坐落着 Krõ Nasa。大型湖泊在蒙古被称为 nuur，在中国西部被称为 nor，在西藏被称为 tso（cho）。

在塔穆的传统中，当他们从一个地点迁移到另一个地点时，如果它们在某方面相似，他们就会沿用旧地点的名称来称呼新地点。Tamu Pye 告诉我们，死者的灵魂被认为首先去了水下的 Koko-li-mar-tso。在中国的青海省，有一个大湖，湖中央有一个岛，叫作科科诺尔（Koko Nor，或青海湖）。它类似于蒙古西部的哈拉沙努尔（Hara Usa Nuur，七湖之一），周边以名称"州"为结尾，如兰州、良州、赣州、苏州等。Tamu Pye 说，可以想象，这些可能来自 6000—7000 年前的 Chõ Nasa。同样，Sa Nasa、Si Nasa 和 Krõ Nasa 也可能分别位于中国的青海、甘肃、四川和云南地区，逐渐向南行进。

在中国的少数民族中，有生活在兰州周边地区的土家族和生活在四川和云南地区的纳西族。土族和纳西族也是九个塔穆中的两个。

藏族（Bod 族）显然是从青海、甘肃、四川、云南等地的边境迁移过来的。后面来了一波汉族移民。西藏东部的尚多（Chamdo，古隆语：Chhyam Toh，意为"好村庄"）似乎是所有这些人进入西藏的门户。在离尚多不远的卡罗有一个新石器时代的定居点，据考证已有 4600 多年的历史。汉人把它叫作 Kham，意思是他们在那里种谷子。

他们可能是尼泊尔的 Khampa（Bhotiya）或 Khambu（Rai）的祖先。后来，第三次移民浪潮，可能是 Mhina Kugi（九族的人）取代了汉族移民。到这个时候，它已经成为一个牧区，虽然它也可能是一个重要的贸易站。

从尚多出发，Mhina Kugi 向西移动到洛卡（Lhoka）地区的雅鲁藏布江流域。在这里，他们在公元前 1000 年被称为 Tamu（吐蕃）。在这期间，苯教、前佛教及其祭司 Nam-bo 或 Pa-chyu 得到了发展。一些苯教祭司会去 Chō Nasa。另一群塔穆人定居在洛卡西部。

车塘（Tsan-Tang）附近有一座山，名叫三塘歌石。约 2500 年前与三藩的历史性相遇，以 Tamu Pye 中及 Nha-Chan 的故事（nha：耳朵，chan：拉长的，长耳朵）无疑是一样的。Nha-Chan 十分强大，当他遇见牧人并加入他们时，他还只有一个人。他帮助牧人完成了部落中艰难而危险的任务。后来他被称为 Rhima-rchhe（伟大的）。通过欺骗的手段，他娶了一个皇家侍女（一个贫穷的 Kugi）Cha Pa-mrishyo，而不是 Klye（国王）的女儿。他的后代成为 Kwonma（混血儿）氏族。

有些塔穆在巴格马提（Bagmati）北部定居下来，他们经过基隆（Kerung）或库提（Ku-ti）山口，成为塔曼。来自洛卡的 Nha-Chan 的第六代后裔加入了另一群塔穆，可能在日喀则（Shigatse）附近。公元前 300 年前后，Nha-Chan 的第十三代传人 Nyatri Tran-po 登基为洛卡王。公元前 100 年前后，塔穆可能在 Kyar-Bo（Kryabri）在洛卡兴盛之前就已经在马斯堂地区定居了。在吐蕃王朝的第三十三任国王松赞干布（629—650）统治下，西藏统一了，首都从洛卡迁到了拉萨。在此期间，权力转移到了其他边境部落。佛教（非藏传佛教）与苯教一起被接受。后来，在 8 世纪，帕德玛·桑巴夫（Padma Sambhav，印度金刚派）创立了藏传佛教（Nyingmapa 或红色教派），将大乘佛教混合苯教信仰（五个领主）、印度教概念（Garud Puran）和金刚乘（密宗咒语），并普及为藏传佛教。过去，西藏人崇拜他（Om Mani Padma flu）甚于佛陀。虽然苯教祭司受到藏传佛教徒和国家的镇压，但直到 13 世纪苯教一直保持强大。然而，塔穆或塔曼的苯教祭司没

对皮涅德工作的进一步评论以及古隆人今天的情况

有提到松赞干布，因为他们在他掌权之前已经离开西藏好几个世纪了。

苯教是藏传佛教之前的一种非常先进的万物有灵论。它仍然被很好地保存，几乎完全是以 Pye-Ta Lhu-Ta 的形式由塔穆祭司完成。它讲述了祖先在有关灵魂、幽灵、主人和领主的事情上的实践经验，作为对活着的人的教训，祭司可以通过这些经验来克服女巫和鬼魂的力量。苯教把宇宙分为三个世界：天、地和地下世界。人们相信，人死后，他的灵魂离开身体，活在一个看不见的梦境世界。祭司在 Pae 中的作用是带着灵魂穿越西藏到达青海，然后让它飞向天堂（祖先的世界），遵循 Pae 的 Sya-rka Kwe[12] 中给出的路线。根据藏族神话，苯教可以分为：

（1）Nam-bo（Dol 或 Black Bon）：最古老的形式，祭司是 Pa-Chyu。

（2）Kyar-bo（Striped Bon）：可追溯到大约公元前 100 年，祭司是 Kyabri。

（3）Lam-bo（White 或 Gyur Bon）：可追溯到公元 838 年，祭司是 Lambo。

Nam-bo Pa-Chyu 是塔穆最老也是第一位祭司。目前还没有确切的起源日期。在发展过程中，它可能已经扩展到其他形式。随着时间的推移，增加了后来祖先的故事。

大约在公元前 100 年，在洛卡的 Drigum tsanpo（Nyatri 的第七代后裔）被谋杀后，一些 Nam-bos 脱离了部落，成立了 Kyar-bo（Kyabri）。他的后代秘密邀请了一些来自西恩加里（west Ngari）、德鲁萨（Drusa）和上雄（Shangshung）的苯教祭司和智者，目的是报复德里甘（Lo-ngani Dazi）被谋杀。后来，苯教学者闪塔伯·尼雍泊（Shamthab Ngonpo）介绍了六种不同的非佛教哲学流派的学说，并将它们与当地的苯教结合起来，形成了完整的吐蕃苯教学说，即 Kyar-bo。大约在那个时期，第一个农历计时开始了。根据那个古老的历

---

[12] 一种用来护送死者灵魂前往祖先神灵所在的舞蹈仪式。

法，人们在1月（Paush）15日庆祝新年（Lho-sar 或 Losar），因为它是尼泊尔塔穆的节日之一，直到今天，仍然在日喀则的一些地区庆祝。塔穆过去称 Kyabri 为"Pat-bo"（Pat 的意思是"Bhot"或"西藏"）。

Pa-chyu 和 Kyabri 在很多方面都很相似。他们使用相同的语言，都通过 Chõ Nasa 与祖先的世界相连。但是第三个苯教祭司 Lambo 的书是用藏语写的，塔穆人看不懂。

直到838年藏传佛教信徒墀祖德赞[13]被杀之前，藏传佛教一直在西藏兴盛。墀祖德赞的哥哥朗·达尔玛（Lang Darma）继位，重新引进苯教，并开始对藏传佛教进行迫害。舍古尔·鲁迦（Shegur Luga）等人继续翻译和改革佛教经典，丰富了苯教教义。Lam-bo（或 Gyur Bon）转向了藏传佛教。它也被称为翻译过来的苯教，介于其与藏传佛教之间。例如，Gyur Bon 和其他苯教祭司一样需要动物献祭。它不同于藏传佛教的四大宗派：林麻派（Nyingmapa）、萨迦帕派（Sakya-pa）、迦举派（Kagyupa）和卡丹帕派（Kadampa）。

如今，在塔穆社会中有一种特殊的喇嘛类型，即第四神甫，他们中的一些人已经从第三神甫变成了第四神甫。Kyabri 和 Lambo 在主要仪式上需要 Pa-chyu 辅助。新的喇嘛不需要他们。他们说自己受到佛陀的祝福，但他们发现很难理解佛教经文，西藏喇嘛对这些塔穆喇嘛持批评态度。然而，塔穆喇嘛能够影响一个教育水平低下的社会，还因此给佛教徒和苯教信徒带来了麻烦。

根据塔穆传说，塔穆人一定在公元1世纪前后在塔曼人在巴格马措地区定居后定居在了马斯堂。这两个族群分开了不到3000年。马斯堂有两个 Kohibos（Kohmbas）[14]，一个是普楚（Pa-chyu）的 Fa-li-pro Myar-so，另一个是科里布利祭司（Kyabri）的在 Li-pro Myar-so[15]。

塔穆过去常常跟在野生动物后面长途狩猎。如果找到一个更好的

---

[13] 西藏的第41位皇帝。原文为 Tsanpo, Tritsung（Triral Pachen）。
[14] 古隆语，寺庙。
[15] Fa-li-pro Myar-so 和 Li-pro Myar-so 为寺庙名。

对皮涅德工作的进一步评论以及古隆人今天的情况

地方居住，他们就会迁居。他们住在马南的马尚底河岸边（Marsyang-di river，古隆语：Mha-ri-śyõ）时，尊奉一位新的 Klye（主人）作为他们的首领或者说国王。他的后代被称为 Klye（Ghale，迦勒族），是塔穆部落的另一个氏族。

公元500年前后，一些塔穆在狩猎的过程中越过了安纳普尔纳山脉。他们第二次回来时，收成很好。第三次来的时候，有三个宗族的人来到这里，分成三组，住在那里。它是喜马拉雅山脉南坡上的第一个塔穆历史村落，也是最后一个统一的村落。其他塔穆后来从马南和马斯堂迁移过来。其他藏人团体，可能还有一些塔曼人到达时，那些留在马斯堂的人就成了塔卡利人。

在科拉，出现了 Pye-Ta Lhu-Ta（苯教）的复兴。在经历了几个世纪的移民沉寂（Silence of the Centaries of migration）之后，书中又增加了一些章节。说藏缅语（Tamu Kwyi）的塔穆具有纯蒙古特征，他们试图完善其 Bonic Pye、Pae、Failu、The、Parka、Lho-sar、Dhu-kor 和 Rwo-di 等风俗和文化，这些文化与印度雅利安人完全不同。

在科拉，Klye、Kugi、Kwomna 和氏族首领分别是国王、大臣、行政人员和 Kroh[16]（Mukhiya）。虽然他们有不同的祖先，但 Klye 和 Kwomna 没有通婚，他们却都与 Kugi 通婚。经过几个世纪的和平时期，政治开始影响发展。转折点很有意思，是一次为 Chimi-Udu 举行的 Pae。它由 śyõ-labe Pa-chyu 首先进行，但没有给 Aśyõ-Kwei[17]。灵魂无法继续它的旅程，于是发出讯息，要求用一块 Aśyõ-Kwei 重复 Pae。Pa-chyu 和一些 Kyabris 按要求的方式再次进行了 Pae。结果，Kyabris 成为皇家祭司，并被赐名 Klye-pri（Khe-pri）。由此，这些祭司获得了更高的社会威望。Pa-chyu 的祖先有 Lhege 和 Kromchhe，Klebri 则来自土家族和 Mhabchhe。其他氏族最初并没有被培养成为祭司。

人口的增加在科拉造成了很大的问题。成群的人继续向东南、南和西南迁移，开始建立新的定居点。看来，除了一些新石器时代的

---

[16] 村长。
[17] 舅舅给死者的布。

Kusundas（现已灭绝）之外，犍陀基（Gandaki）地区没有其他部落。在与印度种姓接触之前，塔穆是吃牛肉的。

一个传说讲的是 Kwonma 氏族如何从西克利斯来到马南的纳尔（Nar），从新来的西藏喇嘛那里学习藏传佛教。他们回来的时候，那些学得好的被称为 Lam，学得不好的被称为 Lem。这样一来，根据与各氏族亲缘关系的密切程度，Kwonma 又可分为 Kwon、Lam、Lem 三个子氏族。Lam 和 Lem（喇嘛祭司的追随者）与 Kwon（Pa-chu、Ky-abri 的追随者）建立了婚姻关系。事实上，这些子氏族（Swogi）是同一祖先的后代。尽管如此，他们还是组成了强大的团体。后来，在萨穆里·克里（Samri Klye）统治西克利斯时期，Lam 和 Lem 开始与 Klye 的女儿结婚。然而，Kwon 并没有改变他们的习俗，尽管有着不同的祖先，也没有与 Klye 人结婚。喇嘛们引入了"Guru"这个词，表示很高的威望，它取代"Tamu"一词成为区分部落或种姓的一个常用术语。

在独立群体形成后，Kugi、Swogi 和 Klye 之间发生了一些小冲突。Swogi 首先被指控是女仆（Cha-fi）的后代，然后又被指控与他们的"兄弟姐妹"结婚（与同族人结婚）。当然，可能有与女仆结婚和族内通婚的例子，但这些并不构成问题。部族之间的分裂在塔穆人中造成了巨大的麻烦，现在仍然如此。

接触印度教

在 13 世纪，一些 Rajputs⑱ 和他们的婆罗门祭司从印度的穆斯林统治下逃到 Khasan（尼泊尔的西山），带来了他们的 Sudra 贱民奴隶。在那里，他们让原本信仰藏传佛教的 Khas 人皈依印度教。在 14—15 世纪，他们的影响扩大到玛迦拉特（Magarat）的马嘉山（中西部山）。16 世纪，他们带着马嘉和塔卡利进入坦穆皖（Tamuwan）或塔穆领土（犍陀基地区）。塔穆对这种新信仰最为抵触，他们对自己的祭司和仪式的效力深信不疑。然而，皈依了印度教的汗·塔库里

---

⑱ 梵语，"Rajput"表示"Raja-putra"，字面意思为"国王之子"。在种姓制度中，他们属于仅次于婆罗门的刹帝利（Kshatriya）等级。

对皮涅德工作的进一步评论以及古隆人今天的情况

（Khan Thakuries）在 Syangja 建立了小王国，他们的人民逐渐占领了犍陀基地区还没有被山顶上的塔穆定居的低地。受过教育的印度雅利安人是剥削和统治方面的专家，他们提出了种姓制度的概念，使得奴隶制度的产生，实行分而治之的政策。他们研究了塔穆，并指出了其政府体系的弱点。他们引入并应用了占统治地位的种姓制度，试图抹去社会结构的原始元素，试图使他们成为印度教的非贱民 Sudras。

直到 16 世纪，塔穆对印度人还一无所知，他们在拉萨尔加（Lasarga）、努瓦克特（Nuwakot）、卡斯基科特（Kaskikot）、阿尔古（Arghou）、科拉（Kohla）、波霍（Pojo）、利利格（Liglig）、戈卡（Gorkha）、沃帕克（Warpak）、莎尔坦（Syartan）、阿塔拉萨亚（Atharasaya）和其他地区都有自己的迦勒王。由于西克利斯的 Samri Klye 给人放荡不羁的坏印象，在某些地区没有国王。

传说还讲述了贾殷汗（Jain Khan）如何从 Gulmi 的 Sringa 来到 Kali Gandaki 的堤岸。在那里，他娶了卡基（Karki）国王的女儿为妻，并在国王的帮助下渡了河。他打败了 Bhyag-sya Klye 国王，在拉纳和塔库里的帮助下，贾殷汗在 Lasarga（Syangja 西南）建立了第一个印度教塔库里王国。他的 Kulayan 祭司阿兰·德维（Alam Devi）是 Maski Ranan Magar。他的儿子苏雅汗（Surya Khan）成为 Khilung 的国王，他的孙子闵察汗（Mincha Khan）成为 Syangja Nuwakot 的国王。闵察汗的儿子亚迦提汗（Jagati Khan）（Kulamandan Sahi）有七个儿子，后来成为卡斯基的国王。

来自 Sindi 的 Dadhiram Dura、Madhav Dura（从 Parbat 迁移到 Dura Danda）和 Chamu Dhigal（Dura）和来自 Gorajo 和 Kusmakar ghīmire 的 Sukraj Kepccha（Dura），在 Madi 河岸相遇（Karputar）。他们计划收养一个萨希（Sahi）王子成为低地蓝琼（Lower Lamjung）的国王，以对抗 Pojō（Ghanpokhara）的 Thansi Ghale（rag-sya）国王。于是这五个人来到 Syangya 的 Nuwakot，向亚迦提汗要一个儿子。他们带走了次子卡鲁·萨希（Kalu Sahi）和不同宗族的政府官员，立他为蓝琼普兰科特（Purankot）的王。三个月后，迦勒国王以和卡鲁·萨希签订条约为借口邀请他去 Sulikot。他们一起去西西顿加（Sisidhunga）森林

打猎，卡鲁·萨希和他的同伴纳兰·杜拉（Naran Dura）在那里被杀。

其他 6 个印度教或印度教氏族前往 Nuwakot，把王子当作国王。亚迦提汗国王对未能成功击败蓝琼的迦勒国王深感不安。相反，印度采取了鼓励印度教徒统治和剥削的政治政策，并消灭了以前的社会制度。皇家祭司于 1594 年 5 月 9 日[19]（1694 年 5 月 9 日出版的族谱中被发现，但其记载的历史事件与 1594 年 5 月 9 日一致）编撰了古隆人（Tamu）的第一个伪族谱。在那个假的族谱中，古隆人的祖先是雅利安人（Aryan），而不是蒙古人，移民据说是从南方而不是北方来的，Nha-Tsan 变成 Chanda Thakuri，对 Swogi 的指控被转移给 Kugi，目的是提升人数较少的 Swogi 的地位，并将他们纳入皇室家族 Klye，这导致了 Swogi 和 Kugi 之间长期的冲突。

通过假族谱，国王打算让他的第三个儿子亚斯班·萨希（Jasbam Sahi，Jasbam 又作 Yasobrama）继承蓝琼王国。国王秘密召集四个 Swogi 部落的酋长，Kubi Kyala Lam、Sab Kyala Lam、Puru Kyala Lem 和 Kau Kyala Kwon，并向他们描述了家谱及其含义。在许诺更多的土地和权力后，他们同意谋杀他们的叔叔 Thansi Klye。他们来到 Pojo，告诉 Klye，第二个萨希国王非常机智勇敢，没人能欺骗或杀死他，所以与其在战争中失败，不如和他签订一个关于边界的条约。迦勒国王相信了他们的话，按照邀请不带武器就去了 Baluwa Besi（Besi Sahar 附近）。萨希人随后从藏身之处拔出武器，杀死了迦勒国王和他的 Kugi 官员。他的尸体被扔进了马尚第河。直到今天，一些迦勒的人仍然拒绝喝那条河的水。

亚斯班·萨希和他哥哥怀孕的妻子雅萨塔瓦蒂（Jasatawati）藏在米底姆河（高玛提河）和拉姆什河（拉姆河）交汇处的洞穴里。Thansi Klye 死后，他们被带到 Sindure Dhunga 结婚，然后被带到首都 Purankot。这四个 Swogi 部落首领都是 Chittaur 的 Chanda Rajput "后裔"，就像可汗（而不是西藏松赞干布的祖先那桑）一样，因为他们

---

[19] 1594 年 5 月 9 日。

参与了这场骗局。他们过去自称为摩诃古隆（借用自藏传佛教），但古隆一词仅用于婆罗门祭司，而他们被赋予了一个新头衔"古隆"（Gurung：Guru + Ange，意为古隆的一部分）。权贵将氏族的名字改为印度教的 Gotane（Gotame 或 Gautam），Lem 则改为 Lamichhane。这四个首领得到了他们被许诺承诺的权力，自从蓝琼的 Kwonma 根据假家谱统治其他氏族以来，Lem 的力量也增强了，因此他们被称为 Plon（煮沸的）。

通过使用假家谱，亚迦地（Jagadi）国王继续夺取了整个卡斯基。这个谱系比成百上千的箭与剑的威力还要强大。像以前一样，雅萨塔瓦蒂（或 Kalu Sahi）的儿子普楚祭司塔普·萨希（Pratap Sahi, Pratap 又作 Pasramu）如之前承诺的那样被派到多迪（Dordi）河对岸去当国王。亚斯班的大儿子那拉哈里·萨希（Narahari Sahi）成为蓝琼的国王，小儿子德拉比亚·萨希（Drabya Sahi）成为廓尔喀的国王。他们的母亲雅萨塔瓦蒂命令两个争吵不休的儿子都不要过河，这条河构成了他们之间的边界。六个氏族——Adhikari、Dura、Khanal、Bhandary、Suyal 和 ghīmire，组成了蓝琼的皇家议会；另外六个氏族——Pande、Pantha、Arual、Khanal、Rana 和 Bohora 组成了 Gorkha 的皇家议会。任何一个议会里都没有古隆的存在。德拉比亚·萨希的孙子拉姆·萨哈（Ram Saha）把萨希（Sahi）的名字改成了萨哈（Saha）。他的后代普利特维·纳拉延·萨哈（Prithvi Narayan Shaha）征服了尼泊尔。

婆罗门化的家谱

曾经有一位名叫苏利亚·万米斯（Surya Vamsi，一个信奉印度教的印度人）的布哈拉得瓦耶勾特拉（Bharadwaj Gotra）国王。他有两个儿子。最受宠爱的小儿子诺禅（Nochan）被加冕，尽管这违反了王位继承的规则。被抛弃的大儿子洛克哈特（Lockhart）离开了宫殿，前往喜马拉雅山，过着苦行僧的生活。陪同他的有自己的妻子卡莉（Kali）、迦尔勾特拉（Garga Gotra）、祭司穆昆大（Mukunda）的儿子巴利·阿察亚（Bali Acharya）和阿察亚的妻子卡西（Kasi）、奴隶克辛夫·哈瓦斯（Kersingh Khawas）和哈瓦斯的妻子法丽（Phali）。

在路上,他们遇到了两个漂亮的妓女,于是和她们度过了一晚。他们被灌得酩酊大醉,趁他们睡着时,妓女们折断了他们的 Janai(婆罗门绳索),逃跑了。因此,赤赫特里(Chhetri)王子和婆罗门教士的儿子失去了他们的种姓。然后他们去了喜马拉雅山的一个洞穴定居下来,在那里他们释放了忠诚的奴隶,把 Khawas 种姓提升到 Thapa,还吃他煮的东西。这三对夫妻的后代如下:

族名	人名	
1. 切特里王子（Chhetri） （Bharadwaj Gotra） Kali	Lochan	(a) Ghale Maha Guru（儿子） (b) Ghotane Maha Guru（儿子） (c) Lama Maha Guru（儿子）
2. 婆罗门祭司（Brahmin priest） （Garga Gotra）	Bali Kasi	Laxmi（女儿） (d) Lamichhane Maha Guru（儿子） Kumari（女儿） Nari（女儿） Mali（女儿）
3. 仆人塔帕（Sevvont Thapa） （Khawas）	Kersingh Phali	16 个儿子（16 Jate Gurung） 10 个女儿

注：* a, b, c, d = 4 Jate Gurung。

洛禅（Lochan）的孩子和巴利（Bali）的孩子结婚了,但是克辛夫的儿子和他的女儿结婚了。4 个种姓 Gurungs（婆罗门和切特里的后裔）优于 16 个种姓 Gurungs（Khawas 奴隶的后裔）,所以后者要为前者服务。这是一个虚假的族谱,是由祭司 Bhoj Raj Purohit（9th Falgun 1594 V. S.）为 Nuwakot 的国王亚迦提汗写的,用来帮助征服蓝琼,其分裂的影响至今仍能感觉到。

事实上,塔穆部落由三个社群中的 11 个氏族组成,每个社群都有自己的子氏族。

第一组：Mhina Kugi（9 个氏族）

1. Lhyege	2. Kromchhe	3. Tu
4. Mhabchhe	5. Chormi	6. Tworchhe
7. Nansi	8. Rilde	9. Yoj

第二组：Kwonma（第 10 个氏族，也因有三个主要的子氏族又称 Swogi。）

1. Kwon	2. Lam	3. Lem

第三组：Klye（第 11 个氏族，有子氏族。）

1. Samri	2. Rilde	3. Kyalde

每个群体都有自己起源的故事。没有人因为他的氏族而高人一等或低人一等，因为塔穆部落不是印度种姓制度的一部分。在塔穆的实际历史中，没有卡贾特和索拉贾特。

从西方来到犍陀基地区的印度教雅利安人注意到，有 16 个非印度教部落并不支持他们：

1. Mahji	2. Kumal	3. Darai	4. Danuwar
5. Bramu	6. Murmi	7. Hayu	8. Chepang
9. Khapang	10. Pahari	11. Neware Kumal	12. Pechahari
13. Kusalya	14. Palahari	15. Musahari	16. Hurkya

他们被称为 16 Jate，被印度教徒视为下等。在这 16 个等级中，Kugi Tamu 的数量较多。人数较少的 Swogi Tamu 被归入皇家 Klye，比前者优越。因此，印度教雅利安人为了达到他们的目的，逐渐酿成分裂的慢性毒药。

关于古隆人的皇家法令

蓝琼的第一位印度教国王亚索布拉哈马·萨希（Yasobrahma Sahi）免除了古隆的 Chak Chakui（CC：对妇女和寡妇征收的婚姻税）和 Moro Aputali（MA：无子女婚姻的不可转让土地）。然而，后来的其他统治者却采用了这种方法。

贡品令（1862 V. S.）——"塔克－西克利斯的阿米利达尔（Amilidar）必须从他的村民那里收集 26 种不同数量的鹿、鸟、酥油、草药等，并把他们每年送到宫殿。"——格尔万（Girvan）王。

对皮涅德工作的进一步评论以及古隆人今天的情况

在 Ashoj[20]1862 V. S. 的格尔万统治时期，每户人家都有一名古隆人被迫前往遥远的西部，参加在坎迦达（Kangada）与卡基那岩辛夫塔帕（Kaji Nayan Singh Thapa）的战斗。他们被迫为一项对他们毫无意义的事业而战斗。那些到达战场的人得到了宽恕，但那些只走了一段路就回来的人受到了加倍的惩罚。许多古隆人确实长途跋涉，参加了这场战争，却对战争背后的政治原因知之甚少。

战争结束后，古隆人组织起来反抗统治、剥削和不公平的税收。许多古隆人聚在一起，像亚索布拉哈马一样，向政府请求免除 CCMA，作为回报，双方达成协议，每家每年都要送贡品。

Lal-Mohar[21]（Mangsir 1865 V. S.）："所有古隆人都免除了 CCMA；用婆罗门祭司代替喇嘛举行十场仪式；科里布利（Gyabri）在部落宗教中表演 Argu[22]。"——格尔万王。

Tama Patra[23]（Baishakh 1873 ?）："像以前一样，除了士兵，所有古隆人都能免除 CCMA。从现在起，人们使用婆罗门祭司。"——格尔万王。

印度政府在 Kartik 1875 V. S.[24] 给他们写了一封信，提出了两种选择：其一，如果他们使用婆罗门祭司，CCMA 将予以免除；其二，如果他们使用古隆祭司，将恢复 CCMA。古隆们不希望恢复 CCMA，但他们希望有自己的祭司。所以他们维持了以前的协议，没有交税。

Lal-Mohor[25]（Magh 1875 V. S.）："所有的古隆人，迦勒和蓝琼的喇嘛都免除了 CCMA。生与死由喇嘛和科里布利祭司净化。"——拉延德拉（Rajendra）王。

---

[20] 又作 Asoj, Ashwin 或 Asauj。尼泊尔日历中的六月，指公历九月中旬至十月中旬。这个月的第一天通常为九月的 16 日、17 日或 18 日，一个月通常有 30 天，但在某些年份也可能是 31 天。

[21] 皇家批准。

[22] 一种葬礼仪式。

[23] 刻在铜板上的铭文。

[24] Kartik 指尼泊尔日历中的七月。V. S. 为 Vikram Samwat 的缩写，指印度神话中 Vikramadittya 王于大概公元 57 年创立的日历。

[25] 同 Lal-Mohar。

Tama-Patra（Baishakh 1883 V.S.）："除士兵外，所有 4 Jat、16 Jat、古隆和迦勒都被豁免。在婆罗门任务中使用乌帕提亚（Upadya）婆罗门，必要时使用喇嘛和科里布利祭司。"

提到 Jats 曾引发了一场争论，这场争论在 1885 V.S. 得到了解决，当时的决定是所有的古隆人，无论氏族，都是相同且平等的。1883 V.S. 的 Tama-Patra 在 Chaitra㉖1885 作了修改，删去了"4 Jat"和"16 Jat"两词。

Lal-Mohor（Push 1924 V.S）："所有古隆人都是相同且平等的。那些说古隆中有优等和劣等群体的人将被罚款 20 卢比。"

第二个家谱

1911 年（1968 V.S.），西哈尔·纳特·苏贝迪（Sikhar Nath Subedi）在印度贝拿勒斯（Benares）出版了一本家谱，名为《塔尔·戈特拉·普楚祭司巴拉瓦利》（*Thar Gotra Prabarawali*）。他的一句评论招致了极大的愤怒——他在书中写道，4 Jats——迦勒、霍坦、喇嘛和拉米赤汗古隆是贵族，其他 16 Jats——塔帕古隆（Thapa Gurungs）是奴隶。因此，16 Jat 应该为 4 Jat 服务，后者可以在婚礼或是其他任务上雇用他们。作为卡斯基萨勒丹达（Sal Danda）的 Krōh（Mukhiya），萨尔巴吉特·克罗察·古隆（Sarbajit Krochai Gurung）对作者提起诉讼。判决如下。

皇家法庭作出的判决㉗。

1. Tama-Patra（1885）——没有优劣之分；所有的古隆人平等。

2. Rukka（1886）——没有证据表明古隆族中有 4 Jat 和 16 Jat。

3. Lal-Mohor（1924）——对那些认为古隆有优劣之分的人罚款 20 卢比。第 15 号、37 号、38 号、198 号法案。

4. 1965 年和 1966 年发生的纠纷——主张古隆人有不同社会地位的人被处以罚款。

根据这些记录，所有的古隆人都是相同和平等的。没有人因为出

㉖ 尼泊尔日历中的十二月。
㉗ 原文为 Bharadari Bata Gareko Jnheri Faisala。

身而或优或劣。因此，撰文人西哈尔·纳特·苏贝迪在没有任何证据的情况下抨击古隆人，也应被罚款20卢比。（1st Jeth[23]1978 V. S.）

1978年10月13日的决定。[29]

命令：

（1）禁止在市面上销售此书。

（2）扣留剩余的副本。

转向信仰印度教的部落首先引进的是印度教的宗教歌曲和舞蹈，其次是印度教节日庆祝活动。这些习俗是尼泊尔、印度和英国的士兵带到他们村庄的，这些士兵的营中都有婆罗门祭司。古隆人庆祝全国性的印度教节日已有两个世纪之久，但他们对宗教方面的了解甚少。他们从来没有忘记他们的塔穆祭司。即使在今天，大多数的塔穆祭司仍然信奉苯教佛教，其余的要么信奉苯教，要么信奉藏传佛教。

---

[23] 尼泊尔日历中的十月。
[29] 原文为 Bharadari Faisala。

参考文献

BARTH, Fredrik. -- *Indus and Swat Kohistan. An Ethnographical Survey.* -- Oslo, 1956.

BERNOT, Lucien and Denise.--*Les Khyang des Collines de Chittagong (Pakistan Oriental). Matériaux pour l'étude linguistique des Chin.* -- Paris, Plon, 1958, 148 p. (*L'Homme, Cahiers d'Ethnologie, de Géographie et de Linguistique,* nouvelle serie n° 3).

BUCHANAN, Francis (Francis HAMILTON). -- *An Account of the Kingdom of Nepal, and of the Territories annexed to this Dominion by the House of Gorkha.* -- Edinburgh, Archibald Constable & Co, 1819, vii, 364 p.

CARRASCO, Pedro. -- *Land and Polity in Tibet.* -- Washington, Seattle, 1959, University of Washington Press, 1959, vii, 307 p.

Census of India, 1901. -- Vol. XVI, *N. W. Provinces and Oudh,* Report [R. BURN]. -- Allahabad Govt. Press, 1902.

Census of Population, Nepal, 1953-54. -- Kathmandu, Dept. of Statistics, 1958, 81 p.

CROOKE, William. -- *The Tribes and Castes of the North-Western Provinces and Oudh.* -- Calcutta, Government Press, 1896, 4 vol.

DAS, Sarat Chandra. -- "Dispute between a Buddhist and a Bonpo Priest for the possession of Mount Kailasa and the Lake of Manasa" -- *Journal of the Asiatic Society of Bengal,* L, 1881, pp. 206-211.

DUBE, S. C. -- *Indian Village.* -- London, Routledge, 1955.

DUBOIS, J. A. (Abbé). -- *Moeurs, institutions et cérémonies des peuples de l'Inde.* -- Paris, Imprimerie Royale, 1825. 2 vol. (Engl. trans.: *Hindu Manners, Customs and Ceremonies.* -- Oxford, Clarendon Press, 3rd. ed. 1906, xxxiv-74I p.).

DUMONT, Louis. -- *Une sous-caste de l'Inde du Sud. Organisation sociale et religion des Pramalai Kallar.* -- Paris-La Haye, Mouton & Co, 1957, vi-460 p.

ELIADE, Mircéa.-- *Le Chamanisme et les techniques archaïques de l'extase.* -- Paris, Payot, 1951, 447 p.

EVANS-PRITCHARD, E. E. -- *Nuer Religion*. -- Oxford, Clarendon Press, 1956, xii-336 p.
FREEDMAN, Maurice. -- "The Handling of Money: a Note on the Background of the Economic Sophistication of Overseas Chinese" *Man*, 1959, n° 89.
FURER-HAIMENDORF, C. von. -- "Prebuddhist Elements in Sherpa Belief and Ritual".-- *Man*, 1955, n° 61.
FURER-HAIMENDORF, Elisabeth von. -- *An Anthropological Bibliography of South Asia*. -- Paris-The Hague, Mouton & Co, 1958, 748 p.
GRIERSON, G. A. -- *The Linguistic Survey of India*. -- Calcutta, Government of India, Central Publication Branch, 1904-1928, vol.II
HENRY, A. -- "The Lolos and other tribes of Western China." -- *Journal of the Anthropological Institute*, XXIII, 1903, pp. 96-107.
HERMANNS, Matthias. -- *The Indo-Tibetans: The Indo-Tibetan and Mongoloid Problem in the Southern Himalaya and North-Northeast India*. ---Bombay, K. L. Fernandes, 1954, xvi-159 p.
HODGSON, B. H. -- *Essays on the Languages, Literature and Religion of Nepal and Tibet; together with Further Papers on the Geography, Ethnology and Commerce of those Countries*. -- London, Trubner & Co, 1874, 2 vol., 145, 124 p.
HODGSON, B. H. -- "Origin and Classification of the Military Tribes of Nepal". -- *Journal of the Asiatic Society of Bengal*, 1833, vol. 2, pp. 217-224.
HODGSON, B. H. -- "The Wild Goat and the Wild Sheep of Nepal".-- *Asiatic Researches*, 1833, vol. XVIII part 2, pp. 129-138.
HODGSON, B. H. -- "On the Ratwa Deer of Nepal". -- *Asiatic Researches*, 1833, vol. XVIII part 2, pp. 139-149.
HODGSON, B. H. -- "Letter on the Distinction Between the Ghoral (Antilope Gora, Hardw) and Thar (Antilope Thar, Hodgson)". -- *Zool. Soc. Proc.*, 1834, vol. II, pp. 85-87.
HODGSON, B. H. -- "Further Illustrations of the Antilope Hodgsoni", -- *Journ. of The Asiatic Soc. of Bengal*, 1832, vol. I, pp. 59-66.
HODGSON, B. H. -- "Notes relative to the Account of the Corvus Jarai". -- *Journ. of the Asiatic Soc. of Bengal*, 1832, vol. I, pp. 66-67.
HODGSON, B. H. -- "Description of the Bearded Vulture of the Himalaya (Gypaetos Vultur Barbatus)". -- *Journ. of the Asiatic Soc. of Bengal*, 1835, vol. 4, pp. 454-58.
HODGSON, B. H. -- "Synopsis of the That and Goral Antelopes". -- *Journ. of the Asiatic Soc. of Bengal*, 1835, vol. 4, pp. 487-90.

HODGSON, B. H. -- "On the Wild Goat and Wild Sheep of the Himalaya with Remarks on the Genera Capra and Ovis". -- *Journ. of the Asiatic Society of Bengal,* 1835, vol. 4, pp. 49I-495.

HODGSON, B. H. -- Manuscript Collection, India Office Library, London.

HODSON, T. C. -- *The Naga Tribes of Manipur.* -- London, Macmillan & Co., (1911) ed. 1923, xiv-ii-2I2 p.

JÄSCHKE, H. A. -- *A Tibetan-English Dictionary...* -- London, Routledge & Kegan Paul, (1881) ed. 1958.

KAWAKITA, Jiro. -- *Peoples of Nepal Himalaya.* -- Kyoto, Kyoto University, Fauna and Flora Research Society, 1957, 470 p. (Kihara, H., ed. --- *Scientific Results of the Expedition to Nepal Himalaya,* 3 vol., vol. III).

LANDON, Percival. -- *Nepal.* -- London, Constable, 1928, 2 vol. 358, 363 p.

LEROI GOURHAN, André. -- *Evolution et Techniques.* -- Paris, Albin Michel, 2 vol. I. *L'homme et la matière,* 1943; II. *Milieu et Techniques,* 1945.

LEVI, Sylvain. -- *Le Népal.* -- Paris, Leroux, 1905-1908, 3 vol., 395, 4II, 223 p. (Annales du Musée Guimet. Bibl. d'Études, tomes XVII-XIX).

LEVI-STRAUSS, Claude. -- *Les Structures Elémentaire de la Parenté.* -- Paris, P. U. F., 1949, xvi-639 p.

MACDONALD, A. W. -- "Notes préliminaires sur quelques *jhākri* du Muglān" -- *Journal Asiatique,* Paris, 1962, pp. 1O7-139.

MACDONALD, A. W. -- "Quelques remarques sur les chasses rituelles de l'Inde du Nord-Est et du Centre". -- *Journal Asiatique,* Paris, 1955, pp. 1O1-115.

MORRIS, C. J. -- See Northey W. B.

NARHARINATH, Yogi. -- *Gurung Ghale Raja hamko vaṃśāvali.* -- Kathmandu, History Association, 2012 (1956 A. D.)

NORTHEY, W. Brook & MORRIS, C. J. -- *The Gurkhas, their Manners, Customs and Country.* -- London, J. Lane, 1928, xxxvii-ii-282 p.

Notes and Queries in Anthropology, 6th ed. -- London, Routledge & Kegan Paul, 1951, xi-403 p. (Royal Anthropological Institute) .

OKADA, F. G. -- "Ritual Brotherhood: a cohesive factor in Nepalese Society". -- *Southwestern Journal of Anthropology,* 13, 1957, pp. 212-222.

PAGE, J. Burton. -- "Two Studies in Gurung-kura" *Bulletin of the School of Oriental and African Studies,* 1955, vol. XVII. Part I.

RISLEY, H. H. -- *The Tribes and Castes of Bengal.* -- Calcutta, Bengal Secretariat Press, 1892, 4 vol.

ROCK, F. J. -- *The ¹Na-²Khi Nāgā Culture.* -- Roma, I.M.E.O., 1952. vol. II.

ROCK, F. J. -- *The ²Zhi-³Ma Funeral Ceremony of the ¹Na-²Khi.* -- 1955. (Studia Instituti Anthropos, vol. 9).

RUSSELL, R. V. & HIRALAL. -- *The Tribes and Castes of the Central Provinces of India.* -- London, Macmillan & Co, Published for The Central Provinces Administration, 1916, 4 vols.

SCHLAGINTWEIT, E. -- *Buddhism in Tibet.* -- Leipzig, 1863.

SCHRAM, L. M. -- "The Monguors of the Kansu-Tibetan Frontier". -- *Transactions of the American Philosophical Society,* New Series. Philadelphia, 1954, vol. 44 Part I, pp. 1-138, 1957, vol 47, Part I, pp. 1-164.

SHAFER, R. -- "Classification of the Sino-Tibetan Languages". -- *Word,* vol. II, 1955.

SHER BAHADUR GURUNG. -- *Guruṅko vaṃśāvali* -- s. 1., Gurung Welfare Association, 2013 (1957, A.D.).

SHERRING, M. A. -- *Hindu Tribes and Castes as Represented in Benares.* --- Calcutta,, Thacker, Spink (1872), ed. 1881, 3 vol.

SHIROKOGOROFF, S. M. -- *Social Organization of the Northern Tungus.* -- Shanghai, 1929.

SNELLGROVE, D. L. -- *Buddhist Himalaya.* -- Oxford, Bruno Cassirer, 1957.

SRIVASTAVA, R. P. "'Rang Bang' in the Changing Bhotia Life".-- *Eastern Anthropologist,* VI, 3-4, March-Aug. 1953, pp. 190-203.

STEIN, R. A. -- "Leao-Tche". -- *T'oung-Pao,* t. 35, 1940, pp. 1-154.

TURNER, Ralph Lilley. -- *A Comparative and Etymological Dictionary of the Nepali Language.* -- London, Kegan Paul, 1931.

VANSITTART, E. (revised by Nicolay B. U.). -- *Gurkhas* (Handbook for the Indian Army). -- Calcutta, Supt. Government Printing (1906), ed. 1915, 231 p. (enlarged edition of *Notes on Gurkhas.* -- Calcutta, Supt. Govt. Printing, 1890, 69 p.; and *Notes on Nepal,* Calcutta, 1896, 212 p.).

VANSITTART, E. -- "Tribes, Clans and Castes of Nepal". -- *Journal of the Asiatic Society of Bengal,* vol. 63, Part I, 1894, pp. 213-249.

WADDELL, L. A. -- *The Buddhism of Tibet or Lamaism.* -- London, 1895, Cambridge, Heffer & Sons, 1958, xlviii-598 p.

WOODYATT, N. -- *Under Ten Viceroys.* -- London, Herbert Jenkins, 1923.

补充文献

ANDORS, Ellen. -- "The Rodighar and its Role in Gurung Society." *Contributions to Nepalese Studies*. 1-2, 1971.

ANDORS, Ellen. -- *The Rodi: Female Associations among the Gurung of Nepal*. (Columbia Univ. Ph.D. thesis, 1976).

BISTA, Dor Bahadur. -- *Fatalism and Development: Nepal's Struggle for Modernization*. (Madras, 1991)

BLAIKIE,P., CAMERON, J. and SEDDON,D. -- *Nepal in Crisis: growth and stagnation at the periphery*. (Oxford,1980)

BLAIR, Katharine D. -- *Four Villages: Architecture in Nepal*. (Los Angeles, Craft and Folk Art Museum, 1983).

DOHERTY,Victor. -- "The Organizing Principles of Gurung Kinship". *Kailash*, 3-4 (1974).

DOHERTY, Victor. -- *Kinship and Economic Choice: Modern Adaptations in West Central Nepal*. (Ph.D. thesis, Univ. of Wisconsin, 1975).

GLOVER, W.W. -- *Sememic and Grammatical Structures in Gurung (Nepal)*. Tribhuvan Univ. Press, Kathmandu 1974.

GLOVER, W.W. and J.R. and GURUNG, Deu Bahadur, -- *Gurung-Nepali-English Dictionary*. (Australian National University, 1977).

GURUNG, Chandra Prasad. -- *Infant Mortality in Nepal: A Logit Analysis of Kaski District in Western Nepal*. (Ph.D. thesis, Univ. of Hawaii, 1988).

GURUNG, Om Prasad. -- *The Gurungs: Their History and Culture*. (M.A.thesis, Tribhuvan Univ. 1978).

MACFARLANE, Alan. -- *Resources and Population. A Study of the Gurungs of Nepal*. (Cambridge, 1976).

MACFARLANE, Alan. -- "Death, disease and curing in a Himalayan village." in Christoph von Furer-Haimendorf (ed.) *Asian Highland Societies in Anthropological Perspective*. (Delhi, 1981).

MACFARLANE, Alan. -- Some Background Notes on Gurung Identity in a Period of Rapid Change. *Kailash* 15 (3-4), 1989.

MACFARLANE, Alan and GURUNG, I.B. -- *Gurungs of Nepal: A Guide to the Gurungs*. (Kathmandu, 1990).

McHUGH, Ernestine. -- "The Women of Tebas, Feminine Perspective in Gurung Culture." *Kailash* 8 (1-1), 1981.

McHUGH, Ernestine. -- *The Social, Cultural, and a Personal World of the Gurungs of Nepal*. (Ph.D. thesis, Univ. of California, San Diego, 1986).

McHUGH, Ernestine. -- "Concepts of the Person among the Gurungs of Nepal." *American Ethnologist*, 16 (1), 75-86.

MESSERSCHMIDT, D.A. and GURUNG, Nareshwar J. -- "Parallel Trade and Innovation in Central Nepal." in Christoph von Furer-Haimendorf (ed.)*Contributions to the Anthropology of Nepal*. (London, 1974)

MESSERSCHMIDT, Donald A. -- "Ethnographic Observations of Gurung Shamanism in Lamjung District." in John Hitchcock and Rex L.Jones (eds.) *Spirit Possession in the Nepal Himalayas*. (Warminster, England, 1976).

MESSERSCHMIDT, Donald A. -- *The Gurungs of Nepal: Conflict and Change in a Village Society*. (Warminster, England, 1976).

MESSERSCHMIDT, Donald A. -- "Ecological Change and Adaptation among the Gurungs of the Nepal Himalaya." *Human Ecology* 4 (April 1976).

MESSSERCHMIDT, Donald A. -- "Dhikurs: Rotating Credit Associations in Nepal" in James F.Fisher (ed.) *Himalayan Anthropology: The Indo-Tibetan Interface*. (The Hague, 1978).

MOISALA, Pirkko. -- "An Ethnographic Description of the Madal-Drum and Its Making among the Gurungs (Nepal)." *Suomen Antropologi* (4), 1978.

MOISALA, Pirkko. -- "Gurung Music and Cultural Identity." *Kailash* 15 (1989).

MOISALA, Pirkko. -- *Cultural Cognition in Music. Continuity and Change in the Gurung Music of Nepal*. (Jyvaskyla, Finland, 1991.)

MUMFORD, Stan R. -- *Himalayan Dialogue. Tibetan Lamas and Gurung Shamans in Nepal*. (Wisconsin Univ. Press 1989).

RAGSDALE, Tod A. -- *Once a Hermit Kingdom. Ethnicity, Education and National Integration in Nepal*. (Kathmandu, 1989)

REGMI, M.P. -- *The Gurungs, Thunder of Himal. A Cross Cultural Study of a Nepalese Ethnic Group*. (Jaipur 1990).

SEDDON, David -- *Nepal - A State of Poverty*. (Univ. of East Anglia Monographs in Development Studies, no.11, April 1984).

STRICKLAND, S.S. *Beliefs, Practices and Legends: A Study in the Narrative Poetry of the Gurungs of Nepal* (Cambridge University Ph.D. thesis, 1982).

STRICKLAND, S.S. -- "The Gurung Priest as Bard." *Kailash* 10 (3-4), 1983.

STRICKLAND, S.S. -- "Resources and Population among the Gurungs, 1958-1980." *Kailash* 11, (3-4), 1984.

STRICKLAND, S.S. -- "Notes on the Language of Pe." *Journal of the Royal Asiatic Society*, 1987, no.1.